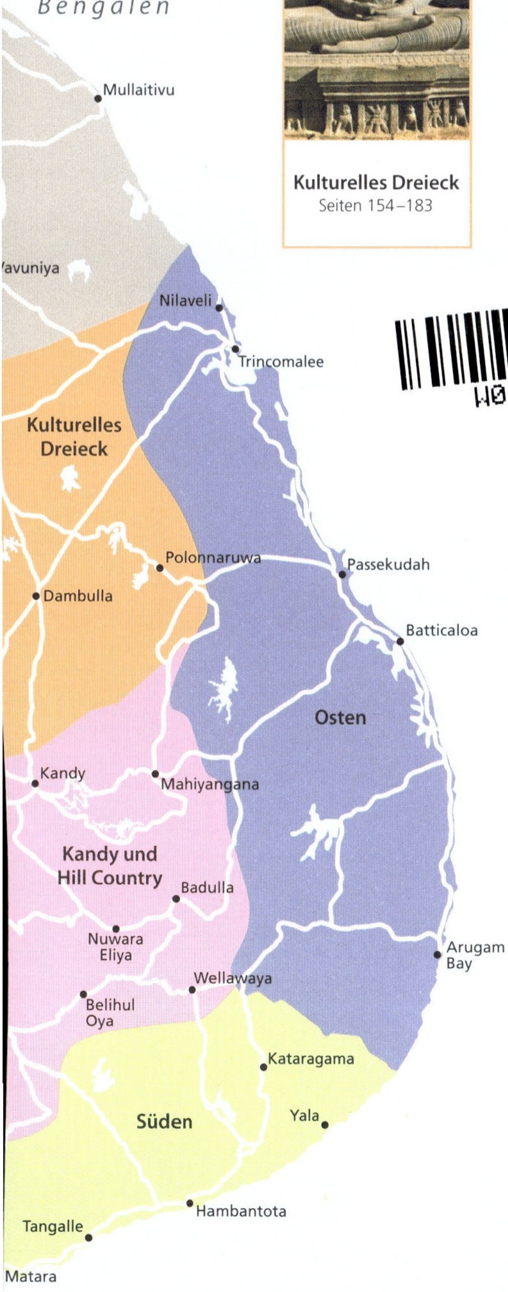

Kulturelles Dreieck
Seiten 154–183

Osten
Seiten 184–199

Kandy und Hill Country
Seiten 130–153

Süden
Seiten 104–129

VIS-À-VIS

SRI LANKA

Hauptautorin **Rachael Heston**

DK

London • New York • München
Melbourne • Delhi

DK | Penguin Random House

www.dorlingkindersley.de

Produktion DK India, Delhi
Managing Editor Madhavi Singh

Texte Rachael Heston

Fotografien Idris Ahmed

Illustrationen Chingtham Chinglemba, Sanjeev Kumar, Arun Pottirayil

Kartografie Suresh Kumar, Subhashree Bharti

Redaktion und Gestaltung
DK India, Delhi: Madhavi Singh, Savitha Kumar, Sheeba Bhatnagar, Priyanka Thakur, Shreya Sarkar, Vatsala Srivastava, Namrata Adhwaryu, Azeem Siddiqui, Taiyaba Khatoon, Ashwin Adimari
Dorling Kindersley Ltd., London: Georgina Dee, Vivien Antwi, Kate Berens, Michelle Crane, Sadie Smith, Greg Dickinson, Casper Morris, Jason Little, Linda Dare, Fay Franklin, Janis Utton, Amisha Gupta, Scarlett O'Hara, Helen Peters, Aruna Ghose, Divya Chowfin, Shafni Awam, Adam Bray

Titel der englischen Originalausgabe:
Eyewitness Travel Guide *Sri Lanka*
Zuerst erschienen 2014 in Großbritannien
bei Dorling Kindersley Ltd., London
A Penguin Random House Company

Für die deutsche Ausgabe:

Aktualisierte Neuauflage 2017 / 2018

Programmleitung Dr. Jörg Theilacker, DK Verlag
Projektleitung Stefanie Franz, DK Verlag
Projektassistenz Sonja Baldus, DK Verlag
Übersetzung Barbara Rusch, München; Gerhard Bruschke, München
Redaktion Dr. Elfi Ledig, München
Schlussredaktion Philip Anton, Köln
Umschlaggestaltung Ute Berretz, München
Satz und Produktion DK Verlag
Druck Leo Paper Products Ltd., China

ISBN 978-3-7342-0124-0
2 3 4 5 19 18 17 16

Dorling Kindersley Verlag GmbH
Redaktion Reiseführer
Arnulfstraße 124 • 80636 München
travel@dk-germany.de

◀ **Bemalte Fischerboote an einem Strand bei Ambalangoda** ***(siehe S. 102)***
◀ ◀ **Umschlag: Stelzenfischer bei Sonnenaufgang in der Weligama Bay** ***(siehe S. 117)***

Palmenstrand von Mirissa ***(siehe S. 118)***

Inhalt

Sri Lanka stellt sich vor

Elefanten am Ma Oya, Pinnawela Elephant Orphanage ***(siehe S. 143)***

Die Regionen Sri Lankas

Zu Gast in Sri Lanka

Tänzer beim buddhistischen Fest Esala Perahera, Kandy *(siehe S. 139)*

Figuren in Höhle II, Höhlentempel von Dambulla *(siehe S. 162f)*

Grundinformationen

Zahntempel, Kandy
(siehe S. 136f)

Benutzerhinweise

Dieser Reiseführer soll Ihren Besuch in Sri Lanka zu einem Erlebnis machen. *Sri Lanka stellt sich vor* bietet einen Überblick über das von vielfältigen Naturschätzen und reichem Kulturerbe geprägte Land. *Die Regionen Sri Lankas* erläutert anhand von Karten, Fotos und Illustrationen die spannendsten Sehenswürdigkeiten der Insel. Umfangreiche Empfehlungen zu Hotels, Restaurants, Shopping, Unterhaltung sowie Sport und Aktivurlaub finden Sie im Kapitel *Zu Gast in Sri Lanka*. Die *Grundinformationen* am Ende liefern praktische Tipps für die Reiseplanung und für den Aufenthalt in diesem faszinierenden Land.

Die Regionen Sri Lankas

Sri Lanka ist in diesem Reiseführer in sieben Regionen (inklusive Colombo) unterteilt. Diese Gebiete finden Sie auf den vorderen Umschlaginnenseiten dargestellt. Jedes Kapitel beginnt mit einem Kurzporträt, das auf den Charakter der jeweiligen Region eingeht. Alle Sehenswürdigkeiten sind nummeriert und auf der *Regionalkarte* der folgenden Doppelseite eingezeichnet. Diese Nummerierung gilt für das ganze Kapitel.

Jede Region ist anhand der Farbcodierung leicht zu finden. Eine Übersicht über die Farben zeigt die vordere Umschlagklappe.

1 Einführung
Die Einführung zu jedem Kapitel beschreibt die Landschaft, die Geschichte und den Charakter jeder Region sowie die touristischen Highlights und Attraktionen.

2 Regionalkarte
Die *Regionalkarte* bietet eine Übersicht über das Gebiet und gibt Tipps zu Touren per Auto oder mit öffentlichen Verkehrsmitteln. Alle im Kapitel vorgestellten Sehenswürdigkeiten sind nummeriert.

Sehenswürdigkeiten auf einen Blick listet die Hauptattraktionen des Kapitels nach Kategorien auf.

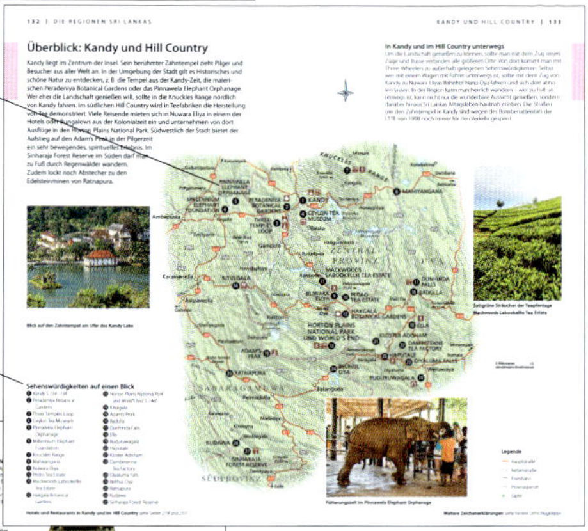

3 Detailkarte
Die *Detailkarte* zeigt wichtige Gebiete oder Orte aus der Vogelperspektive. Sehenswürdigkeiten sind zur raschen Orientierung kurz erläutert.

Eine Routenempfehlung führt Sie durch die interessantesten Straßen des Viertels.

Themenseiten behandeln Besonderheiten einer Region oder eines Orts.

4 Detaillierte Informationen

Alle bedeutenden Orte und Sehenswürdigkeiten der Region werden hier einzeln beschrieben. Die Reihenfolge entspricht der Nummerierung auf der *Regionalkarte*. Praktische Informationen ergänzen die Beschreibungen.

Weiße Zahlen im schwarzen Kreis – sie sind im ganzen Kapitel identisch – kennzeichnen die Sehenswürdigkeiten der jeweiligen Region.

Kästen geben spannende Hintergrundinformationen.

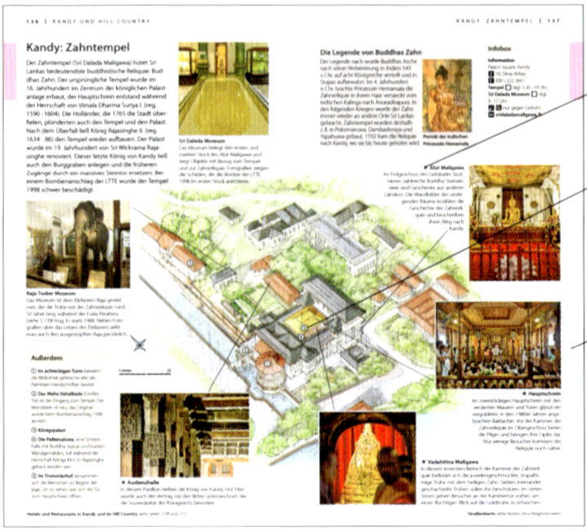

Sterne markieren Sehenswürdigkeiten, die man nicht versäumen sollte.

Schwarze Zahlen im weißen Kreis verweisen auf den »Außerdem«-Kasten, wo Sie zusätzliche Detailinformationen oder nette Kleinigkeiten finden.

5 Hauptsehenswürdigkeiten

Den Highlights von Sri Lanka sind zwei oder mehr Seiten gewidmet. Archäologische Stätten werden im Überblick, historische Gebäude im Aufriss dargestellt. Fotos zeigen die interessantesten Aspekte der vorgestellten Attraktion.

Infoboxen auf den Doppelseiten der Highlights enthalten viele praktische Informationen für die Planung Ihres Besuchs.

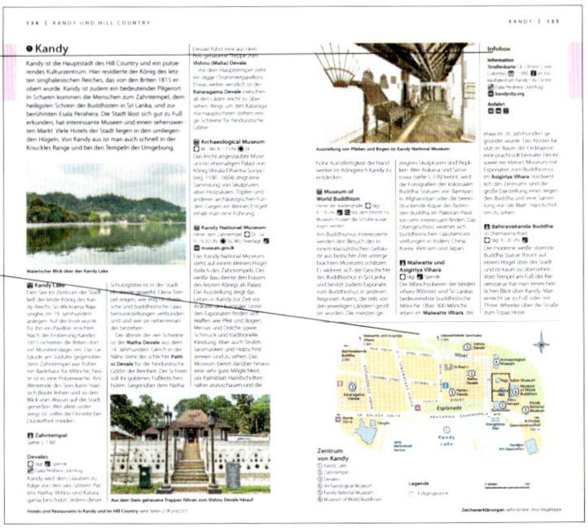

6 Zentrumskarte

Bedeutende Orte und Städte werden detailliert beschrieben. Auf *Zentrumskarten* sind die Sehenswürdigkeiten sowie die Verkehrsknotenpunkte eingetragen.

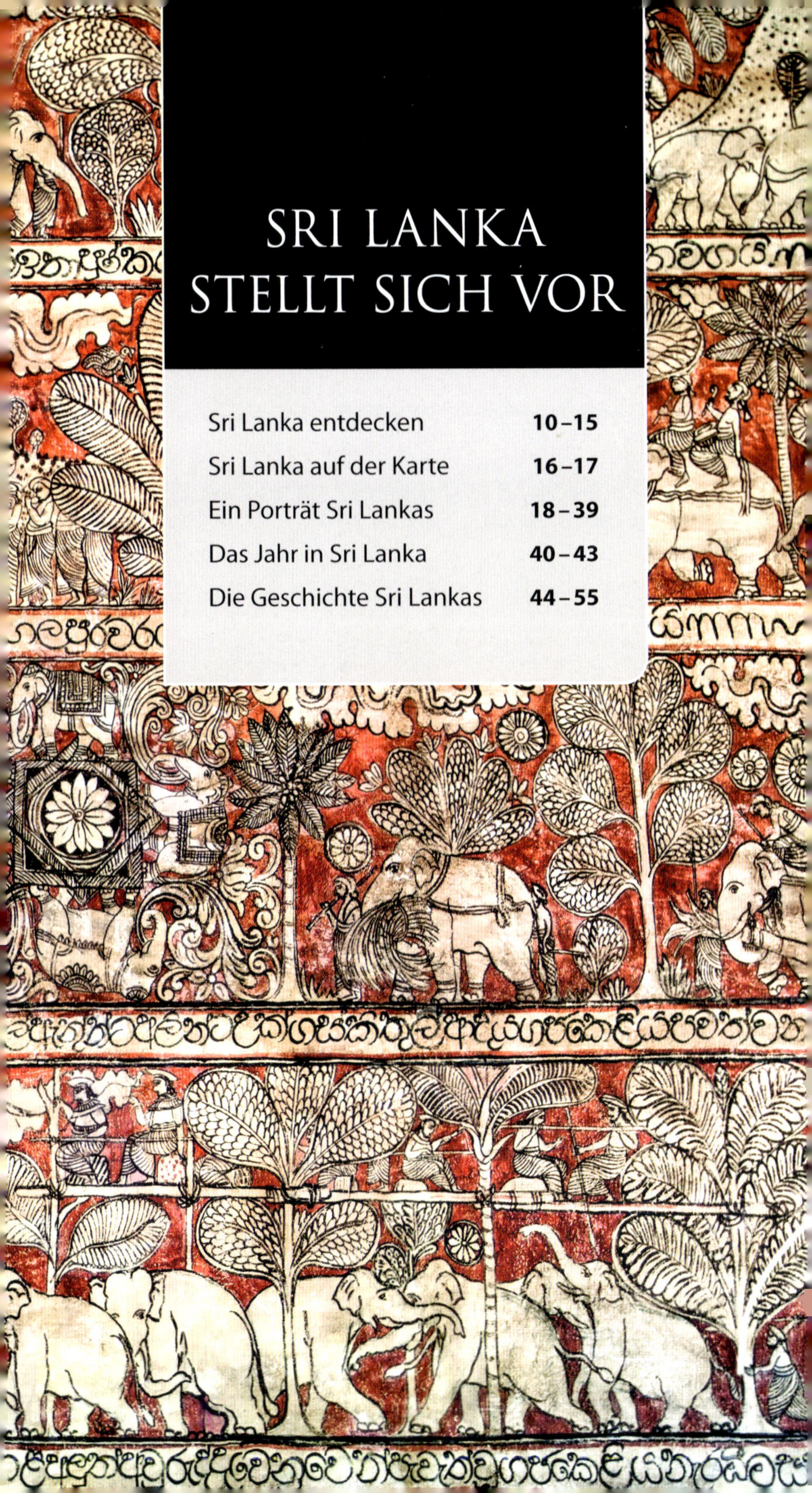

SRI LANKA STELLT SICH VOR

Sri Lanka entdecken

Die folgenden Touren sind so konzipiert, dass Sie möglichst viele Highlights sehen, ohne allzu lange Wege zurücklegen zu müssen. Bei zweitägigen Städtetrips *(siehe S. 12)* lernen Sie die Attraktionen von Colombo und Kandy kennen. Eine Wochentour durch das Kulturelle Dreieck und das Hill Country lässt sich durch die vorgeschlagenen Abstecher um mehrere Tage verlängern. Wer etwas mehr Zeit zur Verfügung hat, kann schließlich im Rahmen einer zweiwöchigen Reise Sri Lankas unterschiedliche Gesichter entdecken. Alle hier vorgestellten Reiserouten sollen Ihnen vor allem bei der Planung eigener Touren helfen und können auch abgewandelt werden. Lassen Sie sich inspirieren, wählen Sie Ihre Lieblingstour – oder kombinieren Sie nach Belieben.

Spaziergang auf den Wällen von Galle
Ein Spaziergang auf den gut erhaltenen Festungswällen ist eine exzellente Möglichkeit, Galle zu erkunden. Abends treffen sich hier viele Menschen, lassen Drachen steigen oder genießen einfach die Ruhe *(siehe S. 108–113)*.

Zwei Wochen in Sri Lanka

- Kosten Sie die verschiedenen Küchen in **Colombos** fantastischen Restaurants – ein Paradies für Gourmets.
- Erkunden Sie die Ruinenstadt **Anuradhapura**, und stellen Sie sich das geschäftige Treiben zur Zeit ihrer größten Blüte vor.
- Bewundern Sie die herrlichen Fresken von **Sigiriya**.
- Besuchen Sie den Zahntempel von **Kandy**.
- Staunen Sie auf einer Jeepsafari über die große Elefantenpopulation im **Uda Walawe National Park**.
- Spazieren Sie durch das Straßenlabyrinth und auf den Wällen von **Fort Galle**.
- Genießen Sie einen Drink auf der Terrasse des Kolonialhotels in **Mount Lavinia**.

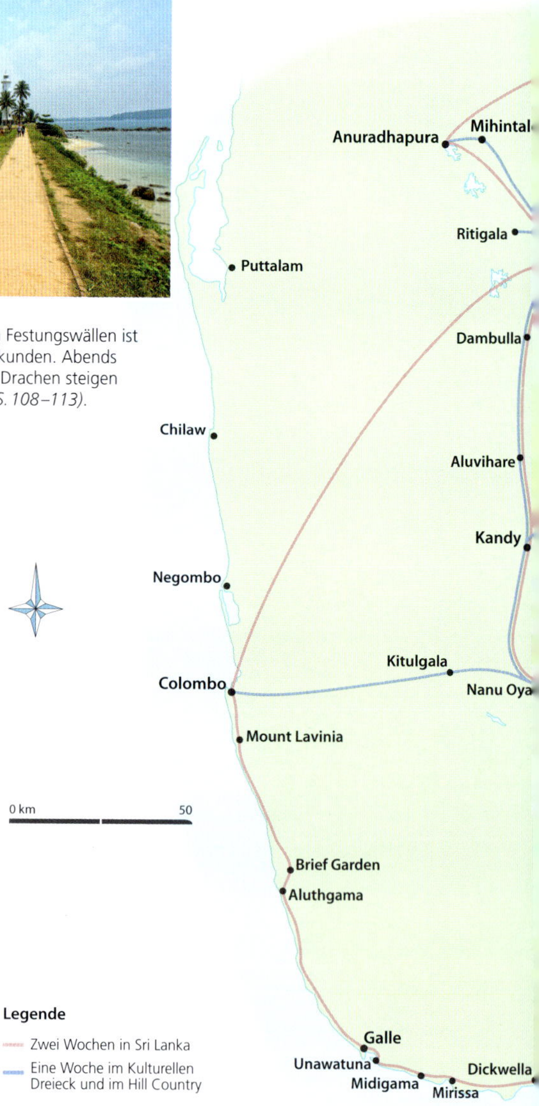

◀ **Elefanten – beliebte Motive in der sri-lankischen Kunst**

World's End
Fast senkrecht fällt der Steilhang 880 Meter ab. Oben bietet sich ein fantastischer Ausblick über die Hügel *(siehe S. 146f)*.

Eine Woche im Kulturellen Dreieck und im Hill Country

- Beobachten Sie die Pilger am Sri Maha Bodhi in **Anuradhapura**. Der Baum soll aus einem Trieb des Bodhi-Baums (Pappelfeige) stammen, unter dem Buddha erleuchtet wurde.
- Genießen Sie die Aussicht von der Felsenfestung **Sigiriya**.
- Erkunden Sie die Ruinen des alten Königreichs **Polonnaruwa**.
- Bewundern Sie die Fresken der **Höhlentempel von Dambulla**.
- Gehen Sie in **Kandy** am Abend zur *puja* im **Zahntempel**, um einen Blick auf das Kästchen mit der Zahnreliquie zu erhaschen.
- Schauen Sie den Teepflückern auf einer der zahlreichen Teeplantagen im **Hill Country** zu.
- Blicken Sie im **Horton Plains National Park** von World's End aus über die Hügel bis zur Südküste, oder wandern Sie auf dem Loop Trail durch das Hochland.

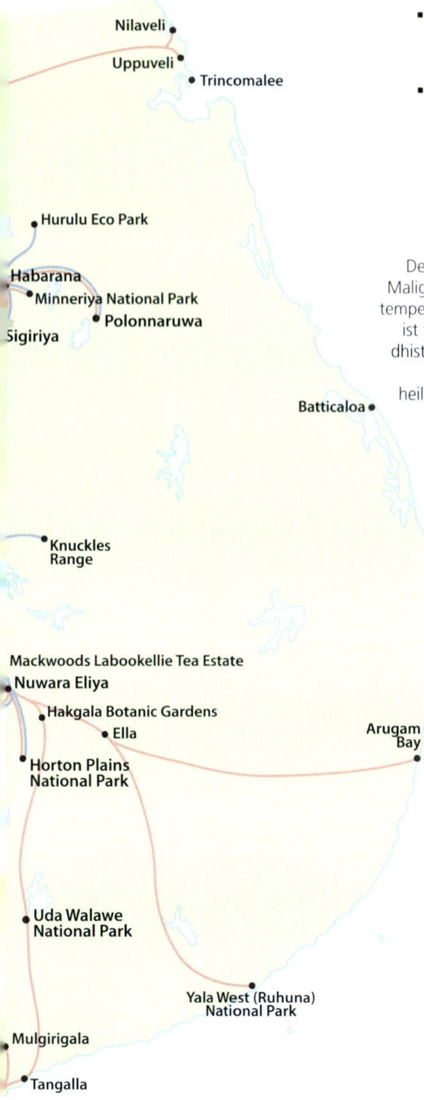

Kandy
Der Sri Dalada Maligawa (Zahntempel) in Sinhala ist für die Buddhisten der Insel einer ihrer heiligsten Orte.

Uda Walawe National Park
Der Nationalpark Uda Walawe ist vor allem für seine große Elefantenpopulation weit über Sri Lanka hinaus berühmt. Die Herden der Dickhäuter sind auf jeder Safari schnell zu entdecken.

Die Sambodhi Chaitya in Colombo zieren Wandbilder *(siehe S. 66)*

Zwei Tage in Colombo

Sri Lankas Hauptstadt wirkt zu Beginn überwältigend. Doch schnell erliegt man Colombos Charme und entwickelt ein Gefühl für die Stadt.

- **Anreise** Der Bandaranaike International Airport liegt rund 30 Kilometer nördlich von Colombo. Mit Bus oder Taxi erreicht man die Stadt in etwa 20 Minuten.

Erster Tag

Vormittags Beginnen Sie die Tour im historischen Viertel **Fort** *(siehe S. 64f)*, in dem alte Kolonialgebäude und moderne Hotels einen interessanten Kontrast bilden. Am besten erkunden Sie das Gebiet zu Fuß. Weiter nördlich steht am Ufer die **Sambodhi Chaitya** *(siehe S. 66)*, eine einzigartige *dagoba*. Von oben hat man einen schönen Blick über den Hafen. Wenn die Hitze stärker wird, finden Sie in der **St Peter's Church** *(siehe S. 66)* angenehme Kühle. Zum Mittagessen locken im **Old Dutch Hospital** *(siehe S. 67)* Lokale und Cafés.

Nachmittags Ein Three-Wheeler bringt Sie zum **Colombo National Museum** *(siehe S. 78f)*, das Sri Lankas alten Königreichen gewidmet ist. Nach einem Shopping-Bummel fahren Sie nach **Mount Lavinia** *(siehe S. 81)* und genießen auf der Terrasse des Mount Lavinia Hotels einen Sundowner.

Zweiter Tag

Vormittags Erkunden Sie die engen Gassen im stimmungsvollen Viertel **Pettah** *(siehe S. 68)*, bevor es zu heiß und voll wird. Hier liegen das **Dutch Period Museum** *(siehe S. 68)*, die Jami-ul-Alfar-Moschee *(siehe S. 68)* und einige hinduistische *kovils*. Dann geht es per Three-Wheeler zum South Beira Lake mit dem **Seema-Malaka-Tempel** *(siehe S. 72f)*. Von dort ist es nicht weit zum **Gangaramaya-Tempel** *(siehe S. 73)*. Mit dem Taxi erreichen Sie die **Galle Road** *(siehe S. 80)* für ein Mittagessen.

Nachmittags Bei einer Führung entdecken Sie Geoffrey Bawas wunderbares Haus **No. 11, 33rd Lane** *(siehe S. 76)* und danach im Barefoot in der Galle Road bunte Stoffe und Souvenirs.

Tipp zur Verlängerung
Zwölf Kilometer nordöstlich von Colombo steht der Tempel **Kelaniya Raja Maha Vihara** *(siehe S. 81)*.

Zwei Tage in Kandy

In der quirligen Stadt drängen sich Pilger und Touristen, moderne Bauten und die Relikte eines antiken Königreichs.

- **Anreise** Von Colombo fahren Züge und Busse nach Kandy. Mit dem Auto dauert es etwa drei Stunden.

Erster Tag

Vormittags Eine Wanderung führt Sie um den Kandy Lake, danach bewundern Sie im **Kandy National Museum** *(siehe S. 134f)* Gewänder und Handschriften auf *ola*-Blättern. Eine Seitenstraße verläuft zum **Britischen Garnisonsfriedhof** *(siehe S. 138)*. Dort liegt das Grab des letzten Europäers, der in Sri Lanka von einem Elefanten getötet worden sein soll.

Nachmittags Nach dem Mittagessen besuchen Sie den Tempelbezirk mit dem **Zahntempel** *(siehe S. 136f)*. Sehenswert sind hier auch das Raja Tusker Museum und das Sri Dalada Museum. Kommen Sie zeitig zur abendlichen *puja* zum Goldenen Schrein. Dann können Sie die *devales* vor dem Zahntempel besichtigen.

Zweiter Tag

Vormittags Am frühen Vormittag geht es zum **Pinnawala Elephant Orphanage** *(siehe S. 143)*, später marschieren die Elefanten für ein Bad zum Fluss. Alternativ können Sie auf dem **Three-Temples Loop** *(siehe S. 142f)* wandern, schneller geht es mit Auto oder Three-Wheeler.

Nachmittags Besichtigen Sie die **Peradeniya Botanical Gardens** *(siehe S. 142)*, und ruhen Sie sich im Schatten des riesigen Feigenbaums aus. Am Abend geht es zu den Kandy-Tänzern der Kandyan Art Association *(siehe S. 236)*.

Zahntempel am Ufer des Kandy Lake *(siehe S. 136f)*

Weitere Informationen zu den Verkehrsmitteln in Sri Lanka *siehe Seiten 266–269*

Eine Woche im Kulturellen Dreieck und im Hill Country

- **Anreise** Start- und Zielort ist der Bandaranaike International Airport von Colombo.
- **Weiterreise** Für die Tour wird ein Wagen mit Fahrer benötigt. Die Fahrt von Colombo nach Anuradhapura dauert etwa fünf Stunden, die von Nuwara Eliya nach Colombo drei Stunden.

Erster Tag: Anuradhapura

Die Ruinenstadt **Anuradhapura** *(siehe S. 178–181)* ist der perfekte Einstieg. Sie dokumentiert eindrucksvoll die jahrtausendealte Historie der Insel. Bestaunen Sie den Sri Maha Bodhi, ehemalige Klosteranlagen, *dagobas* und Seen. Die großflächige archäologische Stätte kann man bequem per Fahrrad erkunden.

Tipp zur Verlängerung
Gönnen Sie sich einen weiteren Tag für die Ruinen von Anuradhapura.

Zweiter Tag: Mihintale und Habarana

Besuchen Sie **Mihintale** *(siehe S. 182f)* am kühleren Vormittag, denn bis zum Gipfel sind 1840 Stufen zu erklimmen. Verpassen Sie nicht den Blick vom Aradhana Gala. Danach geht es nach **Habarana** *(siehe S. 174)*, von dort aus kann man die Sehenswürdigkeiten der Umgebung erkunden. Nachmittags ist ein Ausflug zu den Elefanten im **Minneriya National Park** *(siehe S. 175)* oder im **Hurulu Eco Park** *(siehe S. 175)* angesagt.

Dritter Tag: Sigiriya und Polonnaruwa

Am besten erreichen Sie **Sigiriya** *(siehe S. 166–169)*, bevor die Sonne hoch am Himmel steht. Vormittags entdecken Sie die Königlichen Gärten und die Fresken an der westlichen Felsenseite. Nachmittags erkunden Sie die Ruinenstadt **Polonnaruwa** *(siehe S. 170–174)* mit einem Leihrad. Besonders sehenswert ist der liegende Buddha im Tempel Gal Vihara.

Tipp zur Verlängerung
Halten Sie am Nachmittag am Waldkloster **Ritigala** *(siehe S. 176)*, erkunden Sie am nächsten Tag die Ruinen von Polonnaruwa.

Vierter und fünfter Tag: Kandy

Auf dem Weg nach **Kandy** *(siehe S. 134–139)* besichtigen Sie die **Höhlentempel von Dambulla** *(siehe S. 162f)* und den Tempel in **Aluvihare** *(siehe S. 158)*. In Kandy besuchen Sie die abendliche *puja* im **Zahntempel** *(siehe S. 136f)*. Oder Sie verschieben dies auf den nächsten Tag und erkunden stattdessen gemütlich die Stadt und die vielen *kovils*.

Tipp zur Verlängerung
Unternehmen Sie ab Kandy eine zweitägige Trekking-Tour in der **Knuckles Range** *(siehe S. 144)*.

Sechster Tag: Nuwara Eliya

Nehmen Sie den Zug von Kandy nach Nanu Oya, und genießen Sie auf der Fahrt die Aussicht. Lassen Sie sich von einem Wagen die kurze Strecke nach **Nuwara Eliya** *(siehe S. 144f)* fahren. Am Nachmittag geht es zum **Mackwoods Labookellie Tea Estate** *(siehe S. 145)*. Lecker: Tee und Schokoladenkuchen im Café.

Buddha-Darstellung, Höhlentempel von Dambulla *(siehe S. 162f)*

Siebter Tag: Horton Plains National Park

Fahren Sie früh zum World's End im **Horton Plains National Park** *(siehe S. 146f)*, und genießen Sie die grandiose Aussicht, bevor die Wolken den Blick versperren. Nachmittags erkunden Sie Nuwara Eliya oder unternehmen eine Wanderung in den Hügeln der Umgebung.

Tipp zur Verlängerung
Legen Sie auf dem Rückweg nach Colombo in **Kitulgala** *(siehe S. 148)* eine Pause für Rafting ein.

Blick auf den Aradhana Gala (Meditationsfelsen), Mihintale *(siehe S. 183)*

Zwei Wochen in Sri Lanka

- **Anreise** Start- und Zielort ist der Bandaranaike International Airport, Colombo.
- **Weiterreise** Für die Tour benötigen Sie einen Wagen mit Fahrer.

Erster und zweiter Tag: Colombo

Siehe Tour auf S. 12.

Dritter Tag: Habarana

Fahren Sie nach **Habarana** *(siehe S. 174)*, es ist Ausgangspunkt für Ausflüge im Kulturellen Dreieck. Am späten Nachmittag geht es zur Elefantensafari in den **Minneriya National Park** *(siehe S. 175)* oder zur Behandlung mit Massagen und Kräuterbädern in ein Ayurveda-Spa in einem Hotel.

Vierter Tag: Anuradhapura

Eine Stunde von Habarana entfernt liegen die Ruinen von **Anuradhapura** *(siehe S. 178–181)*. Attraktionen sind die einst über 100 Meter hohe Jetavanarama Dagoba und die Ruwanwelisiya Dagoba mit dem Elefantenfries. Ein Muss ist der Sri Maha Bodhi – den heiligen Baum sollte man unbedingt gesehen haben.

> **Tipp zur Verlängerung**
> Fahren Sie zu den schönen Stränden von **Nilaveli** und **Uppuveli** an der Ostküste *(siehe S. 190)*.

Ruine des Rundtempels Vatadage in Polonnaruwa *(siehe S. 170–174)*

Fünfter Tag: Sigiriya und Polonnaruwa

Unweit von Habarana erreichen Sie – möglichst vor dem Ansturm der Massen – den **Sigiriya** *(siehe S. 166–169)*. Der atemberaubende Monolith mit den Fresken und der Spiegelwand ist zwar die Hauptattraktion, doch sehenswert sind auch die Gärten zu seinen Füßen. Planen Sie Zeit für die Exponate im Sigiriya Museum ein. Nachmittags fahren Sie nach **Polonnaruwa** *(siehe S. 170–174)*. Dort lockt mit dem Vatadage die wohl schönste Ruine Sri Lankas.

Sechster Tag: Höhlentempel von Dambulla

Halten Sie auf dem Weg nach Kandy bei den **Höhlentempeln von Dambulla** *(siehe S. 162f)*. Die mit Fresken geschmückten Tempel beherbergen auch zahlreiche sitzende und stehende Buddha-Statuen.

Leuchtend grün: Teeplantagen bei Nuwara Eliya *(siehe S. 144f)*

Siebter Tag: Kandy

Wählen Sie einen Tag aus der Tour in Kandy auf S. 12.

> **Tipp zur Verlängerung**
> Fahren Sie nach Dalhousie, wo Sie auf den **Adam's Peak** *(siehe S. 148f)* klettern, danach geht es ins malerische Nuwara Eliya.

Achter Tag: Nuwara Eliya

Nehmen Sie den Zug von Kandy nach Nanu Oya, von dort fahren Sie nach **Nuwara Eliya** *(siehe S. 144f)*. Bei einer Führung durch eine der Teefabriken können Sie die Hausmarke einer Plantage kosten.

Neunter Tag: Horton Plains National Park

Wenn Sie in Nuwara Eliya sind, dürfen Sie den Ausblick von World's End im **Horton Plains National Park** *(siehe S. 146f)* nicht verpassen. Den Nationalpark kann man zu Fuß erkunden und dabei zahlreiche Vögel beobachten. Nachmittags spazieren Sie durch Nuwara Eliya und den Victoria Park oder spielen eine Runde Golf.

> **Tipp zur Verlängerung**
> Besuchen Sie **Ella** *(siehe S. 149)*, und wandern Sie durch das Hügelland. Machen Sie eine Safari im **Yala West (Ruhuna) National Park** *(siehe S. 126f)*, oder surfen Sie auf den Wellen vor **Arugam Bay** *(siehe S. 196)* an der Ostküste.

Weitere Informationen zu den Verkehrsmitteln in Sri Lanka *siehe Seiten 266–269*

Zehnter Tag: Uda Walawe National Park

Von Nuwara Eliya führt der Weg zu den **Hakgala Botanical Gardens** *(siehe S. 145)* und weiter zum **Uda Walawe National Park** *(siehe S. 122f)*. Die Rosen des Botanischen Gartens blühen am prächtigsten zwischen April und August. Im Nationalpark locken eine Elefantensafari und ein Besuch im Elefantenwaisenhaus Elephant Transit Home westlich des Parkeingangs. Sie können dort bei der Fütterung zusehen und die Elefanten von einer Plattform aus beobachten.

Blick vom World's End, Horton Plains National Park ***(siehe S. 146f)***

Elfter Tag: Südküste

Mehrere Orte eignen sich als Ausgangspunkte für Ausflüge an der Südküste. An den schönen Stränden von **Tangalla** *(siehe S. 121)* können Sie auch Schildkröten beobachten, in **Mirissa** *(siehe S. 118)* werden Bootsfahrten für Walbeobachtungen angeboten. In **Unawatuna** *(siehe S. 116)* herrscht dagegen vor allem Partystimmung. In seiner geschützten Bucht kann man aber auch gut schwimmen, tauchen und schnorcheln.

Tipp zur Verlängerung
Gönnen Sie sich noch einen Tag in **Unawatuna** *(siehe S. 116)*, um den Rumassala zu erklimmen oder am Strand zu entspannen.

Zwölfter Tag: Ein Tag an der Küste

Entspannen Sie am Strand, oder beobachten Sie draußen auf dem Meer die Wale. Später fahren Sie landeinwärts zum **Martin Wickramasinghe Museum** *(siehe S. 116f)* östlich von Unawatuna. Noch weiter im Osten liegt **Dickwella** *(siehe S. 120f)*, Ausgangspunkt für Ausflüge zum Tempel Wewurukannala Vihara, zum Kloster Mulgirigala oder zum Hoo-maniya Blowhole. Auf dem Rückweg nach Unawatuna sehen Sie bei **Midigama** *(siehe S. 117)* den Stelzenfischern zu.

13. Tag: Galle

Heute führt der Weg an der Küste entlang nach **Galle** *(siehe S. 108–113)*. Im stimmungsvollen Fort bummeln Sie durch das Gassenlabyrinth, besuchen das National Maritime Archaeology Museum und nehmen an einer Führung auf den Festungswällen teil. Wer länger bleiben möchte, findet Hotels und Restaurants.

14. Tag: Nach Colombo

Für die Rückfahrt nach Colombo nehmen Sie entweder die Autobahn oder die kurvenreiche Landstraße. Auf der Strecke sollten Sie auf alle Fälle den von Bevis Bawa wunderbar angelegten **Brief Garden** *(siehe S. 98)* und das von ihm gebaute Haus bei Aluthgama besichtigen. Übernachten Sie in **Mount Lavinia** *(siehe S. 81)*, am besten im dortigen großartigen alten Hotelpalast aus der Kolonialzeit, dem Mount Lavinia Hotel.

Goyambokka Beach – Traumstrand bei Tangalla ***(siehe S. 121)***

Sri Lanka auf der Karte

Sri Lanka liegt etwas nördlich des Äquators im Indischen Ozean und ist von Indien nur durch die an ihrer schmalsten Stelle 55 Kilometer breite Palkstraße getrennt. Die Fläche des Landes beträgt 65 610 Quadratkilometer, die Einwohnerzahl knapp 22 Millionen. Sri Lankas größte Stadt ist Colombo, sein Parlamentssitz Sri Jayawardenepura Kotte. Der größte Teil der Insel besteht aus Tiefland und ist bewaldet, die Küstenzonen sind dagegen dicht besiedelt. Im Süden der Insel erstrecken sich einige gebirgige Regionen. Als höchste Gipfel ragen dort der Pidurutalagala 2534 Meter und der heilige Sri Pada oder Adam's Peak 2243 Meter auf.

Weitere Zeichenerklärungen *siehe hintere Umschlagklappe*

Ein Porträt Sri Lankas

Sri Lanka, das einstige Ceylon, liegt östlich der Südspitze des indischen Subkontinents. Das Landschaftsbild der malerischen Insel wird von diversen Naturräumen, grünen Teeplantagen und herrlichen Stränden geprägt. Verschiedene Ethnien und Religionen, antike buddhistische Stätten, prächtige Hindu-Tempel und imposante Kolonialbauten zeugen von einer reichen Kulturgeschichte. Nach fast 30 Jahren Bürgerkrieg und dem verheerenden Tsunami von 2004 ist Sri Lanka wieder auf dem Weg zu Frieden und Wohlstand.

Sri Lanka blickt auf eine überaus bewegte Geschichte zurück. Als Station der Handelswege über den Indischen Ozean war die Insel Ziel von Kaufleuten und Eroberern, die über das Meer fuhren und die Kultur der Bevölkerung prägten.

Die ersten Siedler kamen im 5. Jahrhundert v. Chr. aus Nordindien auf die Insel. Ihnen folgten ab dem 3. Jahrhundert v. Chr. tamilische Eroberer aus Südindien und im 7. Jahrhundert n. Chr. arabische Händler aus dem Nahen Osten. Ungefähr 900 Jahre später erreichten Portugiesen, Holländer und Briten Sri Lanka. Ihre Spuren sind in Kultur und Architektur des Inselstaats noch deutlich sichtbar. Kulturell ist Sri Lanka bis heute eng mit Indien verbunden. Dies gilt vor allem für den Norden, wo die meisten Tamilen leben und der Hinduismus weitverbreitet ist.

Sri Lanka wurde 1948 von Großbritannien unabhängig. Nach den ersten friedlichen Jahren der Autonomie tobte auf der Insel von 1983 bis 2009 ein erbitterter Bürgerkrieg zwischen der singhalesisch dominierten Regierung und den Tamil Tigers (LTTE). Heute sehen die meisten Menschen wieder mit vorsichtigem Optimismus in die Zukunft.

Sri Lanka ist ein kleiner Staat, dennoch sind seine Landschaften vielfältig (von Regenwäldern bis zu ausgedehnten Teeplantagen). Zur reichen Tierwelt gehören Elefanten, Leoparden und zahllose Vogelarten. Die Insel hat viel zu bieten, seien es faszinierende Stätten der frühen buddhistischen Kulturen wie Anuradhapura und Sigiriya oder herrliche Strände und aufregende Möglichkeiten zum Surfen, Wildwasser-Raften und Ballonfahren.

Palmen am schönen langen Strand in Mirissa

◀ **Eine Frau entzündet eine Kerze im buddhistischen Zahntempel in Kandy** *(siehe S. 136f)*

Freizeitgestaltung in Colombos großem Park Galle Face Green

Bevölkerung

Sri Lankas knapp 22 Millionen Einwohner gehören fast alle einer der folgenden vier ethnischen Gruppen an: Singhalesen (75 Prozent), Tamilen (15 Prozent), Moors (neun Prozent) und Burgher (0,2 Prozent). Hinzu kommen noch Veddas *(siehe S. 199)*, Parsen sowie Nachfahren der alten europäischen Kolonialherren und neu zugezogene Europäer.

Die Singhalesen sind Nachfahren indoarischer Einwanderer aus Nordindien, die im 5. Jahrhundert v. Chr. auf die Insel übersiedelten. Sie stellen den weitaus größten Teil der Bevölkerung und sprechen die indoarische Sprache Singhalesisch (Sinhala). Sie sind überwiegend Anhänger des Theravada-Buddhismus.

Die Tamilen unterteilen sich in zwei Gruppen, wobei die Sri-Lanka-Tamilen elf Prozent und die indischen Tamilen vier Prozent der Bevölkerung ausmachen. Die meisten Sri-Lanka-Tamilen leben in den nördlichen und östlichen Teilen des Landes. Sie leiten ihre Abstammung von den Invasoren ab, die von Südindien aus die Insel im 3. und 2. Jahrhundert v. Chr. eroberten. Die indischen Tamilen sind Nachfahren jener Arbeiter, die die Briten im 19. Jahrhundert aus Indien für ihre Teeplantagen im zentralen Hochland holten. Beide Gruppen sind überwiegend Anhänger des Hinduismus und sprechen die drawidische Sprache Tamil.

Die Moors sind Nachfahren arabischer Händler, die sich im 7. Jahrhundert auf der Insel niederließen. Sie sind Muslime und unterscheiden sich in ihrer Kultur stark von den anderen großen Ethnien der Insel. Zudem leben auf Sri Lanka noch einige malaiische Muslime, deren Vorfahren von den Holländern aus Java nach Sri Lanka gebracht wurden.

Die Burgher leben zumeist in Colombo, Trincomalee und Batticaloa. Sie führen ihre Herkunft auf portugiesische und holländische Kolonisten zurück, die einheimische Frauen heirateten und für immer auf der Insel blieben. Die Bezeichnung Burgher soll sich vom holländischen *burger* (Bürger) herleiten. Die Burgher sprechen in der Regel als Erstsprache Englisch und sind überwiegend Christen.

Eine winzige Ethnie Sri Lankas sind die Veddas oder Wanniyala-Aetto (»Waldbewohner«). Sie stammen vermutlich von den ersten Bewohnern der Insel ab, die um 16 000 v. Chr. einwanderten. Die meisten Veddas wurden von den Singhalesen und Tamilen assimiliert. Doch einige wenige versuchen, ihre traditionelle Kultur zu erhalten, und leben als Jäger und Sammler in den Wäldern. Ihre Lebensweise und Siedlungsgebiete sind durch das rasante Vordringen der modernen Kultur stark bedroht.

Maithripala Sirisena (UPFA), Präsident seit 2015

Politik

An der Spitze der Demokratischen Sozialistischen Republik Sri Lanka steht ein gewählter Präsident, der die Regierung führt und Oberbefehlshaber der Streitkräfte ist. Das Parlament hat 225 Sitze, seine Abgeordneten werden für jeweils sechs Jahre gewählt. Jede der neun Provinzen wird durch einen Provinzrat verwaltet, der über Entscheidungsbefugnisse in Bereichen wie Bildung und Gesundheit verfügt. Die Politik wird von zwei Parteien dominiert: der sozialistischen Sri Lanka Freedom Party (SLFP) und der konservativen United National Party (UNP). Die SLFP ist die größte Gruppe der United People's Freedom Alliance (UPFA), diese wurde bis 2015 von Mahinda Rajapaksa geführt.

Rajapaksa wurde 2005 für sechs Jahre zum Präsidenten gewählt. Nach dem Ende des Bürgerkriegs mit der LTTE (Liberation Tigers of Tamil Eelam) ließ Rajapaksa die folgende Wahl um ein Jahr auf 2010 vorziehen und gewann mit einem Erdrutschsieg das Mandat für eine zweite Amtszeit. Im selben Jahr errang seine Regierungskoalition bei den Parlamentswahlen eine klare Mehrheit. Dadurch konnte sie eine Verfassungsänderung durchsetzen, die eine unbegrenzte Wiederwahl des Präsidenten ermöglicht. Gegen diese Verfassungsänderung gab es starken Widerstand. Gegner warfen Rajapaksa vor, eine Diktatur anzustreben. Der Präsident hielt dem entgegen, dass er für die nötige Stabilität nach dem Bürgerkrieg sorge.

Rajapaksa setzte für 2015 die nächste Wahl an. Überraschenderweise gewann allerdings sein Gegenkandidat, der frühere Gesundheitsminister Maithripala Sirisena. Bei den Parlamentswahlen im August 2015 versuchte Rajapaksa, Regierungschef zu werden, doch Premierminister wurde Ranil Wickremesinghe von der UNP.

Inneres des Parlamentsgebäudes von Sri Lanka

Die Menschenrechtslage in Sri Lanka bleibt ein Problem. Während der zehnjährigen Amtszeit Rajapaksas kam es zu Machtmissbrauch und Korruption. Politische Gegner verschwanden, es gab Einschränkungen der Meinungs- und Pressefreiheit und unaufgeklärte Morde, u. a. 2009 an Lasantha Wickrematunge, dem Herausgeber der Wochenzeitung *Sunday Leader*. Viele Menschen sitzen ohne Gerichtsverfahren in Haft. Sri Lanka hat eine unabhängige Untersuchung der im Bürgerkrieg begangenen Kriegsverbrechen abgelehnt. 2010 setzte Rajapaksa zur Untersuchung des Konflikts die Lessons Learnt and Reconciliation Commis-

Die beiden Türme des World Trade Center in Colombo

sion (LLRC) ein, deren Glaubwürdigkeit von Organisationen wie den Vereinten Nationen und Amnesty International stark infrage gestellt wurde. Maithripala Sirisena hat bei seinem Amtsantritt versprochen, mehr Demokratie durchzusetzen und die Korruption zu bekämpfen.

Wirtschaft

Trotz der großen Schwierigkeiten, die aus dem Bürgerkrieg und dem verheerenden Tsunami 2004 resultierten, hat sich die wirtschaftliche Lage des Landes in den letzten Jahren stark verbessert. Sri Lanka wird von der Weltbank heute als kreditwürdiger Staat mit einem mittleren Volkseinkommen eingestuft. 2011 betrug das Wirtschaftswachstum acht Prozent, sank aber 2013 auf 6,5 Prozent.

Der Dienstleistungssektor, zu dem auch der Tourismus gehört, erwirtschaftet fast 60 Prozent des Bruttoinlandsprodukts. Doch Sri Lanka führt auch viele Produkte aus, darunter Textilien, Tee, Gummi- und Kokosprodukte, aber auch Saphire, Granate, Zirkone und andere Edelsteine – und nicht zuletzt Arbeitskräfte. Diese Arbeitsmigranten, von denen viele im Nahen Osten arbeiten, überweisen hohe Geldsummen nach Hause.

Das Gesundheitswesen Sri Lankas ist erstaunlich gut, die Lebenserwartung relativ hoch. Die Alphabetisierungsrate liegt bei 91 Prozent, der Anteil der Armen fiel in den letzten Jahren von 15 auf neun Prozent. Trotz dieser Fortschritte herrscht in der Gesellschaft Sri Lankas eine große soziale Ungleichheit. Darüber hinaus nimmt die Unzufriedenheit über steigende Lebenshaltungskosten zu. So sind z. B. die Preise für Treibstoffe und Elektrizität 2012 um 40 Prozent gestiegen. Die Wirtschaft kämpft mit einem zunehmenden Handelsdefizit und abnehmenden ausländischen Investitionen.

Religion

Sri Lanka ist ein Land mit vielen Religionen. Die meisten Einwohner sind Buddhisten (71 Prozent). Der Anteil der Hindus beträgt etwa 13 Prozent. Die Muslime stellen rund neun und die Christen um die sieben Prozent.

Der Buddhismus hat seine Anhänger vor allem unter den Singhalesen. Er prägte Kunst, Architektur und Literatur des Landes. Die Religion wurde im 3. Jahrhundert v. Chr. von Mahinda, dem Sohn des indischen Königs Asoka, in Sri Lanka eingeführt. Unter den Tamilen ist der Hinduismus die vorherrschende Religion. Er kam mit den tamilischen Eroberern aus Südindien auf die Insel. In Sri Lanka werden vor allem die Hindu-Götter Vishnu, Shiva und Skanda verehrt. Den Islam brachten arabische Händler nach Sri Lanka, das Christentum europäische Kolonialmächte.

Götterdarstellungen im Maha Devale, Kataragama

Leopard, Yala West (Ruhuna) National Park

Anhänger aller Religionen leben zwar auf der gesamten Insel, konzentrieren sich jedoch teilweise in bestimmten Gebieten. So leben z. B. die Katholiken vorwiegend an der Westküste. Die Religionsgruppen pflegen einen offenen Umgang miteinander und teilen sich gelegentlich sogar die Pilgerstätten, so etwa Adam's Peak *(siehe S. 148f)* oder Kataragama *(siehe S. 128)*.

Diese tolerante Haltung wird allerdings durch vereinzelte gewalttätige Aktionen bedroht. So steckten buddhistische Gewalttäter im April 2012 in Dambulla eine Moschee in Brand, im August 2013 griffen sie eine Moschee in Colombo an.

Naturschutz

Viele Besucher Sri Lankas beeindruckt die Tier- und Pflanzenwelt. Die Insel ist für ihren Artenreichtum bekannt und zudem Heimat zahlreicher endemischer Tier- und Pflanzenarten. Etwa zwölf Prozent der Insel sind als Naturreservate, Nationalparks oder anderweitige Schutzgebiete ausgewiesen. Diese umfassen zum Teil atemberaubende Landschaften und werden vom Department of Wildlife Conservation verwaltet. Die bekanntesten Nationalparks sind Yala West *(siehe S. 126f)*, Uda Walawe *(siehe S. 122f)* und Horton Plains *(siehe S. 146f)*.

Allerdings leiden auch in Sri Lanka die Nationalparks unter Wilderei, illegaler Landwirtschaft und illegalem Abbau von Edelsteinen. In neuerer Zeit werden vor allem fehlende Gesetze und die vielen Besucher mit ihren Geländewagen zu einer Bedrohung der Parks. Der Verlust von Rückzugsräumen für die Wildtiere, zunehmender Tourismus und vermehrter Bau von Hotelanlagen besorgen Umweltschützer. Unterschiedlichste Organisationen widmen sich dem Erhalt des Artenreichtums und suchen nach Wegen, den Schutz der Inselschätze mit den Bedürfnissen des Tourismus in Einklang zu bringen.

Sport

Der offizielle Nationalsport Sri Lankas ist Volleyball, doch Kricket ist der bei Weitem beliebteste Sport. 2011 richtete Sri Lanka (mit Indien und Bangladesch) den Cricket World Cup aus, 2012 die ICC World Twenty20. Die Weltmeisterschaft gewann Sri Lanka letztmals 1996, 2011 wurde das Team im Finale von Indien geschlagen.

Kricketspieler genießen in Sri Lanka große Popularität. Viele von ihnen besitzen Restaurants und Hotels oder sind Werbestars. Zur Weltmeisterschaft 2011 lief ein Spielfilm über Kricket mit dem Titel *Sinhawalokanaya* an, in dem der Spieler Tillakaratne Dilshan die Hauptrolle spielte.

Eine weitere beliebte Sportart ist das traditionelle *Elle*. Das Spiel gleicht ein wenig dem Baseball, aber der Ball ist kleiner, das Feld größer, und als Schläger dient ein Bambusstock. Jedes Jahr werden in Sri Lanka nationale *Elle*-Meisterschaften ausgetragen, *Elle* wird zudem gern in Schulen und bei Festen gespielt.

Junge Männer spielen in einem Park in Vavuniya Kricket

Flora und Fauna

Trotz geringer Landmasse besitzt Sri Lanka eine vielfältige Flora und Fauna. Die Bandbreite seiner Landschaften reicht von trockenen Ebenen in Norden, Osten und Südosten bis zu sattgrünen Regenwäldern im Südwesten. Das Zentrum der Insel bilden die Hügel und Berge des Hill Country. Aus dem mit Teeplantagen überzogenen Hügelland ragen einige schroffe Gipfel auf, darunter der majestätische Adam's Peak. An den Küsten erstrecken sich Sandstrände, Salzpfannen und Mangrovenwälder. Zur Tierwelt gehören Elefanten, Leoparden und weitere Säugetierarten sowie zahllose Reptilien-, Vogel- und Amphibienarten.

Das endemische Ceylonhuhn ist der Nationalvogel von Sri Lanka

Tropischer Regenwald

Das immerfeuchte Tiefland im Südwesten Sri Lankas bedecken tropische Regenwälder. Dort findet man viele endemische Bäume und Epiphyten, Vögel und Amphibien. Die Regenwälder sind für den Erhalt von Sri Lankas Artenreichtum von großer Bedeutung.

Den gelbbraunen Rajah kann man bei einer Wanderung im Sinharaja Forest Reserve entdecken. Er gehört zu den etwa 250 Schmetterlingsarten, die in Sri Lanka bisher entdeckt wurden.

Der Ceylondrossling besitzt einen orangefarbenen Schnabel und ein rotbräunliches Gefieder. Diese endemische Art kann man häufig im Kitulgala und im Sinharaja Forest Reserve erspähen.

Die Ceylon-Lanzenotter ist eine Giftschlange, die vor allem auf Bäumen lebt. Mit ihrem grün-schwarzen Muster ist sie perfekt getarnt. Sie frisst hauptsächlich Vögel, Eidechsen und Frösche.

Nebelwald

In tieferen Lagen wurden Bergwälder großteils für die Landwirtschaft abgeholzt. Daher bedecken Nebelwälder heute nur noch ein Prozent des Landes. Im Horton Plains National Park finden sich noch dichte Nebelwaldgebiete mit Orchideen und vielen anderen Epiphyten.

Die Schwarzlippen-Schönechse lebt normalerweise in Bergwäldern in einer Höhe über 1000 Metern. Auf dem Weg zum World's End im Horton Plains National Park kann man sie oft sehen.

Die Ceylonpfeifdrossel ist eine gefährdete Art. Den Vogel mit dem blauschwarzen Gefieder und tiefblauen Fleck auf den Flügeln sieht man gelegentlich an Waldbächen.

Die Ipsea speciosa oder Daffodil-Orchidee blüht gelb. Die seltene Orchideenart ist nur schwer zu finden, da ihr Lebensraum immer kleiner wird und sie bei Sammlern begehrt ist.

Mangrovenwälder

Mangrovenwälder erstrecken sich bei Puttalam, Jaffna und Trincomalee. Sie bergen einen einzigartigen Reichtum an Meeres- und Landlebewesen. Mit ihrem Wurzelgewirr schützen sie die Küste vor Erosion und dienen als Schutzwall gegen Wetterextreme und Überflutungen. In den Wäldern nisten Hunderte Vogelarten, Zugvögel finden eine sichere Zwischenstation. Hier liegen zudem überlebenswichtige Brutgebiete für die Fische an der Küste und in den Lagunen. Doch auch in Sri Lanka leiden die Mangroven unter der Wasserverschmutzung, dem Raubbau durch den Menschen, der Fischzucht und dem Bau von Hotelanlagen. Um ihren Schutz und ihre Aufforstung kümmern sich diverse Umweltschutzorganisationen. Diese betreiben Baumschulen und organisieren zudem Informationsveranstaltungen für die Bevölkerung, um die Bedeutung der Mangroven für das Ökosystem bewusst zu machen.

Mangroven, Pottuvil Lagoon

Mangroven-Maulwurfkrebs

Trockenwald

Mehr als zwei Drittel des Landes werden von trockenem Tiefland bedeckt. Dort gedeihen vor allem an den Flussufern Laubwälder. Derartige Galeriewälder findet man z. B. in den bekannten Nationalparks Yala West (Ruhuna), Minneriya und Wilpattu.

Der Indische Holzapfel oder Elefantenapfel ist eine kugelige graue Frucht, die gegessen und auch in der traditionellen Medizin verwendet wird.

Asiatische Elefanten sind das ganze Jahr über zu sehen. Besonders gut kann man sie im Uda Walawe National Park beobachten.

Palu-Bäume findet man vor allem im Yala West (Ruhuna) National Park. Die langsam wachsenden immergrünen Bäume werden bis zu 20 Meter hoch.

Küste

Sri Lankas Küste säumen wunderschöne Strände. An vielen legen Meeresschildkröten ihre Eier ab. Im Meer vor der Halbinsel Kalpitiya leben ganzjährig Delfine, vor Mirissa ziehen von Dezember bis April Wale auf ihrer langen Wanderung vorbei.

Meeresschildkröten sind auch in Sri Lanka gefährdet. Fünf Arten (Grüne Meeresschildkröte, Lederschildkröte, Oliv-Bastardschildkröte sowie Unechte und Echte Karettschildkröte) legen ihre Eier an den Stränden der Insel ab.

Spinnerdelfine sieht man in großer Zahl vor der Küste der Halbinsel Kalpitiya sowie in einigen Gebieten vor der Südküste.

Seeigel haben kugelförmige Körper, die mit spitzen Stacheln besetzt sind. In Sri Lanka gibt es 28 Arten. Man sieht sie beim Tauchen und Schnorcheln sowie bei Spaziergängen entlang der Küste.

Elefanten

In Sri Lankas Geschichte, Kultur und Religionen spielt der Elefant eine wichtige Rolle. Für Buddhisten und Hindus besitzt er große spirituelle Bedeutung, weshalb Elefantendarstellungen viele Tempel zieren. Die meisten Tempel halten einen Elefanten auf ihrem Gelände, der bei religiösen Festen seinen festen Platz hat. Unter den Tempelelefanten wird der Maligawa Tusker, der in Kandy bei der Prozession zur Esala Perahera die heilige Zahnreliquie Buddhas trägt, hochverehrt. Durch die großräumige Abholzung der Wälder in den letzten Jahren ging die Zahl wild lebender Elefanten stark zurück, viele wurden in Schutzgebiete umgesiedelt. Am besten kann man die Dickhäuter in den Nationalparks Uda Walawe, Yala West (Ruhuna) und Minneriya beobachten.

Elefantendarstellungen zieren einen buddhistischen Tempel

Elefanten während der britischen Herrschaft
Zu Zeiten der singhalesischen Könige durfte kein Elefant ohne die Erlaubnis des Herrschers gefangen, verletzt oder getötet werden. Dies änderte sich unter der Herrschaft der Briten. Die Kolonialherren sahen in den Elefanten lediglich eine Plage für die Landwirtschaft. Als sie für jeden getöteten Elefanten eine Prämie auslobten, wurden die grauen Riesen im 19. Jahrhundert zu Tausenden abgeschlachtet.

Mensch und Elefant im Konflikt

Durch Zersiedlung, Ausweitung der Landwirtschaft und Ausbau der Infrastruktur wird der Bewegungsraum für wilde Elefanten zunehmend verringert. Daraus entstehen Konflikte zwischen Mensch und Elefant, die in Sri Lanka inzwischen zu einem ernsten Problem geworden sind. Jedes Jahr werden rund 150 Elefanten getötet, die auf Nahrungssuche in besiedelte Gebiete vordringen. Mit ihren riesigen Körpern und gigantischem Appetit beschädigen sie Gebäude, zertrampeln Felder und töten manchmal sogar Menschen. Um dies zu vermeiden, wurden Nationalparks und Elefanten-Korridore ausgewiesen, verhaltensauffällige Elefanten umgesiedelt und Elektrozäune errichtet. Doch die Schutzgebiete sind zu klein. Der Konflikt lässt sich nur durch Landnutzung lösen, die eine friedliche Koexistenz ermöglicht.

Drei Elefanten an einem elektrischen Zaun im Uda Walawe National Park

Heilige Elefanten
Buddhisten und Hindus verbinden mit Elefanten Stärke und Mut. Im Tempel einen Elefanten zu halten, bringt nach weitverbreiteter Vorstellung Glück und Wohlstand. Im ganzen Land werden die Tiere prächtig herausgeputzt bei den alljährlichen Prozessionen mitgeführt. Tierschutzgruppen sprechen sich gegen die Haltung von Elefanten in Gefangenschaft aus.

Der Rüssel wird nicht nur zum Trinken benutzt. Elefanten ergreifen mit seiner fingerartigen Spitze auch Gegenstände.

Sri-Lanka-Elefant

Der Sri-Lanka-Elefant ist eine Unterart des Asiatischen Elefanten. Im Vergleich zum Afrikanischen hat der Asiatische Elefant einen kleineren Körper, kleinere Ohren, einen Buckelrücken und lediglich einen »Finger« an der Rüsselspitze. Zudem besitzen nur wenige männliche Elefanten sichtbare Stoßzähne. Wilde Elefanten leben in eng verwandten Gruppen von etwa 15 Tieren, sie fressen jeden Tag rund 150 Kilogramm Grünfutter.

Weibliche Elefanten sind in der Regel kleiner und leichter als die Männchen.

Die Ohren nehmen tiefe Töne im Bereich zwischen 14 und 16 Hertz wahr. Deshalb können sich Elefanten über große Entfernungen verständigen und schon früh drohende Gefahren wahrnehmen.

Der Sri-Lanka-Elefant hat von allen Unterarten des Asiatischen Elefanten die dunkelste Haut. An den Ohren, am Rüssel und Bauch weist er oft helle Flecken ohne Hautpigmente auf.

Arbeitselefanten
Zur Zeit der singhalesischen Königreiche dienten Elefanten als Lasttiere bei Kriegen und Bauarbeiten. In der Kolonialzeit zogen sie die schwere Artillerie, schleppten Kähne und halfen, das Land für die Teeplantagen zu roden. Noch heute werden sie in der Forstwirtschaft und vor allem im Tourismus eingesetzt. Achten Sie für Elefantensafaris auf Anbieter, die ihre Tiere ordentlich halten.

Religionen

Religion spielt im Alltagsleben Sri Lankas eine große Rolle. Die meisten Sri Lanker sind Buddhisten, doch auch andere Weltreligionen wie Hinduismus, Islam und Christentum sind präsent. Die Veddas, die ersten Bewohner der Insel, praktizieren ihre traditionelle Religion, die heute von Buddhismus und Hinduismus beeinflusst ist. Laut Überlieferung soll Buddha zwischen 528 und 520 v. Chr. die Insel dreimal besucht haben, weshalb Sri Lanka für Buddhisten aus aller Welt ein wichtiges Pilgerziel ist. Bedeutende heilige Stätten besitzen jedoch alle Religionen. Kataragama etwa ist für Buddhisten, Hindus und Muslime gleichermaßen ein heiliger Ort.

Pilger bei einer Prozession während des Kataragama-Fests

Das Anzünden von Kokosöllampen als Opfergabe ist ein wichtiges buddhistisches Ritual. Ihm folgt ein Wunsch oder Gebet an Buddha, den »Erleuchteten«, der Dunkelheit und Unwissenheit beseitigt hat. Auch Weihrauch, Blumen und Speisen werden häufig dargebracht.

Buddhismus

Der Theravada-Buddhismus ist die verbreitetste Religion auf der Insel. Diese Schule ist älter als die Mahayana-Schule und folgt streng den ursprünglichen Lehren Buddhas. Sie beruft sich auf den Pali-Kanon, eine der ältesten Schriftsammlungen des Buddhismus. Alle buddhistischen Tempel in Sri Lanka besitzen eine Halle, in der Bilder und Statuen von Buddha sowie von anderen Göttern aufbewahrt werden, eine *dagoba* (der kuppelförmige weiße Kultbau mit Spitze) und einen Bodhi-Baum (eine Pappelfeige). Als Symbol der Erleuchtung werden zur Dekoration der Tempel oft Lotosblumen verwendet.

In Mihintale soll der buddhistische Mönch Mahinda, der Sohn des indischen Königs Asoka, König Devanampiya Tissa von Anuradhapura vom Buddhismus überzeugt haben. Dieses Ereignis gilt als Startpunkt für die Einführung des Buddhismus in Sri Lanka.

Buddhistische Mönche erkennt man an den gelben, orangen oder dunkelroten Gewändern. Sie treten als Novizen einem Orden bei, bevor sie Mitglied einer *sangha* werden, einer Gemeinschaft geweihter Mönche oder Nonnen.

Stände an den Tempeln verkaufen religiöse Opfergaben. Die enorme Bandbreite der Möglichkeiten reicht von Lotosblumen über Buddha-Abbildungen, Speisen und Getränke bis hin zu Plastikspielzeug.

Gopurams sind die zeremoniellen Tortürme am Eingang hinduistischer Tempel. Sie sind oft mit leuchtend bemalten Skulpturen der hinduistischen Götter geschmückt. Das innere Heiligtum der Tempel ist nur während der *puja*-Zeremonien geöffnet, damit die Gläubigen ihre Opfergaben darbringen können.

Hinduismus

Hindus leben überwiegend in den nördlichen und östlichen Provinzen. Ihr Glaubenssystem basiert auf den Lehren von *samsara* (endloser Kreislauf von Tod und Wiedergeburt), *karma* (Gesetz von Ursache und Wirkung) und *dharma* (Rechtschaffenheit). Die drei wichtigsten Götter des hinduistischen Pantheon sind Brahma, der Schöpfer der Welt, Vishnu, der Bewahrer der Welt und Hüter der Ordnung, und Shiva, der Gott der Zerstörung und Erneuerung.

Pujas sind religiöse Zeremonien, die in den Tempeln zur Verehrung der Götter abgehalten werden. Bei den stimmungsvollen Feiern werden Trommeln geschlagen. Es wird Weihrauch verbrannt und aus den *Veden* rezitiert, den ältesten Schriften des Hinduismus.

Früchte und Blumen, die bei einer *puja*-Zeremonie geopfert werden, nennt man *prasada*. Dem Glauben nach werden sie von den Göttern angenommen und wieder zurückgegeben. Die so geweihten Gaben werden verteilt und von den Gläubigen gegessen.

Islam

Der Islam kam im 7. Jahrhundert mit arabischen Händlern nach Sri Lanka. Die Muslime bilden weniger als zehn Prozent der Bevölkerung und sind vor allem an den Küsten ansässig. Für sie alle gelten die fünf Säulen des Islam: *schahadah* (Glaubensbekenntnis), *salat* (Gebet), *zakat* (Almosensteuer), *saum* (Fasten) und der Hadsch, die Pilgerfahrt nach Mekka.

Die weiße Rundkappe, die muslimische Männer und Jungen tragen, nennt man *taqiyah* oder *topi*.

Die *thobe*, ein weites, knöchellanges, weißes Gewand, wird von den Schülern der *madrasas* (Koranschulen) getragen.

Christentum

Christen ließen sich schon in den ersten Jahrhunderten nach Christi Geburt an Sri Lankas Küsten nieder. Doch erst mit Ankunft der Portugiesen im 16. Jahrhundert erlangte das Christentum, genauer der Katholizismus, auf der Insel Bedeutung. Protestanten und andere Konfessionen kamen mit den Niederländern und Briten ins Land. Seit dem Ende der Kolonialzeit nahm die Zahl der Christen ab. Heute stellen sie nur noch sieben Prozent der Bevölkerung.

Die katholische St Mary's Church in Negombo ist wie viele andere Kirchen ein Zeugnis portugiesischer Missionierung in Sri Lanka.

Traditioneller Tanz

Die Geschichte der klassischen Tänze Sri Lankas reicht bis ins 4. Jahrhundert v. Chr. zurück. Die drei Hauptstile sind der Kandy-Tanz, der Tiefland-Tanz und der Sabaragamuwa. Neben diesen klassischen Stilen werden noch einige Volkstänze gepflegt, die von traditionellen Glaubensvorstellungen inspiriert sind und bei Festen vorgeführt werden. Die Kostüme bei Tanzaufführungen sind oft eindrucksvoll, ebenso wie der kunstvoll gearbeitete Schmuck der Kandy-Tänzer und die Masken beim Teufelstanz. Alle Tänze kombinieren lebhafte und graziöse Bewegungen, die dem Rhythmus der Trommeln folgen. Die Gesten unterscheiden sich von Tanz zu Tanz, genauso wie die Kostüme und Trommeln.

Mayura-Vannam-Tänzer ahmen die Bewegung eines Pfaus nach

Kandy-Tänze

Der Kandy-Tanz gilt als Nationaltanz Sri Lankas. Man unterscheidet fünf Formen: Ves, Vannam, Udekki, Pantheru und Naiyandi. Alle Formen hängen mit dem Kohomba Kankariya zusammen, einem Ritual zur Besänftigung der Götter. Traditionell werden sie nur von Männer getanzt, doch seit 1950 werden auch Frauen darin ausgebildet. Zum Kostüm eines männlichen Tänzers gehören ein weißes Hüfttuch, eine Brustplatte mit Perlenbesatz, silberne Arm- und Fußringe, ein aufwendiger Kopfschmuck und ein großer Ohrschmuck.

Ves

Der am häufigsten aufgeführte Tanz ist der Ves. Er soll sich von einem alten Reinigungsritual ableiten und wurde einst nur innerhalb der Tempelbezirke von Männern getanzt. Heute sieht man ihn bei verschiedenen religiösen Festen und Prozessionen. Mit den Vorbereitungen für den Tanz sind einige Zeremonien verbunden, so etwa auch mit dem Aufsetzen des Kopfschmucks. Dieser besitzt beim Ves große Bedeutung, gilt er doch als Ebenbild des Kopfschmucks von Kohomba, einer Gottheit Kandys.

Vannam

Der Vannam ist ein poetischer, von der Natur, buddhistischen Überlieferungen und Legenden inspirierter Tanz. Zu den 18 klassischen Formen des Vannam wurden im 20. Jahrhundert noch drei neue entwickelt. Die Tänze ahmen meist die Bewegungen von Elefanten (Gajaga Vannam), Pfauen (Mayura Vannam), Schlangen (Uraga Vannam) oder anderen Tieren nach und werden in der Regel von Frauen aufgeführt. Beim Vannam sind die Tänzer relativ frei, ihn klassisch aufzuführen oder neue Formen einfließen zu lassen.

Kostümierte Tänzer führen zur Esala Perahera in Kandy den Ves auf

Udekki

Dieser Tanz ist nach der kleinen, sanduhrförmigen Trommel benannt, die ihn begleitet. Der Sage nach befahl der Götterkönig Sakra, die Trommel zu entwickeln. Shiva beispielsweise wird oft mit einer *udekki* in den Händen dargestellt. Das Kostüm für den Udekki gleicht dem des Pantheru, nur dass die Tänzer hier mit Perlen besetzte Jacken und kunstvoll gearbeitete Gürtel tragen.

Pantheru

Angeblich haben schon die Götter mit diesem Tanz ihre Siege gefeiert. Benannt ist er nach einem Musikinstrument, das einem Tamburin ähnelt, aber die Funktion einer Trommel hat. Die Pantheru-Tänzer wirbeln das Instrument herum und reichen es während der Aufführung von Hand zu Hand. Das Kostüm für diesen Tanz ist etwas einfacher als bei den anderen Tänzen. Es besteht lediglich aus einem weißen Turban und einem weißen Tuch um die Hüfte.

Naiyandi

Der Naiyandi wird zum Anzünden der Lampen bei der Kohomba-Kankariya-Zeremonie getanzt. In Kandy führt man ihn auch bei zeremoniellen Anlässen in den *devales* *(siehe S. 134)* von Vishnu und Kataragama auf. Die Tänzer tragen ein weißes Hüfttuch und einen Turban, perlenbesetzte Brustplatten, eine Leibbinde und ein Fußkettchen.

Tieflandtänze

Diese Tänze werden auch Ruhunu-Tänze genannt und an den Küsten Sri Lankas getanzt. Sie sind oft stark ritualisiert und sollen auch Krankheiten verursachende Dämonen besänftigen.

Teufelstanz

Eigentlich ist der Teufelstanz eine Heilungszeremonie, mit der Unglück und Krankheit vertrieben werden sollen. Eine seiner vielen Formen ist der Sanni Yakku, der von einem Krankheitsdämon befreien soll. Während des Exorzismus, der die ganze Nacht dauert, wird der Dämon angerufen, er erhält Opfer und wird zuletzt gezwungen, den Leidenden zu verlassen. Die 18 Sanni-Dämonen stehen jeweils für eine bestimmte Krankheit und haben ihre spezifischen Tänze, Masken und Trommelrhythmen.

Tänzer beim Teufelstanz

Kolam

Der Kolam, die wohl beliebteste Tanzform an der Küste, umfasst eine ganze Reihe von Tänzen, die auf den buddhistischen *jataka*-Erzählungen beruhen. Die Aufführungen dieser Kombination aus Tanz und Drama beginnen mit der Schilderung der Entstehung des Kolam durch den Erzähler oder Zeremonienmeister. Der Sage nach sehnte sich die mythische Königin Menikpala während ihrer Schwangerschaft nach einem Maskentanz. Vishwakarma, der Gott der Künstler und Handwerker, erhörte sie und ließ ihrem Ehemann, König Mahasammatha, Text und Kolam-Masken für den Tanz zukommen. In den Aufführungen werden unterschiedlichste Masken benutzt.

Sabaragamuwa-Tanz

Diesen Tanzstil könnte man als Mittellandtanz bezeichnen, da er vor allem im Gebiet von Ratnapura verbreitet ist. Der Sabaragamuwa ist eine Mischung aus Tiefland- und Kandy-Tänzen, hat aber einen ganz eigenen Stil, da bei ihm auch die traditionellen Tänze der Veddas *(siehe S. 199)* mit eingeflossen sind.

Sammlung von hölzernen Kolam-Masken

Volkstänze

Im Vergleich zu klassischen Formen sind die Volkstänze einfacher und weniger ritualisiert. Zu den bekanntesten Volkstänzen von Sri Lanka gehören der Leekeli (Stocktanz), bei dem Tänzer oder Tänzerinnen zwei Stöcke emporhalten und damit ergänzend zu den Trommeln schlagen, der Kulu (Erntetanz), bei dem Frauen die Ernte und das Dreschen des Getreides darstellen, und der Kalagedi (Wasserzeremonietanz), bei dem Tänzerinnen mit Tontöpfen das Wasserholen vom Fluss nachahmen.

Tanztrommeln

Für alle Tänze Sri Lankas liefern Trommeln den typischen, rhythmischen Klangteppich. Sie werden aus verschiedenen Holzarten hergestellt und mit Tierhäuten bespannt. Für jede Tanzform werden andere Trommeln benutzt. Die Trommel der Kandy-Tänze ist die *geta bera*, die sich zu den Enden hin verjüngt und an beiden Seiten bespannt ist – die eine traditionell mit Kuhhaut, die andere mit Affenhaut. Die *yak bera* begleitet in der Regel die Maskentänze des Tieflands und wird mit beiden Händen gespielt. Die *dowla* der Sabaragamuwa-Tänze wird auf der rechten Seite mit dem *kadippu* (Stock) und auf der linken mit der Hand gespielt. Die kleinste Trommel ist die *udekki*, die mit einer Hand geschlagen wird, während die andere auf die Spannschnur drückt, um den Ton zu variieren.

Dowla

Geta bera

Yak bera

Buddhistische Kunst

In Sri Lankas Baukunst hat der Buddhismus eindrückliche Spuren hinterlassen. Die Tempel, *dagobas* und Buddha-Statuen zeigen die Kunstfertigkeit der Baumeister und Bildhauer und eine einzigartige Ikonografie. Die Größe der Buddha-Statuen und die Darstellung von Bodhisattvas (Erleuchtete an der Schwelle zum Nirwana, die anderen helfen) gehen auf die Mahayana-Schule zurück, zudem sind Einflüsse hinduistisch-tamilischer Herrscher und südindischer Baumeister erkennbar. Im 13. Jahrhundert mischte man hemmungslos hinduistische und buddhistische Elemente. Auch heute sind Hindu-Gottheiten in buddhistischen Tempeln oder buddhistische Schreine in Hindu-Tempeln zu finden.

Skulptur am Eingang zum Vatadage, Polonnaruwa

Ruwanwelisiya Dagoba, Anuradhapura

Dagobas

Dagobas oder Stupas gehen auf die alten indischen Grabhügel zurück. Die Bauten dienen als Schrein für buddhistische Reliquien. Die *dagoba* soll auch den Meru symbolisieren, den heiligen Berg im Zentrum des buddhistischen Universums, und die fünf Elemente des Kosmos. Die *dagobas* in Sri Lanka sind normalerweise schlichte Bauten ohne viel Dekor. Die bekanntesten Beispiele stehen in Anuradhapura *(siehe S. 178–181)* und Polonnaruwa *(siehe S. 170–174)*.

Glocke, Lotos und Blase sind die beliebtesten Formen bei den *dagobas* in Sri Lanka. Die klassische *dagoba* besteht aus einem *anda*, einem halbkugeligen Ziegelbau. Dieser steht auf einer quadratischen Terrasse und schließt oben mit einem *harmika* ab. Auf diesem Aufsatz formen viele *chattravali* (»Schirme«) die Spitze.

Darstellungen des Buddha

Buddha wird in einer Reihe von Posen und mit unterschiedlichen *mudras* (Handhaltungen) dargestellt. Die Künstler Sri Lankas hatten den Ruf, die Gelassenheit Buddhas in ihren Statuen besonders gut herauszuarbeiten. Die Schlichtheit der Darstellungen entspricht der Schlichtheit der *dagobas*. Die Mahayana-Schule des Buddhismus forderte kolossale Darstellungen. Ihren Einfluss auf die Kunst Sri Lankas sieht man u. a. bei den vielen mächtig aufragenden Buddha-Statuen. Die schönsten dieser Skulpturen stehen im Tempel Gal Vihara *(siehe S. 171)* in Polonnaruwa, auch wenn sie zum Teil bedeutend kleiner sind als etwa die gigantischen Statuen in Bamiyan in Afghanistan oder im indischen Kanheri.

Die *ushnisha*, die auf dem Buddha-Kopf aufragt, ist das Symbol überragender Geisteskraft. Bei einigen Statuen ist an dieser Stelle auch die *siraspata*, die Flamme der Weisheit, zu sehen.

Buddhistische Tempel

Während die *dagobas* schlicht gehalten sind, wurden die Tempel mit einer Reihe von dekorativen Ornamenten wie Wächtersteinen und Friesen von Elefanten und Zwergen verziert. Am Eingang von Schreinen oder Tempeln sieht man oft halbrunde Steine, die Mondsteine. Eine Besonderheit Sri Lankas sind die *bodhigaras*, Schreine die dem heiligen Bo- oder Bodhi-Baum gewidmet sind. Unter einer solchen Pappelfeige soll Buddha in Indien erleuchtet worden sein.

Das Bilderhaus findet man in allen buddhistischen Tempeln. Hier werden Abbildungen von Buddha aufbewahrt, aber auch Statuen anderer Götter oder ihrer Begleiter. Die Wände und Decken sind oft mit Darstellungen aus dem Leben Buddhas bemalt.

Eine *bodhigara* ist ein Schrein, der einem Bo- oder Bodhi-Baum gewidmet ist. Der heilige Baum ist von einem Zaun umgeben und wird von sitzenden Buddha-Darstellungen umringt. Der Sri Maha Bodhi in Anuradhapura ist der wichtigste Bodhi-Baum auf der Insel.

Gänse symbolisieren Reinheit und Weisheit. Oft werden sie mit Lotosknospen im Schnabel abgebildet.

Der äußere Ring besteht oft aus Flammen. Sie reinigen diejenigen, die über sie steigen.

Der innere Ring enthält nach innen zeigende Lotosblütenblätter, die das Nirwana symbolisieren.

Mondsteine bestehen aus einer Reihe konzentrischer Halbkreise. Über die Symbolik der Darstellungen wird munter debattiert, angeblich sollen sie für die spirituelle Reise zur Erleuchtung stehen. Die Mondsteine in Anuradhapura zeigen Elefanten, Pferde, Löwen und Stiere, die Geburt, Alter, Krankheit und den Tod symbolisieren.

Mit *mudras* bezeichnet man die unterschiedlichen Handhaltungen der Buddha-Statuen. Sie haben symbolische Bedeutung. Mit am häufigsten sieht man in Sri Lanka die *dhyana mudra* und die *bhumisparsha mudra* *(siehe S. 177)*.

Die Buddha-Statuen in Sri Lanka sind oft riesig. Zwölf Meter misst z. B. die Granitstatue von Aukana *(siehe S. 176)*, kolossal sind auch die fantastischen Statuen in Polonnaruwa mit ihren unterschiedlichen Körperhaltungen. Dieser Gigantismus ist auch heute so beliebt, dass immer wieder neue riesige Statuen auf der Insel errichtet werden.

Kunst und Kunsthandwerk

Seine lange Geschichte und die buddhistische Tradition haben Sri Lankas Kunst und Kunsthandwerk geformt. Die klassische Kunst wurde stark von den Glaubensvorstellungen beeinflusst, handwerkliche Fertigkeiten wie die Holzschnitzerei wurden über Generationen tradiert. Techniken wie Batik oder die Herstellung von Spitze wurden von den europäischen Kolonialisten eingeführt und meisterhaft weiterentwickelt. Heute besitzt das Land eine lebendige Kunstszene, für die digitale Kunst, Installationen und Performances genauso eine Rolle spielen wie Bildhauerei und Malerei.

Moderne Skulpturen
Zeitgenössische Bildhauer pflegen meist die traditionellen Kunstformen und nutzen klassische Materialien wie Stein oder Metall. Sie verwenden für ihre Arbeiten aber zunehmend auch recycelte Materialien und experimentieren mit neuen Techniken.

Traditionelle Bildhauerei
Die Bildhauerei hat in Sri Lanka eine lange Tradition und vor allem religiöse Wurzeln. Die riesigen Buddha-Statuen in Anuradhapura und Aukana oder die Bronzeskulpturen von Hindu-Göttern in Polonnaruwa zeigen die Kunstfertigkeit der Alten Meister.

Zeitgenössische Kunst in Sri Lanka

In der Straße Green Path (Nelum Pokuna Mawatha) gegenüber dem Colombo National Museum zeigen an Wochenenden junge Künstler und Studenten ihre Arbeiten – von traditionellen bis zu farbintensiven abstrakten Gemälden. Im Viharamahadevi Park findet im Januar die Kunstmesse Kala Pola statt. Sie wird von der George Keyt Foundation organisiert und bietet angehenden Malern und Bildhauern Gelegenheit, ihre Werke zu zeigen.

Handwerk

Viele Handwerker arbeiten noch mit traditionellen Techniken. Die Dörfer um Kandy haben sich mit der Zeit spezialisiert: Gadaladeniya z. B. auf Messingarbeiten und Dumbara auf gewebte Matten. Die später eingeführten Handwerksformen Batik und Spitzenklöppelei werden vor allem an der Südküste gepflegt. Junge Künstler kombinieren diese alten Techniken mit modernen Designs. Zu den bekanntesten Designern gehört Ena De Silva. Sie gründete 1982 das Aluvihare Heritage Centre *(siehe S. 158)*, wo sie Dorfbewohner in Teppichherstellung, Batikverfahren und Näharbeiten einführt.

Aus Palmyra-Blättern werden im Norden des Landes Körbe, Tabletts, Vorleger und Wandbehänge hergestellt. Die Blätter werden in ihrer natürlichen Farbe verarbeitet oder unterschiedlich eingefärbt, um bunte Muster zu schaffen.

Traditionelle Malerei
Wie bei den Skulpturen steht das Buddha-Motiv auch bei den bekanntesten traditionellen Gemälden im Mittelpunkt. Einige der schönsten Beispiele sind im Höhlentempel von Dambulla zu sehen. Die Kunst wurde zur Zeit der Herrschaft Kandys populär. Damals malten die Künstler in kräftigen Farben Geschichten mit religiösen Themen. Besonders beeindruckend sind die Wandgemälde in den Tempeln bei Kandy.

Moderne Malerei
Die Moderne hielt mit der 1943 gegründeten Gruppe 43 ihren Einzug in Sri Lanka. Zu ihr gehörten Künstler wie Laki Senanayake, Jagath Weerasinghe und Druvinka, die sich mit Politik, Umwelt und Spiritualität beschäftigten. Sie sind bis heute die renommiertesten Künstler der Insel.

Zeitgenössische Künstler in Sri Lanka

Zur berühmten Gruppe 43 gehörten illustre Namen wie George Keyt, Ivan Peries und Richard Gabriel. Ihre Werke werden in den bekanntesten Auktionshäusern der Welt gehandelt. Die heutigen Künstler entwickeln eigene Stile und kombinieren neue Kunstformen mit traditioneller Malerei und Bildhauerei. Ihre Arbeiten kann man in Colombo und in ausländischen Galerien sehen.

Der sri-lankische Künstler Laki Senanayake

Batik, ein indonesisches Färbeverfahren, kam mit den Holländern nach Sri Lanka. Gebatikte Wandbehänge und Sarongs mit *perahera*-Szenen oder abstrakten Motiven sind bei Besuchern beliebt.

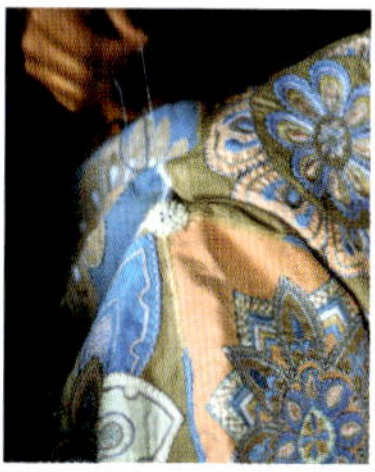

Näharbeiten sind zum Teil sehr aufwendig und erfordern Fingerfertigkeit und handwerkliches Geschick.

Spitzenklöppelei wurde von den Portugiesen eingeführt und den Holländern weiterentwickelt. Zentren sind Galle und Weligama.

Tee

Sri Lanka ist einer der größten Tee-Exporteure der Welt. Das Land produziert schwarzen und grünen Tee in einer Vielzahl von Sorten und Qualitäten, auch aromatisiert. Die ersten Teesträucher kamen aus China und wurden 1824 im Botanischen Garten in Peradeniya angepflanzt. Die erste Teeplantage wurde jedoch erst 1867 bei Kandy angelegt. Bevor der kommerzielle Teeanbau auf der Insel begann, war Kaffee die wichtigste Plantagenpflanze. Als 1870 die Zahl der Kaffeebäume durch eine Krankheit stark dezimiert wurde, entdeckte man den Tee als profitable Alternative. Heute ist die Teeproduktion für die Wirtschaft Sri Lankas von großer Bedeutung. Die Teeplantagen locken mit Führungen Besucher aus der ganzen Welt an. Man kann sich auch inmitten der malerischen Anbaugebiete in Bungalows einmieten.

Besucher bei einer Führung in einer Teefabrik in Kandy

Teeplantagen

Etwa vier Prozent der Fläche Sri Lankas sind von Teeplantagen bedeckt. Sie liegen vorwiegend im Hill Country, dessen Böden und Klima ideale Bedingungen bieten. Die Sträucher werden auf Hüfthöhe gestutzt, um die Blätter einfacher pflücken zu können. Teestecklinge werden etwa ein Jahr in Beuteln herangezogen, bevor sie auf die Felder versetzt werden.

Der Teestrauch *(Camellia sinensis)* ist ein immergrüner Strauch, der als Wildpflanze bis zu zehn Meter hoch wird.

Die Briten und der Tee

1852 kam der schottische Siedler James Taylor nach Sri Lanka, um für einen Kaffeepflanzer auf der Looleconde-ra-Plantage bei Kandy zu arbeiten. 1867 pflanzte Taylor dort die ersten Teesträucher zu kommerziellen Zwecken. Der Erfolg dieses Versuchs führte im späten 19. Jahrhundert dazu, dass sich der Anbau von Tee überall ausbreitete und einige große britische Firmen die kleinen Landbesitzungen aufkauften.

Teepflücker

Die meisten Teepflücker in Sri Lanka sind Frauen – Nachfahren der tamilischen Arbeiter, die von den Briten in den 1870er Jahren aus Südindien zur Arbeit auf die Plantagen geholt wurden. Sie müssen jeden Tag mindestens 20 Kilogramm Blätter pflücken. Die Löhne sind niedrig, die Lebensbedingungen schlecht. Oft leben die Pflücker in Baracken mit nur einem oder zwei Zimmern.

Vom Strauch bis in die Tasse

Der Anbau von Tee ist arbeitsintensiv. Die Blätter – für den besten Tee die beiden jüngsten Blätter und die Blattknospe – werden alle sechs bis zehn Tage mit der Hand gepflückt. Danach werden sie in der Teefabrik nach traditioneller Methode oder im CTC-Verfahren (*crush, tear, curl* – »zerbrechen, zerreißen, rollen«) verarbeitet. Das Endprodukt wird in Auktionen versteigert und ausgeliefert. Die Teefabriken in Sri Lanka bieten Führungen an, in denen der Herstellungsprozess erklärt wird. Viele verwenden Maschinen, die seit dem 19. Jahrhundert kaum weiterentwickelt wurden.

Die traditionelle Methode
Auf Gestellen ausgebreitet, werden die gepflückten Blätter mit warmer Luft getrocknet. Danach werden die Blattzellen durch Rollen der Blätter aufgebrochen. Die so freigesetzten Enzyme leiten den Fermentationsprozess ein, der zwei bis fünf Stunden dauert. Danach werden die Blätter im Ofen getrocknet, abgekühlt, nach Blattgraden sortiert und qualitativ bewertet.

Schattenbäume wie die australische Silbereiche mildern den Sonneneinfall und halten die Feuchtigkeit in der Erde.

CTC-Verfahren
Das CTC-Verfahren ist erheblich schneller als die traditionelle Methode. Die frischen Teeblätter werden nach dem Welken maschinell zerbrochen *(crush)*, zerrissen *(tear)*, gerollt *(curl)* und danach zu kleinen Pellets gerollt und oxidiert. Auf diese Weise produzierter Tee landet meist im Teebeutel.

Teeverkauf
Der größte Teil des produzierten Tees wird in Säcken verpackt und nach Colombo zum Verkauf gesandt. Dort wird er nach Qualitätsstufe versteigert, eventuell zu Mischungen verarbeitet und exportiert.

Teequalität
Tee wird in verschiedene Qualitätsstufen eingeteilt. Tee aus Höhenlagen über 1200 Meter liefert die schönste Farbe und das feinste Aroma. Tee aus Lagen unterhalb 600 Meter ist ärmer an Aroma. In den Höhenlagen dazwischen werden mittlere Qualitäten angebaut. Auch Größe, Form und Farbe des Blatts sind für die Qualität entscheidend. Die besten Blatttee-Qualitäten heißen Flowery Orange Pekoe, Orange Pekoe und Pekoe. Sind die Blätter gebrochen, steht ein »Broken« davor. »Fannings« (Restpartikel) bzw. »Dust« (Staub, Pulver) endet im Teebeutel.

Ayurveda

Sri Lankas traditionelle Heilkunst ist der Ayurveda (»Wissen vom Leben«). Elemente sind Massagen, Reinigung, Ernährung, Yoga und Pflanzenheilkunde. Grundgedanke ist, dass der Körper von drei Lebensenergien reguliert wird. Diese *doshas* – *vata* (Luft), *pitta* (Feuer) und *kapha* (Erde) – entsprechen dem Nerven-, Verdauungs- und Immunsystem. Wenn Gifte, falsche Ernährung, schlechte Verdauung, Schlafmangel und übermäßiger Stress die *doshas* aus dem Gleichgewicht bringen, wird man krank. Ayurvedische Ärzte verschreiben individuelle Behandlungen und eine spezielle Ernährung. Die Ayurveda-Zentren der Hotels bieten Behandlungen an, die auf Entspannung abzielen, darunter etwa Massagen und Hautbehandlungen.

Die Panchabhutas sind in der hinduistischen Philosophie die fünf Grundelemente, aus denen das gesamte Universum besteht: *prithvi* (Erde), *jal* (Wasser), *teja* (Feuer), *vayu* (Luft) und *akash* (Äther).

Ayurveda im heutigen Sri Lanka
Der Ayurveda ist schon vor Tausenden von Jahren in Indien entstanden. Er spielt noch heute eine wichtige Rolle im Gesundheitswesen Sri Lankas. Ayurveda-Therapeuten werden in staatlich kontrollierten Instituten ausgebildet und sind beim Sri Lankan Ayurveda Medical Council registriert. Neben den lokalen Ärzten bieten auch spezielle Zentren und viele Hotels Ayurveda-Behandlungen an.

Ayurveda-Zentren findet man überall auf der Insel. Einige wenden sich vor allem an Touristen und bieten Behandlungen zur Entspannung an. Andere sind auf intensive Heilbehandlungen mit Betreuung durch Ärzte ausgerichtet. Manche Ayurveda-Zentren bieten Wellness-Pakete mit ayurvedischer Ernährung, Yoga und Meditation.

Ayurveda ist in Sri Lanka allgegenwärtig, das Angebot reicht von Heil- bis zu Schönheitsbehandlungen. Ayurveda-Arzneien aus Kräutern und Gewürzen bekommt man als Kapseln, Öle, Balsam oder Tee. Für einen kurzen Blick in die Ayurveda-Welt können Sie eine der darauf spezialisierten Apotheken besuchen und über die zahllosen Schachteln und Flaschen mit Tabletten, Ölen, Tees, Wurzeln, Kräuterpulvern und sonstigen getrockneten Substanzen staunen.

Ayurveda-Behandlungen

Ayurveda zielt darauf ab, den Körper zu entgiften und dessen Energien ins Gleichgewicht zu bringen. Hierzu dienen Behandlungen wie Massagen und Dampfbäder, bei denen Kräuter und Öle zum Einsatz kommen. Ayurveda-Therapien sollen z. B. gegen Diabetes, Bluthochdruck, Arthritis und Hautleiden helfen, Verdauung und Sehkraft verbessern sowie den Alterungsprozess verlangsamen. Gesichts- und Kopfmassagen, Dampfbäder und Wickel wirken gegen Stress und entgiftend. Eine der bekanntesten Behandlungen ist *shirodhara*. Sie hilft bei Stress und Schlaflosigkeit.

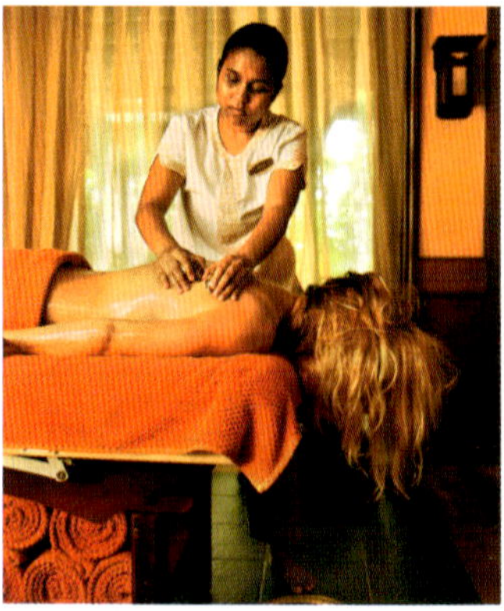

Massagen mit heilenden Kräuterölen zählen zu den ältesten Ayurveda-Behandlungen. Sie sind auf bestimmte Leiden abgestimmt und sollen die drei *doshas* im Körper wieder ausbalancieren. Massagen gegen Stress sind ein wunderbares Mittel, um nach langen Besichtigungstouren die Muskeln zu lockern. Besonders beliebt sind Kopf-, Fuß- und Ganzkörpermassagen.

Aus dem Öl-»Brunnen«, einem Metalltopf oder einer Flasche, fließt langsam Öl ab.

Shirodhara ist eine beliebte Behandlung, bei der stetig warmes Öl auf das »dritte Auge« in der Stirnmitte fließt.

Ayurveda-Bäder entfalten eine große Heilwirkung. Kräuter- und Dampfbäder öffnen die Poren und reinigen den Körper von Giften. Blumenbäder hingegen schließen die Poren und werden daher oft am Ende der Behandlung genommen.

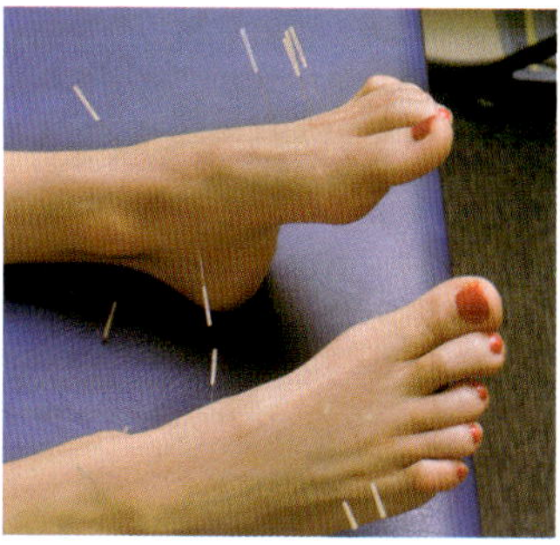

Marmapunktur oder ayurvedische Akupunktur ist eine alte Heilkunst. Hierbei werden entlang den 14 *nadis* oder Hauptenergiekanälen an den *marma*-Punkten Nadeln in die Haut gestochen. Dies soll Blockaden in den *nadis* lösen und das energetische Gleichgewicht im Körper wiederherstellen. Ungleichgewicht führt dem Ayurveda zufolge zu Krankheiten. Marmapunktur wird oft mit anderen Behandlungen verbunden.

Das Jahr in Sri Lanka

In Sri Lanka leben Buddhisten, Hindus, Muslime und Christen, weshalb auf der Insel eigentlich immer irgendwo ein religiöses Fest stattzufinden scheint. Zahlreiche der buddhistischen und hinduistischen Feste werden von ebenso bunten wie lebhaften Prozessionen mit Trommlern, Tänzern und Elefanten begleitet und sind das Ziel von Pilgern aus allen Regionen der Insel. Die Feste der Buddhisten, Hindus und Muslime richten sich nach dem Mondkalender und fallen deshalb jedes Jahr auf einen anderen Tag. Alle Vollmond- oder *poya*-Tage sind in Sri Lanka Feiertage und mit einem Ereignis im Leben Buddhas oder der Geschichte des Buddhismus verbunden. An diesen Tagen besuchen die Buddhisten die Tempel mit Opfergaben, Vergnügungsorte sind dann in vielen Fällen geschlossen. Neben den religiösen gibt es in Sri Lanka eine Reihe weiterer gesetzlicher Feiertage. Dazu gehören beispielsweise der 1. Mai und der National Day, an dem jedes Jahr am 4. Februar die Unabhängigkeit des Landes gefeiert wird.

Gläubige entzünden zu Vesak in einem Tempel Kokosöllampen *(Mai)*

Südwestmonsun

In Sri Lanka ist zweimal im Jahr Monsunzeit. Von April oder Mai bis September bringt der Südwestmonsun Regen in den Süden, den Westen und das Hill Country. Dann wird es mit kurzen, aber heftigen Regenschauern sehr feucht. Viele Einwohner Colombos fahren über Neujahr nach Nuwara Eliya *(siehe S. 144f)*, um der Hitze im Tiefland zu entgehen. In den Monaten des Südwestmonsuns besucht man am besten Norden und Osten der Insel. Einige der größten und schönsten Feste fallen in diese Zeit, darunter das Neujahrsfest der Singhalesen und Tamilen.

April

Singhalesisches und tamilisches Neujahr *(Mitte Apr)*, landesweit. Die zweitägige Neujahrsfeier ist ein typisches Familienfest. Das Haus wird geputzt, ein traditioneller Festschmaus wird gekocht, neue Kleider werden angezogen und Geschenke ausgetauscht. An einem günstigen Tag nach der Feier salbt ein männliches älteres Familienmitglied die Familie mit einem speziellen Öl, was für das neue Jahr Glück bringen soll.

Mai

Tag der Arbeit *(1. Mai)*, landesweit. Früher ging es bei den Demonstrationen und Aufmärschen vor allem um die Rechte der Arbeiter. Heute finden noch immer Kundgebungen und Demonstrationen statt, die größten in Colombo und anderen großen Städten. Sie sind jedoch nun allgemeinpolitischer ausgerichtet und werden von den Parteien veranstaltet.

Vesak *(Mai)*, landesweit. An diesem wichtigsten *poya*-Tag im buddhistischen Kalender werden Buddhas Geburtstag, Erleuchtung und Tod gefeiert. Die Gläubigen ziehen sich weiß an und kommen schon frühmorgens zu den Tempeln. Während des zweitägigen Fests werden Papierlampions vor die Häuser gehängt, Öllampen entzündet und auf *pandols* (Plattformen) Szenen aus dem Leben Buddhas gezeigt. Es soll Glück bringen, in dieser Zeit Essen und Trinken zu verteilen. So bieten *dansals* (Straßenbuden) Snacks an.

Juni

Poson *(Juni)*, landesweit. Am Poson-*poya*-Tag wird die Ankunft des Buddhismus in Sri Lanka gefeiert. Viele Gläubige fahren nach Anuradhapura *(siehe S. 178–181)*, um dort in den Tempeln zu feiern oder die Stufen zur *dagoba* von Mihintale *(siehe S. 182f)* zu erklimmen, wo Mahinda den König Devanampiya Tissa und sein Gefolge vom neuen Glauben überzeugte.

Trommler bei einer Prozession am *poya*-Tag Poson in Mirissa *(Juni)*

Tänzer bei einer Prozession während der Esala Perahera in Kandy *(Juli)*

Juli

Esala Perahera *(Juli/Aug)*, Kandy. Die zehntägige Esala Perahera ist das bekannteste Fest des Landes. Es feiert die Ankunft der Zahnreliquie *(siehe S. 139)* in Sri Lanka. Zu dieser Gelegenheit zieht eine große Prozession mit Elefanten, Tänzern und Trommlern durch Kandys Straßen. Unterkünfte zu dieser Zeit sollte man lange im Voraus buchen. Der Esala-Vollmond am zehnten Tag wird auch in Dondra und Colombo gefeiert.

Kataragama-Fest *(Juli/Anfang Aug)*, Kataragama. Auch dieses Fest in Kataragama fällt in die Zeit des Esala-Vollmonds. Es markiert das Ende der zweimonatigen Pada-Yatra-Wallfahrt, die quer über die Insel von Jaffna nach Kataragama führt. Bekannt sind vor allem die Reinigungsrituale mit den Selbstverletzungen und dem Feuerlauf.

Vel *(Juli/Aug)*, landesweit. Das Hindu-Fest ist dem Kriegsgott Skanda oder Murugan (Kataragama) geweiht. Triumphwagen mit Statuen des Gottes oder seines *vel* (Speer) werden durch die Straßen oder Tempelanlagen gezogen und von Pilgern begleitet. Die Statuen werden in einer Prozession vom Sammangodu-Sri-Kathirvelayutha-Swami-Tempel in Pettah zum Sri-Manickavinayagar-Tempel in Bambalapitiya und vom Kathiresan Kovil in Pettah zur New Kathiresan Hall in Bambalapitiya gebracht.

Nallur-Fest *(Juli/Aug)*, Jaffna. Das bedeutendste Fest in Jaffna hat seit dem Ende des Bürgerkriegs zunehmend an Beliebtheit gewonnen. Es ist dem Gott Skanda geweiht und dauert 25 Tage. An jedem Festtag finden Prozessionen mit Triumphwagen, Gläubigen, Trommlern und Tänzern statt – am Morgen in der Tempelanlage und am Abend außerhalb davon.

August

Elefantentreffen *(Aug–Okt)*, Minneriya National Park. Am Ende der Trockenzeit versammeln sich die Elefanten am See des Minneriya National Park.

September

Dussehra bzw. Durga Puja *(Sep/Okt)*, landesweit. Mit diesem Fest feiern die Hindus den Sieg ihrer Göttin Durga über den Dämon Mahishasura und den Sieg des Gottes Rama über Ravana, König von Lankapura.

Muslimische Feiertage

Wie bei den Buddhisten und Hindus richten sich auch bei den Muslimen die Feiertage nach dem Mondkalender. Doch Buddhisten und Hindus stimmen ihn mit dem Sonnenkalender ab, indem sie einzelne Tage oder einen Monat einschieben. Der islamische Kalender ist elf Tage kürzer als der westliche, die Monate beginnen in Sri Lanka dann, wenn die Neumondsichel erstmals zu sehen ist. Daher fallen die Feiertage jedes Jahr auf ein anderes Datum. Zu den wichtigsten Festen gehören Milad un-Nabi, der Geburtstag des Propheten, der Beginn des Fastenmonats Ramadan, in dem die meisten Muslime tagsüber nichts essen und trinken, Eid ul-Fitr (2017: 26. Juni), das dreitägige Fest zum Fastenbrechen am Ende des Ramadan, und Eid ul-Adha, das vier Tage dauernde Fest zum Auftakt der Hadsch, der Pilgerfahrt nach Mekka.

Muslime beim Gebet in einer Moschee

Eine Tamilin entzündet zu Deepavali Öllampen *(Okt)*

Nordostmonsun

Der Nordostmonsun ist schwächer als der Südwestmonsun. Er bringt dem Norden und Osten von Oktober bis Februar oder März Regen, wobei auch in den anderen Regionen der Insel Niederschläge fallen können. Die beste Reisezeit für Sri Lanka liegt zwischen Dezember und April, auch wenn in diesen Monaten die meisten Besucher kommen und die Preise an Weihnachten und Neujahr erheblich steigen.

Oktober / November

Deepavali *(Ende Okt / Anfang Nov)*, landesweit. Das hinduistische Lichterfest symbolisiert den Triumph des Guten über das Böse und erinnert an die Rückkehr Ramas mit der geretteten Sita nach 14 Jahren Exil. Dazu werden in den tamilischen Wohnungen und Andachtsorten Lichter entzündet.

Dezember

Unduvap bzw. Sanghamitta-Tag *(Dez)*, landesweit. An diesem *poya*-Tag wird die Ankunft des Ablegers des Bodhi-Baums aus Indien gefeiert. Er wurde in Anuradhapura eingepflanzt und soll von dem Baum stammen, unter dem Buddha erleuchtet wurde. Er soll von Sanghamitta, der Tochter König Asokas, nach Sri Lanka gebracht worden sein. An diesem Tag fängt die Wallfahrtszeit zum Adam's Peak an, die bis zum Bak-*poya*-Tag im April dauert.

Weihnachten *(25. Dez)*, landesweit. Auch das christliche Fest ist ein Feiertag.

Januar

Duruthu *(Jan)*, Kelaniya. Der *poya*-Tag erinnert an den ersten der drei Besuche Buddhas auf der Insel. Am Raja Maha Vihara in Kelaniya, nördlich von Colombo, wird dazu eine *perahera* (Prozession) veranstaltet.

Tamil Thai Pongol *(Mitte Jan)*, landesweit. Das zweitägige Hindu-Erntefest ehrt den Sonnengott Surya und die Rinder,

Feuertänzer beim *poya*-Tag Duruthu in Kelaniya *(Jan)*

Klima

Das Klima in Sri Lanka variiert stark nach Höhenlage und Jahreszeit. Zwar herrschen ganzjährig relativ konstante Temperaturen, der Regen ist jedoch vom Südwest- bzw. Nordostmonsun abhängig. Die Luftfeuchtigkeit ist so gut wie immer hoch. Im Südwesten Sri Lankas klettert sie bis auf 90 Prozent, im Rest des Landes auf 60 bis 80 Prozent. Da das Land nahe dem Äquator liegt, wird es nie wirklich kalt. Jedoch verzeichnet das Hill Country das ganze Jahr über weitaus kühlere Temperaturen als die anderen Gebiete.

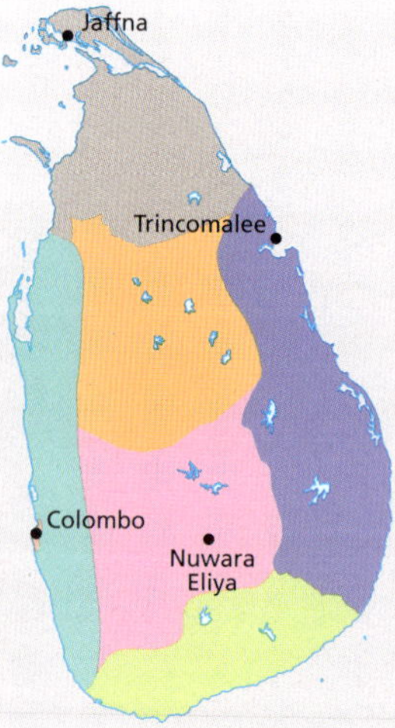

Colombo hat ganzjährig relativ konstante Temperaturen, selten wird es kühler als 20 °C. Es kann das ganze Jahr hindurch regnen, während des Südwestmonsuns ist die Luftfeuchtigkeit sehr hoch.

Colombo

Monat	Apr	Juli	Okt	Jan
°C (max)	32	30	30	31
°C (min)	25	25	24	22
Sonne	8 Std.	6 Std.	6 Std.	8 Std.
Regen	253 mm	125 mm	369 mm	62 mm

Tänzerinnen bei der Parade zum National Day in Trincomalee *(4. Feb)*

mit denen im vergangenen Jahr die Felder gepflügt wurden. Dabei werden Feuerwerke abgebrannt, zu Hause wird das süße Reisgericht *pongol* zubereitet.

Galle Literary Festival *(Jan/Feb)*, Galle. Das fünftägige internationale Literaturfest wird jedes Jahr im und um Fort Galle veranstaltet.

Februar

Navam Perahera *(Feb)*, Colombo. Der Navam-*poya*-Tag gedenkt zweier Ereignisse: des ersten buddhistischen Konzils und der Ernennung zweier Hauptjünger durch Gautama Buddha. Eine große *perahera* (Prozession) mit Elefanten und Tänzern, die am Gangaramaya-Tempel beginnt, führt durch den Vihara Mahadevi Park und endet am South Beira Lake.

National Day *(4. Feb)*, landesweit. Am Nationalfeiertag wird die Unabhängigkeit Sri Lankas von der britischen Herrschaft 1948 mit Umzügen und Festen gefeiert.

Maha Shivarathri *(Ende Feb/Anfang März)*, landesweit. Das Hindu-Fest ist dem Gott Shiva gewidmet. Die Gläubigen fasten, die abendliche *puja* im Tempel dauert die ganze Nacht.

März

Karfreitag *(März/Apr)*, landesweit. In Duwa bei Negombo, in Jaffna und in den Küstengebieten mit katholischer Bevölkerung werden Passionsspiele aufgeführt. Am Ostersonntag schließlich finden große Prozessionen statt, zudem wird die Kreuzigung Christi nachgestellt.

Feiertage

Duruthu *(Jan)*

Tamil Thai Pongol *(Mitte Jan)*

Milad un-Nabi Geburtstag des Propheten *(Jan)*

Navam Perahera *(Feb)*

Maha Shivarathri *(Ende Feb/Anfang März)*

Medin *(März)*

Karfreitag *(März/Apr)*

Bak *(Apr)*

Tag vor singhalesischem und tamilischem Neujahr *(Apr)*

Singhalesisches und tamilisches Neujahr *(Apr)*

Tag der Arbeit *(1. Mai)*

Vesak *(Mai)*

Tag nach dem Vesak *(Mai)*

Poson *(Juni)*

Esala Perahera *(Juli)*

Eid ul-Fitr *(Juli/Aug)*

Nikini *(Aug)*

Binara *(Sep)*

Eid ul-Adha *(Okt)*

Vap *(Okt)*

Deepavali *(Ende Okt/Anfang Nov)*

Unduvap *(Dez)*

Weihnachten *(25. Dez)*

In Jaffna kann es sehr heiß werden – bei hoher Luftfeuchtigkeit. Häufig steigen die Temperaturen über 30 °C. Das Gebiet ist trocken, selbst der Nordostmonsun bringt nur wenig Regen.

Nuwara Eliya liegt auf knapp 1900 Metern Höhe. Das Klima ist entsprechend kühl und angenehm. Die mittlere Tagestemperatur beträgt etwa 16 °C, der Südwestmonsun bringt starke Regenfälle.

Trincomalee hat ein tropisches Klima. Die Temperaturen fallen selten unter 20 °C. Während der Trockenzeit von Mai bis September wird es bis 35 °C heiß. Der Nordostmonsun bringt erlösenden Regen.

Jaffna

Monat	Apr	Juli	Okt	Jan
°C	33 / 27	33 / 25	31 / 25	28 / 23
Sonne	8 Std.	6 Std.	6 Std.	8 Std.
Regen	44 mm	17 mm	248 mm	52 mm

Nuwara Eliya

Monat	Apr	Juli	Okt	Jan
°C	23 / 20	19 / 13	20 / 12	20 / 9
Sonne	7 Std.	7 Std.	6 Std.	6 Std.
Regen	151 mm	174 mm	228 mm	107 mm

Trincomalee

Monat	Apr	Juli	Okt	Jan
°C	33 / 26	34 / 26	32 / 25	28 / 24
Sonne	9 Std.	7 Std.	6 Std.	7 Std.
Regen	50 mm	70 mm	217 mm	132 mm

Die Geschichte Sri Lankas

Sri Lankas ereignisreiche Geschichte prägten wiederholte Invasionen und Einwanderungswellen, Kriege und Handel. Über die frühe Geschichte ist recht wenig bekannt – die ersten schriftlichen Überlieferungen erzählen die Herkunftsmythen der Singhalesen. Verschiedene Ethnien lebten hier in kleinen Königreichen, bis sich das politische Gesicht der Insel unter der jahrhundertelangen Kolonialherrschaft veränderte. Auf die Unabhängigkeit 1948 folgte der zermürbende Bürgerkrieg, von dem sich das Land heute langsam erholt.

Die ältesten archäologischen Funde prähistorischer Siedlungen in Sri Lanka werden auf ein Alter von etwa 125 000 Jahren geschätzt. Ausgrabungen brachten Relikte einer altsteinzeitlichen Kultur zutage, die nach dem heutigen Balangoda benannt ist. Dort wurden die Überreste dieser frühen Menschen gefunden, deren Kultur auf der Insel vermutlich weitverbreitet war. Im Juni 2012 fanden sri-lankische Archäologen in der Fa-Hien-Höhle im Distrikt Kalutara ein vollständiges menschliches Skelett, das auf etwa 37 000 Jahre datiert wurde. Bereits in den 1960er und 1980er Jahren hatte man Steinwerkzeuge, Perlenschmuck und Waffen aus Knochen aus dem Pleistozän ausgegraben. Die den Balangoda-Menschen nächsten noch lebenden Verwandten sind die Veddas *(siehe S. 199)*, die die Insel seit ungefähr 16 000 v. Chr. bewohnen.

Aus der Zeit des Übergangs vom Mesolithikum zur Eisenzeit sind nur wenige Funde in Sri Lanka erhalten. Mehrere Ausgrabungen in den Horton Plains lassen aber vermuten, dass gegen Ende der Steinzeit das Jagen und Sammeln allmählich vom Ackerbau abgelöst wurde. Man weiß darüber hinaus, dass es hier zu dieser Zeit Rinderhaltung, Reisanbau und Keramikherstellung gab.

Ankunft der Singhalesen

Im 5. Jahrhundert v. Chr. kamen die ersten indoarischen Gruppen nach Sri Lanka. Die heutigen Singhalesen sind die Nachfahren dieser Einwanderer. Nach dem *Mahavamsa (siehe S. 120)* soll der Gründervater des singhalesischen Reichs Prinz Vijaya gewesen sein, der im 5. Jahrhundert v. Chr. aus Nordindien verbannt worden war. Mit 700 Gefolgsleuten soll er der Sage nach die Insel genau an dem Tag erreicht haben, als Buddha erleuchtet wurde.

Die Einwanderer blieben zunächst im Tiefland und bauten Reis an. Später besiedelten sie die trockenen Ebenen im Norden, wo sie Wasserspeicher und Bewässerungssysteme anlegten. Diese Siedler absorbierten vermutlich die Urbevölkerung in ihrer Gemeinschaft oder vertrieben sie in entlegenere Regionen im Zentrum der Insel. Im Lauf der Zeit blühten die Siedlungen so auf, dass sich im 4. Jahrhundert v. Chr. daraus das Königreich Anuradhapura entwickelte.

16 000 v. Chr. Die Veddas, Jäger und Sammler, leben auf der Insel

Eine Gruppe Veddas bereitet Essen zu

um 500 v. Chr. Indoarische Einwanderer aus Nordindien besiedeln die Insel

19 000 v. Chr. | **15 000 v. Chr.** | **11 500 v. Chr.** | **8000 v. Chr.** | **4500 v. Chr.** | **800 v. Chr.**

um 8000 v. Chr. In den Horton Plains werden Hafer und Gerste angebaut

um 377 v. Chr. Das erste große singhalesische Königreich, Anuradhapura, wird gegründet

◀ **Prinzessin Hemamala und ihr Gatte Prinz Dhantha bringen 313 n. Chr. die Zahnreliquie nach Sri Lanka** ***(siehe S. 137)***

Anuradhapura

Als Sri Lankas Hauptstadt erlebte Anuradhapura über ein Jahrtausend lang Zeiten der Stabilität und Zeiten der Wirren, dynastische Kämpfe, Bürgerkriege und Invasionen. Zur Hauptstadt stieg es im 4. Jahrhundert v. Chr. unter Köng Pandukabhaya auf. Ein Jahrhundert später erblühte es unter König Devanampiya Tissa, als dieser zum Buddhismus übertrat und Anuradhapura zu einem Zentrum buddhistischer Gelehrsamkeit machte. Die Stadt litt jedoch unter den vielen Einfällen aus Südindien. Sie fiel mehrmals unter die Herrschaft der Tamilen, bevor sie im 10. Jahrhundert von den Chola endgültig erobert und zerstört wurde. Anuradhapura wurde aufgegeben und die Hauptstadt nach Polonnaruwa verlegt.

Pilger am Sri Maha Bodhi, dem heiligen Baum der Buddhisten

Ruwanwelisiya Dagoba
Der Bau der *dagoba* begann unter König Dutugemunu, der jedoch vor ihrer Fertigstellung starb. Um den König auf dem Sterbebett zu erfreuen, ließ sein Bruder Suddha Tissa angeblich eine Kuppelattrappe errichten, damit das Bauwerk vollendet erschien.

Sanghamitta, Mahindas Schwester und buddhistische Nonne, soll im 3. Jahrhundert v. Chr. einen Ableger des Bodhi-Baums von Indien nach Sri Lanka gebracht haben.

Köng Dutugemunu
Mit dem Sieg über den Tamilen-General Elara 161 v. Chr. brachte König Dutugemunu erstmals die gesamte Insel unter singhalesische Kontrolle. Er ließ zudem die Mirisavatiya Dagoba und den Brazen-Palast errichten.

Faxian
Der Chinese Faxian lebte im 5. Jahrhundert zehn Jahre lang in Indien. Danach zog er nach Sri Lanka, wo er zwei Jahre lang im Kloster Abhayagiri in Anuradhapura buddhistische Texte übersetzte. Seine Schriften liefern wichtige Erkenntnisse über den frühen Buddhismus.

250–210 v. Chr. Herrschaft von Devanampiya Tissa

247 v. Chr. Mahinda überzeugt König Tissa vom Buddhismus

67–111 n. Chr. Herrschaft von Vasabha

274–301 Herrschaft von Mahasena

250 v. Chr. | 125 v. Chr. | 0 | 125 n. Chr. | 250

244 v. Chr. Ableger des Bodhi-Baums kommt nach Sri Lanka

144 v. Chr. Baubeginn der Ruwanwelisiya Dagoba

161–137 v. Chr. Herrschaft von Dutugemunu

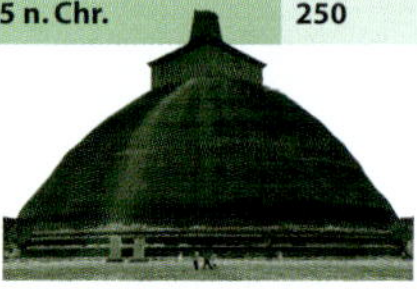

Die unter der Herrschaft von Mahasena erbaute Jetavanarama Dagoba

Das »Reisboot« im Mahapali-Refektorium
Der etwa sieben Meter lange Trog trägt am östlichen Ende drei Inschriften aus dem 10. Jahrhundert. Aus dem mit Reis gefüllten Trog sollen angeblich 4000 Mönche versorgt worden sein.

Köng Rajaraja I.
Rajaraja I. (reg. 985–1014) war ein bedeutender König der südindischen Chola-Dynastie. Nach seinem Sieg über die gegnerischen Pandya in Südindien eroberte er den Norden Sri Lankas und Anuradhapura. Im Jahr 993 zwang er den singhalesischen König Mihindu V. zur Flucht nach Ruhunu.

Münzfunde aus Anuradhapura
Die ältesten Münzen, die man in Sri Lanka fand, datieren aus dem 3. Jahrhundert v. Chr. Die in Anuradhapura gefundenen römischen Münzen zeigen, dass die Stadt zu ihrer Blütezeit internationale Handelsbeziehungen pflegte.

Sri Maha Bodhi

Das Wandgemälde des bekannten sri-lankischen Künstlers Solias Mendis illustriert die Sage vom Sri Maha Bodhi in Anuradhapura. Der Baum soll aus einem Ableger des Bodhi-Baums im indischen Bodh Gaya gewachsen sein, unter dem Buddha erleuchtet wurde. Der Baum in Bodh Gaya wurde zerstört, doch sein Ableger in Sri Lanka überlebte die Jahrhunderte und wird heute von einem goldenen Zaun geschützt. Zu diesem besonders heiligen Ort pilgern das ganze Jahr über unzählige Buddhisten.

Chola-Dynastie

Die tamilische Chola-Dynastie beherrschte vom 9. bis 13. Jahrhundert große Teile Südindiens. Im Verlauf des 9. und 10. Jahrhunderts stießen die Chola immer wieder nach Sri Lanka vor. Während der Herrschaft von Rajaraja I. besetzten sie die nördliche Hälfte der Insel. Rajarajas Sohn Rajendra I. (um 1014–1044) vollendete die Eroberung der Insel und nahm König Mihindu V. gefangen. Nach der Zerstörung Anuradhapuras verlegten die Chola die Hauptstadt nach Polonnaruwa. Dort regierten sie 75 Jahre lang, bis sie im 11. Jahrhundert vom singhalesischen König Vijayabahu I. aus Sri Lanka vertrieben wurden.

Klosterruinen in Anuradhapura

455–473 Herrschaft von Dhatusena

684–718 Herrschaft von Manavamma

846–866 Die Pandya plündern Anuradhapura

5 | 500 | 625 | 750 | 875 | 1000

413 Faxian besucht Anuradhapura

Bildnis des buddhistischen Mönchs Faxian

993 Chola-Invasoren zerstören Anuradhapura

Ausbreitung des Buddhismus

Dem *Mahavamsa* (Chronik) aus dem 6. Jahrhundert zufolge trat König Devanampiya Tissa im 3. Jahrhundert v. Chr. zum Buddhismus über, nachdem er Mahinda, einen Sohn des indischen Königs Asoka, getroffen hatte. Andere Quellen geben an, dass der Buddhismus wohl schon viel früher auf die Insel kam. Mit Tissas Übertritt fand die neue Religion auf der Insel große Akzeptanz, und im 1. Jahrhundert v. Chr. war sie dort schon weitverbreitet. Ihre herausragende Stellung festigte die Ankunft des Bodhi-Baum-Ablegers *(siehe S. 47)* und der Zahnreliquie 313 n. Chr. Der Buddhismus vereinte die Singhalesen der Insel und verlieh ihnen eine gemeinsame Identität. Unter Tissas Regierung kam es zu einer engen Verbindung zwischen Buddhismus und Staat. Das von ihm gegründete Kloster Mahavihara in Anuradhapura stieg zur Hochburg des Theravada-Buddhismus in Sri Lanka auf.

Ruinen des Klosters Mahavihara

Königreich Polonnaruwa

Die Chola aus Südindien eroberten und zerstörten Anuradhapura, im 10. Jahrhundert machten sie Polonnaruwa zur Hauptstadt. Von dort regierten sie 75 Jahre lang die Insel, bis sie 1077 von König Vijayabahu I. (reg. 1055–1110) wieder aus dem Land vertrieben wurden.

Da Anuradhapura in Trümmern lag, verlegte Vijayabahu I. die Hauptstadt nach Polonnaruwa, das weiter von Indien entfernt und leichter zu verteidigen war.

Das Gal Pota in Polonnaruwa preist König Nissankamallas Taten

Er errang die singhalesische Kontrolle über die Insel zurück und leitete eine Phase der Erholung ein. Nach seinem Tod begann ein langer Bürgerkrieg, aus dem König Parakramabahu I. (reg. 1153–86) als Sieger hervorging. Unter seiner Herrschaft erlebte Polonnaruwa sein Goldenes Zeitalter. Parakramabahus ehrgeizige Bauprojekte und Kriege in Indien laugten das Land aber aus, was wahrscheinlich zum Verfall des Königreichs beitrug.

Nach Parakramabahu I. bestieg dessen Schwager Nissankamalla (reg. 1187–96) den Thron. Wie Parakramabahu I. verschwendete er große Summen für Bauprojekte, die den Staat fast in den Bankrott trieben. Er starb ohne designierten Nachfolger, was zu Unruhen und einer politisch unsicheren Periode führte. Diese Instabilität lockte erneut tamilische Invasoren an: Chola und Pandya sahen die Zeit für den nächsten Raubzug gekommen.

1153–86 Herrschaft von Parakramabahu I., während der die Gal-Vihara-Statuen in Polonnaruwa errichtet werden

Buddha-Statue von Gal Vihara, Polonnaruwa

1236 Parakramabahu II. besiegt die Magha

1070 | 1115 | 1160 | 1205 | 1250

1077 Vijayabahu I. vertreibt die Chola aus dem Land

König Nissankamalla

1187–96 Herrschaft von Nissankamalla

1215 Die Magha erringen die Kontrolle über die Insel, Aufstieg des tamilischen Königreichs im Norden

Nach der Invasion der Pandya im Jahr 1212 errang Prinz Magha (reg. 1215–55) aus dem indischen Königreich Kalinga nach einem verheerenden Feldzug die Macht über die Insel. Unter seiner Herrschaft erlebte Sri Lanka eine Zeit der Gewalt und des Leidens. Die Bewässerungssysteme zerfielen, Krankheiten breiteten sich aus, und die Menschen wanderten nach Süden ab.

Tempelfresken in Dambadeniya (Sri Lankas Hauptstadt im 13. Jh.)

Unabhängige Königreiche

Maghas Herrschaft brachte jedoch nicht nur Chaos und Verfall. Sie bewirkte auch das Entstehen zweier neuer Machtzentren im Norden und im Süden der Insel. Singhalesische Adelige setzten sich nach Dambadeniya südwestlich von Polonnaruwa ab und gründeten dort eine neue Hauptstadt unter der Herrschaft von Vijayabahu III. (reg. 1232–36). Dessen Nachfolger Parakramabahu II. (reg. 1236–70) besiegte Magha, der sich nach Jaffna zurückzog. In der folgenden Periode voller Spannungen wurde die Hauptstadt mehrmals verlegt, das Königreich teilte sich um 1340 in die beiden rivalisierenden Fürstentümer Gampola und Dedigama auf.

Während sich die Singhalesen allmählich weiter nach Süden in das sichere Hill Country zurückzogen, füllten die Tamilen das Machtvakuum im Norden Sri Lankas. Sie erlangten im Lauf der Zeit die Herrschaft über ein Gebiet, das von der Halbinsel Jaffna im Norden bis nördlich von Anuradhapura reichte, und gründeten dort im 13. Jahrhundert das unabhängige Königreich Jaffna. Die beiden Regionen entwickelten sich auch in Religion und Sprache immer weiter auseinander.

Das Königreich Jaffna dehnte sich immer weiter nach Süden aus und forderte von den singhalesischen Gebieten sogar Steuern. Doch die Stärke währte nur kurz. Um das weitere Vordringen an der Westküste zu verhindern, bauten die Singhalesen südöstlich von Colombo die Festung Kotte. Aus dem Adel von Gampola ging ein neuer König hervor: Parakramabahu VI. (reg. 1411–66). Er war der letzte singhalesische Herrscher, dem es gelang, die Insel zu vereinigen.

1450 eroberte Parakramabahu VI. das Tamilenreich und das unabhängige Königreich Dedigama. Als er starb, dauerte es allerdings nicht lange, bis die beiden Königreiche von Jaffna und dem Hill Country ihre Unabhängigkeit wiedererlangten. So bestanden drei Reiche nebeneinander: das tamilische Königreich Jaffna im Norden sowie die singhalesischen Königreiche Kotte und Kandy im Hill Country.

1293 Die Hauptstadt Polonnaruwa wird nach einer Periode des Niedergangs unter der Herrschaft Maghas endgültig aufgegeben

um 1350 Aufstieg des singhalesischen Königreichs in Kotte

1450 Parakramabahu VI. verleibt sich das Königreich Jaffna ein und vereint die Insel unter singhalesischer Herrschaft

1295 | **1340** | **1385** | **1430** | **1475**

1340 Entstehung der zwei singhalesischen Königreiche in Gampola und Dedigama

Ruinen der antiken Stadt Polonnaruwa

1412 Parakramabahu VI. gründet das Königreich Kotte

1479 Jaffna wird wieder ein unabhängiges Königreich

Das Gemälde zeigt die Ankunft der portugiesischen Flotte an der Küste Sri Lankas im Jahr 1505

Portugiesen und Niederländer

Der Handel wurde für die singhalesische Wirtschaft immer wichtiger. Colombo und Galle entwickelten sich zu großen Hafenstädten, in denen Schiffe mit Fracht aus aller Welt anlegten. Dazu gesellten sich die zahlreichen arabischen Händler, die sich zwischen dem 7. und 15. Jahrhundert an der Küste niederließen und den Islam im Land verbreiteten.

1505 erreichte eine portugiesische Flotte die Insel und schloss mit Kottes König ein Handelsabkommen. Anfänglich interessierten sich die Portugiesen nur für Zimt, doch schon bald wollten sie die gesamte Insel kontrollieren. 1518 bauten sie in Colombo eine Festung und weiteten langsam ihren Herrschaftsbereich über die Küstengebiete bis nach Jaffna aus. Nur das Königreich Kandy behielt seine Unabhängigkeit. Mit den Portugiesen kamen auch die katholischen Missionare und damit das Christentum ins Land. Der Buddhismus wurde verfolgt, weshalb viele Buddhisten ins Hill Country flohen.

Doch die Portugiesen konnten weder den anhaltenden Widerstand auf der Insel brechen noch das Königreich Kandy erobern. Kandy wehrte von 1594 bis 1638 portugiesische Angriffe erfolgreich ab und begann nach Wegen zu suchen, die Portugiesen aus Sri Lanka zu vertreiben. Aus diesem Grund verbündete sich König Rajasinghe II. (reg. 1635–87) 1638 mit den Niederländern gegen die Portugiesen. Für ihre Hilfe versprach der König den Niederländern das Monopol auf den Gewürzhandel. Darüber hinaus verpflichtete er sich, für die Kosten aufzukommen, die ihnen durch den Kampf gegen die Portugiesen entstehen würden.

1639 eroberten die Niederländer an der Ostküste Trincomalee und Batticaloa und übergaben sie an Kandy. Galle und Negombo an der Westküste behielten sie jedoch nach deren Einnahme – als Entschädigung und weil die beiden Städte für den Gewürzhandel strategische Bedeutung besaßen. Im Mai 1656 ergaben sich die Portugiesen in Colombo. Als 1658 in Jaffna seine letzte Festung fiel, war Portugals Herrschaft in Sri Lanka beendet.

Rajasinghe II. sah in den Niederländern lediglich angeheuerte Söldner, von denen

Der Negombo-Kanal war ein wichtiger Handelsweg, auf dem die Niederländer Gewürze transportierten

1505 Eine portugiesische Flotte erreicht Sri Lanka

1518 Die Portugiesen bauen in Colombo ein Fort

1594 Die Küstengebiete kommen unter portugiesische Herrschaft

1619 Die Portugiesen nehmen Jaffna ein

1638 König Rajasinghe II. von Kandy schließt mit den Niederländern ein Bündnis, um die Portugiesen zu vertreiben

1658 Die Niederländer vertreiben die Portugiesen von der Insel

1500 | 1543 | 1586 | 1629 | 1672

König Rajasinghe II. von Kandy

er erwartete, dass sie nach ausgeführtem Auftrag wieder abziehen würden. Die Niederländer blieben allerdings im Land und brachten ihrerseits die Küstengebiete und den Zimtanbau unter ihre Kontrolle.

Kandy war nun von einer fremden Macht umzingelt, die es durch wiederholte Angriffe zu vertreiben versuchte. Im Herrschaftsgebiet der Niederländer gab es in den 1720er und 1730er Jahren zahlreiche Aufstände. Trotz wiederholter Versuche konnten die Niederländer in ihrer 140-jährigen Herrschaft das Königreich kein einziges Mal einnehmen.

Porträt des Königs Sri Wickrama Rajasinghe (reg.1798–1815) von Kandy

Machtübernahme der Briten

Nachdem die Niederlande 1794 von Frankreich erobert worden waren, holten sie 1796 zum Schutz ihrer Besitzungen die East India Company nach Sri Lanka. Die Briten erkannten den strategischen Wert der Insel und vertrieben die Niederländer. 1802 fiel Sri Lanka im Frieden von Amiens offiziell an die Briten. Denen gelang 1815, was schon viele vor ihnen versucht hatten: Sie eroberten Kandy. König Sri Wickrama Rajasinghe (reg. 1798–1815) wurde abgesetzt und Sri Lanka nun unter britischer Herrschaft vereint.

In der britischen Kolonialzeit wurden das Straßennetz erweitert, das Eisenbahnnetz aufgebaut und die Plantagenwirtschaft eingeführt. Die Briten ließen Plantagen anlegen, auf denen Kokosnüsse, Gummi und Kaffee sowie später anstelle von Kaffee Tee angebaut wurden. Als Arbeiter holten sie südindische Tamilen nach Sri Lanka.

Nationalistische Erweckung

Als Ende des 19. Jahrhunderts buddhistische und hinduistische Bewegungen erstarkten, stieß die christliche Missionierung auf vermehrten Widerstand. Die Bewegungen bekamen einen zunehmend politischen Charakter und forderten die Beteiligung der Einheimischen an der Regierung. 1919 machten die Briten ein minimales Zugeständnis: Eine kleine Elite englisch ausgebildeter Sri Lanker durfte ein Mitglied der Gesetzgebenden Versammlung wählen.

Während des Ersten Weltkriegs erhielt die buddhistisch-nationalistische Bewegung starken Zulauf, was 1915 zu Unruhen zwischen Singhalesen und Muslimen führte. Die Briten betrachteten dies als antibritische Verschwörung und schlugen hart zurück. Das stärkte die Opposition und führte 1919 zur Gründung des Ceylon National Congress, der die Selbstverwaltung anstrebte. 1931 empfahl der Donoughmore-Bericht, die Bevölkerung an der Regierung zu beteiligen. In der Folge wurden einheimische Führer eingebunden, Sri Lanka erhielt als erste Kolonie in Asien das allgemeine Wahlrecht.

1720 Aufstände in den niederländisch kontrollierten Gebieten

1796 Die Niederländer holen die East India Company nach Sri Lanka

1815 Die Briten erobern das Königreich Kandy

Britische Offiziere setzen den König von Kandy ab

1919 Gründung des Ceylon National Congress

5 | **1758** | **1801** | **1844** | **1887** | **1930**

Aufstände gegen die Niederländer in den besetzten Gebieten

1802 Sri Lanka fällt im Frieden von Amiens an die Briten

1840 Die Briten beginnen, Tamilen aus Südindien als Plantagenarbeiter nach Sri Lanka zu holen

1931 Einführung des allgemeinen Wahlrechts

Sirimavo Bandaranaike (1916 – 2000) war über 20 Jahre lang Premierministerin von Sri Lanka

Unabhängigkeit

Am 4. Februar 1948 wurde Sri Lanka unabhängig. Die konservative United National Party (UNP) bildete die erste Regierung, Premierminister wurde Don Stephen (DS) Senanayake. Die Regierung war stabil, die Wirtschaft florierte. 1950 stürzte das Land jedoch in eine Wirtschaftskrise, als die Weltmarktpreise für Gummi und Tee fielen und sich gleichzeitig die Nahrungsmittelimporte bei einer rasant wachsenden Bevölkerung verteuerten. Die UNP spaltete sich nach dem Tod von DS Senanayake 1952, dessen Sohn Dudley Senanayake wurde kurzzeitig sein Nachfolger.

Die Wahlen von 1956 gewann die sozialistisch-nationalistische Sri Lanka Freedom Party (SLFP) unter Führung von Solomon West Ridgeway Dias (SWRD) Bandaranaike. Als die SLFP durch den Sinhala Only Act Singhalesisch zur offiziellen Landessprache ernannte, fühlten sich die Tamilen ausgegrenzt, starke ethnische Spannungen folgten. Bandaranaike versuchte im Dialog mit tamilischen Führern, das Problem zu lösen. 1959 wurde er von einem buddhistischen Mönch ermordet.

Bandaranaikes Nachfolgerin – und erste Premierministerin der Welt – wurde seine Witwe Sirimavo, die bald nur noch Mrs. Bandaranaike hieß. Sie setzte die Verstaatlichung der Schlüsselindustrien fort, beschnitt den politischen Einfluss der Tamilen und deportierte tamilische Plantagenarbeiter nach Indien. 1965 kam wieder die UNP unter Dudley Senanayake an die Macht, doch die ökonomische Lage blieb schlecht. An der Spitze der United Front (UF) regierte ab 1970 erneut Mrs. Bandaranaike, mit der Wirtschaft ging es weiter bergab: 1977 lag die Arbeitslosigkeit bei 15 Prozent. Anfang der 1970er Jahre erstarkte die linksgerichtete, antitamilische Bewegung Janatha Vimukthi Peramuna (JVP). Nach ihrem Umsturzversuch der Regierung Bandaranaike 1971 wurde sie vom Militär verfolgt.

Aufstieg der LTTE

1972 schrieb eine neue Verfassung den Buddhismus als vorherrschende Religion fest. Dies sowie eine Politik, die Singhalesen bevorzugte, betrachteten die Tamilen als blanke Diskriminierung – die Spannungen im Norden und Osten wuchsen. Militante Tamilengruppen, die nun entstanden, forderten einen unabhängigen tamilischen Staat Eelam (Edles Land). 1976 gründete Velupillai Prabhakaran die Liberation Tigers of Tamil Eelam (LTTE), oder kurz Tamil Tigers.

LTTE-Führer Velupillai Prabhakaran (1954 – 2009)

SWRD Bandaranaike, Führer der SLFP

1940 | **1950** | **1960** | **1970**

1948 Ceylon wird unabhängig

1956 Singhalesisch wird zur offiziellen Landessprache

1959 SWRD Bandaranaike wird von einem buddhistischen Mönch ermordet

1965 Die UNP kehrt unter der Führung Dudley Senanayakes an die Macht zurück

1970 Aufstieg der singhalesisch-nationalistischen JVP

1972 Ceylon ändert seinen Namen in Demokratische Sozialistische Republik Sri Lanka

Die Wahlen von 1977 gewann die UNP unter Junius Richard (JR) Jayewardene. Ein Jahr später verlieh eine Verfassungsänderung dem Präsidenten exekutive Macht. Jayewardene trat 1978 als Premierminister zurück und ließ sich zum Präsidenten wählen. Unter ihm wurde Tamilisch zweite Landessprache, doch Singhalesisch blieb die einzige Amtssprache. Die tamilischen Plantagenarbeiter erhielten das Wahlrecht zurück, das ihnen 1949 entzogen worden war. Trotz dieser Reformen nahm die Gewalt zu, im Norden wurden tamilische Guerillagruppen aktiv.

Die Lage eskalierte im »Schwarzen Juli« von 1983. Als bei einem LTTE-Überfall auf eine Armeepatrouille 13 Soldaten starben, kam es zu landesweiten Konflikten, bei denen tamilische Gebiete geplündert und Hunderte Tamilen ermordet wurden. Viele Tamilen flohen daraufhin ins Ausland.

Bürgerkrieg

Die Kämpfe zwischen LTTE und Armee dauerten von 1983 bis 1987 an. Ein Angebot einer begrenzte Autonomie für Tamilen kam erst 1985 und damit zu spät. 1987 hatte die Armee die LTTE bis nach Jaffna zurückgedrängt. Um den Konflikt zu beenden, handelten Indiens Premierminister Rajiv Gandhi und Sri Lankas Präsident JR Jayewardene den Indo-Sri Lanka Peace Accord aus. Gemäß diesem Friedensvertrag sollte eine indische Friedenstruppe (IPKF) die tamilischen Rebellen entwaffnen. Die Anwesenheit indischer Truppen in Sri Lanka führte aber zu gewaltsamen Protesten gegen die Regierung und zur Wiederauferstehung der JVP.

Wrack eines Flugzeugs der SriLankan Airlines auf dem Bandaranaike International Airport, 24. Juli 2001

1987 und 1988 verübte die JVP zahlreiche Morde, Sabotageakte und Anschläge. Präsident Jayewardene trat 1989 zurück. Auf ihn folgte Ranasinghe Premadasa, der den Konflikt mit der LTTE und die Gewalt der JVP zu beenden versuchte. Die LTTE stimmte einem Waffenstillstand zu, die IPKF verließ 1990 Sri Lanka. Doch nach kurzer Zeit flammten die Kämpfe wieder auf. 1993 starb Premadasa durch einen Selbstmordanschlag der LTTE. 1994 wurde Chandrika Bandaranaike Kumaratunga von der People's Alliance (PA) Präsidentin und stellte das Ende des Bürgerkriegs in Aussicht. Die Friedensverhandlungen mit der LTTE scheiterten jedoch 1995.

In der zweiten Hälfte der 1990er Jahre wütete der Bürgerkrieg weiter. Kumaratunga überlebte im Dezember 1999 einen Mordanschlag, bei dem sie aber ein Auge verlor. Ende 1999 hatte die LTTE die Armee bis Vavuniya zurückgedrängt und nahm im April 2000 den strategisch wichtigen Elephant Pass ein. Im Juli 2001 zerstörten Selbstmordattentäter der LTTE auf dem Bandaranaike International Airport einige Passagiermaschinen und Militärjets.

1976 Gründung der LTTE

1980

1983 Im »Schwarzen Juli« wütet ein singhalesischer Mob in tamilischen Wohngebieten und tötet Hunderte Tamilen

1987 Die IPKF kommt nach Sri Lanka

1990 Die IPKF zieht sich aus Sri Lanka zurück, die Gewalt zwischen Regierungstruppen und LTTE eskaliert weiter

1990

IPKF-Truppen verlassen Sri Lanka

1995 LTTE-Rebellen versenken vor der Küste bei Trincomalee zwei Kriegsschiffe

1998 Die LTTE verübt ein Bombenattentat auf den Zahntempel in Kandy

2000

2000 LTTE-Truppen erobern den strategisch wichtigen Elephant Pass

Oppositionsführer Ranil Wickremesinghe begrüßt 2004 den norwegischen Unterhändler Vidar Helgesen

Waffenstillstand

Nachdem die UNP im Dezember 2001 die Wahlen gewonnen hatte, begann der neue Premierminister Ranil Wickremesinghe mithilfe einer norwegischen Friedensinitiative Gespräche mit der LTTE. Diese führten 2002 zu einem offiziellen Waffenstillstand. Nach fast einem Jahrzehnt wurde die Straße zwischen der Halbinsel Jaffna und der Hauptinsel wieder geöffnet, auch der beiderseitige Flugverkehr wurde wieder aufgenommen.

Doch unter den Singhalesen brach bald Streit aus, da Wickremesinghe und Kumaratunga unterschiedlichen politischen Lagern angehörten. Kumaratunga zufolge wurden den Tamilen angeblich zu viele Zugeständnisse gemacht. 2003 kamen die Verhandlungen zum Stillstand. Die LTTE zog sich zurück, aber die Waffenruhe hielt. Als sich Wickremesinghe auf Auslandsreise befand, löste Kumaratunga das Parlament auf und setzte für April 2004 Wahlen an.

Kumaratungas Partei, die Freedom Alliance (FA), ging eine Koalition mit der JVP ein und bildete eine Regierung mit dem Nationalisten Mahinda Rajapaksa als Premierminister. Die Gewalt flammte wieder auf, der erste Selbstmordanschlag seit 2001 traf eine Polizeiwache in Colombo.

Am 26. Dezember 2004 löste ein gewaltiges Seebeben vor Sumatra in Indonesien einen Tsunami aus, der Ost- und Südostküste Sri Lankas verwüstete. Er tötete Tausende Menschen, machte Millionen obdachlos und zerstörte die Infrastruktur. Viele hofften, dass diese Katastrophe das Land wieder einen würde. Stattdessen entzündeten sich Konflikte über Hilfsmaßnahmen und Wiederaufbau, als sich Singhalesen, Tamilen und Muslime ein drei Milliarden Dollar schweres Hilfspaket teilen sollten. Die Vereinbarung hätte der LTTE erlaubt, in Osten und Norden Hilfe zu leisten, was von vielen Singhalesen vehement abgelehnt wurde. Die JVP verließ die Regierung und erstritt vor dem obersten Gericht eine Aufhebung der Vereinbarung. Sie befürchtete, dass dadurch die LTTE als De-facto-Regierung im Norden anerkannt würde.

Ende des Bürgerkriegs

Premierminister Mahinda Rajapaksa, der 2005 die Präsidentschaftswahlen gewann, hatte eine Autonomie für die Tamilen und die Teilung der Tsunamihilfe mit der LTTE strikt abgelehnt. 2006 bat er Norwegen, neue Friedensgespräche zu vermitteln. Die Kämpfe flauten zwar für einige Wochen ab, doch schon in der zweiten Hälfte von 2006 entzündeten sich wieder schwerste Kämpfe – der Waffenstillstand bestand nur noch auf dem

2002 Die norwegische Friedensmission sichert im Februar eine Waffenruhe

2003 Am 21. April verlässt die LTTE die Friedensgespräche

LTTE-Kämpfer beim Training für den Dschungelkampf

2006 Intensive Gefechte zwischen LTTE und Armee, zu den schwersten Kämpfen kommt es im Nordosten

2001 | **2003** | **2005** | **2007**

2001 Der Krieg tobt weiter, die LTTE greift am 24. Juli den Bandaranaike International Airport an

Zerstörungen durch den Tsunami von 2004

2004 Der Tsunami vom 26. Dezember verwüstet große Küstengebiete

2005 Mahinda Rajapaksa wird im November zum Präsidenten gewählt

2008 Die Regierung kündigt Januar offiziell den Waffens stand auf und beginnt eine m sive Offensive gegen die L

Der frühere Präsident Rajapaksa inspiziert von der LTTE erbeutete Waffen in Kilinochchi

Papier. 2007 zwang die Polizei unter dem Vorwand von Sicherheitsbedenken viele Tamilen, Colombo zu verlassen. Schließlich erklärte die Regierung 2008 den Waffenstillstand von 2002 offiziell für beendet und begann einen massiven Angriff auf die LTTE.

Im Lauf des Jahres 2008 drang die Armee nach Norden vor, nahm viele Hochburgen der LTTE ein und ignorierte einen Aufruf zur Waffenruhe. Am 2. Januar 2009 eroberte sie das LTTE-Verwaltungszentrum Kilinochchi, eine Woche später den Elephant Pass. Die LTTE war auf einem schmalen Streifen im Nordosten eingeschlossen. In den letzten Monaten der Kämpfe starben dort Tausende, darunter auch unbewaffnete Zivilisten.

Das letzte von der LTTE kontrollierte Gebiet fiel im Mai 2009. Die Tamil Tigers kapitulierten, eine Reihe von LTTE-Führern wurde ermordet, darunter auch Velupillai Prabhakaran. Rajapaksa erklärte sich zum Sieger und internierte Tausende tamilische Flüchtlinge in Lagern. 2010 rief er vorgezogene Präsidentschaftswahlen aus und fuhr einen überwältigenden Wahlsieg ein. Als der Oppositionskandidat Sarath Fonseka das Wahlergebnis anfocht, wurde er kurz darauf vor ein Kriegsgericht gestellt.

Sri Lanka heute

Die Regierung Sri Lankas wurde mehrmals aufgefordert, für die Ereignisse am Ende des Bürgerkriegs Rechenschaft abzulegen. Im März 2009 beschuldigte UN-Menschenrechtskommissarin Navi Pillay beide Seiten, sie würden das Völkerrecht verletzen. Im Mai 2010 setzte die Regierung die LLRC *(siehe S. 21f)* ein. Der Bericht des Untersuchungsausschusses für Kriegsverbrechen wurde im Dezember 2011 veröffentlicht. Er enthielt konstruktive Empfehlungen, z. B. für ein Gesetz zur Informationsfreiheit und das Einziehen von illegalen Waffen. Er sagte jedoch nichts dazu aus, wer die Kriegsverbrechen zu verantworten habe. Der Commonwealth-Gipfel von November 2013 in Sri Lanka lenkte noch einmal das Augenmerk auf die Menschenrechtsverletzungen im Gastgeberland. Der britische Premier David Cameron setzte Sri Lanka eine viermonatige Frist, die Kriegsverbrechen zu untersuchen. Doch das Land weigerte sich.

Seit dem Ende des Bürgerkriegs kommen wieder Touristen und internationale Investoren nach Sri Lanka. Ex-Präsident Rajapaksa suchte die wirtschaftliche und diplomatische Nähe zu China und Iran. Sein Nachfolger seit 2015, Maithripala Sirisena, hat eine Abkehr von der Politik seines Vorgängers sowie von Menschenrechtsverletzungen, Korruption und Autoritarismus angekündigt – inwieweit dies umgesetzt wird, bleibt abzuwarten.

2009 Im Januar nimmt die Armee Kilinochchi ein. Präsident Rajapaksa ruft die LTTE dazu auf, sich zu ergeben

2010 Durch die Verfassungsänderung im September kann Rajapaksa beliebig oft wiedergewählt werden

Navi Pillay, UN-Hochkommissarin für Menschenrechte, spricht vor Sri Lankas Parlament

2015 Maithripala Sirisena wird Präsident

2009 | **2011** | **2013** | **2015**

2009 Im Mai kapituliert die LTTE, der Krieg endet. Prabhakaran wird getötet

2010 Rajapaksa gewinnt im Januar vorgezogene Präsidentschaftswahlen

2011 Im April wird der UN-Bericht zum Bürgerkrieg veröffentlicht, der eine unabhängige Untersuchung von mutmaßlichen Kriegsverbrechen fordert

2013 Im März nimmt der UN-Menschenrechtsrat eine Resolution an, die Sri Lanka drängt, mutmaßliche Menschenrechtsverletzungen zu untersuchen

DIE REGIONEN SRI LANKAS

Sri Lanka im Überblick

Sri Lanka bietet einen reichen Schatz an Sehenswürdigkeiten, denn der mehr als 65 000 Quadratkilometer große Inselstaat besitzt herrliche, unberührte Naturlandschaften und blickt auf eine lange Geschichte zurück. Von dieser zeugen die Relikte alter Städte wie Anuradhapura und Polonnaruwa, aber auch die großartigen alten Hotels in Nuwara Eliya und das faszinierende Fort Galle aus der Kolonialzeit. Die artenreiche Tier- und Pflanzenwelt des Landes schützen einige berühmte Nationalparks und Naturreservate, darunter Yala West (Ruhana) und Uda Walawe. An der Küste bieten Traumstrände ideale Wassersportmöglichkeiten, im Hill Country hingegen führen Wanderungen auf verschlungenen Wegen durch gepflegte Teeplantagen und zu romantischen Wasserfällen.

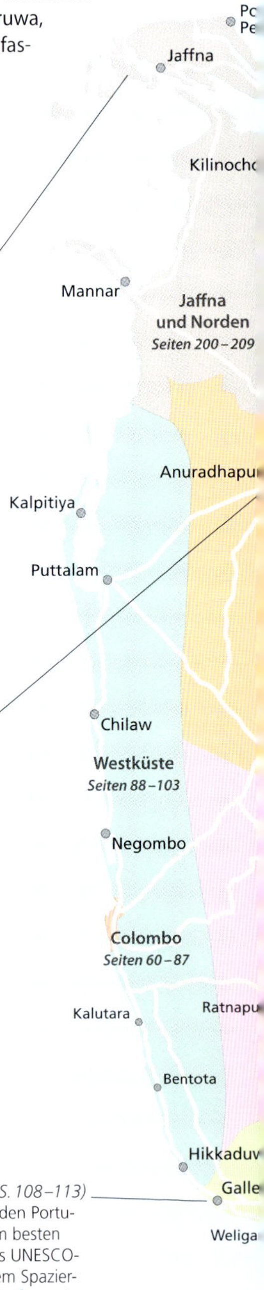

Die Jaffna Islands *(siehe S. 208f)* locken mit herrlichen Stränden und prächtigen Hindu-Tempeln. Karaitivu bietet fantastische Möglichkeiten zum Schwimmen, das abgelegenere Nainativu fasziniert mit dem altehrwürdigen, überwältigenden Hindu-Tempel Naga Pooshani Ambal Kovil.

Anuradhapura *(siehe S. 178–181)* wurde im 4. Jahrhundert v. Chr. gegründet und war Sri Lankas erste Hauptstadt. Hier steht der heilige Sri Maha Bodhi. Dem Glauben zufolge wuchs der Baum aus einem Ableger des Bodhi-Baums im indischen Bodh Gaya, unter dem Buddha erleuchtet wurde.

Fort Galle *(siehe S. 108–113)* wurde 1589 von den Portugiesen erbaut. Am besten erkundet man das UNESCO-Welterbe bei einem Spaziergang durch die Straßen oder auf den Wällen.

◀ **Der traumhafte Kandy Lake liegt mitten in der Stadt** ***(siehe S. 134)***

Polonnaruwa *(siehe S. 170–174)* war vom 11. bis zum 13. Jahrhundert Sri Lankas Hauptstadt. Hier begeistern Relikte von wunderschönen Tempeln und Klöstern. Ein Höhepunkt ist der Felsentempel Gal Vihara mit dem riesigen liegenden Buddha.

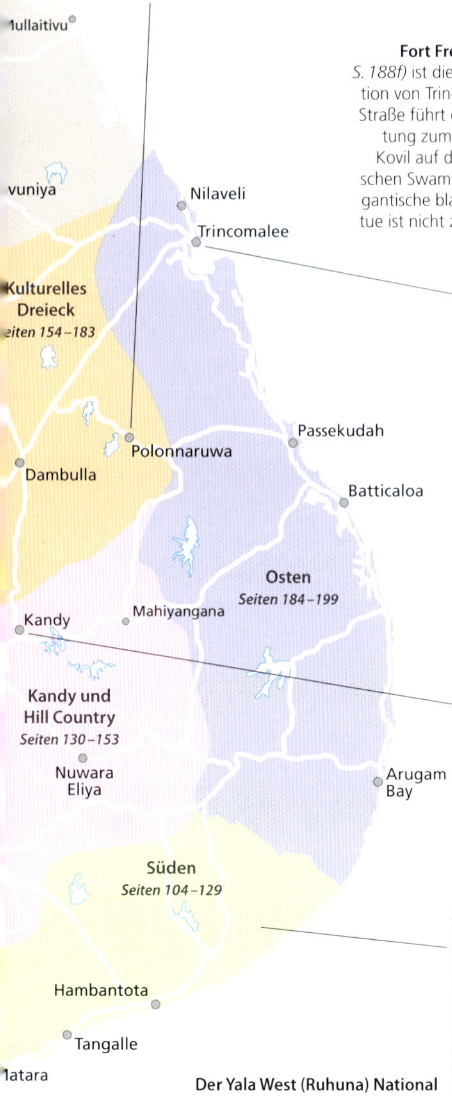

Fort Frederick *(siehe S. 188f)* ist die Hauptattraktion von Trincomalee. Eine Straße führt durch die Festung zum Koneswaram Kovil auf dem majestätischen Swami Rock. Die gigantische blaue Shiva-Statue ist nicht zu übersehen.

Der Zahntempel *(siehe S. 136f)* in Kandy bewahrt Sri Lankas bedeutendste buddhistische Reliquie: einen Zahn Buddhas.

Der Yala West (Ruhuna) National Park *(siehe S. 126f)* ist berühmt für seine große Leopardenpopulation, die Jahr für Jahr Besucherscharen anlockt.

Colombo

Die Hochhäuser, der dichte Verkehr und das hektische Leben unterscheiden Sri Lankas Hauptstadt eindeutig von den anderen Städten des Landes. Für viele Urlauber ist Colombo lediglich ein Zwischenhalt auf dem Weg zu den Stränden im Süden, in das Hill Country oder ins Kulturelle Dreieck. Doch Sri Lankas Metropole vibriert vor Energie. Wer gern in schicken Boutiquen stöbern, eine Unzahl von Küchen probieren und sich in ein abwechslungsreiches Nachtleben stürzen möchte, ist in Colombo genau richtig.

Wegen seines Naturhafens war Colombo schon sehr früh ein wichtiges Handelszentrum: Arabische Kaufleute gründeten hier im 7. Jahrhundert einen Handelsposten. Die Stadt lag aber stets etwas im Abseits, bis im 16. Jahrhundert die Portugiesen kamen und eine Festung errichteten. Nachdem die Portugiesen 1656 vertrieben worden waren, regierten in Colombo für 140 Jahre die Niederländer. Doch erst unter der Herrschaft der Briten, die 1796 die Kontrolle übernahmen, änderte sich das Schicksal der Stadt grundlegend.

Colombo wurde 1815 zur Hauptstadt ernannt und stieg in den 1860er Jahren zum wichtigsten Hafen der Insel auf. Straßen und Eisenbahn führten von dort in andere Landesteile. Die Stadt wuchs im 19. Jahrhundert unaufhaltsam an und blieb auch im unabhängigen Sri Lanka das herausragende Zentrum. Doch die Stadt erlitt auch Rückschläge. Im Bürgerkrieg (1983–2009) wurde sie von Selbstmordanschlägen der LTTE erschüttert. Nach dem Krieg brauchte Sri Lankas Hauptstadt einige Zeit, bis sich die Situation in der Metropole wieder stabilisierte und die drastischen Sicherheitsmaßnahmen zurückgenommen werden konnten.

Das Herz der Stadt ist zweifellos Fort, das Viertel mit glänzenden Bürohäusern und alten Kolonialgebäuden. Östlich davon liegt Pettah, das pulsierende Marktviertel. Die meisten Besucher zieht es jedoch in die Cinnamon Gardens mit ihren Museen und schicken Cafés. Colombo bietet darüber hinaus eine Fülle an edlen Hotels und Nobelrestaurants.

Der Weg über den Holzsteg zum Seema-Malaka-Tempel

◀ **Blick auf das Stadtviertel Slave Island** ***(siehe S. 72)*****, im Hintergrund ragen die Hochhäuser von Kollupitiya auf**

Überblick: Colombo

Das ausgedehnte Stadtgebiet ist in Bezirke unterteilt, die mit Nummern (ähnlich wie Postleitzahlen) versehen sind. Am Hafen im Nordwesten der Stadt liegt der historische Stadtteil Fort (Colombo 1), dort stehen noch Gebäude aus der britischen Kolonialzeit. Fort ist auch das Finanzviertel, in dem sich die meisten noblen Hotels konzentrieren. Südöstlich von Fort liegt im Zentrum Slave Island (Colombo 2) mit dem prächtigen Gangaramaya-Tempel. Das Viertel grenzt an drei Seiten an den South Beira Lake, in dem der Seema-Malaka-Tempel steht. Die südliche Vorstadt Kollupitiya (Colombo 3) ist das Shopping-Viertel der Kapitale. Modische Boutiquen und Cafés (sowie das Colombo National Museum) liegen aber auch an den schattigen Alleen von Cinnamon Gardens (Colombo 7). Über die ganze Stadt verteilt sind *kovils*, Moscheen, Kirchen und buddhistische Tempel.

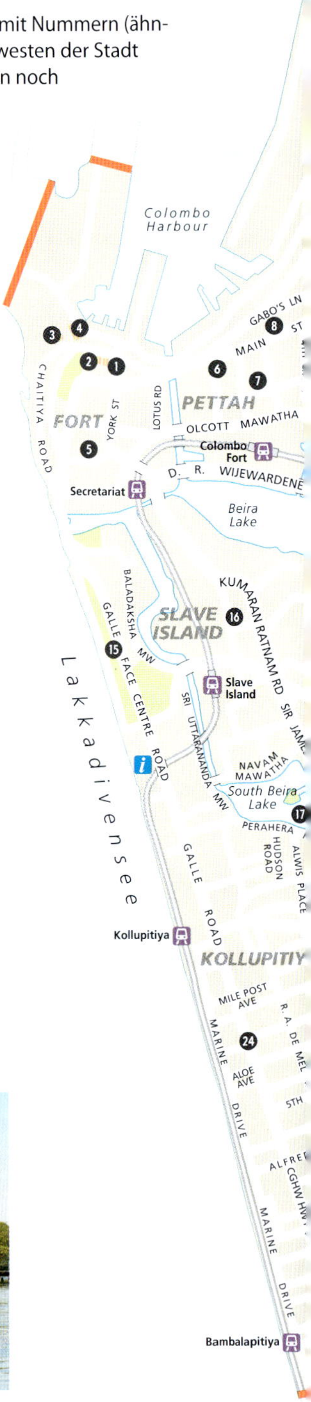

Sehenswürdigkeiten auf einen Blick

Historische Gebäude

1 Grand Oriental Hotel
10 Altes Rathaus
23 No. 11, 33rd Lane

Museen und Sammlungen

4 Maritime Museum
7 Dutch Period Museum
14 National Railway Museum
21 *Colombo National Museum* *S. 78f*
22 Natural History Museum und National Art Gallery

Sakrale Gebäude

2 St Peter's Church
3 Sambodhi Chaitya
8 Moscheen in Pettah und Kotahena
9 Hindu-Tempel in Pettah und Kotahena
11 Wolvendaal Church
12 St Anthony's Church
13 Santa Lucia Cathedral
17 South Beira Lake und Seema Malaka
18 Gangaramaya-Tempel
28 Kelaniya Raja Maha Vihara

Parks, Zoos und schöne Landschaften

15 Galle Face Green
20 Vihara Mahadevi Park
25 Talangama Wetlands
26 Dehiwala Zoo

Shopping

5 Old Dutch Hospital
6 Pettah

Straßen und Stadtviertel

16 Slave Island
19 Cinnamon Gardens
24 Galle Road
27 Mount Lavinia

Der Seema-Malaka-Tempel mitten im South Beira Lake

Weitere Zeichenerklärungen *siehe hintere Umschlagklappe*

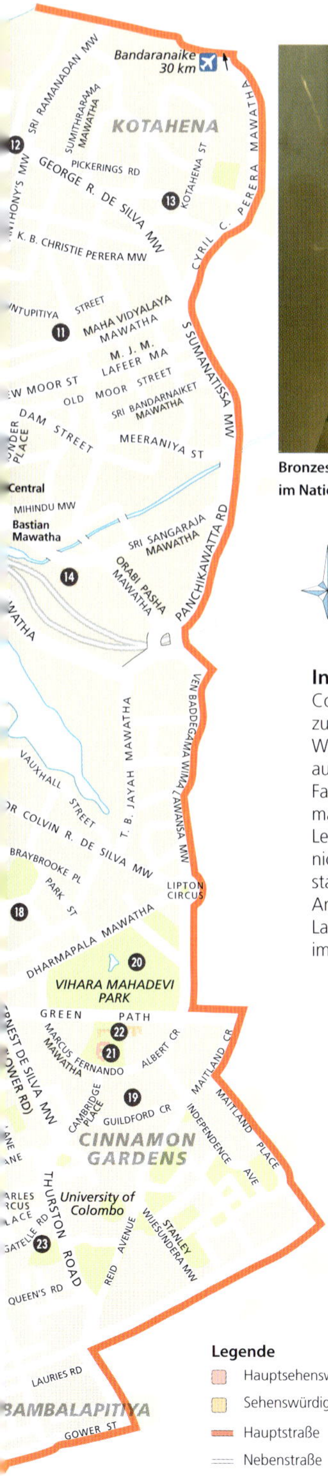

Bronzestatue aus dem 9. Jahrhundert im National Museum

Infobox

Information

Straßenkarte B5.

753 000. Tourism Development Authority: 80 Galle Road, Col 3. (011) 242 7060 oder -6800. So.

Navam Perahera (Feb).

Anfahrt

Bandaranaike International Airport.

In Colombo unterwegs

Colombo ist sehr weitflächig angelegt und daher nur schwer zu Fuß zu erkunden. Zum Glück warten an jeder Ecke Three-Wheeler auf Passagiere. Viele sind sogar mit einem Taxameter ausgerüstet – doch achten Sie darauf, dass er während der Fahrt angeschaltet wird. Zu den Sehenswürdigkeiten gelangt man aber auch mit einem Taxi oder mit öffentlichen Bussen. Letztere sind jedoch oft überfüllt und für große Entfernungen nicht unbedingt zu empfehlen. Einige Hotels und Tourenveranstalter bieten Besichtigungstouren in klimatisierten Bussen an. An Wochenenden sind die offenen Doppeldeckerbusse von Sri Lanka Tourism Development Authority und Ebert Silva Holidays im Einsatz.

Legende

Hauptsehenswürdigkeit

Sehenswürdigkeit

Hauptstraße

Nebenstraße

Eisenbahn

Legende

Kartenausschnitt

Spaziergang in Colombo Fort

Wo die Portugiesen im 16. Jahrhundert ihre Festung errichteten, liegt heute der Stadtteil Fort mit Colombos Shopping-Viertel. Die Festung ist schon lange verschwunden, und der Stadtteil hat sich weit über deren ursprüngliche Fläche hinaus ausgedehnt. Gebäude aus der Kolonialzeit sind hier dennoch überall zu sehen. In Fort drängen sich Behörden, Banken, Unternehmen und noble Hotels, die Skyline dominieren die Türme des World Trade Center und das Hilton Colombo. Da hier auch der Präsident residiert, ist das Gebiet eine Hochsicherheitszone mit Kontrollstellen und Absperrungen. Doch man findet sich in den Straßen leicht zurecht, ein Spaziergang durch Fort ist ein guter Auftakt, um die Stadt kennenzulernen.

❹ Maritime Museum
Das Museum residiert in einem ehemaligen holländischen Gefängnis und ist leicht an den Kanonen am Eingang zu erkennen.

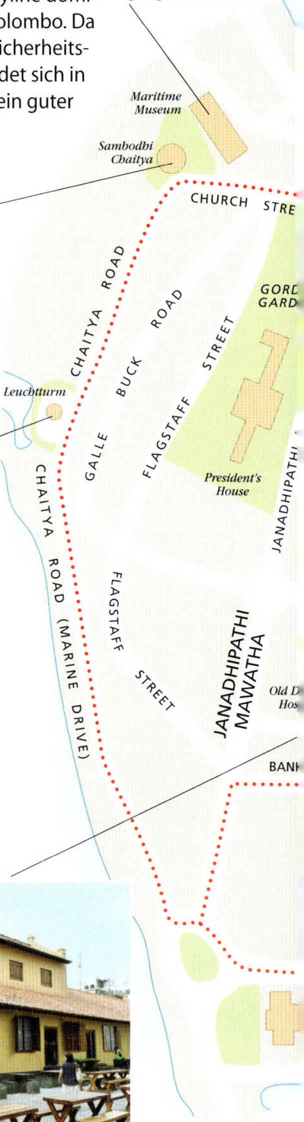

❸ Sambodhi Chaitya
Die ungewöhnliche *dagoba* thront auf vier Stützen über einer Straße. Von der Aussichtsterrasse hat man einen ausgezeichneten Blick über den Hafen.

Leuchtturm
Der 1952 gebaute Leuchtturm wird von vier Löwen bewacht. Während des Bürgerkriegs war der Zutritt verboten. Man kann den Turm bis heute nicht besichtigten, doch der Weg rundherum bietet schöne Ausblicke. Unterhalb des Turms befindet sich ein Salzwasserbecken aus der Kolonialzeit.

Routeninfos

Start: Old Parliament Building.
Länge: ca. 3 km.
Anfahrt: Nach Colombo Fort kommt man am besten mit Three-Wheeler oder Taxi.
Rasten: Im Old Dutch Hospital gibt es eine Reihe von Restaurants und Bars, im World Trade Center findet man zahlreiche Cafés.
Vorsicht: Als Besucher sollte man den Schleppern aus dem Weg gehen und ihre Angebote zwar freundlich, aber bestimmt zurückweisen.

❺ Old Dutch Hospital
Der ockerfarbene Gebäudekomplex bietet reichlich Anregendes und Genussvolles. Hier lädt eine Vielzahl von schönen Läden und guten Restaurants zum Verweilen ein.

Hotels und Restaurants in Colombo *siehe Seiten 216 und 226–228*

❷ St Peter's Church
Das graublaue klassizistische Gebäude ist eine Oase der Ruhe im Großstadtrummel.

❶ Grand Oriental Hotel
Im 19. Jahrhundert wurde es als »das erste bekannte moderne Hotel im Osten« beworben. Als die Reisenden noch im Hafen ankamen, war das Grand Oriental das angesagte Hotel der Stadt.

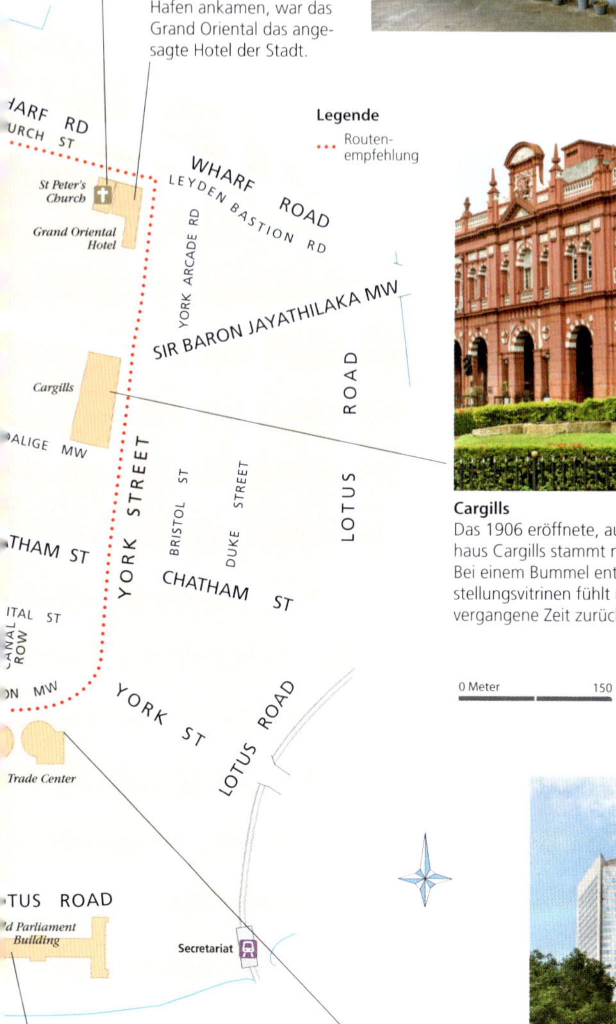

Cargills
Das 1906 eröffnete, auffällig rot-weiße Kaufhaus Cargills stammt noch aus der Kolonialzeit. Bei einem Bummel entlang den hölzernen Ausstellungsvitrinen fühlt man sich in eine längst vergangene Zeit zurückversetzt.

Old Parliament Building
Das imposante britische Gebäude aus den 1930er Jahren war bis 1983 Sitz von Sri Lankas Parlament. Heute sind hier Verwaltungsorgane untergebracht. Es kann nur von außen besichtigt werden.

World Trade Center
In den 1997 eröffneten Doppeltürmen aus Glas und Beton befinden sich viele Büros, Cafés und Schmuckläden.

Weitere Zeichenerklärungen *siehe hintere Umschlagklappe*

Fassade des kolonialen Grand Oriental Hotel im Stadtteil Fort

❶ Grand Oriental Hotel

2 York Street, Col 1. **Stadtplan** 1 B3. (011) 232 0320. tägl. Restaurant Harbour Room. **grandoriental.com**

Das Hotel ist ein Wahrzeichen von Fort. Das Gebäude wurde 1837 als Kaserne errichtet und 1875 in ein Hotel umgebaut. In den folgenden Jahren zählte es zu den besten Häusern in Colombo. Wer mit dem Schiff in Sri Lanka ankam, stieg meist hier ab, so auch Anton Tschechow 1890. Angeblich soll er die Kurzgeschichte *Gusev* hier geschrieben haben. Heute sieht man hier keine Filmstars oder Könige mehr, die koloniale Eleganz ist großteils verschwunden. Doch die Fassade ist noch immer beeindruckend, und den Blick über den Hafen aus dem Restaurant Harbour Room im vierten Stock sollte man keinesfalls verpassen.

❷ St Peter's Church

26 Church Street, Col 1. **Stadtplan** 1 B3. tägl. 7–17 Uhr. Mi 12.30 Uhr, So 10 Uhr.

Zwischen dem Grand Oriental Hotel und dem Militärkontrollpunkt lässt sich die versteckt gelegene graublaue St Peter's Church leicht übersehen. Das Areal östlich des Hotels ist zwar für die Öffentlichkeit gesperrt, doch an der Sperre kommt man zur Kirche durch.

Im 17. Jahrhundert residierte in dem Gebäude der niederländische Gouverneur. Für die Briten diente St Peter's ab 1804 als Garnisonskirche, am 22. Mai 1821 wurde sie offiziell geweiht. Das Innere der Kirche ist sehr schlicht gehalten, der einzige Schmuck sind einige Gedenksteine an den Wänden. Solange kein Gottesdienst stattfindet, gehört einem die Kirche in der Regel ganz allein. Sie ist ein stiller, kühler Zufluchtsort vor dem geschäftigen Treiben Colombos. Wer mehr über die Geschichte von St Peter's wissen möchte, findet neben der Tür eine Broschüre.

Innenraum mit Holzaltar, St Peter's Church

Wandgemälde an der Rundmauer im Schrein von Sambodhi Chaitya

❸ Sambodhi Chaitya

Chaitya Road, Col 1. **Stadtplan** 1 A3. tägl.

Die moderne buddhistische *dagoba* Sambodhi Chaitya wurde 1956 im Gedenken an Buddhas 2500. Todestag erbaut. Sie thront auf Pfeilern etwa 20 Meter hoch über der Church Street. Das Wahrzeichen ist nicht zu übersehen und für alle, die über das Meer anreisen, schon von Weitem ein Orientierungspunkt. Auch von einigen Zimmern des Grand Oriental Hotel sieht man die *dagoba*.

Im Inneren zieren farbenprächtige Bilder mit Szenen aus dem Leben Buddhas und von bedeutenden buddhistischen Ereignissen die Rundwände des Schreins. Von der Terrasse hat man einen fantastischen Blick über den Hafen und auf die Skyline Colombos.

In der Regel gibt es einen Wächter, der Besucher per Lift hinauffährt und die Tür zum Schrein aufsperrt. Man kann auch die Treppe nehmen, hat dann aber 260 Stufen vor sich. Bevor man den Tempel betritt, muss man die Schuhe ausziehen. Da sich der Sitz des Präsidenten in der Nähe befindet, ist das Areal eine Hochsicherheitszone (HSZ).

Hotels und Restaurants in Colombo *siehe Seiten 216 und 226–228*

❹ Maritime Museum

Chaitya Road, Col 1. **Stadtplan** 1 A3. Di–Sa 9–17 Uhr. So, Mo, Feiertage.
museum.gov.lk

Alte Schiffskanonen flankieren den Eingang zum Maritime Museum, das von der Sri Lanka Ports Authority unterhalten wird. Es ist in einem alten Gefängnis der Holländer aus dem späten 17. Jahrhundert untergebracht und liegt in der Nähe des Sambodhi Chaitya.

Die Ausstellung dokumentiert die Geschichte von Seefahrt und Seehandel in Sri Lanka. Sie beginnt im 5. Jahrhundert mit Prinz Vijava, der mit seinem Gefolge aus Südindien auf der Insel gelandet sein soll. Die Wände sind mit Gemälden maritimer Ereignisse verziert. Neben Modellen von Segelschiffen besitzt das Museum auch Statuen historischer Persönlichkeiten (vor allem von Königen Sri Lankas) sowie diverse Exponate, die die Arbeit im Hafen illustrieren, und Objekte, die von Leuchtturmwärtern, Piraten und Seefahrern benutzt wurden. Wenn man den alten Taucheranzug sieht, wird man die heutige Ausrüstung schätzen.

Alte Kanone am Eingang des Maritime Museum

Tische eines Restaurants in einer offenen Vorhalle des Old Dutch Hospital

❺ Old Dutch Hospital

Bank of Ceylon Mawatha. **Stadtplan** 1 B4. tägl.

Das Old Dutch Hospital stammt vermutlich aus dem 17. Jahrhundert, ist aber auf jeden Fall eines der ältesten Gebäude von Fort. Als es erbaut wurde, stand es direkt am Hafen und diente Offizieren und Personal der Niederländischen Ostindien-Kompanie als Unterkunft. Heute ist es ein Einkaufszentrum mit Lokalen.

Die niedrigen, lang gestreckten Gebäude umgeben zwei Innenhöfe, sie sind ein schönes Beispiel für die holländische Kolonialarchitektur des 17. Jahrhunderts. Die alten, 50 Zentimeter dicken Mauern halten den Straßenlärm ab – die ruhigen Höfe sind beliebte Treffpunkte bei Besuchern und Angestellten aus den Büros der Umgebung, vor allem des World Trade Center. Hier betreiben Barefoot *(siehe S. 236)* und Odel *(siehe S. 235)* Läden, das exzellente Ceylon Spa bietet Ayurveda-Behandlungen. Stärken kann man sich im Colombo Fort Café, Ministry of Crab *(siehe S. 228)*. Der Heladiv Tea Club bietet Tee und Kuchen sowie ein hübsch restauriertes Gebäude.

Höchste Sicherheit

Am 31. Januar 1996 fuhren die Liberation Tigers of Tamil Eelam (LTTE) einen Lastwagen voller Sprengstoff in das Gebäude der Central Bank in der Janadhipathi Mawatha in Fort. Bei der Explosion starben 120 Menschen. Fort ist nicht nur das wichtigste Geschäftszentrum Sri Lankas, hier befindet sich auch der Sitz des Präsidenten. Bereits vor diesem Anschlag war der Stadtteil eine Hochsicherheitszone, danach wurden die Sicherheitsmaßnahmen noch verschärft. Inzwischen wurden sie teilweise wieder zurückgenommen, dennoch sieht man hier noch viele Soldaten und gelegentlich Straßensperren. In einigen Teilen von Fort ist Fotografieren nicht erlaubt.

Kommando der Special Task Force auf Patrouille

Der gepflegte Garten im Innenhof des Dutch Period Museum

❻ Pettah

Stadtplan 1 C4. 100, 101.

Östlich von Fort liegt Pettah, Colombos chaotisches buntes Marktviertel. Der Name »Pettah« leitet sich vom tamilischen Wort *pettai* ab und bedeutet Dorf. Verglichen mit dem Rest Colombos wohnen in diesem Viertel relativ viele Muslime und Tamilen sowie Angehörige anderer ethnischer Gruppen. So findet man hier neben Moscheen und Hindu-Tempeln auch Kirchen und andere sakrale Stätten.

Die Läden im Viertel sind wie in einem klassischen Basar verteilt. In jeder Straße konzentriert sich ein Gewerbe, in der Front Street liegen z. B. die Läden für Taschen, Koffer und Schuhe, in der 2nd Cross Street die für Kleidung. Wer sich für Ayurveda *(siehe S. 38f)* interessiert, wird in der Gabo's Lane fündig: Dort stapeln sich vor den Läden Säcke voller Zweige, Rinden, Wurzeln und Blätter. Die nördlich der Gabo's Lane gelegene Sea Street ist das Revier der Goldschmiede. Neben Läden gibt es in Pettah auch einen Markt, auf dem eine große Auswahl an frischem Gemüse und Obst sowie Gewürze angeboten werden.

Mönche in einer Geschäftsstraße von Pettah

Ein Streifzug durch Pettah ist anstrengend, da die Straßen mit Händlern, Käufern und Fahrzeugen vollgestopft sind. Machen Sie sich entweder am frühen Morgen auf den Weg, wenn es noch einigermaßen kühl ist, oder stürzen Sie sich in die Mittagshitze, um das größte Gedränge zu umgehen. Am besten bummeln Sie durch eine der Nebenstraßen wie Front Street, 2nd Cross Street oder Bodhiraja Mawatha ins Zentrum des Viertels.

Im Pettah befinden sich auch der Bahnhof Fort sowie der Busbahnhof von Colombo. Vor dem Bahnhof steht die Statue des amerikanischen Buddhisten Henry Steel Olcott. Er genießt hohes Ansehen, weil er sich in der Kolonialzeit stark für den Buddhismus einsetzte. Gegenüber dem Bahnhof verläuft eine nach ihm benannte Straße.

❼ Dutch Period Museum

Prince Street, Col 11. **Stadtplan** 1 C3. (011) 244 8466. Di–Sa 9–17 Uhr. So, Mo, Feiertage. **museum.gov.lk**

Hier wohnte im 17. Jahrhundert der holländische Gouverneur August Carl von Ranzow. Ab 1846 diente das Haus mit den Säulengängen als britisches Militärkrankenhaus, ab 1932 als Postamt. Von 1977 bis 1981 wurde es renoviert und 1982 als Dutch Period Museum eröffnet. Es beschäftigt sich mit der holländischen Kolonialzeit in Sri Lanka.

Die Räume im Erdgeschoss zeigen Sammlungen von Grabsteinen und alten Münzen, Militaria und Exponate aus Kandy. Im Obergeschoss werden Briefe, Dokumente und niederländische Kolonialmöbel präsentiert, z. B. Betten und Schreibtische aus Ebenholz. Insgesamt mag die Ausstellung wenig spannend sein, doch vermitteln das herrschaftliche Gebäude und der stimmungsvolle Garten im Innenhof einen recht guten Eindruck vom Leben der Kolonialherren im 18. Jahrhundert.

Die Exponate sind gut beschriftet, man kann die Räume auch allein besichtigen. Man sollte allerdings wissen, dass die Museumswärter die Besucher üblicherweise herumführen und am Ende eine Bezahlung erwarten.

❽ Moscheen in Pettah und Kotahena

Stadtplan 1 C3 u. 2 E3. **Hinweis:** Moscheen sind für Nichtmuslime zu Gebetszeiten und Fr geschlossen.

Der Islam kam mit den arabischen Händlern im 7. Jahrhundert nach Sri Lanka. Diese Kaufleute beherrschten den Handel im Indischen Ozean und ließen sich in den Hafenstädten nieder. Deshalb hat Colombo eine große Zahl muslimischer Einwohner, die zu einem großen Teil in Pettah und im nordöstlichen Nachbarviertel Kotahena leben, sowie viele Moscheen.

Nördlich der Main Street, der Hauptdurchgangsstraße von Pettah, steht seit 1909 die **Jami-ul-Alfar-Moschee** mit der auffälligen rot-weißen Ziegelfassade. Etwas weiter südöstlich liegt die traditioneller ge-

Die beeindruckende rot-weiße Fassade der Jami-ul-Alfar-Moschee

haltene **Hanafi-Moschee**, die Hauptmoschee der Memoniten. Die Vorfahren dieser muslimischen Ethnie wanderten in den 1870er Jahren aus dem Sindh im heutigen Pakistan ein. Folgt man der Main Street Richtung Osten, erreicht man in der New Moor Street in Kotahena die **Große Moschee**. In dieser bedeutendsten Moschee des Landes werden die Entscheidungen gefällt, die alle Muslime der Insel betreffen. Die Moschee wurde 1826 erbaut und 1897 vergrößert.

Jami-ul-Alfar-Moschee
228 2nd Cross Street, Col 11. (011) 245 1975. tägl. 5–20 Uhr.

Hanafi-Moschee
3rd Cross Street, Col 11. tägl. 5–20 Uhr.

Große Moschee
151 New Moor St, Col 12. (011) 243 2110. tägl. 5–20 Uhr.

9 Hindu-Tempel in Pettah und Kotahena

Stadtplan 2 D1 u. D2.
Aadi-Vel-Fest (Juli/Aug).

Im 3. Jahrhundert kam mit den Tamilen der Hinduismus nach Sri Lanka. Sein Einfluss auf der Insel war im 5. Jahrhundert besonders stark, als er in Südindien eine Phase der Erneuerung durchlief und erstarkte. Heute stehen in ganz Colombo *kovils* (Hindu-Tempel), besonders viele jedoch in Pettah und in Kotahena. Dort leben auch die meisten Tamilen.

Die *kovils* **New Kathiresan** und **Old Kathiresan** an der Sea Street kann man kaum übersehen. Ihre *gopurams* (Tortürme) sind mit feingliedrigen Statuen von Hindu-Göttern reich geschmückt. Die beiden Tempel sind Shivas Sohn Murugan oder Skanda gewidmet, dem Hindu-Gott des Krieges. Beim jährlichen Aadi-Vel-Fest beginnen hier die Prozessionen mit den farbenprächtigen Wagen.

Ein weiterer sehenswerter *kovil* ist der **Sri Ponnambalam Vanesar** in Kotahena. Der Tempel wurde Mitte des 19. Jahrhunderts aus Granit erbaut, der aus Südindien importiert worden sein soll. Er zeigt sich zurückhaltender als die meisten Hindu-Tempel. Sein *gopuram* aus grauem Stein steht im völligen Kontrast zu den in Sri Lanka üblichen stark bemalten Tempeleingängen. Die *kovils* sind meist geschlossen. Die beste Besuchszeit ist der späte Nachmittag oder der frühe Abend, wenn die Priester die abendliche *puja* zelebrieren.

Rund um den New Kathiresan Kovil verkaufen Läden Opfergaben

New Kathiresan Kovil
Sea Street. (011) 243 1426.
Aadi-Vel-Fest (Juli/Aug).

Old Kathiresan Kovil
Sea Street. (011) 259 9431.
Aadi-Vel-Fest (Juli/Aug).

Sri Ponnambalam Vanesar
Sri Ramanathan Road. (011) 243 1252. ab 16.30 Uhr.

Gopuram des Old Kathiresan Kovil mit vielen Skulpturen von Hindu-Göttern

Stadtplan Colombo *siehe Seiten 82–87*

⑩ Altes Rathaus

Kayman's Gate, Col 11. **Stadtplan** 2 D3. Ⓣ **Hinweis:** Die Türen sind normalerweise tagsüber geöffnet.

Das Alte Rathaus steht im Viertel Kayman's Gate und wurde 1873 im maurischen Stil errichtet. Das zweistöckige Gebäude war 65 Jahre lang der Sitz des Stadtrats von Colombo. Danach diente es lange Zeit als Markthalle und wurde immer baufälliger. Nach seiner Renovierung 1984 zog das Stadtmuseum ein, das heute leider fast aufgelöst ist. Besucher können sich jedoch im zweiten Stock eine mit Wachsfiguren nachgestellte Ratssitzung aus der Kolonialzeit ansehen. Die Westseite des Gebäudes säumen einige Obst- und Gemüsestände.

Im angrenzenden schmiedeeisernen Marktbau befinden sich Exponate zur Industrie- und Stadtgeschichte, darunter Sri Lankas erste mobile Bücherei, eine Dampfwalze und alte Verkehrsschilder.

Mit Wachsfiguren nachgestellte Ratssitzung im Alten Rathaus

⑪ Wolvendaal Church

Wolfendahl Lane, Col 13. **Stadtplan** 2 E2. Ⓣ Di–So 9–17 Uhr. Spende. So 9.30 Uhr (auf Englisch). **wolvendaal.org**

Dies ist die älteste protestantische Kirche Colombos und ein hochinteressantes Relikt aus der holländischen Kolonialzeit. Das Gotteshaus wurde ab 1749 am Standort einer portugiesischen Kirche auf dem Wolfendahl Hill erbaut und innerhalb von acht Jahren vollendet.

Die Kirche hat einen Grundriss in Form eines Andreaskreuzes und ist mit ihrer klassizistischen, rot-weißen Fassade nicht zu übersehen. Der Innenraum ist reich geschmückt. Kanzel, Pulte und Gestühl sind aus Holz gefertigt, die Pfeifen der Orgel fein bemalt. An den Wänden hängen Gedenktafeln, am Boden stehen viele Grabsteine. Im südlichen Querschiff befinden sich Grabsteine von holländischen Gouverneuren und Beamten aus dem 18. Jahrhundert. Einige der ältesten Grabsteine findet man an der Nordostwand der Kirche. Besucher müssen den Hintereingang benutzen.

Der rot-weiße Ziegelbau der Wolvendaal Church

Der alte Glockenturm, der früher die Gläubigen zum Gottesdienst in die Kirche rief, wurde mittlerweile zum Kayman's Gate in Pettah versetzt.

⑫ St Anthony's Church

St Anthony's Mawatha, Col 13. **Stadtplan** 2 D1. Ⓣ (011) 232 9303. tägl. tägl. 6 Uhr (auf Tamil), 12.15 Uhr (auf Singhalesisch). **kochchikade.churchlk.com**

Die katholische St Anthony's Church (19. Jh.) ist dem heiligen Antonius von Padua geweiht, dem Schutzpatron der verlorenen und gestohlenen Dinge. Er soll Wunder bewirkt haben. Angeblich veranlasste eines dieser Wunder einen katholischen Priester im 18. Jahrhundert dazu, dem Heiligen hier eine kleine Lehmkapelle zu bauen.

Der heilige Antonius wird in der Regel mit dem Jesuskind im Arm dargestellt. Ein Dutzend solcher Statuen sind außen an der Kirche und im Inneren zu sehen. Am meisten verehrt wird eine Statue, die am Seitenaltar steht. Ein Mitglied der Kirchengemeinde brachte sie 1822 aus dem indischen Goa mit. Auch diese Statue soll Wunder bewirken.

Da der heilige Antonius 1231 an einem Dienstag beerdigt wurde, ist die Kirche an Dienstagen besonders gut besucht. Dann kommen Katholiken und Nichtkatholiken aus dem ganzen Land hierher, um zu beten. Am schönsten ist St Anthony's jedoch am 13. Juni, wenn der Gedenktag für den Heiligen begangen wird und die Kirche im Schein bunter Lampen erstrahlt.

Eine der vielen alten Lokomotiven im National Railway Museum

⓭ Santa Lucia Cathedral

St Lucia's Street, Col 13. **Stadtplan** 2 E1. (011) 234 2850. tägl. 6–19 Uhr. mittags. Mo–Sa 5.30, 7, So 18 Uhr (auf Englisch). St.-Lucia-Tag (13. Dez). **stlucy.lk**

Die katholische Santa Lucia Cathedral wurde nach dem Vorbild des Petersdoms in Rom errichtet – und empfing auch schon einen Papst. Im Januar 1995 hielt hier Johannes Paul II. eine Messe.

Die Ursprünge der Kathedrale liegen im 18. Jahrhundert, der heutige Bau mit der imposanten Fassade wurde 1873 begonnen. Seine silberne Kuppel ist schon von Weitem sichtbar. Über dem Eingang hängt seit 1934 eine riesige Uhr, die alle 48 Stunden von Hand aufgezogen werden muss. Die vier Turmglocken (1903) stammen aus Marseille. Die größte Glocke (Anthony Thomas) wiegt über 1950 Kilogramm.

Das große Kirchenschiff des Baus fasst unter seiner hohen Decke bis zu 6000 Gläubige. Verglichen mit der beeindruckenden Fassade ist der Innenraum sehr schlicht gehalten. Die Hauptpfeiler zieren Statuen von Heiligen. Dazu zählt auch eine Darstellung der heiligen Lucia, der die Kathedrale gewidmet ist. Die Beichtstühle sind aus dunklem Holz.

Auf dem Altar steht eine Statue von Lucia, die Figur hält ihre Augen in der Hand – eine recht beliebte Darstellung der Schutzheiligen der Blinden und Augenkranken. Der Legende nach wollte ein Adliger Lucia wegen ihrer schönen Augen heiraten. Doch sie wollte nur Gott dienen, riss sich deshalb die Augen aus und gab sie ihrem Verehrer. Einer anderen Version zufolge wurden ihr die Augen bei einer Christenverfolgung ausgestochen. Am St.-Lucia-Tag findet eine große Prozession statt.

⓮ National Railway Museum

Olcott Mawatha, Col 10. **Stadtplan** 2 E4. (011) 243 5845. Mo–Fr 8–16 Uhr. Sa, So, Feiertage.

Das Museum im Gebäude des ehemaligen Hauptbahnhofs von Colombo ist nicht leicht zu finden, doch für Eisenbahnfans lohnt sich die Mühe auf jeden Fall. In der Haupthalle werden Bahnhofsuhren, Schilder und Eisenbahnzubehör gezeigt. An den Bahnsteigen steht eine Reihe alter Lokomotiven. Die Hauptattraktion ist die Dampflokomotive Class 040ST.

Fünf der sieben Statuen, die das Dach der eleganten Santa Lucia Cathedral schmücken

Straßenhändler und Einheimische an der Uferpromenade von Galle Face Green

⓯ Galle Face Green

Stadtplan 3 A1. 100, 101.

Zwischen der lauten Galle Face Centre Road und dem Indischen Ozean zieht sich ein langer Grünstreifen mit Promenade am Ufer entlang – Galle Face Green ist ein Wahrzeichen der Stadt. Den Park ließ Sir Henry Ward 1859 anlegen, der von 1855 bis 1860 britischer Gouverneur war. Eine Gedenktafel erinnert an ihn.

Früher veranstalteten die britischen Kolonialherren hier ihre Pferderennen, heute ist Galle Face Green ein beliebter Erholungsort. Abends herrscht Rummel auf der Promenade, an Wochenenden lässt man hier viele Drachen steigen.

Bei einem Bummel auf der Promenade kann man sich bei Straßenhändlern mit Essen und Trinken, Drachen und Kinderspielzeug eindecken.

Mit Papierfahnen dekorierter *gopuram*, Sri Siva Subramaniya Kovil

⓰ Slave Island

Stadtplan 3 A1.

Östlich des Parks liegt Slave Island. Das Gebiet ist an drei Seiten vom South Beira Lake umgeben. Der Name des Areals soll auf die niederländische Kolonialzeit zurückgehen, in der Sklaven von Afrikas Ostküste zum Bau der Festung von Colombo hierher verschleppt wurden. Als die Zahl der Sklaven immer mehr anwuchs, kam es im 18. Jahrhundert zu einem Aufstand, der blutig niedergeschlagen wurde. Danach wurden die Sklaven nachts in dem Gebiet interniert. Um eine Flucht über das Wasser zu verhindern, setzten die Niederländer im See Krokodile aus. Die Sklaverei wurde in Sri Lanka erst 1845 durch die Briten abgeschafft.

In Slave Island steht mit dem **Sri Siva Subramaniya Kovil** einer der schönsten Hindu-Tempel Colombos. Er ist Skanda (Murugan) geweiht und wurde für die indischen Truppenteile der Briten errichtet. Insbesondere beeindruckt der große *gopuram* mit zahllosen fein gearbeiteten bunten Statuen von Hindu-Göttern.

Slave Island ist ein leicht schäbiger, aber durchaus charmanter Stadtteil, der seit dem Bau des Luxushotels Cinnamon Lakeside *(siehe S. 216)* zunehmend schicker wird.

Sri Siva Subramaniya Kovil
Kew Street, Col 2. tägl. 8–9, 17–18 Uhr.

⓱ South Beira Lake und Seema Malaka

Beira Lake, Col 2. **Stadtplan** 3 B2. 6–18 Uhr.

Der South Beira Lake im Zentrum von Colombo ist eine kleine Oase mit Pelikanen, Silberreihern und Kormoranen.

Der Steg übers Wasser zum Seema Malaka

Man kann sich ein Schwanentretboot ausleihen und gemütlich über den See schippern.

Im südlichen Teil des Sees steht der Meditationstempel Seema Malaka, der auch zur feierlichen Aufnahme der Mönche des Gangaramaya-Tempels benutzt wird. Seema Malaka wurde von einem Muslim gespendet, der von seiner Gemeinde verstoßen wurde und daraufhin diesen buddhistischen Tempel finanzierte.

Der Tempel, ein Werk des Architekten Geoffrey Bawa *(siehe S. 77)*, steht auf drei durch Holzstege miteinander verbundenen Plattformen.

⑱ Gangaramaya-Tempel

61 Sri Jinaratna Road, Col 2. **Stadtplan** 3 C2. (011) 243 5169. tägl. 8–18.30 Uhr. Navam Perahera (Feb). **gangaramaya.com**

Der Gangaramaya-Tempel steht östlich vom South Beira Lake. Er ist der wichtigste buddhistische Tempel Colombos und Schauplatz der Navam Perahera. Der Tempel wurde im 19. Jahrhundert gegründet, als in Sri Lanka der Buddhismus wieder aufblühte. Architektonisch bietet er eine ungewöhnliche Mischung aus Minimalismus und modernen indischen Stilen.

Die Tempelanlage besteht aus einer Reihe von Gebäuden, die einen Innenhof umgeben. Darin stehen eine *dagoba* und, etwas erhöht, ein Bodhi-Baum. Hier hat auch der Elefant des Tempels sein Zuhause. Im Bilderhaus des Tempels sitzt eine große, in Orange gehüllte Buddha-Figur in Meditationshaltung, die von Elefantenzähnen flankiert wird. Die grell angemalte Statue hinterlässt einen überwältigenden Eindruck. Ebenfalls sehenswert: die Steinmetzarbeiten an den Wänden und am Sockel des Bilderhauses.

Im hölzernen Pavillon gegenüber hütet die Bibliothek zahllose Handschriften auf *ola*-Blättern. Zum Obergeschoss kommt man über die Terrasse mit dem Bodhi-Baum. Vom dortigen Balkon hat man einen schönen Überblick über die gesamte Tempelanlage.

Neben dem Innenhof sind in einem Museum Geschenke ausgestellt, die der Tempel im Lauf der Jahre erhalten hat. Die Objekte reichen von Buddha-Statuen über Fotoapparate bis zu einem Mercedes-Benz aus den 1930er Jahren.

Vor dem Eintritt in den Tempel müssen Besucher die Schuhe ausziehen. Da der Boden durch die Sonneneinstrahlung ziemlich heiß werden kann, sind Socken empfehlenswert.

Buddha-Statue in der Versammlungshalle des Gangaramaya-Tempels

⑲ Cinnamon Gardens

Stadtplan 4 D3.

Cinnamon Gardens ist eine Oase der Ruhe mit einigen Läden und Cafés. Sie wurde nach den Zimtbäumen benannt, die hier während der Kolonialzeit wuchsen. Zwischen großen Häusern verlaufen breite grüne Alleen, an denen auch einige Regierungsstellen ansässig sind. In der Reid Avenue steht ein schön renoviertes altes Rennbahngebäude, nun ein Einkaufs-Center. Hier findet samstags ein Bio-Markt statt.

Navam Perahera

Erst seit 1979 veranstaltet der Gangaramaya-Tempel die Navam Perahera. Alljährlich findet sie an einem *poya*-Tag im Februar statt. Viele Besucher aus dem ganzen Land und sogar dem Ausland kommen zur Prozession, die mit Elefanten, Tänzern, Akrobaten, Trommlern und viel Getöse von der Perahera Mawatha zum Tempel zieht. Der festlich herausgeputzte Elefant des Tempels trägt die Buddha-Reliquie. Auffällig sind auch die *bhikkus*, die frisch geweihten Mönche, die sich in ihren orangefarbenen Roben würdevoll ihren Weg durch die Zuschauer bahnen.

Trommler künden bei der Navam Perahera den Elefanten des Tempels an

Prächtige Buddha-Statuen und *dagobas* zieren den Gangaramaya-Tempel ▶

Bawas Schlafzimmer in der 33rd Lane mit einer traditionellen Batik an der Wand

⑳ Vihara Mahadevi Park

Ananda Coomeraswamy Mawatha (Green Path), Col 7. **Stadtplan** 3 C2. 6–18 Uhr.

Der große Park im Zentrum Colombos wurde nach der Mutter von König Dutugemunu (reg. 161–137 v. Chr.) benannt. Er ist ein schattiges Refugium mit tropischen Bäumen, Orchideen und exotischen Pflanzen sowie vielen Vogelarten. Bisweilen sieht man einen Elefanten mit seinem Mahout (Führer).

An den Gittern entlang dem Green Path im Süden des Parks stellen Künstler während der Woche ihre Werke aus, Kunststudenten am Sonntag. Den Nordosten des Parks überragt die weiße Kuppel der Town Hall aus dem Jahr 1927, die an das Weiße Haus in Washington erinnert. Weiter im Norden liegt De Soysa (Lipton Circus), eine der Hauptkreuzungen Colombos. Dort befindet sich gegenüber der imposanten Devatagaha-Moschee das Kaufhaus Odel *(siehe S. 235)*.

Künstler bieten im Vihara Mahadevi Park ihre Werke zum Verkauf an

㉑ Colombo National Museum

Siehe S. 78f.

㉒ Natural History Museum und National Art Gallery

Ananda Coomeraswamy Mawatha, Col 7. **Stadtplan** 3 C3 u. 4 D3. **Natural History Museum** (011) 269 4767. tägl. 9–18 Uhr. Feiertage. gegen Gebühr. **National Art Gallery** tägl. 11–18 Uhr. Feiertage. **museum.gov.lk**

Das ein wenig angestaubte Museum befindet sich im selben Block wie das Colombo National Museum. Wer sich für die Natur der Insel interessiert, entdeckt dort u. a. Tiere in Einmachgläsern, etwa die zweiköpfige Ziege am Eingang. Die Erklärungen sind informativ.

Nebenan zeigt die National Art Gallery in einem großen Saal Bilder von Künstlern aus Sri Lanka. Erwähnenswert sind vor allem die Gemälde von George Keyt (1901–1993). Die hinteren Räume zeigen Wechselausstellungen.

㉓ No. 11, 33rd Lane

Abseits der Bagatelle Road, Col 3. **Stadtplan** 3 C4. (011) 433 7335. Mo–Sa 10, 12, 14, 15.30, So 10 Uhr. **geoffreybawa.com**

1958 kaufte Geoffrey Bawa den dritten einer Reihe von vier Bungalows in der 33rd Lane und baute ihn um. Er überredete den Besitzer, ihm nach und nach auch die restlichen Bungalows zu verkaufen. So entstand über 40 Jahre hinweg seine wunderschöne Stadtresidenz, die man heute zum Teil besichtigen kann.

Hier entdeckte Bawa auch seine Begeisterung für alte Dinge, die er aus Häusern in Sri Lanka und Südindien rettete. In der Anlage stehen Mahlsteine aus Anuradhapura und Polonnaruwa neben zeitgenössischen Batiken von Ena de Silva, die zu Bawas ersten Partnern zählte. Einige Türen bemalte der australische Maler Donald Friend. Obwohl es auf einer kleinen Parzelle steht, wirkt das Haus riesig. Lichtschächte und kleine Innenhöfe lassen natürliches Licht herein, die weißen Böden und Treppen tragen zum heiteren Flair bei.

Besucher betreten das Haus durch den ursprünglich ersten Bungalow, der heute zu einem vierstöckigen Bau im Stil der Moderne angewachsen ist. In der Garage stehen noch Bawas Mercedes und sein Rolls-Royce. Im Erdgeschoss kann man in sein Schlafzimmer blicken, in dem sich Bücher stapeln. Der erste Stock ist vor allem wegen der Türintarsien des berühmten Architekten Ismeth Rahim interessant. Von dort führt eine Treppe zur Dachterrasse.

Zur Führung durch das Haus gehört auch ein Dokumentarfilm über Bawas Leben und Werk.

Hotels und Restaurants in Colombo *siehe Seiten 216 und 226–228*

Geoffrey Bawa

Geoffrey Bawa (1919–2003) zählt zu den bedeutendsten Architekten des 20. Jahrhunderts in Asien. Der Sohn einer wohlhabenden Burgher-Familie studierte an der Cambridge University Englisch und sollte wie sein Vater Anwalt werden. Weil er sich dafür nicht eignete, ging er auf Reisen. Zurück in Sri Lanka, kaufte er das Anwesen in Lunuganga *(siehe S. 100)* und entschloss sich, Architekt zu werden. 1956 schrieb sich Bawa an der Architectural Association School of Architecture in London ein. Im folgenden Jahr eröffnete er mit Ena de Silva sowie anderen Künstlern und Architekten ein Büro in Colombo. Mit seinem ersten Mitarbeiter, dem dänischen Architekten Ulrik Plesner, baute Bawa Häuser im Tropical-Modernist-Stil. Auch nach ihrer Trennung 1966 beeinflusste Plesner Bawas Schaffen. Bawa wollte Tradition und Moderne verbinden und von innen nach außen fließende Übergänge schaffen. In seiner 40-jährigen Karriere arbeitete er an über 200 Projekten, von denen nur wenige in ihrer Originalform erhalten sind.

Bauwerke in Colombo

Bawa wollte in seinen Bauwerken die Grenze zwischen Innen- und Außenraum weitgehend auflösen. Zudem sollten sie sich nahtlos in die Landschaft einfügen. In der Hauptstadt findet man einige schöne Beispiele für Bawas typischen Baustil.

No. 11, 33rd Lane wurde zwischen 1960 und 1998 gestaltet. Das Haus war ein Projekt, das sich ständig weiterentwickelte. Im dicht bevölkerten Ballungsraum Colombo sollte es eine Illusion von Weite schaffen.

Das New Sri Lanka Parliament (1979–82) in Kotte wurde nach Plänen von Bawa errichtet. Die Architektur des Baus zeigt deutliche Bezüge zu Baustilen Sri Lankas und Indiens. Es steht auf einer Insel in einem künstlichen See, den Bawa anlegen ließ.

Der Seema-Malaka-Tempel im South Beira Lake entstand 1976–78. Die Gestaltung der Anlage verweist auf die Waldklöster von Anuradhapura, die auf erhöhten, durch Brücken verbundenen Plattformen standen.

Bungalow in Lunuganga

Weitere Bauten von Bawa

Bawa hinterließ nicht nur in Colombo großartige Bauten. Seine Faszination für Landschaftsgestaltung lässt sich z. B. auf der ehemaligen Kautschukplantage Lunuganga bewundern. Ein weiteres Werk von Bawa ist das Dschungelhotel Kandalama *(siehe S. 220)*, das mit seiner Umgebung zu verschmelzen scheint und einen Blick über den Speichersee Kandalama auf Sigiriya bietet. Das Hotel Jetwing Lighthouse *(siehe S. 217)* war eines seiner letzten Werke. Das auffälligste, sehenswerteste Element des von der Kolonialzeit inspirierten Gebäudes ist die Wendeltreppe von Laki Senanayake.

㉑ Colombo National Museum

Der Gründer des Museums war Sir William Henry Gregory, ein britischer Gouverneur des damaligen Ceylon. In einem palastartigen Gebäude von 1877 präsentiert es eine Vielzahl von Sammlungen zu den Tempeln und alten Königsstädten der Insel. Im Erdgeschoss faszinieren die Säle 2 bis 5 mit den schönsten Ausstellungen des Hauses. Die Chronologie beginnt im antiken Anuradhapura und reicht bis ins Zeitalter von Kandy. Zu sehen ist z. B. der Thron, auf dem noch Kandys letzter König Sri Wickrama Rajasinghe saß. Im ersten Stock befinden sich Gemälde, Masken, Münzen, Schmuck, Puppen und das Skelett eines Blauwals, der 1984 an der Küste verendete.

★ Thron von Kandy
Der rot-goldene Thron kam 1693 als Geschenk des niederländischen Gouverneurs nach Kandy und wurde ab diesem Zeitpunkt von allen Königen benutzt – auch von Sri Wickrama Rajasinghe, der als letzter König von Kandy 1815 von den Briten gefangen genommen und ins Exil geschickt wurde.

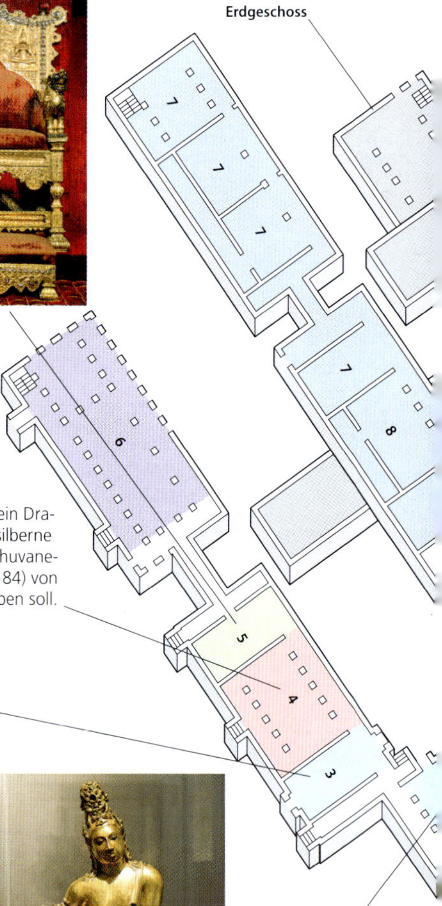

Schwert von Bhuvanekabahu I.
Kostbare Steine und ein Drachenkopf zieren das silberne Schwert, das König Bhuvanekabahu I. (reg. 1273–84) von Yapahuwa gehört haben soll.

★ Hinduistische Heiligenbilder
Die meisten Exponate stammen aus der Polonnaruwa-Epoche. Besonders eindrucksvoll sind die Darstellungen des Nataraja, des tanzenden Shiva.

★ Bodhisattva
Diese bronzene Bodhisattva-Statue stammt etwa aus dem 9. Jahrhundert. Ihre Sitzhaltung kombiniert die Positionen *lalitasana* (völlige Entspanntheit) und *rajalila* (königliche Haltung).

Puppen
Unter dem Skelett eines 1984 verendeten Blauwals an der Decke sieht man Puppen aus Indien, Russland und anderen Ländern.

Infobox

Information
Stadtplan 3 C3.
854 Sir Marcus Fernando Mawatha, Col 7. ☎ (011) 269 5366. ◯ tägl. 9–18 Uhr (letzter Einlass: 17 Uhr). Einige Abteilungen können wg. Renovierung teilweise geschlossen sein.
● Feiertage.
W museum.gov.lk

Anfahrt
Ⓣ

Kunsthandwerk
Die Exponate aus Elfenbein, Holz, Messing und Muscheln geben einen Überblick über Sri Lankas Kunsthandwerk. Zu den Highlights gehören Schmuck, Kämme, Wohnaccessoires und Musikinstrumente.

Waffen und Rüstungen
Die Bandbreite reicht von zeremonialen bis zu Kriegswaffen – verzierte Schwerter und Schilde, Gewehre von Kolonialtruppen und Kanonen aus Kandy.

Kurzführer

Das Museum hat zwei Etagen. Die Exponate im Erdgeschoss sind chronologisch angeordnet, die Sammlungen im ersten Stock sind dagegen nach Themen sortiert.

Münzen
Die Sammlung umfasst über 85 000 Münzen und reicht vom 4. Jahrhundert v. Chr. bis in die heutige Zeit. Besonderheiten sind die antiken gestanzten Münzen und die römischen und arabischen Münzen, die Sri Lankas lange Geschichte des Fernhandels belegen.

Legende

- Vor- und Frühgeschichte
- Anuradhapura und Polonnaruwa
- Übergangszeit
- Zeitalter von Kandy
- Altertümer aus Stein
- Gemälde, Textilien und Keramiken
- Münzen sowie Fahnen und Standarten
- Kunst und Kunsthandwerk
- Waffen und Rüstungen
- Hon DS Senanayake Memorial Gallery
- Traditionelle Landwirtschaft
- Keine Ausstellungsfläche

Stadtplan Colombo *siehe Seiten 82–87*

Besucher am Elefantengehege im Dehiwala Zoo

㉔ Galle Road

Stadtplan 3 A2. 100, 101.

Als Hauptausfallstraße verbindet die Galle Road im südlichen Colombo die Vororte an der Küste mit dem Zentrum. Von Colombo Fort bis Wellawatta teilt sich die acht Kilometer lange Strecke in zwei Einbahnstraßen auf. Je weiter im Süden, desto weniger wohlhabend werden die Viertel. Wer jedoch Sri Lanka abseits üblicher Touristenrouten kennenlernen möchte, kann in Stadtteilen wie Wellawatta Interessantes entdecken.

Direkt südlich des Galle Face Green *(siehe S. 72)* verläuft die Straße durch das Viertel **Kollupitiya**. Hier befinden sich viele Hotels, die Tourism Development Authority, einige Botschaften sowie Temple Trees, die schwer bewachte Residenz des Premierministers. Im Zentrum von Kollupitiya säumen gut besuchte Cafés und Läden die Straße, so z. B. das schicke Barefoot *(siehe S. 236)*. Lassen Sie sich aber nicht von Trickbetrügern zu Edelsteinausstellungen oder Elefantenshows einladen oder von lästigen Three-Wheeler-Fahrern überreden!

Weiter im Süden teilt die Galle Road den quirligen Vorort **Bambalapitiya**. Hier drängen sich Läden neben der Majestic City Mall und anderen großen Einkaufszentren. Auch locken viele Restaurants.

Noch ein paar Kilometer weiter erreicht man **Wellawatta**. In dem Stadtteil leben viele Tamilen, weshalb er auch Little Jaffna heißt. Neben einigen *kovils* gefallen hier die vielen kleinen Familienbetriebe, die Saris und andere Produkte anbieten.

Produkte aus ökologischen Materialien bei Barefoot, Kollupitiya

㉕ Talangama Wetlands

10 km südöstl. des Zentrums. 6–18 Uhr.

Südöstlich von Colombos Zentrum erstreckt sich das Talangama-Feuchtgebiet. Wer sich für Vögel interessiert, sollte unbedingt einen Ausflug dorthin machen. Die Teiche, Kanäle und Reisfelder des Gebiets werden ganzjährig von mehr als 100 Vogelarten bevölkert, darunter Purpurhühner, Silberreiher, Blatthühner und Eisvögel sowie eine Vielzahl von Waldvögeln. Zwischen November und April machen in Talangama beim Vogelzug Watvögel auf dem Weg zur Südküste Zwischenstation. Dann können hier Regenpfeifer, Flussuferläufer, Rot- und Grünschenkel bewundert werden. Außer Vögeln sieht man aber auch zahllose Schmetterlings- und Libellenarten sowie kleine Säugetiere, etwa den endemischen Weißbartlangur.

Die paradiesisch anmutende Oase liegt fast in der Stadt und ist mit dem Auto einfach zu erreichen.

㉖ Dehiwala Zoo

A Dharmapala Mawatha, 11 km südl. des Zentrums. 118. (011) 271 2751. tägl. 8.30–18 Uhr.
colombozoo.gov.lk

Der elf Hektar große Dehiwala Zoo ist bei den Einheimischen sehr beliebt. Elefanten, Jaguare, Leoparden, Lippenbären, Stachelschweine und Affen sowie alle möglichen Vogelarten in begehbaren Volieren kann man hier erleben. Für die 30 Schmetterlingsarten gibt es ein eigenes Schmetterlingshaus. Wenn am Nachmittag die Elefanten Kunststücke aufführen, drängen sich dort besonders viele Menschen – so mancher Besucher flüchtet dann in ruhigere Ecken.

Der Zoo litt unter dem Bürgerkrieg, die Schäden werden erst langsam beseitigt. Die Gehege für die Großkatzen und Bären sind leider klein, verglichen mit anderen Tierparks in Asien gehört der Dehiwala dennoch zu den besseren.

Ein Fasanblatthühnchen in den Talangama Wetlands

Wandgemälde mit einer Szene aus dem Leben Buddhas im Bilderhaus des Kelaniya Raja Maha Vihara

㉗ Mount Lavinia

12 km südl. des Zentrums.
100, 101.

Der Badevorort von Colombo wurde angeblich nach der Geliebten von Sir Thomas Maitland benannt: Die portugiesisch-singhalesische Tänzerin trug den schönen Namen Lovina. Maitland war von 1805 bis 1811 Generalgouverneur von Ceylon und baute sich 1806 im heutigen Mount Lavinia eine Residenz. Dem Klatsch zufolge führte von dort ein Tunnel zu Lovinas Haus, damit sich die Liebenden heimlich treffen konnten. Das Gebäude wurde von den nachfolgenden Gouverneuren ausgebaut und Ende des 19. Jahrhunderts in das **Mount Lavinia Hotel** *(siehe S. 216)* umgewandelt.

Das imposante Hotel ragt auf einer kleinen Landzunge über dem Strand auf und lockt viele Besucher, vor allem Ausländer, nach Mount Lavinia. Es konnte seinen alten Charme trotz Modernisierungen bewahren und bietet einen ausgezeichneten Blick aufs Meer.

Mount Lavinia ist eine erholsame Alternative zum etwas hektischen Colombo. Das Meer ist nur bedingt zum Schwimmen geeignet, doch der Strand ist hübsch, wenn auch an Wochenenden und Feiertagen dicht bevölkert. Von den dortigen Bars und Restaurants kann man den Fischern zusehen, wie sie ihre Netze für die Ausfahrt vorbereiten. Man sollte jedoch vorsichtig sein, wenn man nachts im Dunkeln zum Hotel zurückgeht.

Mount Lavinia Hotel
100 Hotel Road. (011) 271 1711.
tägl.
mountlaviniahotel.com

㉘ Kelaniya Raja Maha Vihara

12 km nordöstl. des Zentrums.
235. tägl. 7 und 19 Uhr (bis 22.30 Uhr an *poya*-Tagen).
Duruthu Perahera (Jan).

Der buddhistische Kelaniya Raja Maha Vihara ist nach dem Zahntempel *(siehe S. 136f)* der bedeutendste Tempel Sri Lankas. Indische Eroberer und die Portugiesen zerstörten die Vorgängerbauten des heutigen Schreins, der wohl Ende des 18. Jahrhunderts errichtet wurde.

An dem Ort, an dem heute die schlichte *dagoba* steht, soll Buddha bei einem seiner drei Besuche in Sri Lanka gepredigt haben. Diese Überlieferung gerät jedoch angesichts des prachtvollen Bilderhauses in den Hintergrund. Den gelb-orangefarbenen Steinbau schmücken reich verzierte Säulen, Türklopfer und am Eingang Elefantenfresken. Der Innenraum ist mit Wandmalereien bedeckt. Die schönsten stammen von dem bekannten Maler Solias Mendis, der hier Anfang des 20. Jahrhunderts Buddhas Besuche in Sri Lanka in Bildern festhielt.

Neben dem obligatorischen Bodhi-Baum besitzt der Tempel einen beeindruckenden Glockenturm, zwei große Statuen und ein kleines Museum. Raja Maha Vihara ist auch der zentrale Ort der Duruthu Perahera *(siehe S. 42)*.

Fassade des in der Kolonialzeit erbauten Mount Lavinia Hotel

Stadtplan

Die Karte unten zeigt die Gebiete in Colombo, die auf dem folgenden *Stadtplan* erfasst sind. Die Kartenverweise bei den Sehenswürdigkeiten dieses Reiseführers beziehen sich auf diese Karten. Dies gilt auch für Kartenverweise bei Hotels *(siehe S. 216)* und Restaurants *(siehe S. 226–228)* in Colombo sowie für die Adressen in den Kapiteln *Zu Gast in Sri Lanka* und *Grundinformationen* im hinteren Teil des Buchs. Die erste Zahl der Koordinaten gibt jeweils die Seite des *Stadtplans* an, die folgende Kombination aus Buchstabe und Zahl das entsprechende Planquadrat. Die Piktogramme sind in der Legende unten erklärt. Straßen lassen sich mithilfe des Kartenregisters leicht finden.

Legende

- Hauptsehenswürdigkeit
- Sehenswürdigkeit
- Anderes Gebäude
- Bahnhof
- Busbahnhof
- Information
- Krankenhaus mit Notaufnahme
- Polizei
- Kirche
- Hinduistischer Tempel
- Buddhistischer Tempel
- Moschee
- Eisenbahn
- Fußgängerzone

0 Kilometer 1

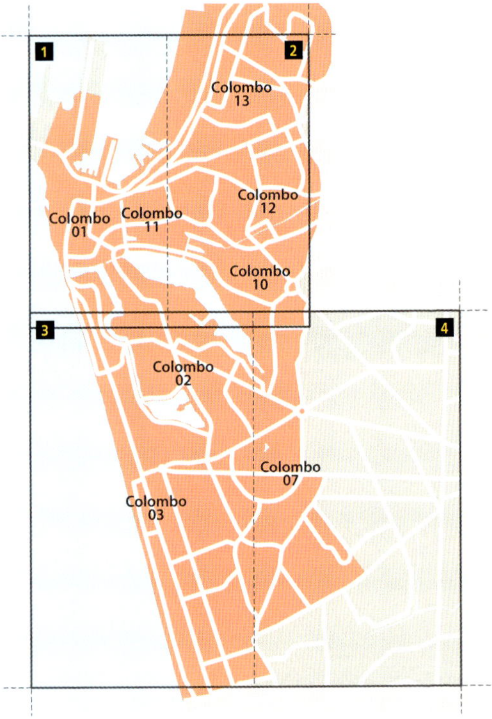

Die geschäftige Sea Street in Pettah

Maßstab der Karten 1–2

0 Meter 250

Maßstab der Karten 3–4

0 Meter 500

Kartenregister

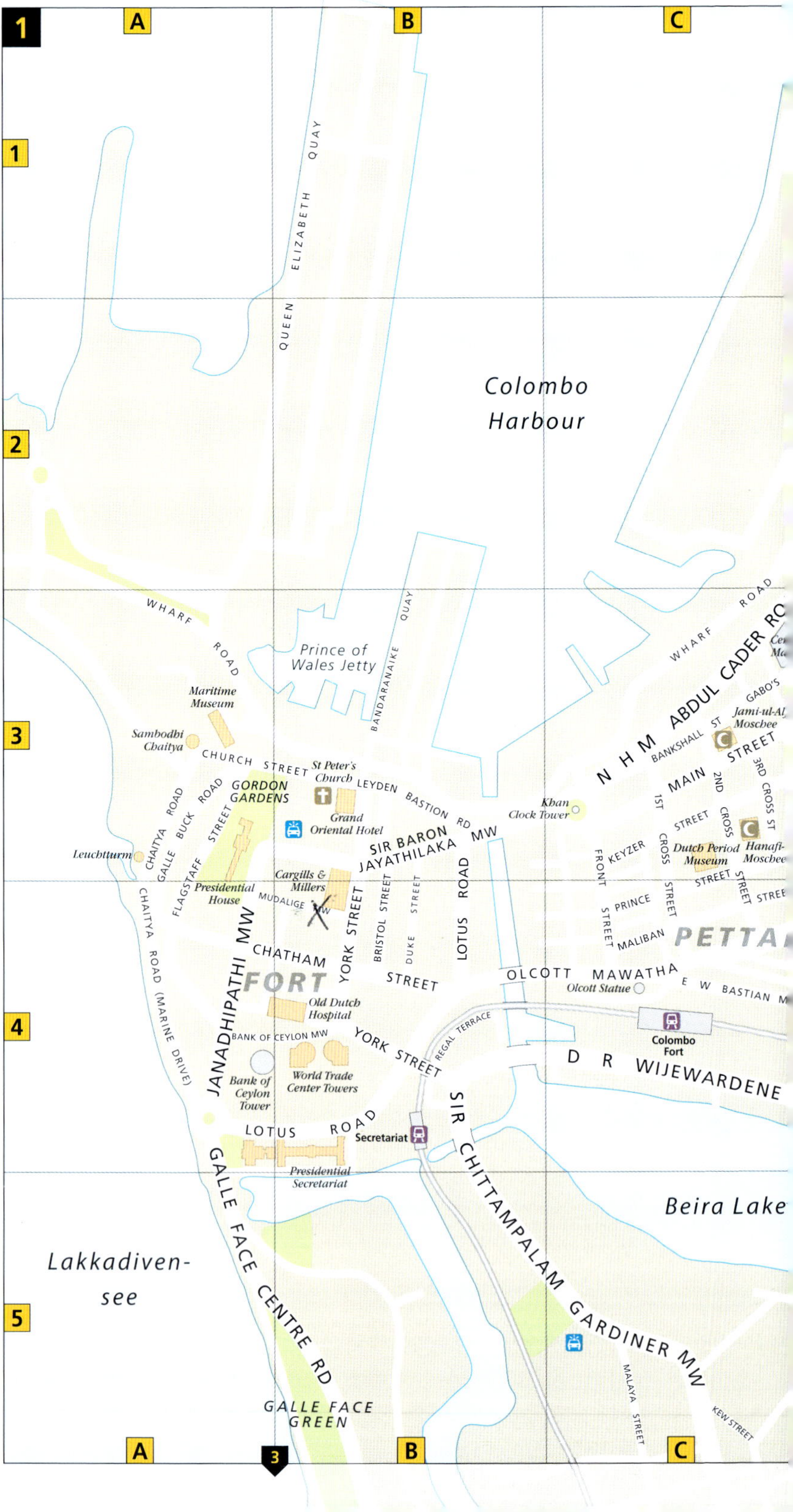
1
A
B
C
1
2
3
4
5
Colombo Harbour
QUEEN ELIZABETH QUAY
Prince of Wales Jetty
BANDARANAIKE QUAY
WHARF ROAD
Maritime Museum
Sambodhi Chaitya
CHURCH STREET
St Peter's Church
LEYDEN BASTION RD
GORDON GARDENS
Grand Oriental Hotel
SIR BARON JAYATHILAKA MW
Khan Clock Tower
N H M ABDUL CADER ROAD
GABO'S
Jami-ul-Alfar Moschee
BANKSHALL ST
MAIN STREET
1ST CROSS STREET
2ND CROSS STREET
3RD CROSS ST
KEYZER STREET
FRONT STREET
PRINCE STREET
MALIBAN STREET
Dutch Period Museum
Hanafi-Moschee
PETTAH
CHAITYA ROAD
BUCK ROAD
GALLE STREET
FLAGSTAFF STREET
Leuchtturm
Presidential House
Cargills & Millers
MUDALIGE MW
YORK STREET
BRISTOL STREET
DUKE STREET
LOTUS ROAD
CHATHAM STREET
FORT
OLCOTT MAWATHA
Olcott Statue
E W BASTIAN MW
Colombo Fort
JANADHIPATHI MW
CHAITYA ROAD (MARINE DRIVE)
Old Dutch Hospital
BANK OF CEYLON MW
Bank of Ceylon Tower
World Trade Center Towers
REGAL TERRACE
D R WIJEWARDENE
SIR CHITTAMPALAM GARDINER MW
LOTUS ROAD
Secretariat
Presidential Secretariat
Beira Lake
GALLE FACE CENTRE RD
Lakkadiven-see
GALLE FACE GREEN
MALAYA STREET
KEW STREET
3

D
E
F
2
1
2
3
4
5
3
4
KOTAHENA
HULFTSDORP
MARADANA
GEORGE R DE SILVA MAWATHA
PICKERINGS ROAD
BONJEAN ROAD
Santa Lucia Cathedral
ST LUCIA'S STREET
KOTAHENA STREET
MAWATHA
C PERERA
CYRIL
WHARF ROAD
JAMPETTAH LANE
Sri Ponnambalam Vanesar Kovil
St Anthony's Church
LASCOREEN ST
SRI SIVANANDA VEEDIYA
SRI BODHIRAJA MW
GALPOTHA ST
K B CHRISTIE PERERA MAWATHA
SQUARE ROAD
NEWNHAM
RATNAM
VIVEKANANDA HILL
NEW CHETTY STREET
SANGAMITTA MAWATHA
LANE
GREEN
JETHAWANA ROAD
BEACH RD
SEA STREET
STREET
GINTUPITIYA STREET
Old & New Kathiresan Kovil
WOLFENDAHL LANE
Wolvendaal Church
MAHA VIDYALAYA MAWATHA
SRI SUMANATISSA MAWATHA
M. VINCENT PERERA MAWATHA
SRI KATHIRESAN
SIR RATNAJOTHI SARAVANAMUTTU MW
HUSANIA ST
HULFTSDORP STREET
Große Moschee
MOHAMED ZAIN MAWATHA
M J M LAFEER MAWATHA
NEW MOOR STREET
OLD MOOR STREET
BANDARNAIKE MW
DAM ST
KACHCHERI ROAD
Altes Rathaus
ABDUL HAMID STREET
SRIMATH
SILVERSMITH STREET
MEERANIYA STREET
WILSON STREET
BELMONT STREET
MILL ST
DAM STREET
PLACE
Gunasinghepura
BODHIRAJA MAWATHA
DIAS PLACE
SAN SEBASTIAN STREET
BEIRA ROAD
SAUNDERS
Central
MIHINDU MAWATHA
HULFTSDORP
Bastian Mawatha
OLCOTT MAWATHA
E W BASTIAN MW
SANCHI ARACHCHI GARDENS
ADHIKARANA MW
SRI SANGARAJA MAWATHA
ROAD
MAWATHA
National Railway Museum
ORABI PASHA MAWATHA
PANCHIKAWATTA
JAYANTHA WEERASEKERA MW
KOVIL VEEDIYA
Maradana
T B JAYAH MAWATHA
KULARATNE MAWATHA
SRI VAJIRAGNANA MAWATHA
CLIFTON LN
1ST MALIGAKANDA LN

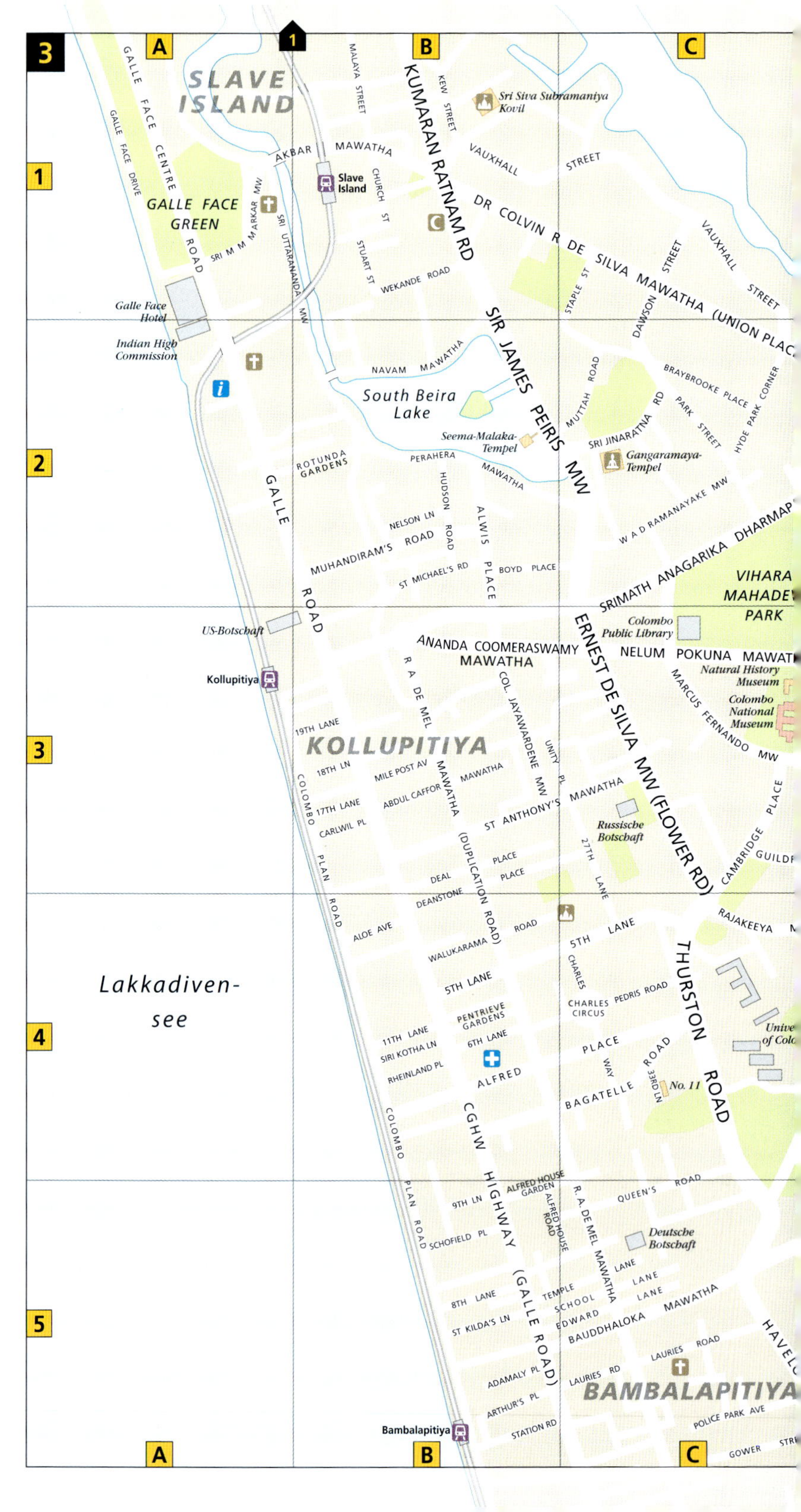
3
SLAVE ISLAND
Slave Island
GALLE FACE GREEN
Galle Face Hotel
Indian High Commission
South Beira Lake
Sri Siva Subramaniya Kovil
Seema-Malaka-Tempel
Gangaramaya-Tempel
VIHARA MAHADEVI PARK
Colombo Public Library
Natural History Museum
Colombo National Museum
US-Botschaft
Kollupitiya
KOLLUPITIYA
Russische Botschaft
Lakkadiven-see
No. 11
Deutsche Botschaft
BAMBALAPITIYA
Bambalapitiya
GALLE FACE CENTRE ROAD
GALLE FACE DRIVE
KUMARAN RATNAM RD
DR COLVIN R DE SILVA MAWATHA (UNION PLACE)
SIR JAMES PEIRIS MW
GALLE ROAD
ERNEST DE SILVA MW (FLOWER RD)
SRIMATH ANAGARIKA DHARMAPALA
ANANDA COOMERASWAMY MAWATHA
NELUM POKUNA MAWATHA
THURSTON ROAD
CGHW HIGHWAY (GALLE ROAD)
COLOMBO PLAN ROAD
R. A. DE MEL MAWATHA (DUPLICATION ROAD)
BAUDDHALOKA MAWATHA
MARCUS FERNANDO MW

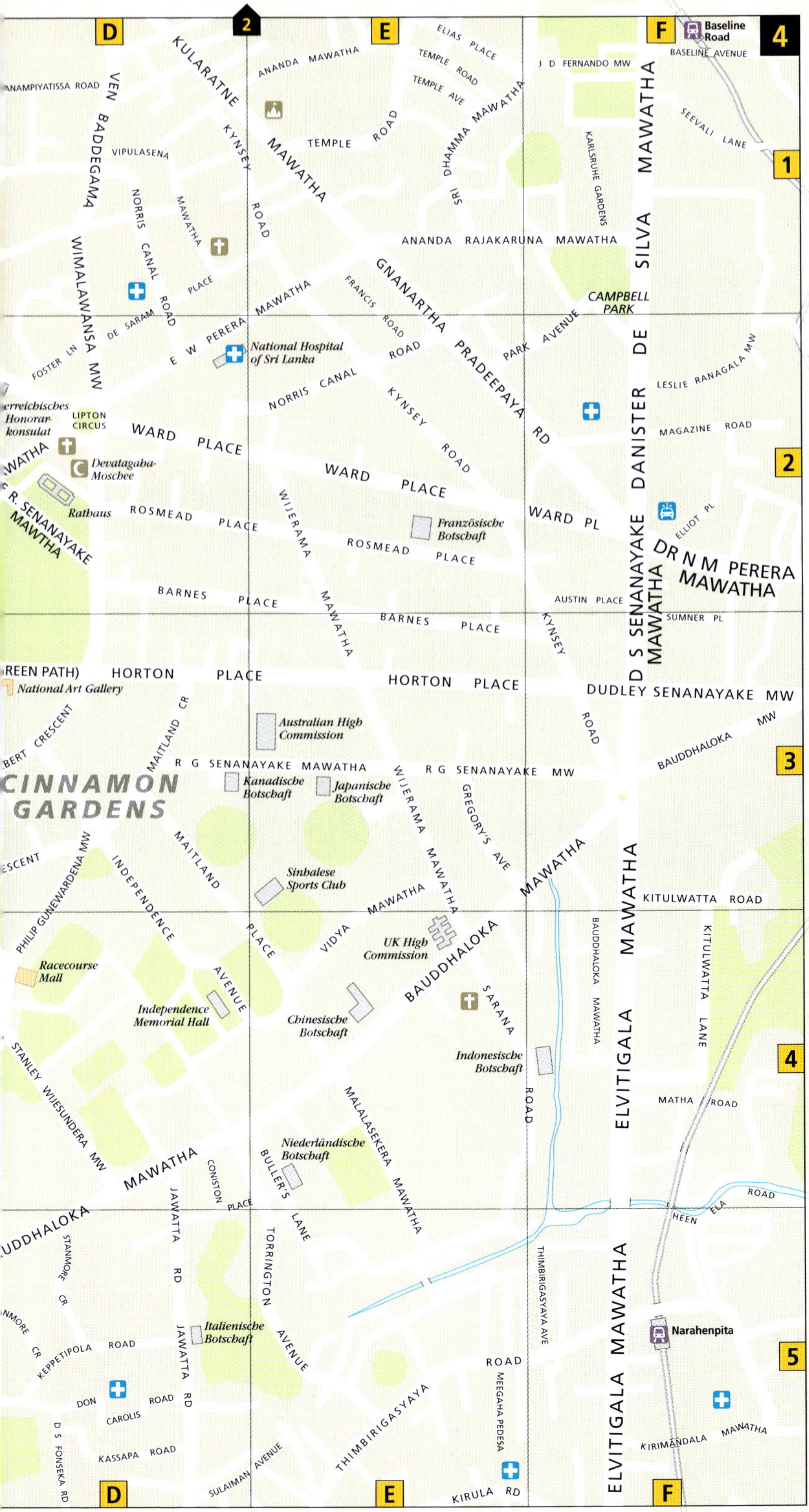

D
2
E
F
4
1
2
3
4
5
Baseline Road
BASELINE AVENUE
ELIAS PLACE
TEMPLE ROAD
TEMPLE AVE
J D FERNANDO MW
SEEVALI LANE
ANANDA MAWATHA
KULARATNE MAWATHA
KYNSEY ROAD
TEMPLE ROAD
DHAMMA MAWATHA
SRI
KARLSRUHE GARDENS
DANISTER DE SILVA MAWATHA
ANAMPIYATISSA ROAD
VEN BADDEGAMA WIMALAWANSA MW
VIPULASENA MAWATHA
NORRIS CANAL ROAD
ANANDA RAJAKARUNA MAWATHA
GNANARTHA PRADEEPAYA RD
FRANCIS ROAD
CAMPBELL PARK
PARK AVENUE
DE SARAM PLACE
E W PERERA MAWATHA
FOSTER LN
National Hospital of Sri Lanka
ROAD
NORRIS CANAL ROAD
LESLIE RANAGALA MW
MAGAZINE ROAD
erreichisches Honorar-konsulat
LIPTON CIRCUS
WARD PLACE
KYNSEY ROAD
WATHA
Devatagaha-Moschee
Rathaus
WARD PLACE
WARD PL
ELLIOT PL
R. SENANAYAKE MAWTHA
ROSMEAD PLACE
WIJERAMA MAWATHA
Französische Botschaft
ROSMEAD PLACE
DR N M PERERA MAWATHA
D S SENANAYAKE MAWATHA
BARNES PLACE
AUSTIN PLACE
BARNES PLACE
SUMNER PL
KYNSEY ROAD
REEN PATH)
HORTON PLACE
HORTON PLACE
DUDLEY SENANAYAKE MW
National Art Gallery
BERT CRESCENT
MAITLAND CR
Australian High Commission
BAUDDHALOKA MW
R G SENANAYAKE MAWATHA
R G SENANAYAKE MW
CINNAMON GARDENS
Kanadische Botschaft
Japanische Botschaft
WIJERAMA MAWATHA
GREGORY'S AVE
ESCENT
PHILIP GUNEWARDENA MW
INDEPENDENCE AVENUE
MAITLAND PLACE
Sinhalese Sports Club
MAWATHA
KITULWATTA ROAD
VIDYA MAWATHA
UK High Commission
BAUDDHALOKA MAWATHA
BAUDDHALOKA MAWATHA
ELVITIGALA MAWATHA
KITULWATTA LANE
Racecourse Mall
Independence Memorial Hall
Chinesische Botschaft
SARANA ROAD
Indonesische Botschaft
STANLEY WIJESUNDERA MW
MALALASEKERA MAWATHA
MATHA ROAD
Niederländische Botschaft
BULLER'S LANE
CONISTON PLACE
JAWATTA RD
ROAD
HEEN ELA
UDDHALOKA MAWATHA
STANMORE CR
TORRINGTON AVENUE
THIMBIRIGASYAYA AVE
NMORE CR
Italienische Botschaft
Narahenpita
KEPPETIPOLA ROAD
JAWATTA RD
ROAD
DON CAROLIS ROAD
MEEGAHA PEDESA
THIMBIRIGASYAYA ROAD
KIRIMANDALA MAWATHA
D S FONSEKA RD
KASSAPA ROAD
SULAIMAN AVENUE
KIRULA RD
ELVITIGALA MAWATHA

Westküste

Die Westküste war noch vor nicht allzu langer Zeit ein Gebiet der Gegensätze. In den isolierten Norden verschlug es während des Bürgerkriegs kaum Besucher, im Süden dagegen boomte der Massentourismus in den Badeorten. Heute reisen immer mehr Urlauber in das Gebiet nördlich von Negombo bis hinauf zur Halbinsel Kalpitiya, um dort die wunderschönen Strände zu genießen. Doch auch die Urlaubsorte im Süden sind weiterhin Ziel eines stetig zunehmenden Besucherstroms.

Die Westküste mit der Hauptstadt Colombo ist die am besten entwickelte Region Sri Lankas. Hier liegen die Haupturlaubsorte der Insel, hier ist der Fremdenverkehr der wichtigste Wirtschaftszweig. In der vielfältigen Region locken eine mehr als 100 Kilometer lange, von Palmen gesäumte Küste und gut besuchte Hotelanlagen, aber auch idyllische Orte und fast unberührte weiße Sandstrände.

Jahrhundertelang kamen über diese Gegend Fremde ins Land. Aufgrund der strategisch günstigen Lage an den großen Handelsrouten im Indischen Ozean zog sie arabische Händler genauso an wie europäische Eroberer. Noch heute erhalten die meisten Besucher an der Westküste den ersten Eindruck von der Insel, schließlich liegt hier der Hauptflughafen Sri Lankas.

Obwohl inzwischen auch an der nördlichen Westküste zahlreiche Orte vom Tourismus erreicht wurden, hat sich dort am Leben auf dem Land und in den Fischerdörfern nicht viel geändert. Auf der Halbinsel Kalpitiya wird noch immer intensiver Ackerbau betrieben, trotz einiger weniger Boutique-Resorts und einer wachsenden Zahl von Individualreisenden.

Im Gegensatz dazu waren die Postkartenstrände des Südwestens schon immer ein beliebtes Urlaubsziel. Dort findet man großartige Wassersportmöglichkeiten und kann in eine wunderbare Unterwasserwelt eintauchen. In Urlaubsorten wie Bentota findet man neben exklusiven Hotels auch günstige Gästehäuser. Rucksacktouristen zieht es meist zum Surfen und zu den Partys in Hikkaduwa.

Meeresschildkröte am Strand von Hikkaduwa

◀ **Schief gewachsene Palmen am goldenen Sandstrand von Hikkaduwa** ***(siehe S. 102f)***

Überblick: Westküste

Die Westküste ist ein ideales Ziel für Besucher, die Sonne und Sand lieben. Im Norden der Provinz liegt die geschäftige Halbinsel Kalpitiya mit weißen Sandstränden und hervorragenden Hotels am Alankuda Beach. Zum Kitesurfen und für Bootstouren zu den Walen und Delfinen sowie für Ausflüge in den Wilpattu National Park ist die Halbinsel die ideale Urlaubsregion. Wer den Südwesten entdecken möchte, fährt meist nach Bentota oder Beruwala, von dort aus lässt sich die Umgebung am besten erkunden. Bentota ist vor allem für seinen goldenen Sandstrand und die guten Unterkünfte bekannt. Aber auch den fabelhaften Brief Garden und das geheimnisvolle Anwesen Lunuganga kann man in einem Halbtagesausflug besichtigen. Surfer und Taucher zieht es nach Hikkaduwa, Tierfreunde hingegen zu den Brutstationen für Schildkröten in Kosgoda.

Bungalow im grünen »Dschungel« des Brief Garden

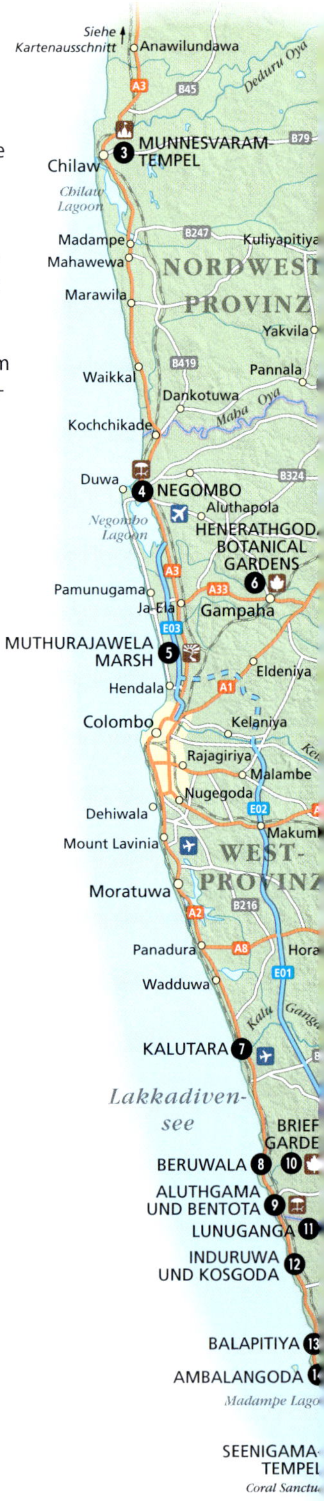

Sehenswürdigkeiten auf einen Blick

1. Halbinsel Kalpitiya
2. Wilpattu National Park
3. Munnesvaram-Tempel
4. Negombo
5. Muthurajawela Marsh
6. Henerathgoda Botanical Gardens
7. Kalutara
8. Beruwala
9. Aluthgama und Bentota
10. Brief Garden
11. Lunuganga
12. Induruwa und Kosgoda
13. Balapitiya
14. Ambalangoda
15. Hikkaduwa
16. Gangarama Maha Vihara und Seenigama-Tempel

Weitere Zeichenerklärungen *siehe hintere Umschlagklappe*

An der Westküste unterwegs

Die Westküste ist durch zahlreiche Buslinien sowie Bummel- und Schnellzüge gut erschlossen. Die wichtigsten Bahnhöfe befinden sich in Negombo, Hikkaduwa und Bentota. Dennoch bereist man die Region am besten mit einem Mietwagen mit Fahrer. Auf die Halbinsel Kalpitiya kommt man ausschließlich über eine Straße. In Negombo leihen sich viele Besucher Räder aus, um die Stadt und ihre Umgebung zu erkunden. Zu Sehenswürdigkeiten im Inland – etwa Brief Garden, Lunuganga und die verschiedenen Tempel – gelangt man mit dem Auto oder einem Three-Wheeler.

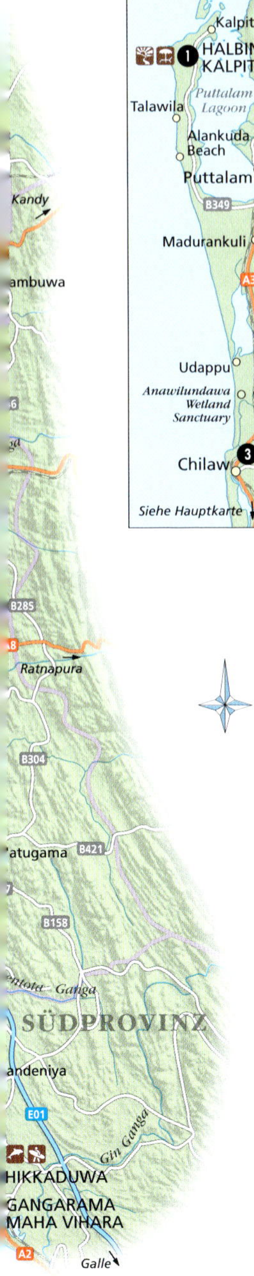

Werbeschilder für Surfunterricht am Strand von Hikkaduwa

❶ Halbinsel Kalpitiya

Straßenkarte B3. 150 km nördl. von Colombo. 🚌 Ⓣ am Fort in Kalpitiya. Festtag der St Anne's Church, Talawila (Aug).

Grabsteine aus der Kolonialzeit vor der St Peter's Kirk, Kalpitiya

Die vom Wind gepeitschte Halbinsel Kalpitiya und ihre vorgelagerten Inseln liegen zwischen der Puttalam-Lagune und dem Indischen Ozean. Das einst weit abgelegene Gebiet im Distrikt Puttalam wird heute touristisch erschlossen. Dennoch findet man in diesem Urlaubsort noch idyllische weiße Sandstrände, die weitgehend unberührt sind.

Die Halbinsel ist ein beliebtes Ziel für Kitesurfer. Zu manchen Jahreszeiten kann man in den Gewässern Wale, zahlreiche Spinner- und andere Delfine beobachten *(siehe S. 119)*. An der Küste erstrecken sich Mangrovenwälder und Salzpfannen, hier leben zahlreiche Wasser- und Stelzvögel. Vogelfreunde sollten sich eine Bootsfahrt auf der Puttalam-Lagune nicht entgehen lassen. Sie lohnt vor allem frühmorgens, wenn die Chancen am höchsten sind, auch die scheuen Buckeldelfine zu Gesicht zu bekommen.

Viele Boutique-Hotels an der Küste organisieren für ihre Gäste Ausflüge zum Angeln, Schnorcheln und Windsurfen. An der Westseite der Halbinsel liegen am Alankuda Beach einige Urlaubsorte. Etwa zehn Kilometer nördlich von Alankuda steht in Talawila die St Anne's Church (19. Jh.). Zu ihrem Festtag im August kommen jedes Jahr Tausende Pilger. Nochmals 20 Kilometer weiter nördlich bauten die Niederländer in dem Örtchen Kalpitiya eine alte Befestigungsanlage der Portugiesen zu einem Fort aus. Damit kontrollierten sie den Handel von König Rajasinghe mit Indien. Das Fort wird heute von der Marine genutzt. Ein weiteres Relikt aus der Kolonialzeit ist die schlichte St Peter's Kirk. Dort stammen einige Gräber noch aus der niederländischen Ära.

Windsurfen in Kalpitiya

Die Entwicklungspläne der Regierung für diese schöne und vielfältige Landschaft sind umstritten. Land soll illegal enteignet worden sein, auch die ortsansässigen Fischer haben Bedenken. Zudem könnte das große Korallenriff vor Kalpitiya weiter in Mitleidenschaft gezogen werden – schon heute leidet es unter der Fischerei, der Umweltverschmutzung und den vielen Besuchern. Wenn die Pläne zur touristischen Entwicklung des artenreichen Gebiets jedoch vorsichtig umgesetzt werden, könnte dies helfen, den seit Generationen hier lebenden Menschen einen sicheren Lebensunterhalt zu verschaffen.

❷ Wilpattu National Park

Straßenkarte B3. 86 km nordöstl. von Alankuda. 🚌 Ⓣ tägl. 6–18.30 Uhr. **Hinweis:** Jeeps mit Fahrer können am Parkeingang oder in Camps gemietet werden.

Mit einer Fläche von etwa 1320 Quadratkilometern ist der Wilpattu der größte Nationalpark Sri Lankas. Zu seinen Landschaften gehören Dschungel, Grasebenen, ein Küstenabschnitt und eine Reihe von *villu* genannten Naturseen. Hier gibt es viele große Säugetierarten, u. a. Elefanten, Muntjaks, Wasserbüffel und Lippenbären. Hauptattraktion sind jedoch die Leoparden.

Krokodil in der Nachmittagssonne an einem der vielen *villus* im Wilpattu National Park

Hotels und Restaurants an der Westküste *siehe Seiten 216f und 228f*

Vor dem Bürgerkrieg war der Nationalpark ein wahrer Besuchermagnet. Nach einem Überfall der LTTE auf die Parkwächter wurde er jedoch 1985 geschlossen. Danach war er zwischen 2003 und 2006 nur kurz geöffnet. Seit 2010 ist das Schutzgebiet für Besucher wieder zugänglich.

Im Wilpattu wurde während des Bürgerkriegs viel gewildert. Das merkt man noch heute, denn der Wildbestand erholt sich nur langsam. Im Vergleich zu Nationalparks wie Yala West *(siehe S. 126f)* oder Uda Walawe *(siehe S. 122f)* sieht man hier nur selten Tiere. Darüber hinaus erschweren es die schiere Größe und das dichte Unterholz des Parks den Besuchern, Wild zu erspähen. Lediglich Vogelfreunde kommen auf ihre Kosten, lassen sich im Wilpattu doch Schlangenweihen, Wellenbrust-Fischuhus und Braunscheitelspechte beobachten. Auch Krokodile und Bindenwarane kann man vereinzelt sehen.

Seit einigen Jahren steht der Wilpattu im Mittelpunkt einer Auseinandersetzung: Umweltschützer protestieren vehement gegen die teils schon umgesetzten Pläne der Regierung, eine von China finanzierte Straße von Puttalam nach Mannar direkt durch den Park zu bauen. Sie sehen in dem Straßenbau einen Gesetzesverstoß, da die Straße mitten durch einen staatlichen Nationalpark führt. Zudem wiesen sie vehement auf die ökologischen Schäden hin, die mit dem Bau der Straße durch den Nationalpark verbunden wären. Die Arbeiten wurden daraufhin eingestellt.

Gläubige im reich geschmückten Innenraum des Munnesvaram-Tempels

❸ Munnesvaram-Tempel

Straßenkarte B4. 57 km südl. von Puttalam. 🅣 ◻ tägl., Abend-*puja* um 17 Uhr. ⊠ ◫ Aug/Sep.

Der Munnesvaram ist einer der wenigen Shiva-Tempel in Sri Lanka und deshalb ein wichtiges Pilgerziel. Im Allerheiligsten hütet der Hauptschrein ein *lingam*. Darüber hinaus werden in der Tempelanlage weitere Hindu-Götter verehrt, auch ein buddhistischer Schrein gehört zum Komplex.

Der Tempel wurde 1578 von Portugiesen zerstört und unter König Sri Rajasimha 1753 wiedererrichtet. Im 19./20. Jahrhundert wurde er mehrmals umgebaut, sodass einige Teile recht neu aussehen.

In August und September findet im Munnesvaram ein fast vier Wochen langes Tempelfest statt. Dann kommen unzählige Pilger, um ihre Opfergaben darzubringen. Paraden mit Festwagen ziehen um die Tempelanlage und durch den Ort Chilaw, der etwa vier Kilometer westlich des Tempels liegt.

Besucher des Tempels müssen selbstverständlich angemessen gekleidet sein und ihre Schuhe vor dem Betreten der Tempelanlage ausziehen.

Sagen um den Munnesvaram-Tempel

Der Munnesvaram zählt zu Sri Lankas ältesten Hindu-Tempeln und ist entsprechend legendenumwoben. Das Hindu-Epos *Ramayana* berichtet, dass Prinz Rama den Tempel nach seinem Sieg über Ravana gründete. Nach der Schlacht machte sich Rama in seinem fliegenden Kampfwagen *puspaka* auf den Rückweg nach Indien, doch überfielen ihn unterwegs wegen des vergossenen Bluts tiefe Schuldgefühle. Als Rama einen Tempel am Boden sah, stieg er zum Beten hinab. Dort erschienen ihm Shiva und dessen Gattin Parvati und befahlen ihm, an drei Orten *lingams* aufzustellen: bei Konesvaram in Trincomalee, bei Thiruketheswaram in Mannar und bei Munnesvaram. Die heutigen Tempel sollen genau an diesen Orten stehen. Einer anderen Version zufolge flog Rama über unbewohntes Land und betete bei einer Rast am Boden zu Shiva. Von dort schickte er Hanuman nach Indien, damit dieser ein Shiva-*lingam* hole. Hanuman ließ sich jedoch ablenken und kehrte erst spät zurück. Rama wollte nicht so lange warten und formte sich ein *lingam* aus Sand. Nach dem Gebet setzte die Gruppe ihren Weg fort. Das *lingam* aber ließ sie dort zurück, wo später die Fundamente des Tempels gelegt wurden.

Der mit Statuen verzierte *gopuram* des Munnesvaram-Tempels

❹ Negombo

Straßenkarte B4. 36 km nördl. von Colombo. 137 000.

Durch die Nähe zum Bandaranaike International Airport bietet sich Negombo als Ausgangspunkt für Fahrten über die Insel an. Die Portugiesen eroberten im 16. Jahrhundert dieses Gebiet als eines der ersten, entsprechend intensiv wurde hier christlich missioniert. Portugiesische Familiennamen sind weitverbreitet, zu Ostern wird auf der kleinen Insel Duwa in der Lagune von Negombo ein Passionsspiel aufgeführt.

In der Stadt sieht man viele Kirchen. Die schönste ist die mit Deckengemälden und Heiligenstatuen aus Alabaster geschmückte **St Mary's Church**. Darüber hinaus sind weitere Gebäude aus der Kolonialzeit erhalten. Das 1672 von den Niederländern erbaute Fort ist heute ein Gefängnis. Zum Stadtbild gehören zudem buddhistische und hinduistische Tempel, die besichtigt werden können.

Zum Trocknen ausgebreiteter Fisch am Strand von Negombo

Deckengemälde mit biblischer Szene, St Mary's Church, Negombo

In der Küstenstadt ist die Wirtschaft stark vom Fischfang geprägt. Negombos Fischmarkt ist deshalb immer einen Besuch wert. Sie sollten dabei geschlossene Schuhe tragen, denn irgendwo schwappt immer Wasser über.

Der Sandstrand von Negombo liegt einige Kilometer nördlich der Stadt. Hier befinden sich neben ein paar Lokalen und Läden auch die Hotels, in die sich die meisten Besucher einquartieren. Der Strand ist nicht so überlaufen wie der in Colombo, bietet aber Möglichkeiten zum Tauchen, Kitesurfen und Angeln. Zum Schwimmen ist der Wellengang nicht ideal, doch viele Hotels haben Pools, die auch Nichtgäste gegen Gebühr benutzen können. Am Strand trifft man Bootsverleiher, die Fahrten in *oruvas* (speziellen Booten) aufs Meer oder in die Lagune von Negombo anbieten.

Der Strand von Negombo erscheint nicht immer besonders gepflegt. Am südlichen Ende legen die Fischerboote mit ihren Netzen an, der Fang wird hier oft in der Sonne zum Trocknen ausgelegt. Der nördliche Abschnitt ist bei Weitem hübscher.

St Mary's Church
Grand Street. (031) 222 2128.
5.30–12, 15–20 Uhr.
Sonntagsmesse.

Negombos Kanäle

Negombo war zur Kolonialzeit ein bedeutendes Handelszentrum. Die Niederländer bauten die Wasserwege aus, um darauf Gewürze zu transportieren – vor allem Zimt, der im Hinterland reichlich wuchs. Das Kanalnetz erstreckte sich zwischen Colombo im Süden und Puttalam im Norden über etwa 120 Kilometer. Es wurde mit *padda* befahren, Booten mit flachem Boden. Heute kann man an den Kanälen entlangradeln oder -wandern. Am schönsten ist es, im Boot zu schippern und dabei an den Ufern das ländliche Leben und die vielen Vögel zu beobachten.

Häuser säumen die Ufer des Negombo-Kanals

❺ Muthurajawela Marsh

Straßenkarte B5. 15 km südl. von Negombo. tägl. 7–18 Uhr. Bootsausflüge vorher telefonisch unter (011) 483 0150 buchen.

Das Feuchtgebiet erstreckt sich über 60 Quadratkilometer zwischen Meer und Inland. Es umfasst die Lagune von Negombo, Mangrovenwälder und Salzwassermarschen. Von Negombo lohnt der halbtägige

Ausflug unbedingt, denn die Feuchtgebiete beherbergen eine ungeheuer große Vielfalt an Küstenökosystemen.

Hier leben Leistenkrokodile, Makaken, Bindenwarane sowie mit dem Tigerpython eine der größten Schlangen der Welt. Eisvögel, Silberreiher, Reiher, Enten und Strandläufer sind ganzjährig zu beobachten, zwischen September und April kommen viele Zugvögel hinzu. Auch zahllose Schmetterlings- und Libellenarten finden hier Lebensraum.

An der Zufahrt informiert ein Besucherzentrum über das Feuchtgebiet. Dort kann man auch eine etwa zweistündige Bootsfahrt mit Führern buchen. Meist ist dies aber auch vorab über Ihr Hotel möglich. Am besten besucht man die Muthurajawela Marsh frühmorgens oder spät am Nachmittag. Dann meidet man die größte Hitze und sieht die meisten Tiere.

Bootsausflug im Feuchtgebiet Muthurajawela Marsh

❻ Henerathgoda Botanical Gardens

Straßenkarte B4. 29 km südöstl. von Negombo. (033) 222 2316. tägl. 8–18 Uhr.

Der Botanische Garten wurde 1876 während der britischen Kolonialzeit angelegt. Hier pflanzten die Briten den ersten Kautschukbaum, der aus Brasilien importiert wurde. Der Garten besitzt eine Vielfalt an Palmen, Orchideen und nur in Sri Lanka vorkommenden Bäumen. Auch wenn die Anlage nicht so beeindruckend ist wie der Garten von Peradeniya *(siehe S. 142)*, ist es interessant, sie zu durchstreifen.

Buddha-Statuen um die kleinere *dagoba* im Gangatilaka Vihara

❼ Kalutara

Straßenkarte B5. 42 km südl. von Colombo. 40 000.

Das stimmungsvolle Kalutara wurde nach dem Fluss Kalu Ganga benannt, an dessen Mündung es liegt. Der alte Gewürzhandelsstützpunkt ist heute vor allem ein malerischer Urlaubsort.

Südlich der Brücke über den Kalu Ganga steht der 1960 erbaute **Gangatilaka Vihara**. In der Tempelanlage ragt eine große weiße *dagoba* empor. In ihrem riesigen Innenraum steht eine weitere kleine *dagoba*, die vier goldene Buddha-Statuen umgeben. Von der Decke der großen *dagoba* hängt eine buddhistische Fahne, an ihrer Wand zeigt ein umlaufendes Band aus Bildern Szenen aus den *Jataka*-Erzählungen, einer Sammlung moralisch lehrreicher Geschichten über Buddha. Darunter ermöglicht eine Fensterreihe schöne Ausblicke. Gegenüber stehen ein Bodhi-Baum und weitere Tempelgebäude.

Zwischen Mai und September kann man in Kalutara die besten Mangostanfrüchte ganz Sri Lankas kosten.

Gangatilaka Vihara
tägl.

❽ Beruwala

Straßenkarte B5. 15 km südl. von Kalutara. 34 000.

Der Küstenort Beruwala ist ein beliebtes Ziel für alle, die sich bei Sonne, Strand und Meer erholen möchten. Hinter dem breiten Sandstrand reihen sich Hotels und Gästehäuser. Am Fischereihafen kann man die Stimmung genießen und den Fischern beim Entladen und Verkauf ihres Fangs zusehen – wenn man früh aufsteht. Das Feilschen beginnt um 7 Uhr.

In Beruwala landeten im 7. Jahrhundert die ersten arabischen Händler auf Sri Lanka und gründeten eine Siedlung. Die **Kechimalai-Moschee** westlich des Hafens soll genau am Ort der Landung stehen.

Kechimalai-Moschee
tägl.

Farbenfrohe Fischerboote im Hafen von Beruwala

Oruvas segeln vor Negombos Küste *(siehe S. 94)* ▶

VERA

Szenen aus dem Alltagsleben Sri Lankas, **Wandgemälde von Donald Friend in Brief Garden**

9 Aluthgama und Bentota

Straßenkarte B5. **Aluthgama:** 9 km südl. von Beruwala. 3800. **Bentota:** 9 km südl. von Aluthgama. 50 000.

Der kleine, lebhafte Küstenort Aluthgama bietet fotogene Märkte und einige hübsche Unterkünfte hinter dem Strand auf der anderen Seite der Bentota-Ganga-Lagune. An der Hauptstraße reihen sich viele Läden, an ihrer Westseite liegt der lebhafte Fischmarkt. Dort stapelt sich jede Menge Meeresgetier auf den Verkaufstischen. Südlich der Straße ist der Obst- und Gemüsemarkt für die Zutaten zuständig. Vor allem montags ist er voller Händler und Besucher.

Etwa ein Kilometer landeinwärts thront auf einem Hügel der Kande-Vihara-Tempel. Er birgt eine riesige weiße Buddha-Statue in der *bhumisparsha mudra (siehe S. 177).*

Getrockneter Fisch auf dem Fischmarkt von Aluthgama

Bentota ist die Hochburg der Pauschalurlauber. Doch der Ort bietet neben Resorts auch andere Unterkünfte – von Gästehäusern über Luxushotels bis zu Villen. Der schöne Strand lockt vor allem im südlichen Bereich, wo er von dichten Palmenhainen begrenzt wird.

Die Bentota-Ganga-Lagune ist ein Zentrum des Wassersports. Zum Angebot zählen zudem Flussfahrten, die insbesondere wegen der vielen Wasservögel reizen.

10 Brief Garden

Straßenkarte B5. 8 km SO von Aluthgama. (077) 350 9290. tägl. 8–17 Uhr. Haus.

Der paradiesische Brief Garden gehörte früher Bevis Bawa (1909–1992), dem älteren Bruder von Geoffrey Bawa *(siehe S. 77).* Bawas Vater kaufte das zwei Hektar große Anwesen in den 1920er Jahren. Lange Zeit lebte dort Bawas Mutter, die es ihm in den 1940er Jahren vererbte. Bevis Bawa begann 1929 mit der Gartengestaltung rund um das Haus. Aus der damaligen Kautschukplantage zauberte er in langer akribischer Arbeit ein wahres Idyll.

Auf schattigen Pfaden und Treppen kann man in dem herrlichen Landschaftsgarten der Hitze des Tages entfliehen, die Aussicht von einem Hügel genießen, einen Mondstein aus Zement und einen Japanischen Garten entdecken. Das Zentrum des Gartens bildet der niedrige Bungalow. In dessen Innerem finden sich viele Werke von Bevis Bawa, der als Schriftsteller, Maler und Bildhauer arbeitete. Zu sehen sind auch Arbeiten seiner Freunde, darunter das schöne Wandgemälde von Donald Friend am oberen Ende der Treppe. Der australische Maler Donald Friend kam 1957 zu einem Kurzbesuch, der sich dann fast sechs Jahre in die Länge zog. So verwundert es nicht, dass er hier seine Spuren hinterlassen hat. Zudem kann man Fotografien von Bawa und von seinen berühmten Gästen sehen, darunter Laurence Olivier, Vivien Leigh und Agatha Christie.

Nach der Führung durch das Anwesen kann man unter Bäumen noch gepflegt eine Tasse Tee zu sich nehmen.

Einstiger Bungalow von Bevis Bava im Brief Garden

Hotels und Restaurants an der Westküste *siehe Seiten 216f und 228f*

Wassersport in Bentota

Das ruhige Meer in der breiten Bentota-Ganga-Lagune ist das ganze Jahr über das perfekte Revier für Wassersportler. Bentota gilt als heimliche Hauptstadt des Wassersports in Sri Lanka. Windsurfer, Kitesurfer und Wasserskifahrer kommen gern hierher. Für Vergnügungssüchtige werden Bananenboot-Fahrten auf dem Fluss angeboten. Auch Hochseeangler finden bei einem Tagesausflug auf dem Meer ihr Glück, wenn sie sich auf die Jagd nach Marlinen, Barrakudas oder Thunfischen machen. Taucher und Schnorchler sollten zwischen November und April kommen, bevor der Monsun einsetzt. Ein besonders schöner und für Taucher aller Niveaus geeigneter Tauchspot ist der Canoe Rock. Für die ausgedehnten Korallenriffe voller knallbunter Fischschwärme wird man mehrere Tauchgänge benötigen. Ausrüstung, Kurse und Pauschalangebote bieten die Hotels, Gästehäuser und Wassersportzentren in Bentota an.

Wasserskifahren gehört zu den beliebtesten Vergnügen in der Lagune. Hier kommen Anfänger und Erfahrene auf ihre Kosten.

Taucher finden entlang der Küste eine ganze Reihe von Tauchschulen, die für Anfänger Unterricht anbieten und zu den schönsten Stellen im Meer fahren.

Bananenboote begeistern jedes Kind. Wenn die Boote in engen Kurven schnell durch das Wasser zischen, hört man ein Kreischen in der Lagune.

Die Boote für Hochseeangler fahren für vier Stunden aufs Meer hinaus. Die gefangenen Snapper und Zackenbarsche nehmen die Angler fürs Abendessen mit.

Windsurfer finden aufgrund der starken Winde ideale Bedingungen für ihren Sport vor. Anfänger können in der Lagune üben, erfahrene Surfer über den Ozean jagen.

Straßenkarte *siehe hintere Umschlaginnenseiten*

⓫ Lunuganga

Straßenkarte B6. 6 km südöstl. von Bentota. (T) (034) 428 7056. täglich 9–16 Uhr. im Garten nach Anmeldung (Besichtigung des Hauses nur für Übernachtungsgäste). **W lunuganga.com**

Lunuganga ist das Landhaus von Geoffrey Bawa *(siehe S. 77)* und einer der schönsten Orte an der Westküste. Bawa kaufte das Anwesen 1947 auf Anregung seines Bruders Bevis. Zu dieser Zeit war das Haus ein unscheinbarer Bungalow inmitten einer Kautschukplantage. Der Architekt verbrachte 50 Jahre damit, das Anwesen in seine Vorstellung von einer »zivilisierten Wildnis« zu verwandeln. Genau genommen war es in erster Linie Bawas Vision von Lunuganga, die ihn veranlasste, Architekt zu werden. Bawa lud oft Freunde ein und feilte hier auch an seinen Ideen und Projekten.

Die Gartenanlage wirkt so natürlich, dass man völlig übersehen kann, mit welchem Aufwand das Land verändert wurde: Erde wurde bewegt, Sträucher wurden gepflanzt und Bäume zu ihrem jetzigen Aussehen geformt, indem man ihre Äste beschwerte. Die alte Kautschukplantage hat sich in eine völlig andere Landschaft verwandelt, in der sich immer wieder großartige Ausblicke eröffnen. Besonders schön ist der Blick auf den Cinnamon Hill mit einer *dagoba* und Plastiken aus dem Katakuliya-Tempel. Zum Anwesen gehören mehrere Gebäude. Typisch für Bawas eleganten Baustil sind z. B. das Hen House und das Cinnamon Hill House.

Wer mehr Zeit damit verbringen möchte, das Anwesen zu erforschen und zu genießen, kann sich im Haupthaus oder in einem der Nebenhäuser einquartieren.

Geräumige Suite im Haupthaus von Lunuganga

⓬ Induruwa und Kosgoda

Straßenkarte B6.
Induruwa: 6 km südl. von Bentota. 57 000.
Kosgoda: 11 km südl. von Bentota. 3000.

Induruwa und dessen Nachbarort Kosgoda sind Sri Lankas Hauptziele des Meeresschildkröten-Tourismus. Mehrere der gefährdeten Arten legen ihre Eier an den Stränden der beiden Orte ab. Der Sandstrand bei Kosgoda ist der wichtigste Brutort an der Westküste. Das Turtle Conservation Project (TCP) schützt Nistplätze und abgelegte Eier. In der Nähe findet man auch viele Schildkröten-Brutstationen, in denen Besucher zusehen können, wie die Eier ausgebrütet werden und die Jungtiere schlüpfen.

Kosgoda bietet zudem einen hübschen Strand und Unterkünfte. Unvergleichlich schön ist die Küste bei Induruwa. Dort kann man außerdem im Meer sicher schwimmen.

⓭ Balapitiya

Straßenkarte B6. 8 km südl. von Kosgoda. 67 000.

Das kleine Dorf Balapitiya ist Ausgangspunkt für die Bootsfahrten auf dem Fluss Madu Ganga. Die Flusssafaris bieten Gelegenheit, unzählige Vögel, aber auch Amphibien und Reptilien zu beobachten. Die Strecke führt an 64 Inseln vorbei, die teils bewohnt sind. Auf einer Insel steht ein großer buddhistischer Tempel mit Wandgemälden und Skulpturen. Auf einer anderen wird Besuchern gezeigt, wie aus Zimtbaumrinde Zimtöl gewonnen wird. Höhepunkt der Fahrt ist für viele die Passage durch den dichten Mangrovenwald, die *mangrove caves*. Die Bootsfahrten auf dem Fluss können recht teuer sein.

Mit dem Boot im Mangrovendschungel des Madu Ganga bei Balapitiya

Hotels und Restaurants an der Westküste *siehe Seiten 216f und 228f*

Schildkröten – Schutz und Brutstationen

Fünf der sieben Meeresschildkrötenarten – Grüne Meeresschildkröte, Lederschildkröte, Oliv-Bastardschildkröte, Echte und Unechte Karettschildkröte – nisten an den Stränden Sri Lankas, vor allem an der Südwestküste. Um die Nistplätze und den Schutz der Schildkröten kümmert sich das 1993 gestartete Turtle Conservation Project (TCP). Es unterhält Außenstellen in Kosgoda und Kalpitiya sowie in Rekawa an der Südküste und arrangiert Touren zu den Plätzen und zum Schlüpfen der Jungtiere. Ziele des Projekts sind Entwicklung von Schutzstrategien, Forschung und Aufklärung. Brutstationen wie die um Induruwa und Kosgoda gibt es bereits seit den 1970er Jahren. Sie sammeln an Nistplätzen die frisch gelegten Eier ein, vergraben sie wieder in geschützten Gebieten und achten darauf, dass die Jungtiere den Weg ins Meer finden.

Schildkrötenarten wie die Grüne Meeresschildkröte sind trotz vieler weltweiter Schutzprogramme weiterhin gefährdet.

Schildkrötenbabys schlüpfen aus Eiern. Weibliche Schildkröten legen in Sandnestern über 100 Eier ab. Zur Eiablage kehren sie immer wieder an denselben Strand zurück.

Brutstationen halten die Jungschildkröten drei Tage lang in Wasserbecken, damit sie Besucher beobachten können. Das TCP möchte sie jedoch dazu bringen, den Nachwuchs schon am Schlüpftag freizusetzen, damit die Tiere keine wertvolle Zeit verlieren, das offene Meer zu erreichen.

Die Jungen wandern im Schutz der Dunkelheit ins Meer. Viele von ihnen fallen auf dem Weg Fressfeinden zum Opfer.

Badegäste gefährden die Nistgebiete

Bedrohungen für die Schildkröten

Die größte Bedrohung für die Schildkröten in Sri Lanka sind Nesträuber, die die Eier zum Verkauf aus den Nestern holen. Auch die zunehmende Erschließung der Küste und die Verschmutzung der Strände gefährden die Nistgebiete. Zudem lenkt die helle Beleuchtung an der Küste die Jungen vom Weg ins Meer ab. Trotz schwerer Strafen für das Wildern von Schildkröten werden diese noch immer wegen ihres Fleischs und ihres Panzers getötet. Viele Schildkröten enden auch als Beifang in den Netzen oder an den Angeln der Fischer.

14 Ambalangoda

Straßenkarte B6. 24 km südl. von Bentota. 21 000.

Auf dem Weg nach Hikkaduwa lohnt ein Halt in Ambalangoda, denn dort werden traditionelle Masken hergestellt. Die handgeschnitzten und -bemalten Masken haben ihren Ursprung in den Aufführungen der Tieflandtänze aus dem Süden, vor allem im kunstvollen Tanzdrama Kolam und im Sanni Yakko, einer Form des Teufelstanzes.

In den zwei Räumen des **Ariyapala & Sons Mask Museum** im Ortszentrum ist eine exzellente Maskensammlung zu bewundern. Dort zeigen zudem Fotos Tänzer, die die Masken bei Aufführungen tragen. Die kleinen Kunstwerke verkauft ein Laden, in der Werkstatt nebenan kann man zusehen, wie sie hergestellt werden.

Im Ort verkaufen noch andere Läden die bei Besuchern als Souvenirs beliebten Masken. Es ist jedoch sinnvoll, sich vor dem Kauf darüber zu informieren, worauf man achten sollte.

Die Tänze, für die die Masken gedacht sind, werden nicht oft aufgeführt. Einige Vorstellungen gibt es in der Bandu Wijesooriya School of Dancing *(siehe S. 240)* während der Hauptsaison (Termine im Ariyapala Museum).

Liegender Buddha im Galagoda Sailatharamaya-Tempel in Ambalangoda

Ariyapala & Sons Mask Museum
426 Main Street. (091) 225 8373. tägl. 8.30–17.30 Uhr.
masksariyapalasl.com

Galagoda-Sailatharamaya-Tempel
tägl. Spende.

Umgebung: Etwa acht Kilometer von Ambalangoda landeinwärts bewahrt der **Galagoda-Sailatharamaya-Tempel** in Karandeniya eine der längsten liegenden Buddha-Statuen Sri Lankas. Die riesige Figur hebt sich von neueren in der Anlage durch ihre leicht verblichene rot-orangefarbene Bemalung ab.

Maske im Ariyapala Museum

Weiter im Süden finden sich bei Meetiyagoda zahlreiche Mondsteinminen. Bei einem Blick in die Schächte sehen Sie, wie die Edelsteine abgebaut werden. An der Oberfläche werden die Steine dann geschnitten und poliert.

15 Hikkaduwa

Straßenkarte B6. 12 km südl. von Ambalangoda. 101 000.

In den 1970er Jahren war Hikkaduwa Sri Lankas großer Hippietreff. Heute ist der Ort ein typisches Reiseziel für Besucher, die nach günstigen Hotels suchen und am Strand entspannen und sonnenbaden möchten.

Hikkaduwa ist auch bei jungen Urlaubern beliebt, die das Nachtleben genießen und an einem der vier beliebten Spots der Gegend surfen wollen. Die besten Surfbedingungen herrschen von November bis April.

Weitere beliebte Aktivitäten sind Tauchen und Schnorcheln, Besuche in Meeresschildkrö-

Hunderte Fische schwimmen im klaren, flachen Wasser des Korallenschutzgebiets von Hikkaduwa

Hotels und Restaurants an der Westküste *siehe Seiten 216f und 228f*

ten-Brutstationen und Bootsfahrten über die Lagune östlich von Hikkaduwa.

Das **Coral Sanctuary** am Nordende des Strands ist seit 2002 ein Nationalpark. Leider wurde das Korallenriff Opfer der Naturgewalten – und seiner Beliebtheit. 1998 trat die Korallenbleiche auf, noch stärker wurde das Gebiet 2004 durch den Tsunami beschädigt. Darüber hinaus leidet es unter den Folgen der Wasserverschmutzung, des Dynamitfischens, des Korallenabbaus zur Kalkgewinnung und unter den Menschen, die über das Riff laufen. Heute ist der größte Teil der Korallen abgestorben, nur an wenigen Stellen scheinen sie sich wieder zu erholen. Das Riff lässt sich bequem in Glasbodenbooten betrachten, die Fahrten werden überall in Hikkaduwa angeboten. Doch jedes Mal, wenn ein Boot gegen das Riff stößt, wird dieses weiter beschädigt. Besser erkundet man es deshalb beim Schnorcheln. Dann kann man die bunten tropischen Fische hautnah beobachten und vielleicht sogar einer Schildkröte begegnen. Achten muss man dabei jedoch auf die vielen Boote im Wasser.

Nördlich von Hikkaduwa werden in Telwattas berührendem **Tsunami Museum** Fotografien von der Katastrophe 2004 und Exponate zum anschließenden Wiederaufbau ausgestellt.

Hikkaduwa ist ein lebhafter Ort, trägt allerdings auch alle Zeichen einer unkontrollierten Entwicklung. Zwischen der geschäftigen Hauptstraße und dem Strand erstreckt sich eine endlose Ansammlung von Läden, Lokalen, Hotels und Gästehäusern. Der Strand ist zudem zu einem schmalen Sandstreifen erodiert. Südlich von Hikkaduwa liegen jedoch neuere, relativ unberührte Urlaubsorte wie Wewala, Narigama, Thirangama und Dodanduwa. Dort geht es etwas ruhiger zu, die Bebauung ist weitläufiger, und man findet Unterkünfte und Restaurants in allen Preisklassen.

Ein schillernder Papageifisch zwischen Korallen

Tauchen in Hikkaduwa

Mit vielen guten Tauchrevieren gehört Hikkaduwa unter Tauchern zu den beliebtesten Zielen in Sri Lanka. An einigen Stellen, z. B. vor Coral Gardens, kann man durch Höhlen und Täler tauchen. Tropenfische sieht man im Überfluss, doch das Highlight sind eindeutig die roten und orangefarbenen Edelkorallen. Rund 1,5 Kilometer vor der Küste liegen die Felsformationen von Kirala Gala. Dort tummeln sich zwischen Korallen Lipp-, Engel-, Papagei- und Drückerfische. Das rund 40 Meter tiefe Tauchrevier ist nur für erfahrene Taucher geeignet. Auch einige Wracks locken in die Tiefe, u. a. *The Earl of Shaftesbury*, ein Segler aus dem 19. Jahrhundert, und die SS *Conch*, ein 1903 gesunkener Öltanker. Beste Tauchbedingungen herrschen zwischen November und Mai, vor Ort kann man unter vielen Tauchbasen wählen.

Coral Sanctuary
tägl.

Tsunami Museum
Telwatta Junction. (091) 390 0884. 9–18 Uhr. Spende.

⑯ Gangarama Maha Vihara und Seenigama-Tempel

Straßenkarte B6. **Gangarama Maha Vihara:** Baddegama Road. **Seenigama-Tempel:** 2 km nördl. von Hikkaduwa.

500 Meter östlich von Hikkaduwa steht der Tempel **Gangarama Maha Vihara** mit Wandmalereien, die Szenen aus dem Leben Buddhas zeigen. In der Anlage befinden sich auch ein Bodhi-Baum und mehrere Schreine, die von vielen Einheimischen besucht werden.

Auf einer Insel vor der Küste steht der **Seenigama-Tempel**. Er ist Devol Deviyo geweiht, einem Gott, den diejenigen anflehen, die sich für etwas rächen wollen. Zur *puja* liegt der Geruch von Chilis in der Luft, die beim Racheritual zerdrückt werden. Der Tempel hat den Tsunami von 2004 ohne Schäden überstanden, was die Macht des Gottes für alle Gläubigen eindeutig bewies. Auch die hier tätigen Fischer beten dort um Schutz und für einen guten Fang.

Die hohe weiße *dagoba* in der Tempelanlage Gangarama Maha Vihara

Straßenkarte *siehe hintere Umschlaginnenseiten*

Süden

Die Südküste Sri Lankas ist vorwiegend ländlich mit verschlafenen Städtchen und Dörfern. Stelzenfischerei ist hier weitverbreitet. Von den riesigen Schäden, die der Tsunami 2004 in der Provinz anrichtete, ist heute nur noch wenig zu sehen. Sri Lankas Süden fasziniert mit seiner wechselvollen Geschichte und vielfältigen Attraktionen. Neben Nationalparks sowie Ausflügen zur Beobachtung von Walen und Schildkröten locken Festungen aus der Kolonialzeit und stimmungsvolle Tempelanlagen.

Die Südküste gehörte einst zum Königreich Ruhunu und dessen Hauptstadt Tissamaharama. Die Region erblühte vor allem durch den Handel über die Häfen von Galle und Matara. Im 16. Jahrhundert eroberten die Portugiesen Galle und bauten dort eine Festung. Diese bewahrte sie jedoch nicht vor der Niederländischen Ostindien-Kompanie, die das Gebiet 1640 in Besitz nahm. Ihr folgten 1802 wiederum die Briten, unter denen Colombo zum Haupthafen aufstieg und der Süden ins Abseits geriet. Einige Teile der Region waren deshalb lange Zeit nicht touristisch erschlossen.

Heute wandelt sich der Süden langsam. Die neue Schnellstraße zwischen Colombo und Matara verkürzt die Fahrzeit nach Galle auf eine Stunde. Zusammen mit dem neuen internationalen Flughafen bei Hambantota wird dies die Zahl der Reisenden an der Südküste steigern.

Die geschützte Bucht von Unawatuna lockt mit hervorragenden Bedingungen zum Baden und Schnorcheln, Surfer bevorzugen hingegen kleinere und ruhigere Orte wie Midigama oder Weligama. Tissamaharama ist ein guter Ausgangspunkt für Fahrten in die Nationalparks oder in die Pilgerstadt Kataragama. Charme und Schönheit der Region erlebt man besonders gut bei einer gemächlichen Fahrt entlang der Küste. Dort leben und arbeiten in den Dörfern die Fischer und Bauern wie seit Generationen, auch wenn nebenan große Hotels emporschießen.

Ein Leopard sonnt sich auf einem Baum im Yala West (Ruhuna) National Park

◀ **Stelzenfischer vor der Küste von Weligama *(siehe S. 117)***

Überblick: Süden

Die Südküste bietet viele Attraktionen, die Besucher an Sri Lanka reizen. Hier locken traumhafte Strände und z. B. in Unawatuna und Tangalla schöne Buchten zum Schnorcheln und Tauchen. In Mirissa legen Boote zur Walbeobachtung ab. Meersschildkröten beobachtet man am besten am Rekawa Beach, Elefanten dagegen im Uda Walawe National Park und Leoparden im Yala West (Ruhuna) National Park. Unbedingt sehenswert sind zudem Galle mit seiner schönen Kolonialarchitektur und der Festung aus dem 18. Jahrhundert sowie die Tempel des Klosters Mulgirigala. Durch einen Fund im Kloster wurde die Übersetzung des *Mahavamsa* ermöglicht. Kataragama ist nicht nur interessant, sondern vor allem von großer spiritueller Bedeutung. Wenn dort das alljährliche Kataragama-Fest gefeiert wird, strömen Pilger aus allen Regionen Sri Lankas in Scharen herbei.

Löffelreiher im Bundala National Park bei Tissamaharama

Von Mirissa fahren Boote zur Walbeobachtung

Legende

- Autobahn
- Hauptstraße
- Nebenstraße
- Eisenbahn
- Provinzgrenze

Sehenswürdigkeiten auf einen Blick

1 Galle
Im Detail: Fort Galle S. 108f
2 Kottawa Rainforest und Arboretum und Hiyare Rainforest
3 Unawatuna und Umgebung
4 Martin Wickramasinghe Museum
5 Midigama
6 Weligama
7 Mirissa
8 Matara
9 Dondra
10 Dickwella
11 Tangalla
12 Rekawa Beach
13 Kalametiya Bird Sanctuary
14 *Uda Walawe National Park S. 122f*
15 Hambantota
16 Bundala National Park
17 Tissamaharama
18 *Yala West (Ruhuna) National Park S. 126f*
19 Kataragama

Weitere Zeichenerklärungen *siehe hintere Umschlagklappe*

Jetskis und Brandungsboote am Strand von Unawatuna

Gut erhaltene Skulpturen im Mulgirigala-Tempel

Im Süden unterwegs

Am besten lässt sich die Südküste mit Auto oder Bus erkunden. Die Entfernungen zwischen den einzelnen Orten sind oft groß, Züge fahren nur bis Matara. Das Netz der Busverbindungen ist sehr dicht, mit einem Wagen mit Fahrer kann man zwischendurch nach Belieben anhalten. Die meisten Urlauber bleiben in Galle oder Unawatuna und fahren von dort aus nach Mirissa oder Tangalla. Tissamaharama ist eine gute Ausgangsbasis für Fahrten zu den Nationalparks Bundala oder Yala West (Ruhuna). Für kürzere Fahrten kann man Three-Wheeler mieten.

❶ Im Detail: Fort Galle

Ein Spaziergang durch die alten Festungsanlagen gleicht einer Zeitreise in die Vergangenheit. Das Fort liegt im Zentrum der Stadt und entspricht dem alten holländischen Viertel. Hier verstummt das Treiben, das für die Stadt ringsum charakteristisch ist. Schon Jahrhunderte bevor die Portugiesen in Galle landeten und auf der Landspitze eine Festung bauten, steuerten die Schiffe von Händlern und Abenteurern den Hafen an. Als die Niederländer 1640 Galle eroberten, bauten die die Festung zur heutigen Größe aus. Zu jener Zeit erlebte auch der Hafen seine Blütezeit. Zwischen den Verwaltungsgebäuden und Warenhäusern lebten viele holländische Familien. 1796 übernahmen die Briten die Stadt. Als Colombo Zentrum der Geschäftswelt wurde, setzte Galles Niedergang ein.

Uhrturm
Eines der Wahrzeichen von Fort Galle ist der 1882 erbaute Uhrturm. An seinem Standort ragte zuvor ein holländischer Glockenturm auf.

0 Meter 100

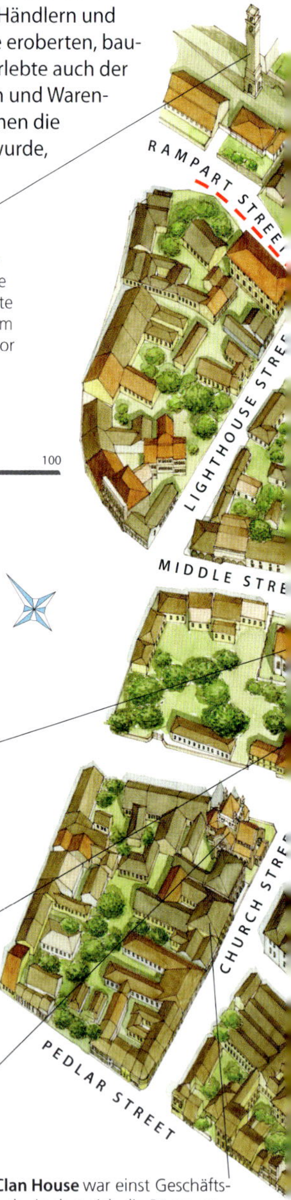

Dutch Reformed Church
Die hübsche Kirche im Kolonialstil wurde 1755 errichtet. Zuvor befand sich an diesem Ort ein portugiesisches Kloster. 2004 wurde sie renoviert.

Postamt

All Saints Church
Die Kirche wurde im 19. Jahrhundert speziell für die britische Gemeinde erbaut und ist bis heute anglikanisch.

Das Clan House war einst Geschäftsgebäude, in dem sich die Büros von Lloyd's of London befanden. Außen sieht man noch die gut erhaltene Tafel, auf der die eingelaufenen Schiffe notiert wurden.

Galle National Museum
Das Museum präsentiert archäologische und ethnologische Exponate aus dem Süden Sri Lankas. Zu den Objekten gehören Masken und Holzschnitzereien.

Infobox

Information
Straßenkarte B6.
125 km südl. von Colombo.
90 000. Tourismusinfo: 1912. Literaturfest (Feb).

Anfahrt

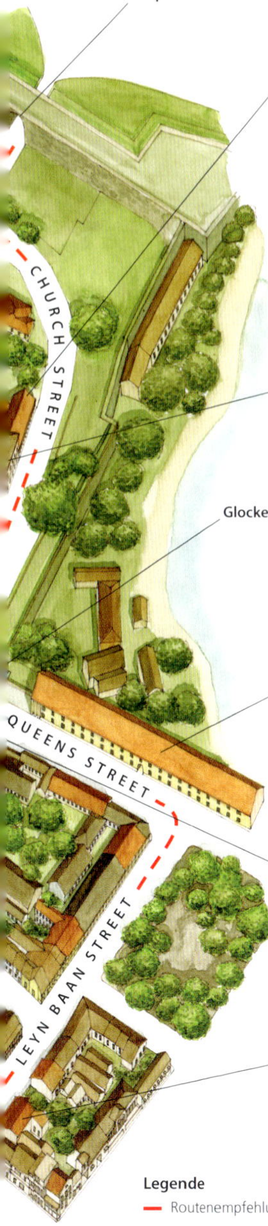

Amangalla Hotel
Das 1684 erbaute Haus des holländischen Gouverneurs wurde in das New Oriental Hotel umgewandelt. Viele der Schiffspassagiere, die im 19. Jahrhundert in Galle ankamen, stiegen in dem hervorragenden Hotel ab. 2005 wurde es in Amangalla umbenannt.

National Maritime Archaeology Museum
Das Museum wurde 2009 in einem alten holländischen Speicher eröffnet. Früher wurden dort Schiffsvorräte und wertvolle Waren wie Zimt, Textilien und Kaurischnecken gelagert.

Historical Mansion Museum
Das Museum in einem alten holländischen Haus zeigt Antiquitäten und Haushaltsgegenstände. Die Sammlung gehört dem Edelsteinhändler Abdul Gaffar.

Straßenkarte *siehe hintere Umschlaginnenseiten*

Spaziergang im Fort Galle

Mit dem Bau von Fort Galle schützten die Portugiesen hauptsächlich die Landseite. Als später die Niederländer die Festung ausbauten, befestigten sie auch die Seeseiten der Landzunge. Auf den westlichen Wällen bekommt man einen guten Eindruck, wie die Festung damals ausgesehen hat. Die gesamten Verteidigungsanlagen sind etwa drei Kilometer lang, die äußeren und inneren Mauern über einen Meter dick. Mit Fort Galle schufen die holländischen Festungsbauer ein Meisterstück: Die Anlage steht nun schon seit dem 17. Jahrhundert und hat auch den Tsunami von 2004 ohne größere Schäden überstanden. Am besten erkundet man sie bei einem Spaziergang entlang den Wällen.

① Haupttor
Das Haupttor wurde von den Briten im 19. Jahrhundert angebaut.

⑪ Sudharmalaya-Tempel
In der Tempelanlage steht eine strahlend weiße *dagoba* (1886), auf der anderen Seite der Straße ein Bodhi-Baum.

⑩ Triton Bastion
Hier wird oft Kricket gespielt. Sobald es dunkel wird, füllt sich das Areal mit Menschen.

0 Meter 100

Routeninfos

Start: Der Rundgang beginnt am Haupttor, auf die Wälle kommt man jedoch an mehreren Stellen im Fort.

Dauer: ca. 90 Minuten.

Beste Zeit: Am besten meiden Sie die Sonne und unternehmen die Tour morgens oder abends. Am Abend ist es auf der Triton Bastion am schönsten.

Rasten: Im Fort gibt es eine ganze Reihe von Cafés und Restaurants. In einigen hat man von der Terrasse einen schönen Blick auf die Wälle.

Führungen: Themenführungen durch das Fort organisiert das Sri Serendipity Publishing House *(siehe S. 246)*.

Vorsicht: Lassen Sie sich von den Schleppern zu nichts überreden.

⑨ Flag Rock
Der Flag Rock bildet die Südspitze des Forts. Von hier springen die wagemutigen Klippenspringer von Galle in die Fluten.

② Nördliche Bastionen
Dieser Bereich des Forts ist am stärksten befestigt. Die Niederländer bauten die bestehende portugiesische Anlage aus und errichteten die massiven Bollwerke Sun, Moon und Star.

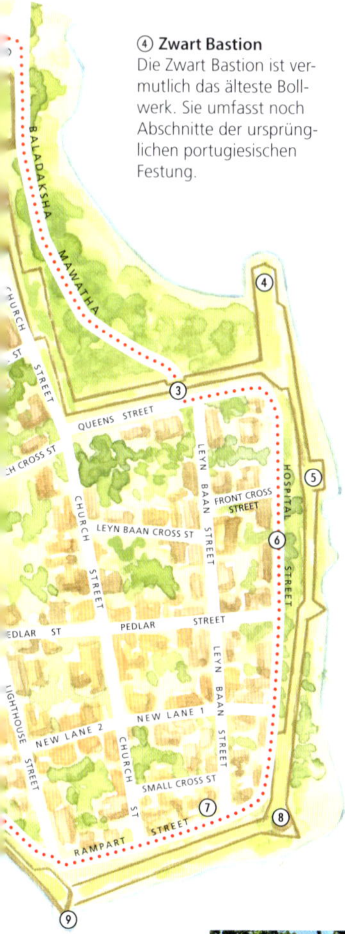

④ Zwart Bastion
Die Zwart Bastion ist vermutlich das älteste Bollwerk. Sie umfasst noch Abschnitte der ursprünglichen portugiesischen Festung.

③ Altes Tor
Das alte Tor bildete früher den Zugang zum Fort. Auf der Festungsseite prangt noch das Wappen der Niederländischen Ostindien-Kompanie, an der Hafenseite ersetzten die Briten das holländische durch eigenes Dekor.

Legende
••• Routenempfehlung

⑥ Hospital Street
In dieser Straße standen das portugiesische und das holländische Spital.

⑤ Akersloot Bastion
Die Bastion an der äußersten Ecke des Court Square ist nach dem Geburtsort des holländischen Befehlshabers Wilhelm Coster benannt, der Galle 1640 von den Portugiesen eroberte.

⑧ Point Utrecht Bastion
Diesen Teil der Festung überragt ein Leuchtturm aus dem Jahr 1938. Dahinter liegen die Ruinen eines niederländischen Pulvermagazins.

⑦ Meeran-Jumma-Moschee
Das große weiße Bauwerk vom Anfang des 20. Jahrhunderts sieht aus wie eine Kirche. Erst wenn man näher kommt und den Halbmond und die arabischen Inschriften sieht, erkennt man es als Moschee.

Die weiße Fassade der Dutch Reformed Church

Überblick: Galle

Galle ist die wichtigste Stadt an der Südküste. Ihr Zentrum bilden die Festungsanlagen des Forts, die das alte holländische Viertel umschließen. Nördlich davon breitet sich die New Town aus. Die ausgedehnten Festungsanlagen gehören zum UNESCO-Welterbe und sind zusammen mit anderen Zeugnissen aus der holländischen Kolonialzeit ein wahrer Besuchermagnet.

Die Altstadt wurde von den mächtigen Festungsanlagen vor den Zerstörungen des Tsunamis von 2004 weitgehend geschützt. Die ebenfalls sehr sehenswerte New Town war von der Katastrophe hingegen stark betroffen, ist allerdings mittlerweile wiederaufgebaut und lockt mit ihrer lebhaften Atmosphäre. In der New Town finden sich der Bahnhof und der Busbahnhof sowie viele Einkaufsmöglichkeiten. Ein Abendbummel über die bunt gepflasterte Main Street gehört zu jedem Besuchsprogramm in Galle. Kricketfans zieht es in das Galle International Cricket Stadium am Haupttor des Forts.

Dutch Reformed Church

Church Street. tägl.

wolvendaal.org

Der Bau der Dutch Reformed Church wurde im 18. Jahrhundert vom Stadtkommandanten Casparus de Jong anlässlich der Geburt seiner Tochter initiiert. Die kreuzförmige Kirche mit dem hohen Deckengewölbe ist ein imposanter Anblick. Die Kanzel wird von einem großen Baldachin bekrönt, eine schmucke Treppe führt zur Orgel hinauf. Am beeindruckendsten sind jedoch die verzierten Grabsteine, die in den Boden und an den Wänden eingelassen sind. Sie stammen von aufgelassenen Friedhöfen der Niederländer. Die Steine erinnern daran, wie hart das Leben für die frühen Kolonisten war. Auf dem Kirchengrund befinden sich noch weitere Grabsteine.

National Maritime Archaeology Museum

Church Street. Di–Sa 9–17 Uhr.

museum.gov.lk

Das große Museum präsentiert in einem alten niederländischen Lagerhaus maritime Artefakte. Gleich beim Eingang erzählt ein Film die Geschichte vom Untergang der HMS *Hermes (siehe S. 191)* an der Ostküste Sri Lankas und von anderen Wracks in den Gewässern vor der Insel. In den Sälen des Museums sind Objekte ausgestellt, die aus den Wracks geborgen wurden, u. a. Karten, Geschirr, Bierkrüge, Pfeifen und Kanonen. Der Bartmannskrug aus dem Wrack des holländischen Ostindienfahrers *Avondster* in der Bucht von Galle ist ein markantes Exponat. Das Museum deckt aber auch andere Themen der Seefahrt ab, so z. B. den Einfluss des Überseehandels auf Sprache, Kultur und Geschichte Sri Lankas.

Die Sammlung hat unter dem Tsunami gelitten, einige Exponate gingen verloren. An ihrer Stelle werden nun Objekte gezeigt, die man nach dem Unglück fand, etwa hölzerne Buddha-Statuen, die vom Wasser von irgendwoher mitgerissen wurden.

Galle National Museum

Church Street. Di–Sa 9–17 Uhr. gegen Gebühr.

museum.gov.lk

Gleich neben dem Amangalla Hotel zeigt das Galle National Museum in einem Gebäude aus dem 17. Jahrhundert traditionelle Tanzmasken, alte Holzschnitzereien, Zierrat sowie Gegenstände aus Sri Lankas portugiesischer und holländischer Epoche. Interessant sind vor allem die Waffen, die

Schiffsmodell im National Maritime Archaeology Museum

Spitzenklöpplerin im Historical Mansion Museum

Möbel und das Porzellan der Niederländischen Ostindien-Kompanie sowie alte Handwerkszweige wie die Spitzenherstellung. Leider ist das Museum etwas dunkel und schäbig, da es seit Jahren nicht mehr renoviert wurde.

Historical Mansion Museum

31–39 Leyn Baan Street. (091) 223 4114. Mo–Sa 9–18 Uhr. Fr 12.30–14 Uhr.

In diesem renovierten holländischen Haus ist die private Antiquitäten- und Nippessammlung von Abdul Gaffar aus Galle ausgestellt. In seinen Räumen, die sich um einen kleinen Innenhof gruppieren, sind viele Objekte versammelt. Ein Schrank enthält alte Telefone und Fotoapparate, die Gaffar in den letzten Jahrzehnten zusammengetragen hat. Zudem kann man im Hof des Gebäudes Spitzenklöpplerinnen, Edelsteinschleifern und Juwelieren bei ihrer Arbeit über die Schulter schauen. Die dort produzierten Waren werden vor Ort verkauft.

Säulenvorhalle des Galle National Museum

Galle Literary Festival

Galles Literaturfest, 2007 vom australischen Hotelier Geoffrey Dobbs gegründet, begrüßte bereits mehrere renommierte Schriftsteller aus dem In- und Ausland, darunter Germaine Greer, Tom Stoppard und Richard Dawkins. 2011 riefen jedoch Orhan Pamuk und andere internationale Literaturgrößen zum Boykott auf, um gegen die Verfolgung von Autoren und Journalisten durch Sri Lankas Regierung zu protestieren. Auch wenn es bei dem Boykott in diesem einen Jahr blieb, ist das Unbehagen noch immer groß. Den Organisatoren wird vorgeworfen, das Literaturfest in einer »Blase der Weltfremdheit« zu veranstalten. Diese betonen, dass auch oppositionelle Stimmen willkommen seien. Manche Beobachter sehen hier tatsächlich die Möglichkeit, offen zu diskutieren.

Pressekonferenz zur Eröffnung

Ein Wanderpfad windet sich durch den dichten Kottawa Rainforest

2 Kottawa Rainforest und Arboretum und Hiyare Rainforest

Straßenkarte C6. 17 km nordöstl. von Galle. tägl. 8–17 Uhr. Bootsfahrten im Hiyare Rainforest.

Der in der Nähe von Galle gelegene Kottawa Rainforest mit Arboretum ist ein lohnendes Ziel für einen Tagesausflug. Durch das abgeschiedene Gebiet bietet ein rund ein Kilometer langer Wanderpfad unter hochgewachsenen Flügelfruchtbäumen die Möglichkeit, einen tropischen Regenwald zu erleben. Bei einem Spaziergang durch das Unterholz entdeckt man Epiphyten, Reptilien, Riesenhörnchen und Weißbartlanguren. Da hier vor allem in der Monsunzeit Blutegel in rauen Massen vorkommen, empfehlen sich entsprechende Schuhe und Kleidung.

Südöstlich von Kottawa liegt in einem weiteren Regenwaldgebiet der Hiyare Rainforest mit guten Möglichkeiten zur Vogelbeobachtung. Zudem kann man Rostkatzen, eine kleine Wildkatzenart, und Schweinshirsche sehen. Es gibt auch Bootsausflüge auf dem Speichersee und Besuche im Tierrettungszentrum. Dort werden verletzte Tiere behandelt und wieder ausgewildert.

Elefantenbabys bei der Nahrungssuche, Uda Walawe National Park ***(siehe S. 122f)*** ▶

Kolam-Puppen im Martin Wickramasinghe Museum in Koggala

❸ Unawatuna und Umgebung

Straßenkarte C6. 5 km südöstl. von Galle. 3800.

Das Dorf Unawatuna besitzt einen herrlichen Sandstrand und zählt zu den beliebtesten Urlaubsorten in Sri Lanka. An einigen Stellen ist der Strand jedoch durch Erosion und Verkaufsbuden etwas schmal geworden. Im Dorf gibt es zahlreiche Gästehäuser, Restaurants, Läden und Tourenveranstalter. Straßenhändler verkaufen Souvenirs, Schlepper suchen Kunden für Taxis oder Ausflugsfahrten.

Trotz zunehmender Kommerzialisierung zieht Unawatuna mit seinem locker-lässigen Charme noch immer viele Gäste an. Der Sandstrand in der hübschen Bucht ist an beiden Enden von Landzungen geschützt. Daher ist das Meer meistens ruhig, man kann das ganze Jahr über schwimmen. Zum Angebot gehören außerdem Schnorcheln, Wracktauchen, Koch- und Yogakurse. Unawatuna besitzt eine lebhafte Clubszene. In der Hochsaison dröhnt oft die ganze Nacht hindurch Musik aus den Bars.

Am Westende des Strands hat man von einer *dagoba* einen schönen Blick über die Umgebung. An der felsigen Erhebung **Rumassala** hinter dem Dorf wachsen seltene Pflanzen und Heilkräuter. Der Sage nach ist Rumassala ein Splitter des Himalaya, den der hinduistische Affenkönig Hanuman fallen ließ, als er mit Kräutern für seinen verwundeten Bruder Lakshmana auf dem Rückweg zu Rama war. Ein weiteres Felsstück soll auf Ritigala *(siehe S. 176)* gefallen sein. Mit Unterstützung japanischer Mönche wurde auf dem Rumassala eine moderne weiße **Friedenspagode** gebaut. Von dort hat man einen tollen Blick auf Fort Galle.

Auf der anderen Seite des Rumassala liegt der **Jungle Beach**. Der Strand ist eine ruhige Alternative zum bevölkerten Hauptstrand. Zudem kann man hier gut schnorcheln. Den Jungle Beach erreicht man mit Three-Wheeler oder zu Fuß auf dem ebenen Weg rund um den Hügel.

❹ Martin Wickramasinghe Museum

Straßenkarte C6. 12 km östl. von Unawatuna. tägl. 9–17 Uhr.
martinwickramasinghe.info

In dem kleinen Ort Koggala vermittelt das Martin Wickramasinghe Museum einen Eindruck vom Alltag auf der Insel in den letzten Jahrhunderten. Das ausgezeichnete Museum ist bei den Einheimischen sehr beliebt, Urlauber finden jedoch nur selten den Weg dorthin.

Die Gründer des Museums ließen sich vom Leben Martin Wickramasinghes (1890–1976) inspirieren, ihm ist das Museum gewidmet. Der bekannte Romancier, Essayist und Literaturkritiker verfasste seine Texte auf Singhalesisch – im Gegensatz zu vielen seiner Zeitgenossen, die auf Englisch schrieben. Zu seinem Œuvre gehören Romane und Sachbücher, darunter *Gamperaliya* (1944), *Madol Doova* (1947), *Yuganthaya* (1949) und *Kaliyugaya* (1957). Viele seiner Werke wurden mittlerweile in andere Sprachen übersetzt.

Maske im Folk Museum

Das Museum verteilt sich auf zwei Häuser, die in einem großen Garten stehen: das **Folk Museum** und das Geburtshaus des Autors. Im 1981 eröffneten Folk Museum sind Gegenstände aus dem Dorfleben

Türkisfarbenes Wasser und Palmenstrand in der Bucht von Unawatuna

Die dicht bewachsene Insel Taprobane in der Weligama Bay bei Ebbe

ausgestellt. Grundlage der Sammlung waren Objekte, die Wickramasinghe zusammentrug. Dazu gehören Werkzeuge, Kochutensilien, traditionelle Spiele, eine exzellente Sammlung von Masken und Puppen sowie die Nachbildung einer Dorfküche. Zu einigen Exponaten gibt es Erläuterungen auf Englisch und Singhalesisch. Hinter dem Museum stehen noch einige alte Fahrzeuge.

Das in Teilen etwa 200 Jahre alte Haus, in dem Martin Wickramasinghe geboren wurde und seine Kindheit verbrachte, steht im hinteren Teil des Gartens. Es ist ein typisches Beispiel für die Wohnhäuser im Süden zur damaligen Zeit. In den Räumen stehen noch seine alten Möbel, etwa der Schreibtisch, zudem sieht man private Fotografien, Preise und Bücher. Die Asche von Martin Wickramasinghe und seiner Frau wurde im Erdhügel neben dem Haus beigesetzt.

❺ Midigama

Straßenkarte C6. 18 km südöstl. von Unawatuna. 4500.

Midigama ist ruhiger als Hikkaduwa *(siehe S. 102f)*, aber ebenso ein Surferparadies. Das Meer bietet fast ganzjährig gute Bedingungen zum Surfen, ist aber nicht für Anfänger geeignet. Zu den beliebtesten Surfspots gehören Lazy Left, das man leicht vom Strand aus erreicht, und Ram's Right an einer Untiefe vor dem bekannten Ram's Guesthouse.

❻ Weligama

Straßenkarte C6. 9 km nördl. von Midigama. 22 000.

Der verschlafene Fischerort liegt an der halbmondförmigen Weligama Bay. Die Fischstände an der Straße verkaufen den Fang des Tages. Der Ort ist inzwischen auch ein beliebtes Ziel für Surfer. Vor allem für Anfänger sind die gleichmäßigen Wellen ideal. An der Matara Road findet man Gästehäuser, die Leihboards und Surfstunden anbieten.

Weligama ist vermutlich vor allem wegen Taprobane Island bekannt, das unmittelbar vor dem Strand liegt. Die idyllische Insel gehörte in den 1920er und 1930er Jahren dem französischen Grafen de Mauny-Talvande, der sich dort eine Villa baute. Diese ist inzwischen ein luxuriöses Hotel mit eigenem Koch *(siehe S. 219)*.

Stelzenfischer

Stelzen- oder Pfahlfischer sind ein bekanntes Motiv aus Sri Lanka. An Einkerbungen klettern sie die Pfähle hinauf zu Querstangen, auf denen sie beim Angeln sitzen. Die meisten sieht man an der Küste zwischen Midigama und Koggala, vor allem in der Umgebung von Ahangama. Meist fischen sie in den frühen Morgenstunden oder in der Abenddämmerung. Tagsüber angeln sie sich hingegen Touristen: Die müssen einen Obolus entrichten, um die Fischer in Anglerpose fotografieren zu dürfen.

Pfahlfischer bei Weligama

7 Mirissa

Straßenkarte C6. 7 km südöstl. von Weligama. 7000.

In Mirissa ist die stürmische Entwicklung des Tourismus an der Südküste bisher noch nicht angekommen. Noch säumen keine großen Urlauberhotels die Küste, noch kann man entspannt den von dichten Palmenreihen gesäumten Strand genießen. Unterkunft bieten kleine Gästehäuser. Abends stellen die Lokale am Strand ihre Tische heraus – so gibt es zum Abendessen kostenlos romantisches Meeresrauschen. Die Sonnenuntergänge am Giragala oder Parrot Rock am östlichen Ende des Strands zieren sicher viele Fotoalben.

In den letzten Jahren entwickelte sich Mirissa zum Hauptort für Bootsfahrten zu den Walen vor der Küste. Zudem bieten das westliche und das östliche Ende des Strands gute Bedingungen zum Surfen, Schnorcheln und Sportfischen.

Im Landesinneren führen einige schöne Wege durch den Dschungel. Die Hotels oder Gästehäuser geben dazu Informationen und halten eventuell auch Karten bereit.

Der buddhistische Kandavahari-Tempel steht im Süden des Strands, von der Hauptstraße aus führen einige Treppen hinauf. Der schlichte Tempel ist keine große Sehenswürdigkeit, doch der Ausblick von dort auf das Meer ist einfach großartig.

Der idyllische Palmenstrand von Mirissa

8 Matara

Straßenkarte C6. 45 km südöstl. von Galle. 76 000.

Das lebhafte Matara ist Universitätsstadt, Geschäftszentrum und Verkehrsknotenpunkt mit (Bus-)Bahnhof. Besucher, die länger hierbleiben, besuchen vor allem den westlichen Vorort Polhena. Matara bietet eine interessante Geschichte und einige Sehenswürdigkeiten.

Der Nilwala Ganga teilt Matara in die holländische Altstadt und die Neustadt. Die Altstadt südlich des Flusses ist hauptsächlich ein Wohnviertel. Sie wird von einem holländischen Fort aus dem 18. Jahrhundert – ein Tor trägt die Jahreszahl 1780 – im Osten begrenzt. Die Briten hinterließen später noch einen Uhrturm. Die Wohnhäuser in der Altstadt wirken meist etwas baufällig, nur die **Dutch Reformed Church** ist gut erhalten. Innen sind Grabsteine im Boden eingelassen. Die Neustadt nördlich des Flusses bewacht das sechseckige Star Fort, das die Niederländer 1763 vermutlich nach einem singhalesischen Aufstand errichteten. Die Anlage wurde renoviert und beherbergt nun ein kleines Museum.

Matara hat eine hübsche Uferpromenade – trotz der Hauptstraße, die dahinter verläuft. In Polhena kann man schnorcheln und das ganze Jahr über schwimmen. An Wochenenden und Feiertagen kommen auch viele Einheimische zum Baden hierher.

Buddhistischer Tempel auf einer Insel vor der Uferpromenade von Matara

9 Dondra

Straßenkarte C6. 9 km südöstl. von Matara. 500.

Der winzige Ort hieß früher Devi Nuwara – Stadt der Götter – und war ein bedeutendes sakrales Zentrum mit einem Vishnu-Tempel, den jedoch die Portugiesen 1588 zerstörten. Von der ehemaligen Anlage ist lediglich ein kleiner Schrein erhalten, der vermutlich aus dem 7. Jahrhundert stammt. Heute ist der **Devi Nuwara Devale** Haupttempel des Orts. In der Tempelanlage befindet sich eine große Buddha-Statue.

Am Dondra Head südlich der Stadt markiert ein Leuchtturm aus dem 19. Jahrhundert Sri Lankas südlichsten Punkt.

Devi Nuwara Devale
Tangalla Road. tägl. 5–19 Uhr.
Devi Nuwara Perahera (Juli/Aug).

Wal- und Delfinbeobachtung

Seit einigen Jahren werden Bootsausflüge zur Beobachtung von Walen und Delfinen in Sri Lanka immer beliebter. An der Insel führt eine der großen Wanderrouten der Wale vorbei, sodass man den Großteil des Jahres die imposanten Meeressäuger fast garantiert zu Gesicht bekommt. Am besten fährt man nach Mirissa, dem Zentrum der Walbeobachtung, oder zum Dondra Head an der Südküste. Die Zeit der Walwanderung dauert dort von Dezember bis April. Wer Blau- oder Pottwale sowie Delfine sichten möchte, kommt am besten im Dezember oder im April. Auch in Trincomalee *(siehe S. 188f)* an der Ostküste werden Fahrten angeboten. Blauwale sieht man dort von Februar bis August, wenn sie von der Südküste heraufziehen. An der Westküste lassen sich von November bis März insbesondere vor der Halbinsel Kalpitiya *(siehe S. 92)* Pottwale und Spinnerdelfine beobachten. Alles in allem kann man die faszinierenden Meeresriesen vor der Küste Sri Lankas rund zehn Monate im Jahr bewundern.

Spinnerdelfine sieht man auf den Fahrten zur Walbeobachtung regelmäßig. Sie sind die am häufigsten gesichteten Meeressäuger in Sri Lanka und verzaubern ihr Publikum, wenn sie drehend in die Luft schnellen oder auf der Bugwelle der Boote reiten.

Blauwale kann man vor Mirissa und Trincomalee beobachten. Die bis zu 30 Meter langen Riesen sind Bartenwale und wohl die größten Säugetiere, die jemals auf der Erde gelebt haben. Halten Sie auch nach Pottwalen Ausschau, vor allem vor der Halbinsel Kalpitiya.

Forscher aus der ganzen Welt kommen nach Sri Lanka, um die Meeressäuger zu studieren. Ihr Interesse gilt vor allem den Blauwalen, die gelegentlich auch dicht vor der Küste zu sehen sind und teils ganzjährig hier leben.

Blau-Weiße Delfine, Schlankdelfine und Große Tümmler kann man vor der Insel häufig sehen. Risso-Delfine (Rundkopfdelfine) zeigen sich viel seltener. Sie gehören zu den geschützten Arten, werden von den Fischern aber gefangen.

Blick von der dritten Terrasse über die grüne Landschaft bei Mulgirigala

⓾ Dickwella

Straßenkarte C6. 15 km nordöstl. von Dondra. 54 000.

Das zwischen Matara und Tangalle gelegene Dickwella bietet keine Sehenswürdigkeiten, eignet sich aber gut als Ausgangspunkt für Ausflüge in die Umgebung. Dazu lockt es mit einem schönen langen Sandstrand und delikaten Cashewkernen, die in Buden geröstet und verkauft werden.

Etwa drei Kilometer nördlich beeindruckt der farbenprächtige Tempel **Wewurukannala Vihara** mit einer 50 Meter hohen Buddha-Statue aus den späten 1960er Jahren. Sie ist die größte Statue eines sitzenden Buddha in Sri Lanka. An ihrem Rücken führt ein siebenstöckiger Treppenaufgang zum Kopf. Von oben hat man einen grandiosen Blick auf die Tempelanlage. Den Weg nach oben begleiten Bilder, die wie in einem Comic Szenen aus dem Leben Buddhas zeigen.

Das Hauptbilderhaus der Tempelanlage stammt aus dem 19. Jahrhundert und beherbergt zahlreiche Statuen. Weitaus beeindruckender ist jedoch gleich nebenan die tatsächlich etwas gruselige *chamber of horrors*. In dieser »Kammer des Grauens« demonstrieren lebensgroße Skulpturen die verschiedenen Strafen, die die Sünder im Jenseits erwarten. Dazu erklären Wandbilder, welche Sünden zu welchen Strafen führen.

Das **Hoo-maniya Blowhole** liegt sieben Kilometer östlich von Dickwella. Sein Name beschreibt das Geräusch, das ertönt, kurz bevor das Wasser in den Himmel geblasen wird. Beeindruckend ist das Blasloch hauptsächlich in der Monsunzeit, vor allem im Juni, wenn die Wellen am stärksten sind und die Fontäne über 15 Meter hoch werden kann.

22 Kilometer nordöstlich von Dickwella umfasst das Kloster **Mulgirigala** einige Tempel, die aus einem 200 Meter hohen Felsen geschlagen wurden. Der Felsen überragt den dichten Wald der Umgebung und erinnert ein wenig an Sigiriya *(siehe S. 166–169)*.

Der anstrengende Aufstieg zum Gipfel wird mit einer umwerfenden Aussicht über das Umland belohnt. Auf dem Weg nach oben kann man an vier Terrassen verschnaufen und sich kleine Felsentempel aus dem 2. Jahrhundert v. Chr. mit Buddha-Statuen, einigen anderen Skulpturen und Wandbildern ansehen. Letztere wurden allerdings unter der Herrschaft der Könige von Kandy im 18. Jahrhundert im

Riesige Buddha-Statue des Wewurukannala Vihara

Die Übersetzung des Mahavamsa

Sri Lankas »Große Chronik« *Mahavamsa* wurde in Pali geschrieben, das wohl nie eine gesprochene, sondern eine Literatursprache war. Wiederentdeckt wurde der *Mahavamsa* von dem britischen Gelehrten George Turnour (1799–1843). Turnour, der in Sri Lanka geboren wurde, bestieg 1826 mit seinem Pali-Lehrer, einem Mönch, den Mulgirigala-Felsen. Im Raja-Vihara-Tempel fand er unter *ola*-Blatt-Handschriften einen Kommentar zum *Mahavamsa* und damit einen Schlüssel zu dessen Übersetzung. 1836/37 veröffentlichte Turnour große Teile der Chronik auf Englisch, er starb jedoch, bevor er die Übersetzung vollenden konnte. Seine Arbeit bildete die Grundlage für alle weiteren Übersetzungen aus dem Pali.

***Mahavamsa* – Titel einer englischen Ausgabe**

Hotels und Restaurants im Süden *siehe Seiten 217–219 und 229–231*

Der wunderbar ruhige Marakolliya Beach, Tangalla

großen Stil renoviert und ähneln daher heute Bildern im Höhlentempel von Dambulla *(siehe S. 162f)*. Im Tempel auf der dritten und zugleich größten Terrasse fand George Turnour *ola*-Blatt-Handschriften für die Übersetzung des *Mahavamsa*. Auf dem Gipfel steht eine kleine *dagoba*.

Wewurukannala Vihara
6–24 Uhr.

Hoo-maniya Blowhole
8–18 Uhr.

Mulgirigala
6–18 Uhr.

⓫ Tangalla

Straßenkarte C6. 13 km nordöstl. von Dickwella. 10 500.

Nach Tangalla fährt man vor allem wegen der schönen Strände in Osten und Westen des Orts. Tangalla ist zudem eine gute Ausgangsbasis für Ausflüge zu Attraktionen im Umland und zu den Schildkröten am Rekawa Beach.

Im Westen des Orts liegen die Strände Medilla und Medaketiya. Sie sind gut mit Gästehäusern und Restaurants ausgestattet und dementsprechend stark frequentiert. Etwa vier Kilometer östlich Tangallas bietet Marakolliya auf der Landzunge vor der Rekawa-Lagune noch etwas weniger überlaufene Sandstrände.

Unmittelbar südwestlich des Orts säumen die Strände von Pallikaduwa und Goyambokka felsige Buchten.

⓬ Rekawa Beach

Straßenkarte C6. 10 km östl. von Tangalla.

Rekawa Beach ist ein bedeutender Nistplatz von Meeresschildkröten. Man erreicht ihn von Tangalla aus direkt über die Tangalla Road. Fünf Schildkrötenarten *(siehe S. 25)* suchen nachts den Strand auf, um ihre Eier im warmen Sand zu vergraben.

Die Schildkröten kommen ganzjährig zum Rekawa Beach. Am besten beobachten kann man sie jedoch zwischen März und September. In den Vollmondnächten im April und Mai ist die Chance am größten, die Tiere bei der Eiablage zu erleben. In diesen hellen Nächten begeben sie sich gern auf den Strand und sind gut zu sehen.

»Schildkrötensafaris« am Rekawa Beach werden von Eco Team Pvt Ltd. organisiert und beginnen meist um 20 Uhr. Es kann Minuten, eventuell auch Stunden dauern, bis eine Schildkröte erscheint. Stellen Sie sich also auf längere Wartezeiten ein. Über den Strand verteilte Mitarbeiter geben mit Taschenlampen Signale, sobald sie ein Tier sehen. Um diese nicht bei der Ablage zu stören oder geschlüpfte Jungtiere auf dem Weg ins Meer zu irritieren, ist Fotografieren mit Blitz verboten. Während des Wartens kann man sich in einer kleinen Hütte über Schildkröten informieren.

⓭ Kalametiya Bird Sanctuary

Straßenkarte C6. 26 km nordöstl. von Tangalla.

Das Kalametiya Bird Sanctuary ist ein Feuchtgebiet mit Salzwasserlagunen, Mangrovensümpfen und Buschwäldern. Dieser vielfältige Lebensraum bietet gute Möglichkeiten, Vögel zu beobachten. Ganzjährig kann man hier Graupelikane, Buntstörche, Weißbauchseeadler, Silberreiher, Kiebitze und Regenpfeifer entdecken. Von November bis März überwintern zahlreiche Zugvögel und erhöhen die Artenvielfalt erheblich. Zum Schutzgebiet gehört auch ein wundervoller Strand.

Rotlappenkiebitz, Kalametiya

Im sechs Kilometer südwestlich gelegenen Dorf Hungama werden organisierte Touren ins Bird Sanctuary angeboten.

Eine Grüne Meeresschildkröte legt nachts ihre Eier am Rekawa Beach ab

Straßenkarte *siehe hintere Umschlaginnenseiten*

⓮ Uda Walawe National Park

Der rund 308 Quadratkilometer große Park wurde 1972 zum Schutz des Einzugsgebiets des Uda Walawe Reservoir eingerichtet. Inzwischen ist er der beliebteste Nationalpark Sri Lankas. Das Schutzgebiet um den Stausee liegt in der Trockenzone und umfasst Buschland, von Wäldern durchsetztes Grasland und eine aufgegebene Teakplantage. In Uda Walawe leben u. a. Wasserbüffel und Sambars (Pferdehirsche) sowie Leoparden und Lippenbären, die man aber selten sieht. Die bekanntesten Bewohner sind rund 600 Elefanten, die man hier in ihrem natürlichen Lebensraum gut beobachten kann. Zur Vogelbeobachtung lohnt ein Parkbesuch vor allem wegen seiner Vielfalt an Wasser- und Greifvögeln.

Ein Safari-Jeep am Eingang zum Uda Walawe National Park

Wasservögel
Das Uda Walawe Reservoir zieht Buntstörche, Graupelikane, Kormorane und viele weitere große Wasservögel an. Die Artenvielfalt steigt erheblich an, wenn zwischen November und April auch die Zugvögel anwesend sind.

Wasserbüffel
Große Wasserbüffelherden suhlen sich häufig im Schlamm des Sees oder in einem der zahlreichen Flüsse.

Uda Walawe Reservoir
Der etwa 32 Quadratkilometer große Stausee wurde in den 1960er Jahren angelegt. Mit seinem Wasser werden die umliegenden Landwirtschaftsgebiete bewässert und ein kleines Wasserkraftwerk betrieben. Am Ufer des Sees erspäht man häufig den Sunda-Marabu, den größten Vogel Sri Lankas.

Hotels und Restaurants im Süden *siehe Seiten 217–219 und 229–231*

Greifvögel
Das offene, von kleinen Wäldern durchsetzte Grasland von Uda Walawe bietet Greifvögeln einen idealen Lebensraum. Sehr wahrscheinlich sieht man an dem Speichersee einen der vielen Weißbauchseeadler oder einen knapp über dem Gebüsch dahinsegelnden Schikrasperber.

Infobox

Information
Straßenkarte C5. 80 km nordöstl. von Tangalla. (047) 347 5892. 6–18 Uhr bei Tageslicht (letzter Einlass: 17 Uhr). **udawalawenational park.com**

Anfahrt
organisierte Touren oder Privatwagen.

Teakbäume der aufgegebenen Plantage stehen am Besucherzentrum. Die Bäume wurden gepflanzt, als man den Speichersee anlegte.

Elefanten
Im Park stößt man überall auf kleine Gruppen von Elefanten. Die Herden können aber auch 50 Tiere und mehr umfassen. In der Trockenzeit sammeln sie sich oft am Uda Walawe Reservoir oder an Flüssen.

Elephant Transit Home

Fünf Kilometer westlich vom Parkeingang zieht das von der Born Free Foundation unterstützte Elephant Transit Home Elefantenwaisen auf. Wenn sie vier oder fünf Jahre alt sind, werden die Kleinen wieder ausgewildert. Im Gegensatz zum Pinnawala Elephant Orphanage *(siehe S. 143)* sieht man die Elefanten hier nur aus der Ferne. Von einer Aussichtsplattform kann man beobachten, wie sie in einem Gehege täglich um 9, 12, 15 und 18 Uhr gefüttert werden. Man sollte rechtzeitig vor der Fütterung da sein, um nichts zu verpassen.

Fütterung im Elephant Transit Home

Im Park unterwegs

Für den Park ist ein Fahrzeug erforderlich, sei es ein Geländewagen von Kalu's Hideaway *(siehe S. 218)* oder ein Auto von einer anderen Mietwagenfirma. Vögel bekommt man insbesondere zwischen November und April zu Gesicht. Elefanten sind im Uda Walawe ganzjährig, am besten am frühen Morgen oder späten Nachmittag zu sehen.

Weitere Zeichenerklärungen *siehe hintere Umschlagklappe*

⑮ Hambantota

Straßenkarte D6. 43 km nordöstl. von Tangalla. 55 000.

Hambantota litt besonders stark unter dem Tsunami von 2004. Doch die Stadt und der Distrikt wurden beim Wiederaufbau auch sehr unterstützt. Die Region profitierte davon, dass der Präsident Sri Lankas von dort stammt. Im Januar 2008 wurde mit dem Bau des Hochseehafens Mahinda Rajapaksa Port begonnen, der überwiegend von China finanziert wird. Der Hafen wurde bereits 2010 in Betrieb genommen und soll zum größten Hafen Südasiens ausgebaut werden. 28 Kilometer nördlich von Hambantota öffnete 2013 zudem ein neuer internationaler Flughafen, der die Entwicklung von Handel und Fremdenverkehr voranbringen soll.

Hambantota ist eine gute Ausgangsbasis für eine Fahrt in den nahen Bundala National Park. Die Stadt selbst hat kaum Interessantes zu bieten, doch ein Bummel durch die Straßen lohnt sich. Von der Aussichtsplattform gegenüber dem Busbahnhof öffnen sich Ausblicke auf den Fischmarkt und den alten Hafen. Die Fahrer der Three-Wheeler bieten Touren zum Hafen, zum Kongresszentrum, zum Flughafen und zur Tsunami-Gedenkstätte am Strand an. Denken Sie daran, den Preis vor Beginn der Fahrt auszuhandeln.

Bunte Fischerboote im Hafen von Hambantota

⑯ Bundala National Park

Straßenkarte D6. 15 km östl. von Hambantota. tägl. 6–18 Uhr. **Hinweis:** Jeeps mit Fahrer für Fahrten in den Park können in Hambantota gemietet werden.

Der Nationalpark erstreckt sich 20 Kilometer entlang der Küste und ist die ruhige Alternative zum Yala West (Ruhuna) National Park (*siehe S. 126f*). Er umfasst Buschland und Küstendünen, zwischen denen brackige Lagunen und Salzpfannen liegen.

Seerosenblüte in Bundala

Im Bundala sieht man eine Vielzahl von Vogelarten, z. B. Graupelikane, Weißbart-Seeschwalben und Buntstörche. Mit Eintreffen der Zugvögel schwillt der Artenreichtum von September bis März enorm an. Zusätzlich kommen in dieser Zeit viele Watvögel hierher. Bundala ist außerdem für die großen durchziehenden Flamingoschwärme bekannt, deren Zahl jedoch in den letzten Jahren abgenommen hat – vermutlich wegen Veränderungen im Salzgehalt der Lagunen.

In Bundala leben Elefanten, Schakale, Affen und viele andere Säugetiere. An den Lagunen sonnen sich Krokodile, an den Stränden legen Meeresschildkröten ihre Eier ab.

Weiße Kuppel der buddhistischen Tissa Dagoba in Tissamaharama

⑰ Tissamaharama

Straßenkarte D6. 27 km nordöstl. von Hambantota. 63 000.

»Tissa« wurde im 3. Jahrhundert v. Chr. gegründet und war Hauptstadt des Königreichs Ruhuna. Heute fahren die meisten Besucher von hier aus in die Nationalparks Yala West (Ruhuna) und Bundala, obwohl die Stadt selbst einige Sehenswürdigkeiten bietet.

Der Speichersee **Tissa Wewa** (3. Jh. v. Chr.) liegt einen Kilometer nördlich und ist ein Refugium für zahlreiche Vogelarten. Westlich davon stehen Ruinen aus Tissas Goldener Zeit. **Menik Wehera** und **Yatala Wehera** (2./3. Jh. v. Chr.) gehörten wohl zu einer Klosteranlage. Letztere ist eine weiße *dagoba*, die von einer mit Elefantenköpfen verzierten Mauer umrahmt wird. Zwischen See und Stadt liegt die **Tissa Dagoba**. Der Überlieferung nach wurde sie von König Kavan Tissa, dem Vater von König Dutugemunu, erbaut. Sie birgt angeblich ein Knochenfragment von Buddhas Stirn.

Hotels und Restaurants im Süden *siehe Seiten 217–219 und 229–231*

Vogelbeobachtung

Für Vogelliebhaber ist Sri Lanka ein großartiges Reiseziel. Von den Feuchtgebieten an der Küste über die Regenwälder bis zu den Bergen des Hill Country finden sich mehr als 400 Vogelarten, davon kommen allein 33 Spezies nur in Sri Lanka vor. Die meisten Arten leben im Südwesten des Landes, darunter der Schmuckbülbül und Sri Lankas Nationalvogel, das Ceylonhuhn. Die Artenvielfalt erhöhen zudem Zugvögel aus Europa und Teilen Asiens, die auf der Insel überwintern. Bei Ausflügen in den Nationalparks erspäht man in der Regel einige Arten. An den Wasserlöchern und Stauseen der Parks tummeln sich vor allem zahlreiche Wasservögel wie Flussuferläufer, Seeschwalben, Silberreiher und Störche. Andere weitverbreitete Arten, die man in den Wäldern und an Gewässern sieht, sind kleine Papageien, Grasmücken, Drosseln und die knallbunten Eisvögel. Die beste Zeit für Vogelbeobachtungen ist von November bis März.

Lagunen wie diese im Bundala National Park *(siehe S. 124)* bieten exzellente Gelegenheiten, zahlreiche Küsten- und Seevögel zu beobachten.

Die Schlangenweihe ist in Sri Lanka endemisch und lebt in dichten Wäldern. Sie hat einen dunklen Körper und Flügel mit einem kontrastreichen, grau-weißen Muster.

Der Sunda-Marabu ist der größte Vogel Sri Lankas. Er hat einen gelben Hals und graue Daunen. Die gefährdete Art lebt an Gewässern und in Reisfeldern im trockenen Tiefland.

Der Schmuckbülbül besitzt charakteristische gelbe Federbüschel an den Ohren. Er ist in Sri Lanka endemisch und lebt in Gebieten über 1300 Meter Höhe.

Der männliche Blaue Pfau hat eine charakteristische Schleppe. Man sieht ihn hauptsächlich in den Schutzgebieten des Tieflands bei der Nahrungssuche im Unterholz.

⓲ Yala West (Ruhuna) National Park

Der riesige Nationalpark liegt im Südosten Sri Lankas. Er ist in fünf Gebiete oder »Blocks« unterteilt, von denen nur Block I und II für Besucher geöffnet sind. Die meisten Besucher kommen zum Block I oder Yala West (Ruhuna). Er ist am leichtesten zu erreichen, zudem leben dort viele Leoparden. In der weiten, von kleinen Felsen durchsetzten Landschaft wechseln sich Buschwälder und offenes Grasland ab, es gibt dichten Dschungel und an der Küste Lagunen. Zu den vielen Tierarten im Park gehören Elefanten, Axishirsche, Zibetkatzen und Krokodile. In Yala West leben zudem ganzjährig zahlreiche Vogelarten, hinzu kommen im Winter viele Zugvögel. Yala weist auch eine Reihe von kulturellen Sehenswürdigkeiten auf, darunter die bekannten historischen Stätten Situlpahuwa und Magul Maha Vihara.

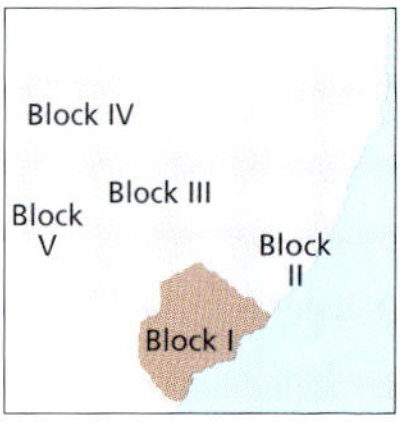

Dargestelltes Gebiet

Leoparden
Der Sri-Lanka-Leopard ist eine auf der Insel endemische Unterart der Leoparden. Rund 35 dieser Großkatzen leben in Yala West – es gibt wohl keinen besseren Ort auf der Welt, um diese Tiere zu beobachten und zu fotografieren. Im Park kann man sie das ganze Jahr über entdecken, am besten jedoch in der Trockenzeit von Mai bis September.

Magul Maha Vihara
Die Tempelruine stammt aus dem 1. Jahrhundert v. Chr. Der Sage nach wurde der Tempel genau dort erbaut, wo sich König Kavan Tissa *(siehe S. 124)* und Prinzessin Vihara Mahadevi vermählten.

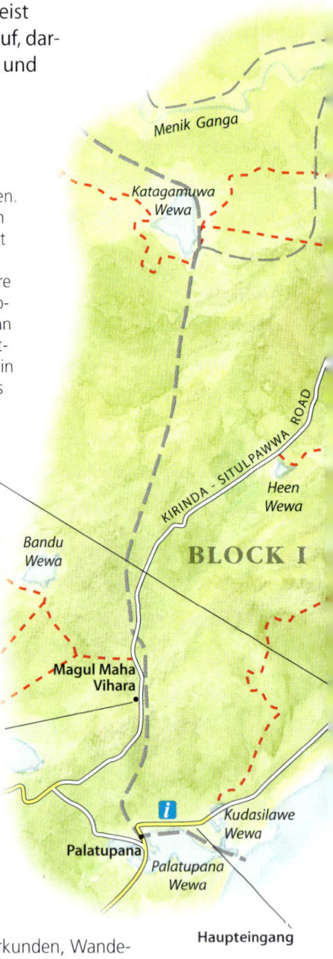

Im Park unterwegs

Den Park darf man nur in einem Wagen mit Vierradantrieb erkunden, Wanderungen sind verboten. Jeeps kann man bei einem der vielen Tourenanbieter in Tissa mieten. Allen Wagen wird ein Führer zugewiesen, der die Besucher im Park begleitet. Die meisten Besucher bleiben einen halben Tag im Park, Tagessafaris sind jedoch ebenso möglich, wenn auch ziemlich anstrengend. Die ideale Zeit für den Besuch ist der frühe Morgen oder späte Nachmittag. Zurzeit gibt es keine Begrenzung für die Zahl der Fahrzeuge im Park, sodass er an den Wochenende und an Feiertagen stark frequentiert sein kann. Die Besucher werden gebeten, keinen Lärm zu machen, um die Tiere nicht zu verschrecken.

Situlpahuwa
Die Mönchssiedlung Situlpahuwa wurde in der Zeit des Königreichs Ruhuna (um 200 v. Chr.) gegründet und ist eine bedeutende Pilgerstation auf dem Weg nach Kataragama *(siehe S. 128)*. Eine steile Treppe führt den 122 Meter hohen Felsen zur Situlpahuwa-*dagoba* hinauf. Vom Gipfel hat man einen wunderbaren Blick über den Park.

Infobox

Information
Straßenkarte D5. 20 km südöstl. von Tissamaharama.
am Parkeingang. (011) 288 8585 oder +94 770 466 794. bei Tageslicht.
Sep – Okt (tel. erfragen).
yalasrilanka.lk

Anfahrt
organisierte Touren oder Privatwagen.

Tsunami-Gedenkstätte
Der Tsunami von 2004 zog auch den Park schwer in Mitleidenschaft. Am Patangala Beach wurde für die Opfer eine Gedenkstätte errichtet. In der Nähe stehen die Überreste eines Touristenbungalows.

Lippenbären
In Juni und Juli kann man Lippenbären am besten entdecken. In dieser Zeit schlagen sie sich im Geäst der Palu- oder Ceylon-Eisenholzbäume den Bauch mit deren Früchten voll.

Riesenstörche
Riesenstörche gehören zu den bedrohten Arten. Gelegentlich sieht man sie an der Küste in der Nähe der Butawa-Wewa-Lagune.

Legende
- Hauptstraße
- Nebenstraße
- Parkweg
- Parkgrenze
- Blockgrenze

Weitere Zeichenerklärungen *siehe hintere Umschlagklappe*

⓳ Kataragama

Straßenkarte D6. 19 km nordöstl. von Tissamaharama. 20 000. Kataragama-Fest (Juli/Aug).

Kataragama ist für Buddhisten, Hindus und Muslime gleichermaßen eine der heiligsten Pilgerstätten der Insel. Der Ort heißt nach Sri Lankas Schutzgott Kataragama. Er ist ganzjährig das Ziel eines steten Pilgerstroms, besonders viele Besucher kommen alljährlich zum Kataragama-Fest.

Der heilige Bezirk mit den vielen Schreinen und Sakralbauten liegt nördlich von Kataragama jenseits des Flusses Menik Ganga. In ihm reinigen sich die Pilger, bevor sie weitergehen. An den Straßen um den heiligen Bezirk drängen sich Buden, die Obst, Lotosknospen und Girlanden für Opfer im Tempel verkaufen.

Hinter dem Eingang erreicht man die **ul-Khizr-Moschee** mit Gräbern muslimischer Heiliger und einen kleinen, Shiva geweihten *kovil*. An der Straße zum Haupttempel **Maha Devale** reihen sich einzelne Schreine. Zum Maha Devale gehören drei Schreine, von denen einer Kataragama (auch Skanda oder Kartikeya) geweiht ist. Der Gott wird hier nur durch sein Hauptsymbol, den *vel* (Speer), dargestellt. Die anderen sind dem Hindu-Gott Ganesha sowie Buddha gewidmet.

Pilger auf der Treppe zur Kiri Vihara

Die Mauer rund um den Haupthof zieren beeindruckende Elefantenköpfe sowie Darstellungen jenes Pfaus, der Kataragama als *vahana* (»Zugtier«, »Fahrzeug«) diente. Der Vogel soll dem Körper eines Dämons entsprungen sein, als dieser von dem Gott besiegt wurde. Da Kataragama den Besiegten verschonte, versprach der Pfau dem barmherzigen Gott, ihm als Reittier zu dienen.

Vielfältige Obstsorten

Wenn die Bittsteller zur Abend-*puja* mit Obstplatten und anderen Opfergaben zum Hauptschrein kommen, erwacht der heilige Bezirk zum Leben. Die Pilger zerschmettern zudem Kokosnüsse an Steinen vor dem Schrein, die sie manchmal zuvor anzünden. Es soll Unglück bringen, wenn die Kokosnuss nicht zerbricht. Musiker mit Trompeten und Trommeln umrunden den Komplex. Zusammen mit dem Läuten der Tempelglocken und dem hektischen Treiben der Menschenmassen verleiht ihre Musik dem Ganzen eine surreale Stimmung.

Hinter dem Maha Devale führt eine Straße zur *dagoba* **Kiri Vihara** (1. Jh. v. Chr.). Sie ist von Grünflächen umgeben und ruhiger als der Maha Devale. Der Überlieferung zufolge besuchte Buddha den Ort während seines dritten Aufenthalts in Sri Lanka, in der *dagoba* sollen einige seiner Haare als Reliquie eingemauert sein.

Neben dem Maha Devale zeigt das **Kataragama Museum** Sakralobjekte, Skulpturen und Kopien der Felsskulpturen von Buduruwagala *(siehe S. 150)*.

Viele Besucher unternehmen von Tissamaharama aus einen Tagesausflug nach Kataragama. Man kann aber auch hier übernachten, um die Abend-*puja* zu erleben.

Das Kataragama Museum im heiligen Bezirk

Maha Devale
Abend-*puja* um18.30 Uhr.

Kiri Vihara
Pujas um 4.30, 11, 18.30 Uhr.

Kataragama Museum
tägl. 8–17 Uhr.

Hotels und Restaurants im Süden *siehe Seiten 217–219 und 229–231*

Kataragama-Fest

Das Kataragama-Fest findet im Juli oder August während des Esala-Vollmonds statt. Tausende Hindus und Buddhisten besuchen den Ort, um den Göttern ihre Verehrung zu zeigen, um Gelübde abzulegen und um Vergebung für ihre Sünden zu bitten. Das Fest ist dafür bekannt, dass viele Pilger mit verschiedenen Formen der Kasteiung und Selbstverletzung Buße tun. Im Extremfall rollen sich die Büßer halb nackt über glühend heißen Sand, betreten das Tempelgelände in Nagelsandalen oder durchbohren sich Backen oder Zunge. Für manche schwer auszuhalten ist auch der Anblick von Büßern, die sich mit Haken durchbohren und damit kopfüber an einem Pfahl aufhängen. Einige Tage vor Ende des Fests laufen Gläubige bei der Feuerlauf-Zeremonie barfuß über glühende Kohlen. Das Fest endet mit der Wasserschneide-Zeremonie im Fluss Menik Ganga.

Die heilige Reliquie *yantra* wird jede Nacht vom Maha Devale auf einem Elefanten zu einem Valli geweihten *kovil* gebracht. Nach 15 Minuten kehrt sie wieder zurück in den Maha Devale. Nur in der letzten Nacht der *perahera* bleibt sie über Nacht im *kovil*.

Einige Gläubige rollen neben dem Tempel über glutheißen Sand, um ihre Hingabe zu zeigen oder um Vergebung ihrer Süden zu bitten. Andere gehen noch weiter und durchbohren ihre Haut mit Haken und anderen spitzen Objekten.

Bei der Feuerlauf-Zeremonie versetzen sich die Teilnehmer in Trance, laufen barfuß über glühende Kohlen und singen dabei. Überraschenderweise bleiben die meisten unversehrt.

Kokosnüsse mit brennendem Kampfer werden als Zeichen der Demut im Tempel zerbrochen. Dieses Ritual erfolgt zur *puja* und während des Fests.

Die Wasserschneide-Zeremonie am Menik Ganga kündigt das Ende des Fests an. Sobald der Priester das Wasser »geschnitten« hat, eilen die Pilger an dieser Stelle in den Fluss, um ihre Sünden abzuwaschen.

Kandy und Hill Country

Kandy ist neben Anuradhapura und Polonnaruwa der dritte Hauptort des Kulturellen Dreiecks. Sri Lankas Kulturhauptstadt fasziniert mit Musik, Tanz und Architektur. Sie ist dank des Zahntempels das buddhistische Zentrum des Landes. Kandy ist außerdem das Tor zum Hill Country. Im gebirgigen Herzen der Insel liegen zahlreiche Teeplantagen, in den Städten sind noch heute die Relikte der britischen Kolonialzeit zu sehen.

In den grünen Hügeln im Herzen Sri Lankas wurde Kandy unter Wickramabahu III. von Gampola (reg. 1357–1374) gegründet und im 15. Jahrhundert von Sena Sammatha Wickramabahu (reg. 1473–1511) zur Hauptstadt seines Königreichs erklärt. Danach wuchs Kandys Bedeutung noch einmal mit Ankunft der Zahnreliquie 1592. In den folgenden Jahrhunderten bauten Kandys Könige die Stadt aus und wehrten erfolgreich die Eroberungsversuche der Kolonialmächte ab. Erst den Briten gelang es 1815, diese letzte Bastion der Unabhängigkeit zu stürmen – auch dank der Unbeliebtheit des tyrannischen Sri Wickrama Rajasinghe. Kandy wurde schnell zu einem wichtigen Handelszentrum mit Zugverbindung nach Colombo.

Die bekanntesten Attraktionen der heute zweitgrößten Stadt Sri Lankas sind der Zahntempel und die Esala Perahera.

Jenseits der betriebsamen Stadt verläuft das Leben deutlich ruhiger. Das südliche Hill Country bietet eindrucksvolle Kontraste: Wilde, zerklüftete Landschaften mit rauschenden Wasserfällen und sorgfältig gepflegten Teeplantagen prägen die Szenerie. Mit dem Zug gelangt man auf quietschenden Gleisen aus der Kolonialzeit in schwindelerregende Höhen – vorbei an Nuwara Eliya, Badulla und anderen alten britischen Niederlassungen, die heute kleine Städte sind. Auch die Bergorte Ella und Haputale sind lohnende Reiseziele mit schönen Aussichtspunkten und Wanderwegen.

Prachtvoll geschmückte Elefanten marschieren bei der Esala Perahera durch die Straßen Kandys

◀ **Atemberaubender Ausblick von World's End im Horton Plains National Park** *(siehe S. 146f)*

Überblick: Kandy und Hill Country

Kandy liegt im Zentrum der Insel. Sein berühmter Zahntempel zieht Pilger und Besucher aus aller Welt an. In der Umgebung der Stadt gibt es Historisches und schöne Natur zu entdecken, z. B die Tempel aus der Kandy-Zeit, die malerischen Peradeniya Botanical Gardens oder das Pinnawala Elephant Orphanage. Wer eher die Landschaft genießen will, sollte in die Knuckles Range nördlich von Kandy fahren. Im südlichen Hill Country wird in Teefabriken die Herstellung von Tee demonstriert. Viele Reisende mieten sich in Nuwara Eliya in einem der Hotels oder Bungalows aus der Kolonialzeit ein und unternehmen von dort Ausflüge in den Horton Plains National Park. Südwestlich der Stadt bietet der Aufstieg auf den Adam's Peak in der Pilgerzeit ein bewegendes, spirituelles Erlebnis. Im Sinharaja Forest Reserve im Süden darf man zu Fuß durch Regenwälder wandern. Zudem lockt ein Abstecher zu den Edelsteinminen von Ratnapura.

Blick auf den Zahntempel am Ufer des Kandy Lake

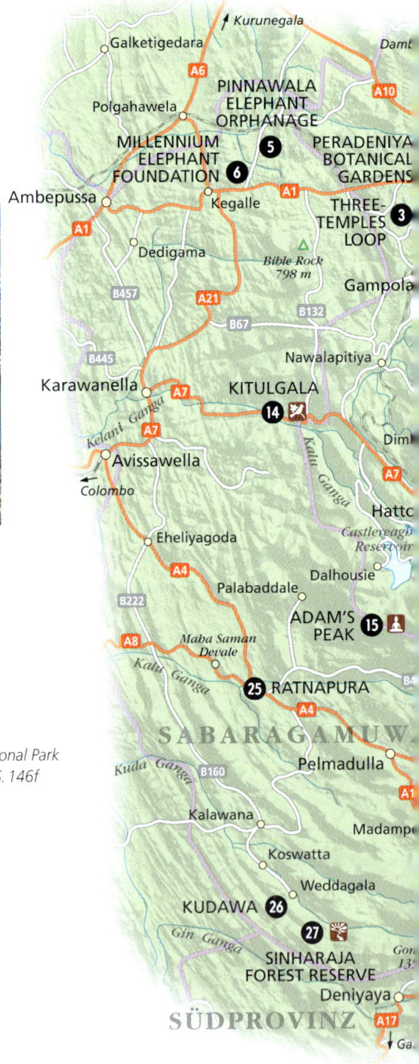

Sehenswürdigkeiten auf einen Blick

1. *Kandy S. 134–138*
2. Peradeniya Botanical Gardens
3. Three-Temples Loop
4. Ceylon Tea Museum
5. Pinnawala Elephant Orphanage
6. Millennium Elephant Foundation
7. Knuckles Range
8. Mahiyangana
9. Nuwara Eliya
10. Pedro Tea Estate
11. Mackwoods Labookellie Tea Estate
12. Hakgala Botanical Gardens
13. *Horton Plains National Park und World's End S. 146f*
14. Kitulgala
15. Adam's Peak
16. Badulla
17. Dunhinda Falls
18. Ella
19. Buduruwagala
20. Haputale
21. Kloster Adisham
22. Dambatenne Tea Factory
23. Diyaluma Falls
24. Belihul Oya
25. Ratnapura
26. Kudawa
27. Sinharaja Forest Reserve

Weitere Zeichenerklärungen *siehe hintere Umschlagklappe*

In Kandy und im Hill Country unterwegs

Um die Landschaft genießen zu können, sollte man mit dem Zug reisen. Züge und Busse verbinden alle größeren Orte. Von dort kommt man mit Three-Wheeler zu außerhalb gelegenen Sehenswürdigkeiten. Selbst wer einen Wagen mit Fahrer mieten möchte, sollte mit dem Zug von Kandy zum Bahnhof Nanu Oya bei Nuwara Eliya fahren und sich dort abholen lassen. In der Region kann man herrlich wandern – wer zu Fuß unterwegs ist, kann nicht nur die wunderbare Aussicht genießen, sondern darüber hinaus Sri Lankas Alltagsleben hautnah erleben. Die Straßen um den Zahntempel in Kandy sind wegen des Bombenattentats der LTTE von 1998 noch immer für den Verkehr gesperrt.

Sattgrüne Sträucher der Teeplantage Mackwoods Labookellie Tea Estate

0 Kilometer 15

Fütterungszeit im Pinnawala Elephant Orphanage

Legende

- Hauptstraße
- Nebenstraße
- Eisenbahn
- Provinzgrenze
- △ Gipfel

❶ Kandy

Kandy ist die Hauptstadt des Hill Country und ein pulsierendes Kulturzentrum. Hier residierte der König des letzten singhalesischen Reichs, das von den Briten 1815 erobert wurde. Kandy ist zudem ein bedeutender Pilgerort. In Scharen kommen die Menschen zum Zahntempel, dem heiligsten Schrein der Buddhisten in Sri Lanka, und zur berühmten Esala Perahera. Die Stadt lässt sich gut zu Fuß erkunden, hat interessante Museen und einen sehenswerten Markt. Viele Hotels liegen in den umliegenden Hügeln. Von Kandy aus ist man auch schnell in der Knuckles Range und bei den Tempeln der Umgebung.

Blick über den malerische Kandy Lake

Kandy Lake

Den See im Zentrum der Stadt ließ der letzte König des Kandy-Reichs, Sri Wickrama Rajasinghe, im 19. Jahrhundert anlegen. Auf der Insel wurde für ihn ein Pavillon errichtet. Nach der Eroberung Kandys 1815 richteten die Briten dort ein Munitionslager ein. Das Gebäude am Südufer gegenüber dem Zahntempel war früher ein Badehaus für Mönche, heute ist es eine Polizeiwache. Am Westende des Sees kann man sich Boote leihen und so den Blick vom Wasser auf die Stadt genießen. Wer allein unterwegs ist, sollte die Ostseite bei Dunkelheit meiden.

Zahntempel

Siehe S. 136f.

Devales

tägl. Spende.
Esala Perahera (Juli/Aug).

Kandy soll von den vier Göttern Pattini, Natha, Vishnu und Kataragama beschützt werden. Jedem dieser Schutzgötter ist in der Stadt ein *devale* geweiht. Diese Tempel zeigen, wie eng hinduistische und buddhistische Glaubensvorstellungen verbunden sind und wie sie nebeneinander bestehen.

Der älteste der vier Schreine ist der **Natha Devale** aus dem 14. Jahrhundert. Gleich in der Nähe steht der schlichte **Pattini Devale** für die hinduistische Göttin der Reinheit. Der Schrein soll ihr goldenes Fußkettchen hüten. Gegenüber dem Natha Devale führt eine aus dem Fels gehauene Treppe zum **Vishnu (Maha) Devale**.

Vor dem Haupttempel steht ein *digge* (Trommlerpavillon). Etwas weiter westlich ist der **Kataragama Devale** zwischen all den Läden leicht zu übersehen. Rings um den Kataragama-Hauptschrein stehen einige Schreine für hinduistische Götter.

Archaeological Museum

Mi–Mo 8–17 Uhr. Di.

Das leicht angestaubte Museum im ehemaligen Palast von König Vimala Dharma Suriya I. (reg. 1590–1604) zeigt eine Sammlung von Skulpturen, alten Holzsäulen, Töpfen und anderen archäologischen Funden. Gegen ein kleines Entgelt erhält man eine Führung.

Kandy National Museum

Hinter dem Zahntempel. Di–Sa 9–16.30 Uhr. So, Mo, Feiertage.
museum.gov.lk

Das Kandy National Museum steht auf einem kleinen Hügel östlich des Zahntempels. Der weiße Bau diente den Frauen des letzten Königs als Palast. Die Ausstellung zeigt das Leben in Kandy zur Zeit vor Ankunft der Europäer. Unter den Exponaten finden sich Waffen wie Pfeil und Bogen, Messer und Dolche sowie Schmuck und traditionelle Kleidung. Auch Teufelstanzmasken und Holzschnitzereien sind zu sehen. Das Museum bietet darüber hinaus eine sehr gute Möglichkeit, *ola*-Palmblatt-Handschriften näher anzuschauen und die hohe

Aus dem Stein gehauene Treppen führen zum Vishnu Devale hinauf

Hotels und Restaurants in Kandy und im Hill Country *siehe Seiten 219f und 231f*

Infobox

Information

Straßenkarte C4.
134 km östl. Colombo. 11 000. im Einkaufszentrum Kandy City Centre.
Esala Perahera (Juli/Aug).

Anfahrt

Ausstellung von Pfeilen und Bogen im Kandy National Museum

Kunstfertigkeit der Handwerker im Königreich Kandy zu entdecken.

International Buddhist Museum

Hinter der Audienzhalle. tägl. 8–19 Uhr. **Hinweis:** Das Museum darf nur ohne Schuhe betreten werden.
ibm.sridaladamaligawa.lk

Am Buddhismus Interessierte werden den Besuch des in einem klassizistischen Gebäude aus britischer Zeit untergebrachten Museums schätzen. Es widmet sich der Geschichte des Buddhismus in Sri Lanka und besitzt zudem Exponate zum Buddhismus in anderen Regionen Asiens, die teils von den jeweiligen Ländern gestiftet wurden. Die meisten gezeigten Skulpturen sind Repliken. Wer Aukana und Sasseruwa *(siehe S. 176)* kennt, wird die Fotografien der kolossalen Buddha-Statuen von Bamiyan in Afghanistan oder die beeindruckende Kopie des fastenden Buddha im Pakistan-Pavillon interessant finden. Das Obergeschoss widmet sich buddhistischen Glaubensvorstellungen in Indien, China, Korea, Vietnam und Japan.

Malwatte und Asigiriya Vihara

tägl. Spende.

Die älteren Mönche der beiden *vihara* (Klöster) sind Sri Lankas bedeutendste buddhistische Mönche. Über 300 Mönche leben im **Malwatte Vihara** aus dem 16. Jahrhundert. Das Kloster besitzt im Ordinationsraum eine prachtvoll bemalte Decke sowie ein kleines Museum mit Exponaten zum Buddhismus. Im **Asigiriya Vihara** nordwestlich des Zentrums sind die Darstellung eines großen liegenden Buddha und eine Sammlung von *ola*-Blatt-Handschriften zu sehen.

Bahiravakanda Buddha

Sri Dharmarama Road.
tägl. 6–20 Uhr.

Die moderne weiße sitzende Buddha-Statue thront auf einem Hügel oberhalb der Stadt und ist kaum zu übersehen. Vom Tempel am Fuß der Riesenstatue hat man einen herrlichen Blick auf Kandy. Man erreicht sie zu Fuß oder mit Three-Wheeler über die Straße zum Topaz Hotel.

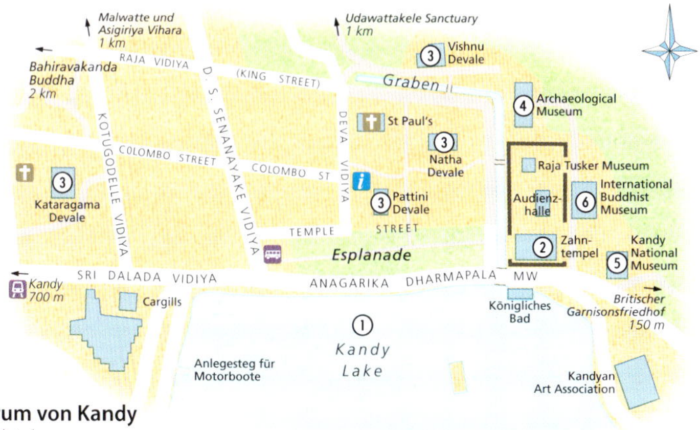

Zentrum von Kandy

1. Kandy Lake
2. Zahntempel
3. Devales
4. Archaeological Museum
5. Kandy National Museum
6. International Buddhist Museum

Legende

Fußgängerzone

0 Meter 150

Zahntempel von Kandy

Der Zahntempel (Sri Dalada Maligawa) hütet Sri Lankas bedeutendste buddhistische Reliquie: einen Zahn Buddhas. Der ursprüngliche Tempel wurde im 16. Jahrhundert im Zentrum der königlichen Palastanlage erbaut, der Hauptschrein entstand während der Herrschaft von Vimala Dharma Suriya I. (reg. 1590–1604). Die Holländer, die 1765 die Stadt überfielen, plünderten Tempel und Palast. Nach dem Überfall ließ König Rajasinghe II. (reg. 1634–86) den Tempel wiederaufbauen. Der Palast wurde im 19. Jahrhundert von Sri Wickrama Rajasinghe renoviert. Dieser letzte König von Kandy ließ auch den Graben anlegen und die früheren Zugänge durch ein massives Steintor ersetzen. Bei einem Bombenanschlag der LTTE 1998 wurde der Tempel schwer beschädigt.

Sri Dalada Museum
Das Museum belegt den ersten und zweiten Stock des Alut Maligawa mit Exponaten zum Tempel und zur Zahnreliquie. Fotografien zeigen die Schäden, die die Bombe der LTTE 1998 im ersten Stock anrichtete.

Raja Tusker Museum
Das Museum ist dem Elefanten Raja gewidmet, der die Truhe mit der Zahnreliquie rund 50 Jahre lang während der Esala Perahera *(siehe S. 139)* trug. Er starb 1988. Neben Fotografien über das Leben des Elefanten sieht man auch den präparierten Raja persönlich.

Außerdem

① **Im achteckigen Turm** bewahrt die Bibliothek zahlreiche alte *ola*-Palmblatt-Handschriften.

② **Das Maha Vahalkada** (Großes Tor) ist der Eingang zum Tempel. Der Mondstein ist neu, das Original wurde beim Bombenanschlag 1998 zerstört.

③ **Königspalast**

④ **Die Pallemaluwa**, eine Schreinhalle mit Buddha-Statue und bunten Wandgemälden, soll während der Herrschaft König Kirti Sri Rajasinghes errichtet worden sein.

⑤ **Im Trommlerhof** versammeln sich die Menschen zu Beginn der *puja*, um zu sehen, wie sich die Tür zum Hauptschrein öffnet.

★ Audienzhalle
In diesem Pavillon hielten die Könige von Kandy Hof. Hier wurde auch der Vertrag mit den Briten unterzeichnet, der die Souveränität des Königreichs beendete.

Dalada – Buddhas Zahn

Buddhas Asche soll nach seiner Verbrennung in Indien 543 v. Chr. auf acht Königreiche verteilt und in Stupas aufbewahrt worden sein. Im 4. Jahrhundert n. Chr. brachte Prinzessin Hemamala die Zahnreliquie in ihrem Haar versteckt vom indischen Kalinga nach Anuradhapura. Der Zahn wurde während der Kriege mehrfach an andere Orte Sri Lankas gebracht. Zahntempel wurden deshalb z. B. in Polonnaruwa, Dambadeniya und Yapahuwa gebaut. 1592 kam die Reliquie nach Kandy, wo sie bis heute gehütet wird.

Porträt der indischen Prinzessin Hemamala

Infobox

Information
Palace Square, Kandy.
16 Deva Vidiya.
(081) 223 4226
Tempel tägl. 5.30–19 Uhr.
Sri Dalada Museum tägl. 9–17 Uhr.
gegen Gebühr.
sridaladamaligawa.lk

★ Alut Maligawa
Im Erdgeschoss des Gebäudes faszinieren zahlreiche Buddha-Statuen, viele sind Geschenke aus anderen Ländern. Die Wandbilder der umliegenden Räume erzählen die Geschichte der Zahnreliquie und beschreiben ihren Weg nach Kandy.

★ Hauptschrein
Im zweistöckigen Hauptschrein mit den verzierten Mauern und Türen glänzt ein vergoldeter, in den 1980er Jahren angebrachter Baldachin. Vor der Kammer der Zahnreliquie im Obergeschoss beten die Pilger und bringen ihre Opfer dar. Nur wenige Besucher kommen der Reliquie noch näher.

★ Vadahitina Maligawa
Im Inneren der Kammer mit der Zahnreliquie befindet sich das juwelengeschmückte, stupaförmige Behältnis mit dem heiligen Zahn. Sieben solcher ineinander geschachtelten *dagobas* sollen ihn beschützen. In stetem Strom gehen Besucher an der Kammertür vorbei, um einen flüchtigen Blick darauf zu werfen.

Straßenkarte *siehe hintere Umschlaginnenseiten*

Gräber auf dem Britischen Garnisonsfriedhof

Britischer Garnisonsfriedhof

Garrison Cemetery Road. Mo–Sa 8–13, 14–18 Uhr. Spende.

Der Britische Garnisonsfriedhof wurde 1817 für die britischen Kolonialisten angelegt. Er verfiel nach der Unabhängigkeit Sri Lankas, wurde aber in den 1990er Jahren wieder hergerichtet. Trotz der vielen Affen, die hier herumtollen, ist der gepflegte Ort eine Oase der Ruhe. Die Steine der 163 Gräber vermitteln eine Ahnung, welchen Gefahren die Menschen im 19. Jahrhundert hier ausgesetzt waren. Cholera, Malaria, Sonnenstich, Unfälle und Kindstod sind einige der angegebenen Todesursachen.

Wenn Sie Zeit haben, dann lassen Sie sich vom Friedhofsverwalter herumführen. Er zeigt Ihnen die interessantesten Gräber und hilft Ihnen bei der Entzifferung der verwitterten Inschriften. In den 1870er Jahren wurde der Friedhof offiziell geschlossen. Danach benötigte man für jede Bestattung eine Ausnahmegenehmigung. Das letzte Grab stammt von 1951. Daran werden Sie genauso vorbeikommen wie am Grab von John Spottiswood Robertson aus dem Jahr 1856. Er war der letzte Europäer in Sri Lanka, von dem bekannt ist, dass er von einem wilden Elefanten getötet wurde. In der Hütte des Friedhofsverwalters am Eingang befindet sich ein Verzeichnis aller Gräber auf dem Friedhof.

Udawattakele Sanctuary

tägl. 8–17 Uhr.
forestdept.gov.lk

Nördlich des Zahntempels und des Kandy Lake erstreckt sich ein Waldgebiet, das früher für die königliche Familie reserviert war. Nach dem Fall des Königreichs von Kandy 1815 begannen die Briten, im Wald Bäume zu fällen. Nachdem der Waldbestand einen kritischen Punkt erreicht hatte, erklärten sie das Areal Mitte des 19. Jahrhunderts zum Schutzgebiet.

Der 104 Hektar große Schutzgebiet weist eine Reihe von endemischen Pflanzen auf, darunter einige Orchideenarten und andere Epiphyten wie Farne. Hobby-Ornithologen finden hier ein spannendes Terrain. Darüber hinaus bietet der Wald Lebensraum für Schmetterlinge, Eichhörnchen, Affen und Reptilien.

Durch das Udawattakele Sanctuary schlängeln sich viele Pfade, die überwiegend nach den Ehegattinnen von britischen Gouverneuren benannt sind. Der fünf Kilometer lange Lady Horton's Drive, der innerhalb des Schutzgebiets beginnt, führt durch einen ausgedehnten Teil des Walds und auch an dem Teich vorbei, in dem die königlichen Hoheiten zu baden pflegten. Einer Sage zufolge liegen auf dem Grund des Teichs Goldmünzen, die von einer rotäugigen Schlange bewacht werden.

In den Hügeln des Schutzgebiets befinden sich auch einige Höhlen und kleine Schreine, in die sich noch heute buddhistische Mönche zur Meditation zurückziehen.

Man sollte vorsichtshalber nur zu mehreren in den Wald gehen.

Eingang zum Udawattakele Sanctuary

Hotels und Restaurants in Kandy und im Hill Country *siehe Seiten 219f und 231f*

Esala Perahera

Das zehntägige Fest der Zahnreliquie zieht Pilger und Besucher nach Kandy. Die *perahera* wurde in dieser Form erstmals im 18. Jahrhundert unter König Kirti Sri Rajasinghe veranstaltet. Buddhistische Mönche aus Thailand äußerten damals ihr Missfallen über den hinduistischen Charakter des Fests, zu dem auch Prozessionen zu Ehren von Natha, Pattini, Vishnu und Kataragama gehörten, die bei den vier *devales* der Stadt anfingen. Der König befahl daher, die Zahnreliquie bei den Prozessionen mitzuführen. So verschmolz das Fest des Zahntempels mit den Umzügen der *devales*. Die Esala Perahera beginnt mit der Kap Situveema, der Pflanzung geweihter Jackfruchtbäume, auf die die Kumbal Perahera (die ersten fünf Tage) folgt. Während der Randoli Perahera (die letzten fünf Tage) ziehen jede Nacht Prozessionen durch die Stadt. Die Wasserschneide-Zeremonie, kurz vor der Morgendämmerung des zehnten Tags, beendet das Fest.

Der Maligawa Tusker trägt eine Kopie der Zahnreliquie, begleitet wird sie von herausgeputzten Tempelwächtern. Als man die Reliquie noch in Anuradhapura aufbewahrte, wurde die Originalreliquie bei der Prozession durch die Stadt mitgeführt. Heute verlässt sie den Tempel nicht mehr.

Auch viele Tänzer sind unter den Tausenden von Teilnehmern der *perahera*. Sie führen vom *ves* bis zum *pantheru* (*siehe S. 30*) verschiedenste Tänze aus Kandy auf.

Die Trommler sind in traditionelle Kostüme aus Sarong, roter Schärpe und weißem Turban gekleidet und begleiten die Tänzer in der Prozession. Bei der *perahera* werden u.a. *dowlas* und *geta beras* gespielt.

Die *perahera* beginnt in der Regel zwischen 20 und 21 Uhr. Wer einen guten Platz ergattern möchte, sollte jedoch schon Stunden vor Beginn der Prozession kommen. Man kann auch einen Platz an einem Fenster oder auf einem Balkon entlang der Strecke buchen.

Teepflanzung im Hügelland bei Nuwara Eliya *(siehe S. 144f)* ▶

Birkenfeige auf dem Great Lawn in den Peradeniya Botanical Gardens

❷ Peradeniya Botanical Gardens

Straßenkarte C4. 6 km südwestl. von Kandy. 🚌 von Kandy. Ⓣ ◯ tägl. 8–17.30 Uhr.

Das Gelände wurde 1371 ursprünglich als Lustgarten der Könige von Kandy angelegt. Nachdem die Briten 1815 Sri Wickrama Rajasinghe, den letzten König, abgesetzt hatten, gestalteten sie die Anlage 1821 in einen botanischen Garten um.

Am Eingang erhält man einen Übersichtsplan, der den Weg zu einem Teil der ausländischen und endemischen Pflanzen auf dem 60 Hektar großen Gelände weist – z. B. zu imposanten Riesenbambussen, Palmyra- und Talipot-Palmen. Das Orchideenhaus beherbergt über 300 Arten, gleich daneben wachsen im Gewürzgarten u. a. Gewürznelken, Zimt, Vanille und Muskat. Etwas weiter nördlich kommt man zum Farnhaus.

Durch den Garten führen schöne Alleen mit exotischen Bäumen. So spaziert man auf der Cook's Pine Avenue unter gekrümmten Araukarien und auf der Double Coconut Avenue unter gedrungenen Seychellenpalmen. Durch das Zentrum des Geländes verläuft die Royal Palms Avenue. Westlich davon erstreckt sich der Great Lawn um eine gigantische Birkenfeige. Der kühle Schatten ihrer weit ausladenden Äste lädt zu einer Pause oder gar zu einem Picknick ein. Nördlich des Grand Circle stehen Gedenkbäume, die von Persönlichkeiten aus verschiedenen Ländern gepflanzt wurden.

❸ Three-Temples Loop

Straßenkarte C4. 11 km südwestl. von Kandy. Ⓣ **Hinweis:** Zur Besichtigung der Tempel kann man auch einen Three-Wheeler mieten.

Unter den vielen Tempeln aus der Zeit des Königreichs Kandy stechen die Tempel Gadaladeniya, Lankatilaka und Embekke Devale hervor. Sie stammen aus den Anfängen des Königreichs im 14. Jahrhundert.

Der **Gadaladeniya-Tempel** wurde während der Herrschaft von König Bhuvanekabahu IV. 1344 auf dem Gipfel eines Felsens erbaut. Das erste Gebäude in der Anlage ist der kreuzförmige Nebenschrein. In allen Flügeln, die jeweils von einer *dagoba* gekrönt werden, befindet sich eine Buddha-Statue. Die Wände sind mit höchst eindrucksvollen Gemälden geschmückt.

Die Treppe zum steinernen Haupttempel bewachen zwei kleine Elefantenskulpturen. An den Außenwänden des Tempels sind Tänzer und Trommler dargestellt, die vom Einfluss der südindischen Architektur zeugen. Im Inneren strahlt unter einem bemalten Zeremonialbogen – *makara torana* – eine vergoldete sitzende Buddha-Statue Gelassenheit aus.

Zwei Kilometer südwestlich des Gadaladeniya-Tempels steht der beeindruckendste Sakralbau, der blütenweiße **Lankatilaka-Tempel**. Wer mit dem Wagen anreist, betritt die Anlage von Westen, wer zu Fuß kommt, erklimmt im Osten die steile, aus dem Fels geschlagene Treppe. Der Westeingang führt zu einer Reihe hinduistischer Schreine. Die Hauptsehenswürdigkeit ist jedoch das buddhistische Bilderhaus, dessen Eingang im Osten liegt. Zwei *gajasinghas* (Elefantenlöwen) am Eingang bewachen den Zugang zur Kammer mit der sitzenden Buddha-Statue unter einem *makara torana*. Wände und Decke sind mit Malereien aus der Kandy-Zeit bedeckt. Auf der linken Seite des Gebäudes schildert eine Felsinschrift den Bau des 1344 vollendeten Tempels.

Zwei Kilometer südöstlich des Lankatilaka-Tempels wird im **Embekke Devale** der hinduistische Schutzgott Kataragama verehrt. Eine Besonderheit des Schreins sind die kunstvollen Holzsäulen seines *digge*

Goldglänzende Buddha-Statue im Gadaladeniya-Tempel

Elefanten baden im Ma-Oya-Fluss, Pinnawala Elephant Orphanage

(Trommlerpavillon), die auch Darstellungen von Blumen, Tänzern, Soldaten und Ringern zieren. Gleich hinter dem *digge* steht der Hauptschrein, rechts neben dem Trommlerhaus beherbergt ein Nebenschrein eine Buddha-Statue und einen hölzernen Pfau, das Symbol Kataragamas.

Gadaladeniya-Tempel
Gadaladeniya Road. tägl. 6–19 Uhr.

Lankatilaka-Tempel
Lankathilaka Vihara Road. tägl. 6–19 Uhr.

Embekke Devale
Embekka Pilimatalawa Road. tägl. 6–19 Uhr.

❹ Ceylon Tea Museum

Straßenkarte C4. 5 km südl. von Kandy. (081) 380 3204. Di–Sa 8.30–16.30, So 8.30–15.30 Uhr (letzter Einlass: 15.30 Uhr). Mo, So, *poya*-Tage. **ceylonteamuseum.com**

Das Ceylon Tea Museum ist in einer vierstöckigen Teefabrik (1925) des Hantane Estate untergebracht. In der Ausstellung im Erdgeschoss sind Mühlen, Trockenöfen und Sortiermaschinen aus dem 19. Jahrhundert zu sehen. Am interessantesten sind das Miniaturmodell einer Teefabrik und ein etwa 80 Jahre alter Teestrauch.

Im ersten Stock geht es um zwei Pioniere des Teeanbaus in Sri Lanka: James Taylor und Thomas Lipton. Zu der Sammlung mit persönlichen Dingen Taylors gehören u. a. dessen Bücher und sein Gehstock. Auch in das Leben Liptons erhält man Einblicke. Darüber hinaus werden noch andere Exponate gezeigt, etwa Sri Lankas älteste noch existierende originale Teepackung (1944).

Im dritten Stock verkaufen kleine Läden Tee, im obersten Stock kann man im Restaurant bei einer kostenlosen Tasse Tee den Ausblick auf die Knuckles Range *(siehe S. 144)* genießen.

❺ Pinnawala Elephant Orphanage

Straßenkarte C4. 40 km westl. von Kandy. (081) 226 5804. von Kandy nach Rambukkana, dann Three-Wheeler. tägl. 8.30–18 Uhr. Zusatzgebühren für Videos und Fütterung der Elefantenbabys.

Das zehn Hektar große Elefantenwaisenhaus von Pinnawala wird von der Regierung betrieben und ist eines der beliebtesten Touristenziele Sri Lankas. Als es 1975 gegründet wurde, sollte es sich lediglich um fünf verwaiste Elefantenbabys kümmern. Doch mittlerweile lebt hier die weltweit größte Elefantenherde in Gefangenschaft.

Zu den über 80 Elefanten gehören Tiere aller Altersklassen. Es sind Waisen und ausgesetzte alte Tiere sowie Elefanten, die verletzt in der Wildnis gefunden wurden. Hinzu kommen Elefanten, die hier geboren wurden. Die Elefantenbabys werden dreimal am Tag (9.15, 13.15 und 17 Uhr) in den Fütterungsschuppen getrieben, wo sie gigantische Mengen an Milch aus Flaschen trinken. Um 10 und 14 Uhr traben die Dickhäuter über die Straße zum Fluss Ma Oya, wo sie etwa eine Stunde lang planschen und spielen.

❻ Millennium Elephant Foundation

Straßenkarte C4. 40 km westl. von Kandy. (081) 226 3377. tägl. 8.30–16 Uhr. **millenniumelephant foundation.com**

Die 1999 gegründete Stiftung kümmert sich um alte und behinderte Elefanten. Sie besitzt nur acht Tiere. Eines wurde hier geboren, die anderen sind ausgemusterte Arbeitselefanten. Die Stiftung betreibt zudem eine mobile Veterinäreinheit, die domestizierte und wilde Elefanten im ganzen Land medizinisch versorgt.

Das Zentrum bietet auch Elefantenritte an. Der Preis ist abhängig von der Dauer. Für einen zusätzlichen Betrag darf man die Elefanten baden und füttern. Ein kleines Museum versorgt die Besucher mit weiteren Informationen über die Elefanten.

Skelett im Museum der Millennium Elephant Foundation

❼ Knuckles Range

Straßenkarte C4. 25 km nordöstl. von Kandy. Ⓣ ◯ 6–18 Uhr. vorab buchen.
W knucklesrange.org

Die Dumbara Hills wurden von den Briten Knuckles Range genannt, weil sie den *knuckles* (Knöcheln einer geballten Faust) gleichen. Der Höhenzug besteht aus mehreren kleineren und fünf großen Gipfeln, der höchste misst 1800 Meter.

Das Gebiet gehört seit 2010 zum UNESCO-Welterbe. Das Spektrum an Landschaften reicht von immergrünen Trockenwäldern bis zu Feuchtwiesen. In diesen Ökosystemen gedeiht eine artenreiche Flora und Fauna mit vielen Vogelarten und Säugetieren wie Rotwild, Wildschweinen, Languren und Schlankloris.

Die Knuckles Range ist auch ein beliebtes Wanderziel, in dem man auf eigene Faust Wanderungen unternehmen kann. Für längere Touren sollte man sich aber einen Führer nehmen. Die Wege führen von den kleinen Dörfern des Tieflands und durch Bergwälder, an Wasserfällen und beeindruckenden Aussichtspunkten entlang bis auf die Gipfel mit großartigem Panoramablick.

❽ Mahiyangana

Straßenkarte D4. 70 km östl. von Kandy. Ⓣ

Mahiyangana ist nach der buddhistischen Geschichtsschreibung der erste Ort, den Buddha nach seiner Erleuchtung in Sri Lanka besuchte. Danach verweilte er noch in Kelaniya und in Nainativu *(siehe S. 208)*.

Etwa ein Kilometer südlich des Ortszentrums, an der **Rajamaha Dagoba**, soll Buddha gepredigt haben. Die *dagoba* wurde im 2. Jahrhundert v. Chr. von König Dutugemunu vergrößert und im 3. Jahrhundert n. Chr. von König Voharika Tissa umgebaut. Sie soll eine Haarlocke von Buddha bewahren. Die hübsche Anlage ist nur zu Fuß zu erreichen.

Auch der Sri Maha Bodhi Seya westlich des Zentrums ist einen Besuch wert. Er wurde in den frühen 1990er Jahren von Präsident Premadasa in Auftrag gegeben und der Mahabodhi Stupa von Bodh Gaya in Indien nachempfunden.

Mahiyangana ist zudem ein hervorragender Ausgangspunkt für Ausflüge in den Maduru Oya National Park *(siehe S. 199)*.

Rajamaha Dagoba
Von der Maluwa Road aus. ◯ tägl.

Fachwerkgebäude des Postamts von Nuwara Eliya

❾ Nuwara Eliya

Straßenkarte C5. 88 km südwestl. von Mahiyangana. 30 000. Ⓣ Singhalesisches und tamilisches Neujahr (Apr).

Nuwara Eliya wurde von den Briten im 19. Jahrhundert gegründet und wird »Sri Lankas kleines England« genannt. Die am höchsten gelegene Stadt der Insel befindet sich in einem bewaldeten Tal unterhalb von Sri Lankas höchstem Gipfel, dem 2524 Meter hohen Pidurutalagala (Mount Pedro). Mit seinem kühlen, wenn auch unberechenbaren Wetter ist Nuwara Eliya ein beliebter Erholungsort.

Die meisten Gäste kommen im April zum singhalesischen und tamilischen Neujahr. In Scharen schlendern die Besucher dann zwischen den vielen Buden in den Straßen, genießen die festliche Stimmung und besuchen die Pferderennen, die in dieser Zeit veranstaltet werden. Die Hotelpreise sind dann höher.

Im Zentrum befindet sich ein 18-Loch-Platz des 1889 gegründeten **Golf Club**. Auf dem aufgelassenen britischen Friedhof hinter dem Clubhaus wurde auch der berüchtigte Elefantenjäger Major Thomas William Rogers begraben. Ein Wahrzeichen von Nuwara Eliya ist das rosafarbene Postamt mit dem kegelförmigen Uhrturm. Im nahe gelegenen **Victoria Park** kann man Vögel beobachten. An seinem Eingang gibt es einen Kinderspielplatz. An der New Bazaar Street er-

Auffahrtsallee zur hoch aufragenden Rajamaha Dagoba von Mahiyangana

reicht man einen überdachten Markt mit einer großen Auswahl an Früchten und Gemüsen, auch Fleisch und Fisch werden verkauft.

Einige elegante Hotelbauten in Nuwara Eliya erinnern noch an die Kolonialzeit, so z. B. der Hill Club *(siehe S. 220)* und das lang gestreckte Fachwerkhaus des Grand Hotel. Dort kann man etwas trinken oder einfach nur den Kolonialbau und die schönen Blumengärten besichtigen. Östlich des Zentrums wird die 1852 geweihte anglikanische Holy Trinity Church noch immer genutzt.

Noch etwas weiter östlich kann man in einem schönen parkähnlichen Gebiet am Lake Gregory spazieren gehen. Ein Bootshaus vermietet Ruder- und Tretboote. Die Pferderennen finden südlich von Nuwara Eliya statt.

Umgebung: Die Landschaft der Umgebung bietet sich für schöne Wanderungen an. Die kürzeste und einfachste führt rund zwei Kilometer nach Südwesten zum **Single Tree Hill** mit Panoramablick auf Nuwara Eliya. Eine Tageswanderung verläuft vier Kilometer nördlich des Hügels durch große Teeplantagen nach **Shantipura**, dem höchsten Dorf der Insel. Von dort geht es weiter nach Südwesten zum Aussichtspunkt auf den Adam's Peak bei Uda Radella.

Victoria Park
tägl. 7–16.30 Uhr.

Die gepflegten Gärten des Victoria Park in Nuwara Eliya

Teepflücker an den Hängen des Mackwoods Labookellie Tea Estate

⑩ Pedro Tea Estate

Straßenkarte C5. 3 km östl. von Nuwara Eliya. (052) 222 2016. Mo–Fr 8–11, 14–16 Uhr.

Wer etwas über die lokale Teeproduktion erfahren möchte, sollte diese kleine Teeplantage von 1885 besuchen. Sie bietet Führungen durch Plantage und Fabrik an. Vom Pflücken bis zur Bewertung der Blätter werden dabei alle Schritte erklärt. Die Fabrik verarbeitet jeden Tag rund 2500 Kilogramm Tee.

Nach der Führung genießt man im hübschen Café eine kostenlose Tasse Tee und den Blick über die Plantage. Tees werden hier nur im Dreierpack oder größer verkauft.

⑪ Mackwoods Labookellie Tea Estate

Straßenkarte C5. 17 km nördl. von Nuwara Eliya. (052) 223 5106. tägl. deutsch, englisch, französisch.
mackwoodstea.com

In sanfter Hügellandschaft reihen sich die Teesträucher auf diesem über 415 Hektar großen Anwesen bis zum Horizont. Die Plantage gehört der Mackwoods-Gruppe, die 1841 gegründet wurde.

Es werden Führungen durch die Fabrik angeboten, an deren Ende eine kostenlose Verkostung des auf dem Anwesen hergestellten Tees stattfindet. Man kann sich auch als Teepflücker versuchen.

⑫ Hakgala Botanical Gardens

Straßenkarte C5. 10 km südöstl. von Nuwara Eliya. tägl. 7.30–17 Uhr. Gebühr.
botanicgardens.gov.lk

Ursprünglich wurden die Gärten 1861 angelegt, um Chinarinde für das Antimalariamittel Chinin zu gewinnen. Heute ist Hakgala für seine Rosen bekannt, die von April bis August blühen. Der 27 Hektar große Park ist in mehrere Bereiche unterteilt, darunter sind ein japanischer Garten, ein Farnhaus und ein Steingarten. In den Beeten wachsen die verschiedensten Blumen, von Sonnenblumen über Stiefmütterchen bis zu Orchideen. Die rot gekennzeichneten Pflanzen sind in Sri Lanka heimisch.

Umgebung: Zwei Kilometer weiter östlich befindet sich der Sita-Amman-Tempel. Er ist Sita, der Gattin von Rama, geweiht und soll an dem Ort stehen, an dem sie Ravana gefangen gehalten wurde.

Darstellungen von Hindu-Göttern am Sita-Amman-Tempel

⓭ Horton Plains National Park und World's End

Die Horton Plains liegen im zentralen Hochland (UNESCO-Welterbe) und werden wegen ihres kühl-feuchten Klimas und der windgepeitschten Landschaft häufig mit den schottischen Highlands verglichen. Benannt sind die Plains nach Sir Robert Wilmot-Horton, der von 1831 bis 1837 Gouverneur von Ceylon war. Die für Sri Lanka einzigartige Landschaft wurde 1988 zum Nationalpark erklärt. Die Horton Plains liegen auf über 2000 Meter Höhe und bilden damit das höchste Plateau in Sri Lanka. Ihr sanft wogendes Grasland, die dichten Nebelwälder, schroffen Felsen und Wasserfälle sind die Heimat unzähliger Tiere, darunter auch viele Vogelarten. Doch die Hauptattraktion des Parks ist die steile Klippe World's End, auf der sich ein großartiger Blick über den Südteil der Insel eröffnet.

Loop Trail
Der neun Kilometer lange Rundweg beginnt und endet am Besucherzentrum. Er führt zu World's End sowie zu den Baker's Falls. Man sollte dafür drei bis vier Stunden einplanen.

Baker's Falls
Der britische Forscher Samuel Baker entdeckte 1845 den 20 Meter hohen Wasserfall. Über einen steilen Pfad durch den Wald kommt man zu einer Aussichtsplattform. Am schönsten ist der Wasserfall nach starken Regenfällen.

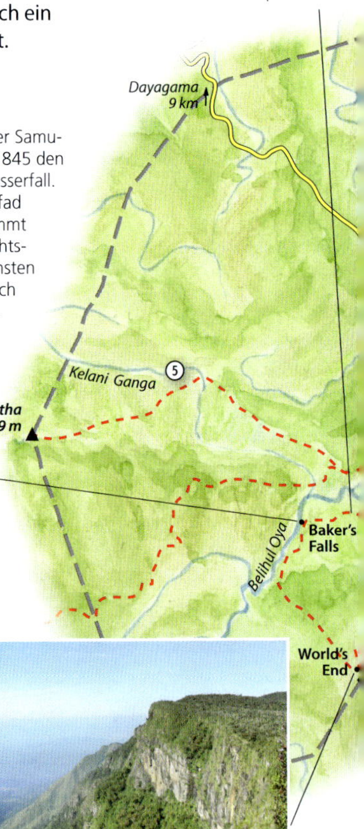

Außerdem

① **Chimini Pool** ist ein künstlicher Damm.

② **Nellu-Büsche** sind erst nach acht bis zehn Jahren ausgewachsen. Im April bedecken ihre purpurroten Blüten den Waldboden.

③ **Farr Inn**, eine alte Jagdhütte, dient als Besucherzentrum. Dort erhält man Infomaterial über die Horton Plains und Sri Lanka.

④ **Der Sambar** ist der größte Hirsch der Insel und sehr scheu. Am Farr Inn leben einige zahme Tiere.

⑤ **Mit Mahaweli, Kelani und Walawe** entspringen drei der größten Flüsse Sri Lankas im Park.

World's End
An World's End geht es 880 Meter fast senkrecht in die Tiefe. Der Steilabbruch zum Tiefland ist die Hauptattraktion der Horton Plains. An klaren Tagen sieht man hier bis zur Südküste Sri Lankas, an weniger klaren Tagen immer noch bis zum etwas näher gelegenen Speichersee im Uda Walawe National Park *(siehe S. 122f)*.

Hotels und Restaurants in Kandy und im Hill Country *siehe Seiten 219f und 231f*

Vögel
Mit 87 Vogelarten sind die Horton Plains ein beliebtes Ziel von Vogelfreunden. Viele Zugvögel überwintern in dem Gebiet, doch leben hier auch endemische Arten wie Ceylon-Pfeifdrossel und Schmuckbülbül.

Infobox

Information
Straßenkarte C5.
32 km südl. von Nuwara Eliya.
Farr Inn.
(070) 522 042.
tägl. 6–16 Uhr.

Anfahrt
vom Bahnhof Ohiya.

Legende
Hauptstraße
Parkweg
Parkgrenze

Little (Small) World's End
An diesem Steilabbruch geht es nur 300 Meter in die Tiefe. Damit ist er nicht ganz so beeindruckend wie World's End, doch auch hier ist der Blick über die umgebende Landschaft mit den Teeplantagen grandios.

Nebelwald
In den artenreichen Nebelwäldern der Berge wachsen auch viele Heilpflanzen und Gewürze. Das Blätterdach dominieren die schirmförmigen Keena-Bäume. In April und Juli bilden ihre weißen Blüten einen markanten Kontrast zu den roten Rhododendronsträuchern.

Im Park unterwegs

Im Gegensatz zu den anderen Nationalparks in Sri Lanka darf man sich hier auf den markierten Wegen zu Fuß und ohne Führer bewegen. Beliebtester Wanderweg ist der Loop Trail, der entweder zuerst zu World's End führt oder in die andere Richtung zu den Baker's Falls. Bedenken Sie, dass der Weg zu den Baker's Falls durch offenes Grasland ohne Schatten verläuft. Deshalb sollte man ihn wählen, solange die Sonne noch nicht so hoch steht. Ziehen Sie feste Schuhe an, die Wege sind steinig und uneben. Am besten kommt man schon frühmorgens um 7 Uhr in den Park, dann bleibt genügend Zeit, um World's End zu erreichen, bevor die dichte Wolkendecke den Blick versperrt. Morgens kann es etwas kühl sein, aber es wird schnell warm. Vergessen Sie Hut und Sonnencreme nicht! Meiden Sie den Park an Wochenenden und Feiertagen, wenn sich hier die Besucherscharen drängen.

Weitere Zeichenerklärungen *siehe hintere Umschlagklappe*

Aus immergrünen Wäldern ragt der Kegel des Adam's Peak auf

⓮ Kitulgala

Straßenkarte C5. 73 km nordwestl. von Nuwara Eliya.

Das zwischen bewaldeten Hügeln gelegene Dörfchen Kitulgala ist eine berühmte Filmkulisse: Hier drehte David Lean 1957 den oscarprämierten Klassiker *Die Brücke am Kwai*. Ein ausgeschilderter Pfad führt von der Hauptstraße zum Drehort am Ufer des Flusses Kelaniya. Wer den Film gesehen hat, wird vielleicht einiges wiedererkennen. Die Betonfundamente der Brücke sind noch vorhanden.

Eisvogel im Kitulgala

Kitulgala ist ein guter Ausgangspunkt für einige vergnügliche Abenteuer. Hier gibt es Möglichkeiten zum Raften, darüber hinaus organisieren die Hotels auch Kletterausflüge, Fahrradtouren und nächtliche Flussfahrten. Für Wandertouren in den Regenwäldern des **Kitulgala Forest Reserve** setzt man mit dem Boot über den Fluss. Dort kann man Vögel wie Ceylon-Grautoko, Goldstirn-Bartvogel und mehrere Eisvogelarten entdecken.

Kitulgala Forest Reserve
Hinweis: Das Schutzgebiet ist nur mit dem Boot erreichbar.

⓯ Adam's Peak

Straßenkarte C5. 52 km südöstl. von Kitulgala. nach Hatton, dann Bus nach Dalhousie.

Der 2243 Meter hohe Adam's Peak heißt auf Singhalesisch Sri Pada (»Heiliger Fußabdruck«). Der Name bezieht sich auf die Felsformation am Gipfel, die Buddhisten als Fußabdruck Buddhas verehren. Für Hindus stammt der Abdruck jedoch von Shiva, für die Muslime von Adam, für die Christen vom heiligen Thomas. Der Gipfel ist vor allem eine heilige Stätte der Buddhisten und wird der Überlieferung zufolge von Saman beschützt, einer der wichtigsten Gottheiten der Insel.

Die einfachste Route auf den Berg beginnt in Dalhousie, wo auch die meisten Besucher absteigen. Viele Pilger beginnen die Tour in Ratnapura *(siehe S. 152)*. Der sieben Kilometer lange Aufstieg über 5500 Stufen dauert etwa vier Stunden und wird in der Regel nachts unternommen. Die meisten Pilger gehen gegen 2 Uhr los und erreichen den Gipfel bei Tagesanbruch. Natürlich ist die Tour auch tagsüber möglich, doch ist der Gipfel dann oft in Wolken gehüllt und die Aussicht nicht gut.

Auf dem Gipfel stehen einige Bauwerke. Der Fußabdruck Buddhas liegt geschützt unter einem Pavillon. Dort beten die Menschen und läuten zum Abschluss des Aufstiegs die beiden Glocken. Bei Tagesanbruch wirft der Gipfel einen dreieckigen Schatten, der vor dem Berg in der Luft zu hängen scheint.

Während der Pilgerzeit zwischen Dezember und Mai sind die Stufen zum Gipfel nachts beleuchtet. Entlang dem Weg verkaufen zahlreiche Stände Tee und Snacks. Es empfiehlt sich dennoch, eine Taschenlampe mitzunehmen, denn oft funktionieren einige Lampen nicht. An *poya*-Tagen, an langen Wochenenden und während des singhalesisch-tamilischen Neujahrsfests im April ist die Treppe so dicht bevölkert, dass es immer wieder zu Staus kommt. Der Weg zum Gipfel dauert dann etwas länger.

Außerhalb der Pilgerzeit empfiehlt es sich, einen Führer zu engagieren. In dieser Zeit ist man vermutlich allein auf den unbeleuchteten Stufen unter-

Rafting auf dem Kelaniya

Wildwasser-Rafting auf dem Kelaniya

Der Flussabschnitt des Kelaniya bei Kitulgala gilt als beste Stelle zum Wildwasser-Rafting in Sri Lanka. Auf der viel befahrenen, rund vier Kilometer langen Strecke reichen die Schwierigkeitsgrade der Stromschnellen je nach Regenfall von drei bis fünf. Beste Bedingungen herrschen von April bis November, wenn der Wasserstand am höchsten ist. Die Touren führen durch stärkere und schwächere Stromschnellen und beinhalten meist eine Badepause. Sie können vor Ort in Kitulgala gebucht werden. Achten Sie darauf, dass Sie einen erfahrenen Veranstalter mit guter Ausrüstung wählen.

wegs. Alleinreisende sollten sich anderen Besuchern anschließen. Wanderpartner findet man z. B. zur Mittagszeit im Slightly Chilled Guest House *(siehe S. 219)*. Empfehlenswert sind feste Schuhe, Kopfbedeckung, Sonnencreme und warme Kleidung, die Sonne brennt zwar, doch auf dem Gipfel ist es kühl. Nehmen Sie genug Wasser mit.

Achten Sie beim Abstieg darauf, den richtigen und nicht den Weg nach Ratnapura einzuschlagen.

⓰ Badulla

Straßenkarte D5. 125 km östl. von Kitulgala. 42 000. Vesak Perahera (Mai).

Badulla ist die Hauptstadt der Provinz Uva und einer der ältesten Orte Sri Lankas. Heute ist es ein wichtiger Verkehrsknotenpunkt, durch den fast jeder kommt, der von der Ostküste ins Hill Country fährt.

Das Schönste im Ort ist der **Kataragama Devale**, ein hinduistischer Tempel aus dem 18. Jahrhundert. Der Hauptschrein wurde im Kandy-Stil erbaut. Im Inneren steht ein Abbild von Kataragama und neben ihm Statuen von Saman und Vishnu. Die Außenwände sind mit Wandgemälden verziert, die eine *perahera* zeigen. In die Säulen sind feine Skulpturen von Menschen, Tieren und Blumen eingearbeitet.

Kataragama Devale
Eingang in der Lower Street.
tägl. 6–18 Uhr.

Innenraum des Kataragama Devale aus dem 18. Jahrhundert, Badulla

In den Dunhinda Falls stürzt der Badulla Oya abwärts

⓱ Dunhinda Falls

Straßenkarte D5. 6 km nördl. von Badulla. von Badulla.

Hinter einer riesigen Gischtwolke stürzen die Wassermassen des Badulla Oya in den malerischen Dunhinda Falls 63 Meter in die Tiefe.

Ein rund ein Kilometer langer Pfad führt zu einer betonierten Plattform mit Blick auf den Wasserfall. Unterwegs kommt man an den niedrigeren, aber breiteren Kuda Dunhinda Falls vorbei. Stände am Weg verkaufen Getränke und Snacks. Achten Sie auf die diebischen Affen, wenn Sie eine Pause machen! Die Wasserfälle sind ein ganzjähriges, auch bei den Einheimischen beliebtes Ausflugsziel und deshalb an Wochenenden und Feiertagen stark besucht. Nach Regen ist der Spaziergang etwas mühsam, denn der enge Pfad wird bei Nässe glatt und rutschig.

⓲ Ella

Straßenkarte D5. 21 km südl. von Badulla.

Ella eignet sich hervorragend für einige erholsame Tage. Der Ort besteht mehr oder weniger aus der Hauptstraße mit diversen Lokalen. Von dort führen Wege zu hübschen Gästehäusern. Am sehenswerten Ella Gap fällt der Steilhang schwindelerregende 1100 Meter zur Ebene ab. Den besten Blick auf die Schlucht bietet der Garten des Grand Ella Motel *(siehe S. 231)*.

Ellas Umgebung erkundet man am besten zu Fuß. Die entsprechende Orientierung verschafft man sich mit handgezeichneten Wanderkarten, die man in Gästehäusern bekommt. Eine rund vierstündige Tour führt zum Ella Rock mit herrlicher Aussicht über das Hill Country. Eine zweistündige Wanderung ohne größere Steigungen verläuft durch die Teeplantagen im Südosten zum Little Adam's Peak. Bei dieser Tour sollte man frühmorgens losgehen, um den Gipfel zu erreichen, bevor ihn die Wolken einhüllen.

Umgebung: Etwa vier Kilometer südlich von Ella wurde der Sage zufolge Sita von Ravana in der **Ravana Ella Cave** gefangen gehalten. Nach einigen weiteren Kilometern erreicht man die 90 Meter hohen **Ravana Falls**, die besonders nach Regen sehr fotogen sind.

Treppe zum Eingang der Ravana Ella Cave bei Ella

⑲ Buduruwagala

Straßenkarte D5. 37 km südöstl. von Ella. tägl. bei Tageslicht.

Buduruwagala wird nur von wenigen Reisenden besucht, obwohl hier sieben imposante, aus dem Fels gehauene Flachreliefskulpturen zu sehen sind. Sie sollen aus dem 10. Jahrhundert stammen und gehören zur Mahayana-Schule des Buddhismus, die vom 3. bis zum 10. Jahrhundert von den Königen gefördert wurde.

Das Zentrum bildet eine 16 Meter hohe stehende Buddha-Figur mit *abhaya mudra (siehe S. 177)*, die zu beiden Seiten von einer Gruppe mit je drei Skulpturen flankiert wird. Die mittlere der drei Skulpturen in der rechten Gruppe ist eine Darstellung des Avalokitesvara. Er ist der *bodhisattva* des universellen Mitgefühls im Mahayana-Buddhismus. Man erkennt ihn an der meditierenden Buddha-Darstellung in der Krone. Am Kopf ist die Figur orange bemalt, am Körper finden sich Stuckelemente. Auch die anderen Figuren waren vermutlich auf diese Weise verziert. Die weibliche Figur auf der rechten Seite ist vermutlich die Mahayana-Göttin Tara.

In der linken Gruppe verkörpert die mittlere Figur wohl Maitreya, den fünften und zukünftigen Buddha. Die Skulptur außen ist der tibetische *bodhisattva* Vajrapani oder Sakra. Er hält den Donnerkeil in der Hand. Die letzte Figur ist wahrscheinlich Vishnu.

Zentrale Buddha-Skulptur und die rechte Dreiergruppe in Buduruwagala

⑳ Haputale

Straßenkarte C5. 47 km nordwestl. von Buduruwagala. 5000.

Der Marktort Haputale liegt am Südrand des Hill Country. Die Bevölkerung besteht überwiegend aus Tamilen, von denen viele in den Teeplantagen der Umgebung arbeiten. Der Ort besitzt keine großen Sehenswürdigkeiten, dafür aber eine großartige Aussicht. An klaren Tagen sieht man bis zur Südküste. Gegen Mittag ziehen regelmäßig Wolken auf, und es beginnt zu regnen.

Nördlich des Zentrums steht die anglikanische **St Andrew's Church**, ein hübscher neugotischer Bau aus der Kolonialzeit. Auf dem Kirchhof befinden sich Gedenkplatten und Grabsteine von Teepflanzern aus dem 19. Jahrhundert.

Von Haputale aus kann man das südliche Hill Country erkunden oder in den malerischen Hügeln Wanderungen unternehmen, z. B. die zehn Kilometer lange Tour durch Teeplantagen zur Dambatenne Tea Factory.

Kloster Adisham mit Obstgärten

㉑ Kloster Adisham

Straßenkarte C5. 3 km westl. von Haputale. (057) 226 8030. Sa, So, *poya*-Tage 9–16.30 Uhr. **adisham.org**

Der wuchtige Komplex in ruhiger Umgebung wurde in den 1930er Jahren vom britischen Teepflanzer Sir Thomas Villiers erbaut. Villiers benannte den Ort nach seinem Heimatdorf in Kent. 1962 kaufte die katholische Ordensgemeinschaft der Silvestriner das Bauwerk und baute es in ein Kloster um.

Nur Teile des Klosters können besichtigt werden, darunter der Aufenthaltsraum und die Bibliothek. Das Anwesen ist von Obstgärten umgeben und besitzt einen gepflegten Rosengarten. In einem kleinen Laden werden Marmeladen, Gelees und Liköre verkauft, die die Mönche herstellen.

Hotels und Restaurants in Kandy und im Hill Country *siehe Seiten 219f und 231f*

㉒ Dambatenne Tea Factory

Straßenkarte D5. 10 km östl. von Haputale. Mo–Fr 8–18 Uhr.

Die Dambatenne Tea Factory wurde vom Tee-Magnaten Sir Thomas Lipton 1890 gegründet. In dem langen weißen Gebäude werden noch weitgehend die Maschinen aus der Kolonialzeit benutzt. Fabrikführungen geben einen Einblick in den Herstellungsprozess von Tee.

Umgebung: Sieben Kilometer östlich der Fabrik befindet sich der Aussichtspunkt **Lipton's Seat**. Wie bei World's End *(siehe S. 146)* sieht man vom oberen Rand einer Steilklippe aus weit in die Landschaft. Der etwa zweistündige Anstieg führt durch grüne Teeplantagen. Man kann aber auch mit einem Taxi dorthin fahren und anschließend zurückwandern. Sie sollten auf alle Fälle schon möglichst früh dort sein, denn im Lauf des Vormittags kommt Nebel auf.

Gepflegter Garten der Dambatenne Tea Factory

Die spektakulären Bambarakanda Falls

㉓ Diyaluma Falls

Straßenkarte D5. 30 km südöstl. von Haputale.

Die 170 Meter hohen Diyaluma Falls sind Sri Lankas zweithöchste Wasserfälle. In weiten Schleifen führt ein Weg nach oben, wo einige Naturbecken zum Baden einladen.

Die Wanderung beginnt am Fuß der Fälle. Von dort geht es zuerst einige Hundert Meter nach Osten bis zu einem Weg durch eine Kautschukplantage. An einer kleinen Kautschukfabrik führt die Strecke nach links und weiter auf einem schwer erkennbaren Pfad den Berg hinauf. Der Aufstieg dauert etwa eine Stunde. Der Weg ist mitunter schwer zu finden, fragen Sie zwischendurch die Einheimischen, oder engagieren Sie einen Führer.

㉔ Belihul Oya

Straßenkarte C5. 35 km westl. von Haputale. nach Kalupahana, dann mit Three-Wheeler zu den Fällen.

Der hübsche Ort liegt zwischen Teeplantagen an einem Fluss. Von dort erreicht man bequem die atemberaubenden **Bambarakanda Falls**, die elf Kilometer weiter nordöstlich beim Dorf Kalupahana in die Tiefe rauschen.

Die 240 Meter hohen Bambarakanda Falls sind der höchste Wasserfall der Insel, sie bieten vor allem nach starken Regenfällen ein imposantes Schauspiel. In der Trockenzeit ist jedoch bisweilen nur ein dünnes Rinnsal zu sehen.

Thomas Lipton

Sir Thomas Lipton wurde 1850 in Glasgow geboren. Mit 15 Jahren reiste er in die USA und arbeitete in verschiedenen Berufen. Einige Jahre später kehrte er nach Schottland zurück und eröffnete 1871 in Glasgow einen Lebensmittelladen. Der Laden florierte und Lipton expandierte, bis er rund 400 Läden in ganz Großbritannien sowie einige in Südafrika und Australien besaß. Liptons Erfolgsgeheimnis waren günstige Preise und innovative, aggressive Werbung. 1889 fing er an, in London auf Auktionen Tee zu ersteigern. In den folgenden beiden Jahren verkaufte er über 4500 Tonnen Tee weit unter dem damaligen Marktpreis. Sein Imperium nahm Gestalt an, als er 1890 auf dem Weg nach Australien Zwischenstation in Ceylon machte und mehrere Teeplantagen kaufte. Wieder in Schottland vermarktete er seinen ceylonesischen Tee in der ihm eigenen Art. »Lipton« wurde bald zum Synonym für ceylonesischen Tee.

Sir Thomas Lipton, ein Pionier des Tee-Geschäfts

Straßenkarte *siehe hintere Umschlaginnenseiten*

Edelsteine in einem der Edelsteinmuseen in Ratnapura

㉕ Ratnapura

Straßenkarte C5. 92 km südwestl. von Haputale. 41 000.

Ratnapura ist Sri Lankas Edelsteinzentum, bezeichnenderweise bedeutet der Name »Stadt der Edelsteine«. In der geschäftigen Stadt kann man in mehreren Edelsteinmuseen Exponate aus dem Edelsteinabbau sowie die heimischen kostbaren Steine bewundern. Den lokalen Edelsteinhandel beobachtet man am besten im Stadtzentrum rund um den Uhrturm. In Ratnapuras Umland werden Saphire, Zirkone, Granate, Rubine und Katzenaugen gefördert.

In Ratnapura regnet es viel, die Umgebung ist daher sattgrün. Tee- und Kautschukplantagen sowie Reisfelder prägen das Landschaftsbild. Zwischen den Reisfeldern liegen die vielen Edelsteinminen, die man an ihren typischen Holzhütten erkennt. Der Bergbau wird hier noch traditionell betrieben. Mit Pickel, Schaufeln und Hammer graben sich die Bergleute voran. Erst wird eine Grube ausgeschachtet, dann die geförderte Erde gewaschen und gesiebt und die Edelsteine (falls vorhanden) herausgeklaubt. Besucher werden in den Minen nicht nach unten gelassen, können aber bei den Arbeiten von oben zusehen. Tourenanbieter und Hotels organisieren Minenbesuche.

Umgebung: Etwa vier Kilometer westlich von Ratnapura befindet sich der Saman geweihte **Maha Saman Devale**. An seinem Standort befand sich schon im 13. Jahrhundert ein Tempel, den allerdings Portugiesen im 16. Jahrhundert zerstörten. Während der niederländischen Epoche wurde der Tempel wiederaufgebaut. Auf der rechten Seite des Eingangs zeigt eine Steinmetzarbeit, wie ein portugiesischer Eroberer einen singhalesischen Soldaten tötet.

Ein kunstvoll gestalteter Zugang führt zum Hauptschrein, in dem zweimal am Tag die *puja* stattfindet. Zu beiden Seiten stehen Nebenschreine, von denen einer Buddha und der andere Pattini, der Göttin der Fruchtbarkeit und Gesundheit im Theravada-Buddhismus, geweiht ist. In der Tempelanlage befinden sich auch Unterkünfte für die Mönche. In Juli oder August wird jedes Jahr mit einer großen *perahera* der Esala-*poya*-Tag gefeiert.

Maha Saman Devale
Horana Road. tägl. 18–21 Uhr. Esala Perahera (Juli/Aug).

㉖ Kudawa

Straßenkarte C5. 30 km südöstl. von Ratnapura. von Ratnapura, dann umsteigen in Kalawana nach Kudawa. So.

Die meisten Besucher des Sinharaja Forest Reserve suchen sich in Kudawa eine Unterkunft. Das Dörfchen liegt günstig am nördlichen Eingang zum Schutzgebiet.

Von Ratnapura aus führt eine schöne Strecke durch abwechslungsreiche Landschaft mit Dörfern und Kautschukplantagen nach Kudawa. Gelegentlich erblickt man einen Toddy-Zapfer, der an den Palmen den Saft einsammelt, aus dem der Palmwein *(toddy)* gegoren wird. Entlang der Straße verkaufen Stände frisches Obst und Gemüse sowie vielfältiges Kunsthandwerk.

Eingang zum Hauptschrein des Saman geweihten Maha Saman Devale

㉗ Sinharaja Forest Reserve

Straßenkarte C6. 110 km südöstl. von Ratnapura. von Ratnapura, dann umsteigen in Kalawana nach Kudawa. tägl. 6–18 Uhr. **Hinweis:** Zufahrt auch von der Südküste östlich von Deniyaya.

Das 89 Quadratkilometer umfassende Schutzgebiet gilt als größter noch ursprünglicher Regenwald in Sri Lanka. Im Süden und Norden wird das Areal von den Flüssen Gin Ganga und Kalu Ganga begrenzt. Das Schutzgebiet Sinharaja (»Löwenkönig«) halten viele für die Heimat des mythischen Löwen, den die Singhalesen als ihren Urahn sehen. Andere meinen, dass es einst ein königliches Jagdgebiet war, als der Wald noch einen größeren Teil der Insel bedeckte. 1840 ging der Wald in den Besitz der britischen Krone über. Bis in die 1970er Jahre wurde dort in großem Umfang Holz gefällt, bis das Areal 1977 zum Schutzgebiet erklärt und 1989 als UNESCO-Welterbe gelistet wurde. Die Bewohner der umliegenden Dörfer dürfen aber noch immer im Wald Holz sammeln und den Saft der Fischschwanzpalme anzapfen, um daraus Palmzucker und *toddy* herzustellen.

Der Moulawella Trail schlängelt sich durch das Sinharaja Forest Reserve

In der Gegend fallen im Jahr bis zu 6000 Millimeter Regen. Daher ist nicht nur die Temperatur, sondern auch die Luftfeuchtigkeit enorm hoch. Der Wald birgt einen wahren Schatz an einzigartigen Pflanzen und Tieren. Von den 211 Baumarten, die hier wachsen, sind über 60 Prozent endemisch. Auch von den Vögeln kommen 21 Arten nur auf der Insel vor. Darüber hinaus kann man viele seltene Schmetterlinge, Amphibien und Reptilien (u. a. Hornagamen) sehen. Weißbartlanguren, Riesenhörnchen und andere Säugetiere sind im dichten Laub jedoch schwer zu entdecken. Sehr selten sieht man auch einen Leoparden.

Zum Sinharaja Forest Reserve

Die Trockenzeiten zwischen Januar und Anfang April sowie von August bis September eignen sich am besten für einen Besuch. Jeder Besucher des Schutzgebiets muss einen Führer engagieren. Den Wald durchziehen mehrere fünf bis 14 Kilometer lange Wanderwege. Die meisten Besucher wählen den acht Kilometer langen Moulawella Trail, der am Kudawa Conservation Centre beginnt und durch den Regenwald bis zum Moulawella Peak führt. Unterwegs kommt man an einigen Beobachtungspunkten vorbei. Dort ist die Wahrscheinlichkeit am höchsten, Wildtiere zu Gesicht zu bekommen. Feste Schuhe sind unabdingbar, aufgrund der vielen Regenfälle gibt es hier reichlich Blutegel.

Sri Lankas Regenwälder

Das südwestliche Tiefland von Sri Lanka bildet eine Feuchtzone mit den letzten Regenwäldern der Insel. Der größte zusammenhängende Regenwald ist das Biosphärenreservat Kanneliya-Dediyagala-Nakiyadeniya (KDN), das jedoch durch Abholzung bedroht ist. Das Sinharaja-Schutzgebiet gilt daher, obwohl es kleiner ist, als wichtigster Regenwaldrest des Landes. Die Regenwälder Sri Lankas zeichnen sich durch viele endemische Tiere und Pflanzen aus. In den Wäldern können drei Stockwerke unterschieden werden: Boden, Buschwerk und Kronendach. Jedes Stockwerk bietet Lebensbedingungen für bestimmte Lebewesen. Die meisten der Bäume, die das Kronendach bilden, gehören zur Familie der Flügelfruchtgewächse. Sie haben gerade Stämme und werden bis zu 45 Meter hoch. Regenwaldbäume besitzen ein flaches Wurzelwerk, um Nährstoffe aus der oberen Bodenschicht aufnehmen zu können. Auf dem Boden und an den Stämmen wachsen Epiphyten wie Moose, Orchideen und Farne. Die Regenwälder bieten seltenen Vögeln, Insekten und Reptilien vielfältige Lebensräume. Hinzu kommen endemische Säugetiere und Schmetterlinge.

Schmuckkittas sind in Regenwäldern verbreitet

Kulturelles Dreieck

Die im geografischen Zentrum des Inselstaats gelegene Region birgt nicht weniger als fünf UNESCO-Welterbestätten. Die Ruinen von Anuradhapura und Polonnaruwa bilden gemeinsam mit dem Kulturzentrum Kandy *(siehe 134–138)* ein Dreieck, in dem sich die kulturhistorisch wohl bedeutendsten Sehenswürdigkeiten Sri Lankas befinden. Neben diesen touristischen Hotspots bietet die Region eine Reihe weiterer kultureller Attraktionen und faszinierende Nationalparks.

Anuradhapura und Polonnaruwa waren lange Zeit Zentren singhalesischer Königsdynastien und gelten noch heute als Keimzellen singhalesischer Kultur und Architektur. Besucher der Anlagen können sich angesichts der teils majestätisch wirkenden Ruinen ein Bild von der einstigen Bedeutung der beiden eindrucksvollen Stätten machen. In der Nähe von Anuradhapura liegt Mihintale, wo der Mönch Mahinda, Sohn des indischen Königs Asoka, den Buddhismus in Sri Lanka einführte *(siehe S. 48)*.

Das Kulturelle Dreieck bietet Besuchern auch jenseits dieser herausragenden Sehenswürdigkeiten viele Highlights. Die Fresken am spektakulär aufragenden Felsen von Sigiriya und die Malereien in den Höhlentempeln von Dambulla sind bedeutende Beispiele sri-lankischer Kunst. Die Buddha-Statuen in Aukana und Sasseruwa beeindrucken allein schon durch ihre Größe. Abseits der großen Besucherströme locken die Ruinen der Klöster Ritigala und Arankele.

Neben reichen Kulturschätzen fasziniert die Region auch mit dem Zauber ihrer Naturschönheiten. In den Nationalparks Minneriya und Kaudulla kann man eine artenreiche Tierwelt (u. a. Elefanten und viele Vogelarten) erleben.

Die touristische Infrastruktur im Kulturellen Dreieck ist gut entwickelt. Neben Hotels aller Preiskategorien und einem intakten Verkehrsnetz profitieren Gäste auch von den Angeboten der Tourenveranstalter, die diverse Outdoor-Aktivitäten wie etwa Ballonfahrten arrangieren.

Sigiriya – eindrucksvoller Fels über dichtem Wald

◀ **Buddha-Statue im Gal Vihara, Polonnaruwa** ***(siehe S. 171)***

Überblick: Kulturelles Dreieck

Ins Kulturelle Dreieck kommen mehr Besucher als in jede andere Region des Landes. Kein Wunder angesichts der Vielzahl an kulturhistorisch bedeutenden Attraktionen. Das Spektrum reicht von überwältigenden Ruinen früher singhalesischer Städte und buddhistischer Klöster bis zu bemerkenswerten Höhlentempeln. Gute Ausgangspunkte für die Erkundung zahlreicher Sehenswürdigkeiten sind die zentral gelegenen Orte Habarana und Sigiriya. Von hier aus kann man Tagesausflüge nach Polonnaruwa und Anuradhapura unternehmen. Abstecher zu weniger überlaufenen Attraktionen im Süden – z. B. Aluvihare und Nalanda Gedige – sollten im Voraus geplant werden. Die Nationalparks der Region ziehen Naturliebhaber in ihren Bann.

Sehenswürdigkeiten auf einen Blick

1. Matale
2. Aluvihare
3. Nalanda Gedige
4. Ridi Vihara
5. Arankele
6. Panduwas Nuwara
7. Dambulla
8. Popham Arboretum
9. Jathika Namal Uyana
10. *Sigiriya S. 166–169*
11. *Polonnaruwa S. 170–174*
12. Habarana
13. Minneriya National Park
14. Kaudulla National Park
15. Hurulu Eco Park
16. Ritigala
17. Aukana
18. Sasseruwa
19. Yapahuwa
20. *Anuradhapura S. 178–181*
21. Mihintale

Farbenprächtiges Wandgemälde in einem Tempel, Ridi Vihara

Weitere Zeichenerklärungen *siehe hintere Umschlagklappe*

Besucher auf dem Weg nach Sigiriya

Thuparama Dagoba in Anuradhapura

0 Kilometer 15

Im Kulturellen Dreieck unterwegs

Die Region kann man sehr gut mit dem Auto erkunden, viele Besucher mieten auch einen Fahrer. Mit dem Wagen kommt man schneller vorwärts als bei Benutzung öffentlicher Verkehrsmittel, auch wenn diese sehr verlässlich sind. Züge von Colombo steuern Anuradhapura und Polonnaruwa an. Auch Busse erschließen die Region, sind jedoch auf vielen Strecken überfüllt. Einige Orte im Zentrum des Kulturellen Dreiecks wie Habarana und Sigiriya sind sehr gute Standorte für Ausflüge in andere Teile der Region. Sofern man kein Auto hat, kann man weiter entfernte Städte und Sehenswürdigkeiten mit einem gemieteten Three-Wheeler oder im Rahmen einer organisierten Tour erreichen. In den Ruinenstätten Anuradhapura und Polonnaruwa kommt man am besten mit Fahrrädern vorwärts, die man in Gästehäusern der Umgebung leihen kann. Safaris in Nationalparks unternimmt man in Jeeps, die man mit Fahrer am Parkeingang oder über das Hotel mieten kann.

Legende

- Hauptstraße
- Nebenstraße
- Eisenbahn
- Provinzgrenze

Gopura des Sri Muthumariamman Thevasthanam, Matale

❶ Matale

Straßenkarte C4. 150 km nordöstl. von Colombo. 41 000.

Die Metropole Matale verfügt nur über wenige touristische Attraktionen, ist aber ein guter Ausgangspunkt für Touren. Viele Besucher auf dem Weg von Kandy *(siehe S. 134–138)* nach Dambulla *(siehe S. 160)* legen hier einen Stopp für die Besichtigung von **Sri Muthumariamman Thevasthanam** ein. Diese Tempelanlage ist der Göttin Mariamman geweiht. Die *gopuras* sind in gedeckten Farben bemalt – im Unterschied zu vielen in kräftigen Farbtönen bemalten Tortürmen anderer sri-lankischer Tempel.

Zwei Kilometer nördlich von Matale befindet sich das von Ena de Silva gestaltete **Aluvihare Heritage Centre**. Bei einem Besuch kann man durch die ausgedehnten Gärten schlendern und in den Werkstätten Kunsthandwerkern bei der Anfertigung von Batiken und feinen Stickereien über die Schulter blicken. Bei frühzeitiger Reservierung kann man im Heritage Centre zu Mittag essen, wo Reisgerichte und Currys serviert werden.

Sri Muthumariamman Thevasthanam
King's Street. tägl. 8–18 Uhr.

Aluvihare Heritage Centre
(066) 222 2404. Mo–Sa 9–17 Uhr.

❷ Aluvihare

Straßenkarte C4. 4 km nördl. von Matale. tägl. 6.30–18.30 Uhr.

Die Klosteranlage Aluvihare umfasst eine Reihe von aus dem Fels geschlagenen Höhlen, sie befindet sich dort, wo im 1. Jahrhundert v. Chr. *tripitaka*, der buddhistische Kanon der Theravada-Schule, verfasst wurde. Zuvor waren buddhistische Lehrreden über Generationen nur mündlich weitergegegeben worden. Die auf *ola*-Palmblättern in Pali, der damaligen regionalen Verkehrssprache, niedergeschriebenen Manuskripte wurden von rund 500 Mönchen abgeschrieben und verblieben hier bis Mitte des 19. Jahrhunderts. Dann wurden sie bei einem Angriff von britischen Truppen auf das Kloster zerstört.

Die einzelnen Höhlen der Klosteranlage sind durch Treppen und schmale Pfade miteinander verbunden. Die Aussparungen in den Wänden dienten als Standplatz für Lampen. In der ersten Höhle befindet sich ein zehn Meter langer liegender Buddha, farbenreiche Malereien von Lotosblumen zieren die Decke. Über ein paar Stufen erreicht man die zweite Höhle, in der Wandmalereien zeigen, wie Sünder im Bereich der Hölle gequält und Missetäter enthauptet und ihre Köpfe aufgespießt werden.

Bestrafung der Sünder im Bereich der Hölle, Wandgemälde, Aluvihare

In der Höhle gegenüber beeindrucken lebensgroße Gipsfiguren, die diese Qualen aushalten. Eine Lücke im Fels zwischen den ersten beiden Höhlen führt zu einer kleineren Höhle mit in leuchtenden Farben bemalten Wänden. Sie ist Buddhaghosa gewidmet, einem indischen Gelehrten des Buddhismus, der maßgeblich am *tripitaka* arbeitete. Von hier führen Stufen zu einer *dagoba* und einer Terrasse, von der man einen wunderbaren Ausblick genießt.

Neben der Anlage befindet sich das **International Buddhist Library and Museum** mit Fotos, Buddha-Statuen und Manuskripten.

❸ Nalanda Gedige

Straßenkarte C4. 20 km nördl. von Matale. tägl. 7–17 Uhr.

Die nach einer renommierten buddhistischen Hochschule in Nordindien benannte Anlage ist im Stil eines hinduistischen Tempels mit *mandapa* und *gedige* gestaltet. Auf die Darstellung hinduistischer Gottheiten wurde hingegen verzichtet. Man nimmt an, dass Nalanda Gedige seit je ausschließlich von Buddhisten aufgesucht wurde.

Die vollkommen aus Stein bestehende Anlage wurde vermutlich vom 7. bis 11. Jahrhundert errichtet, befindet sich aber erst seit den 1980er Jahren an dieser Stelle. An ihrem ursprünglichen Platz zwischen Reisfeldern im Tiefland wurde sie abgebaut, um dort ausreichend Platz für einen neu angelegten Stausee zu schaffen, danach Stein für Stein hierher transportiert und sorgfältig wiederaufgebaut.

Die Ruinenstätte ist stark verwittert. Dennoch kann man immer noch einige architektonische Details wie Darstellungen von Gesichtern, an der Südseite auch eine Gottheit und am Bogen des Eingangs mehrere Miniaturen erkennen. Bei genauem Hinsehen ist an der südlichen Seite des Sockels auch eine Tantra-Arbeit auszumachen.

Ein Museum präsentiert Fotografien einzelner Gebäudeteile sowie Säulenteile der Anlage.

❹ Ridi Vihara

Straßenkarte C4. 36 km nordwestl. von Matale. 🚌 Ⓣ ◯ tägl. 7–22 Uhr.

Das auch als Silver Temple bekannte Kloster Ridi Vihara wurde von König Dutugemunu im 2. Jahrhundert v. Chr. gegründet. Der Name erinnert an das Silber, das man hier gefunden hatte. Der Tempelkomplex umfasst Schreine und *dagobas*. Bemerkenswert sind die noch erhaltenen Fresken.

Nach dem Betreten erreicht man auf der linken Seite Varakha Valanda Vihara (Jackfruit Temple). Das als hinduistischer Tempel im südindischen Stil errichtete Bauwerk wurde zur Zeit des Königreichs Kandy in einen buddhistischen Schrein umgewandelt. Der Haupttempel Pahala Vihara befindet sich weiter hinten. Er birgt einen sitzenden und einen liegenden Buddha, dessen Basis mit blauweißen Delfter Kacheln verziert ist, die biblische Szenen darstellen. Gleich neben dem Eingang sieht man einen mit schönen Elfenbeinintarsien geschmückten Türrahmen.

Eindrucksvolle Ruinen, Nalanda Gedige

Im zur Regierungszeit von König Kirti Sri Rajasinghe erbauten Tempel Uda Vihara fällt der Blick am Eingang auf einen Mondstein und schöne Wandmalereien (18. Jh.), die u. a. Elefanten zeigen. Im zentralen Raum findet man einen sitzenden Buddha.

Von vielen Stellen Ridi Viharas blickt man auf die malerische Landschaft.

Nahe dem Kloster verläuft der »meditation walkway«, ein langer, befestigter Weg mit einzelnen Treppen. Beim Beschreiten sieht man mehr oder weniger gut erhaltene Ruinen von Meditationsräumen, Badeteiche und die Überreste der Wohnstätte des Hauptmönchs. Der Weg führt bis zu einem kleinen, Buddha geweihten Schrein.

❺ Arankele

Straßenkarte C4. 48 km westl. von Matale. Ⓣ ◯ tägl. 8–18 Uhr.

Relativ wenig besucht, aber einen Abstecher wert sind die Überreste dieses Klosters aus dem 6. Jahrhundert. In der abseits gelegenen, von dichtem Wald umgebenen Einsiedelei lebt eine Gemeinschaft von Mönchen.

Buddha-Statuen im Haupttempel Pahala Vihara, Ridi Vihara

❻ Panduwas Nuwara

Straßenkarte B4. 91 km nordwestl. von Matale. Ⓣ ◯ tägl. 9–17 Uhr.

Vor dem Bau von Polonnaruwa *(siehe S. 170–174)* im 12. Jahrhundert nutzte König Parakramabahu I. Panduwas Nuwara (früher Parakrampura genannt) als Residenz, von der aus er sein Reich lenkte. Die Überreste der Bauten verteilen sich über eine Fläche von mehreren Quadratkilometern.

Bedeutendstes Bauwerk ist der (vermutlich seinerzeit mehrstöckige) königliche Palast auf dem Gelände eines Forts, dessen Graben noch erhalten ist. Eine Inschrift im Palast verweist auf einen Besuch von König Nissankamalla. Hinter dem Königspalast erreicht man den für Besucher zugänglichen, restaurierten Zahntempel.

Die Grabungsarbeiten in Panduwas Nuwara sind noch nicht abgeschlossen.

Fassade des Golden Temple Buddhist Museum, Dambulla

❼ Dambulla

Straßenkarte C3. 47 km nördl. von Matale. 72 000.

Die Stadt im Zentrum des Kulturellen Dreiecks liegt am Schnittpunkt der Verkehrswege Kandy–Anuradhapura und Colombo–Trincomalee. In Dambulla und Umgebung gibt es mehrere Übernachtungsmöglichkeiten, was die Stadt zu einem guten Ausgangspunkt für Ausflüge macht. Die meisten Besucher kommen wegen der berühmten Höhlentempel *(siehe S. 162f)*, darüber hinaus gibt es auch einige Museen. Ein Erlebnis ist der Besuch des urigen Markts südlich des Zentrums, auf dem vor allem Lebensmittel verkauft werden.

Die eindrucksvolle, ungefähr 30 Meter hohe Buddha-Statue unten an der Treppe zu den Höhlentempeln ist nicht zu verfehlen. Sie zeigt Buddha am Dharma-Rad – Symbol für das *dharmachakra* und die von ihm verkündete Lehre. An der Basis der Statue befindet sich das **Golden Temple Buddhist Museum**, der Zutritt erfolgt durch das Maul eines Drachen. Zu den hier präsentierten Objekten gehören Buddha-Statuen aus Thailand, Myanmar, Korea und Japan, Tafeln mit Szenen aus dem Leben Buddhas, Manuskripte auf *ola*-Palmblättern sowie zahlreiche Gemälde und andere Stücke.

Etwas südlich des Golden Temple Buddhist Museum erreicht man das **Dambulla Museum**, das die Geschichte sri-lankischer Kunst von Höhlenmalereien bis zu Werken aus der Kolonialzeit dokumentiert. Die Leinwand-Reproduktionen von Fresken und Wandmalereien aus allen Teilen des Landes sind von höchstem Niveau. Besucher erfahren einiges über die besonderen Kunstformen der Insel.

Eine Sammlung im ersten Stock gibt einen Überblick über die Geschichte der Wandmalerei in Sri Lanka. Sieben Räume präsentieren die Kunstwerke in chronologischer Reihenfolge – beginnend bei Felsmalereien der singhalesischen Veddas über Fresken von Sigiriya, Wandmalereien aus Polonnaruwa und Arbeiten aus der Zeit des Königreichs Kandy bis zu Reproduktionen vom Beginn des 20. Jahrhunderts. Darüber hinaus beleuchtet das Museum Darstellungen des Themas »Hölle« in buddhistischen Schreinen.

Golden Temple Buddhist Museum
Dambulla Cave Temples. (066) 228 3605. tägl. 7.30–21 Uhr. **goldentemple.lk**

Dambulla Museum
Main Road. (066) 228 4760. tägl. 8–16 Uhr.

❽ Popham Arboretum

Straßenkarte C3. Kandalama Road, 3 km östl. von Dambulla. (077) 726 7951. Do–Di 9–17 Uhr (vorher anrufen). vorher anmelden (Spende).

Das 1963 vom britischen Teepflanzer und Dendrologen Sam Popham gegründete Arboretum ist das einzige seiner Art, das sich in einem Trockengebiet der Insel befindet. Als Popham das Areal kaufte, war es von dichtem Buschland bewachsen. Nach Entfernen der Büsche gediehen hier heimische Baumarten, die vorher von den Büschen verdrängt worden waren. Angesichts dieser Entwicklung startete

Gemälde im Dambulla Museum

Besucherzentrum im Popham Arboretum

Popham ein Wiederaufforstungsprogamm, in dessen Rahmen nicht mehr vorhandene oder nur noch selten anzutreffende sri-lankische Gehölze gezielt angesiedelt wurden.

In dem Arboretum, das eine Fläche von rund 14 Hektar bedeckt, gedeihen nicht weniger als 200 Baum- sowie einige Buscharten, viele von ihnen sind endemisch. Zu den verbreiteten Arten gehören Satinholz-, Ebenholz-, Tamarinden- und Eisenholzbaum. Sie bieten Lebensraum für eine artenreiche Vogelwelt, die u. a. Ceylonhuhn, Nashornvogel und Blauschwanzspint umfasst, sowie für kleinere Säugetiere.

Hinweisschild

Geoffrey Bawa gestaltete das Besucherzentrum des Arboretums, das Popham bis in die 1980er Jahre als Wohnhaus diente. Besucher können sich hier auch ein Fotoalbum mit frühen Aufnahmen des Geländes und der Hütte, in der Popham zunächst wohnte, ansehen.

Drei farblich markierte Wege schlängeln sich durch das Gelände, alle starten am Besucherzentrum. Man kann hier nach Gusto herumschlendern oder sich einer Führung anschließen. Bei einem Spaziergang am Abend hat man die Möglichkeit, Loris, Hirschwild und Schuppentiere zu beobachten.

9 Jathika Namal Uyana

Straßenkarte C3. 7 km nordwestl. von Dambulla. (025) 325 3816. von Dambulla. tägl. 8–18.30 Uhr.
W **jathikanamaluyana.com**

Nach Jathika Namal Uyana in Ulpathgama kommen nicht viele Besucher. Doch wer gern Tiere beobachtet, ist hier richtig. Das sich über mehr als 100 Hektar erstreckende Areal verfügt über den größten Eisenholzbestand Asiens. In dem Wald gedeiht eine artenreiche Flora. Die Fauna umfasst u. a. viele Vogel- und Schmetterlingsarten sowie Reptilien und Säugetiere wie Affen und Riesenhörnchen.

Angeblich ließ König Devanampiya Tissa den Wald im 3. Jahrhundert v. Chr. anlegen. Nach einer anderen These soll der Wald auf buddhistische Mönche zurückgehen, die sich im 8. Jahrhundert hierher zurückgezogen hatten. Sie boten Bedürftigen Schutz, die als Gegenleistung jeweils einen Baum pflanzen und diesen pflegen mussten, woraus letztlich der Wald entstand.

In dem Gebiet sieht man noch heute viele Überreste von Klöstern, beim Zugang zum Gelände stehen die Ruinen einer Stupa.

Neben dem Eisenholzwald ist Jathika Namal Uyana auch für einige Hügel aus rosafarbenem Quarz bekannt, die mehr als 550 Millionen Jahre alt sein sollen. Auf dem niedrigsten Hügel, dessen Kuppe man über einen sanft ansteigenden Weg erreicht, steht eine kleine rosafarbene Buddha-Statue. Von oben bietet sich eine grandiose Aussicht.

Hügel aus rosafarbenem Quarz, Jathika Namal Uyana

Straßenkarte *siehe hintere Umschlaginnenseiten*

Höhlentempel von Dambulla

Die wunderschön ausgemalten Höhlentempel von Dambulla sind seit 1991 UNESCO-Welterbe. König Valagambahu (reg. 103 sowie 89–77 v. Chr.) suchte nach seiner Verbannung aus Anuradhapura in den hier befindlichen Höhlen Zuflucht. Nachdem er 14 Jahre nach seiner Vertreibung auf den Thron zurückgekehrt war, ließ er in den Höhlen Tempel errichten – aus Dankbarkeit gegenüber den hier lebenden Mönchen, die ihm seinerzeit geholfen hatten. Im Lauf der Jahrhunderte wurde die Anlage unter mehreren Königen erweitert und verschönert. Der Komplex umfasst fünf Höhlen. Sie bergen zahlreiche Statuen, die Buddha mit verschiedenen *mudras* zeigen. Wände und Decken zieren Gemälde (2. Jh. v. Chr. – 18. Jh.) mit religiösen und weltlichen Darstellungen.

Höhle III (Maha Alut Viharaya)
Im 18. Jahrhundert ließ König Kirti Sri Rajasinghe eine als Lager genutzte Höhle zu diesem Höhlentempel umwandeln. Der liegende Buddha an der linken Wand und die Buddha-Statue am Eingang wurden aus dem Fels herausgeschlagen.

★ Höhle IV (Pascima Viharaya)
Die relativ kleine Höhle beherbergt in der Mitte eine *dagoba*. Diese wurde einst von Dieben aufgebrochen, die darin Juwelen der Königin Somawathie, der Ehefrau von König Valagambahu, vermuteten. Die Höhle birgt unter einer *makara torana* auch einen prachtvoll gestalteten sitzenden Buddha.

Außerdem

① **Bodhi-Baum**

② **Lotosteich**

Höhle V (Devana Alut Viharaya)
Diese Höhle ist die jüngste und kleinste der Anlage. Die Statuen wurden – im Unterschied zu denen in anderen Höhlen – aus Gips und Ziegeln angefertigt. Bemerkenswert ist vor allem ein zehn Meter großer liegender Buddha. Wandmalereien dahinter stellen die hinduistischen Gottheiten Vishnu und Kataragama dar.

Fassade
Die fünf Höhlentempel wurden aus einem Granitfelsen geschlagen, der die Stadt Dambulla um etwa 100 Meter überragt. Von der Terrasse hat man eine schöne Sicht über die Umgebung, an klaren Tagen reicht der Blick bis nach Sigiriya *(siehe S. 166–169)*.

Infobox

Information
Nahe der Straße Kandy–Jaffna.
(066) 228 3605.
tägl. 7.30–18 Uhr.
goldentemple.lk

Anfahrt

★ Höhle II (Maharaja Viharaya)
Die größte und eindrucksvollste Höhle enthält neben vielen Buddha-Statuen auch eine bemalte hölzerne Statue von König Valagambahu und eine Statue von Nissankamalla *(siehe S. 48)*. Die Wandmalereien widmen sich dem Leben Buddhas und der Geschichte Sri Lankas.

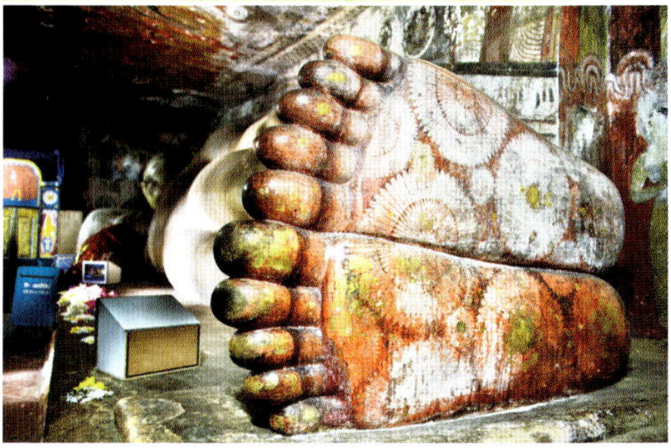

★ Höhle I (Devaraja Viharaya)
Größte Attraktion dieser Höhle ist ein 14 Meter langer liegender Buddha, der aus dem Fels herausgeschlagen wurde. Zu seinen Füßen steht eine Statue von Ananda, einem Jünger Buddhas. Weihrauch ließ die Gemälde an Wänden und Decke verblassen.

Ruinen des Palasts von König Parakramabahu in Polonnaruwa ***(siehe S. 172)*** ▶

❿ Sigiriya

Die Felsenfestung Sigiriya (Löwenfelsen) thront auf einem Granitfelsen, der seine Umgebung um rund 200 Meter überragt. Wegen ihrer Einzigartigkeit wurde sie 1982 von der UNESCO zum Welterbe erklärt. Zur Geschichte der Anlage gibt es mehrere Theorien. Nach der buddhistischen Chronik *Mahavamsa* tötete Kassapa im Jahr 477 seinen Vater, König Dhatusena, um seinerseits den Thron zu besteigen. Aus Furcht vor Vergeltung durch seinen Halbbruder Mogallana ließ Kassapa bis 485 auf dem Felsplateau eine uneinnehmbare Festung errichten. Anfang des 20. Jahrhunderts entdeckten britische Archäologen die Ruinen und begannen mit Ausgrabungen, die noch immer andauern.

Sigiriya aus der Vogelperspektive

Königliche Gärten
Die Grünanlagen umfassen Wasser-, Fels- und Terrassengärten. Die Wassergärten mit ihren Becken und Inseln verlaufen entlang dem Weg zum Felsen. Dahinter erstrecken sich Fels- und Terrassengärten bis zur Basis des Granitmonolithen.

Felsenfestung Sigiriya

Um Sigiriya ranken sich viele Geschichten. Weitverbreitet ist die Annahme, dass Kassapa seinen Vater, König Dhatusena, einmauerte, um dessen Nachfolger zu werden. Als neuer Herrscher ließ Kassapa die Hauptstadt von Anuradhapura nach Sigiriya verlegen. Aus Angst vor seinem Halbbruder Mogallana, dem rechtmäßigen Nachfolger Dhatusenas, ließ er die Felsenfestung anlegen. Nach einer anderen, vom sri-lankischen Archäologen Raja de Silva aufgestellten Theorie handelt es sich bei der Anlage nicht um Ruinen einer Festung, sondern um Überreste eines buddhistischen Klosters. Tatsächlich gibt es Hinweise, dass hier bis zum 12. Jahrhundert Mönche lebten. Allerdings ist dieser Ansatz weniger populär.

Büste von König Kassapa, Hotel Sigiriya

Hotels und Restaurants im Kulturellen Dreieck *siehe Seiten 220f und 232*

★ Löwenplattform
An dieser Terrasse an der Nordseite des steil aufragenden Felsens beginnt das letzte Stück des steilen Anstiegs auf das Gipfelplateau. Von einer riesigen Löwenfigur sind nur noch zwei Tatzen erhalten.

Infobox

Information
Straßenkarte C3. 28 km nordöstl. von Dambulla.
tägl. 7–18 Uhr (letzter Einlass: 17 Uhr).
Fresken. **sigiriya.org**

Anfahrt

★ Gipfelplateau
Auf dem etwa zwei Hektar großen Plateau standen einst viele Bauten, von denen heute nur noch Grundmauern zu sehen sind. Ein Aufstieg lohnt sich aber allein schon wegen der spektakulären Aussicht.

Spiegelwand
Diese glatte Wand erhielt ihren Namen für die glatte Polierung. Zwischen dem 7. und 13. Jahrhundert wurden hier zahlreiche Graffiti hinterlassen, in denen Reisende – oft in Versform – ihre Begeisterung über den Zauber Sigiriyas und die Fresken kundtaten. Übersetzungen der Texte werden im Sigiriya Museum gezeigt.

Kobrafelsen
Der an eine aufgerichtete Kobra erinnernde Felsen befindet sich am Eingang einer Höhle und birgt an einem Vorsprung eine Inschrift aus dem 2. Jahrhundert v. Chr. Die Höhlendecke zieren Malereien.

Außerdem

① **Das Sigiriya Museum** dokumentiert die Geschichte der Felsenfestung seit ihrer Entstehung. Zu den hier gezeigten Objekten gehören Modelle, archäologische Funde wie Statuen und Keramik sowie einige Reproduktionen der berühmten Fresken.

② **Fresken** *siehe S. 168f*

③ **Zisterne und Audienzhalle**

Fresken in Sigiriya

Für viele sind die Fresken der Hauptgrund für einen Besuch der Felsenfestung Sigiriya. Von den ursprünglich etwa 500 Fresken sind noch 21 erhalten. Früher nahm man an, dass in den aus dem 5. Jahrhundert stammenden Wandbildern Konkubinen von König Kassapa dargestellt sind. Heute geht man davon aus, dass es sich bei den Motiven um Porträts von *apsaras* (an Nymphen erinnernde »Wolkenmädchen«) handelt. Die Wandbilder zählen zweifellos zu den bedeutendsten Kunstwerken Sri Lankas und weisen auffallende Ähnlichkeit zu den Fresken der Ajanta-Höhlen im indischen Bundesstaat Maharashtra auf. Trotz ihres Alters sind die Fresken relativ gut erhalten, vor allem die unter schützende Felsvorsprünge gemalten.

Besucher bei der Betrachtung eines Freskos

Die naturalistischen Darstellungen bestechen durch Detailreichtum. Die zumeist barbusigen Frauen tragen Schmuck und zeigen anmutige Gesten. Bei Führungen wird man auf bemerkenswerte Einzelheiten hingewiesen, z. B. eine Frau mit drei Händen sowie eine mit drei Brustwarzen.

Die Grüntöne wurden vermutlich später hinzugefügt, andererseits fand man unter dem Anstrich auch ältere Farbschichten.

Einige Fresken wurden 1967 von Menschenhand beschädigt. Unter der Leitung des italienischen Restaurators Luciano Maranzi konnte der Originalzustand weitestgehend wiederhergestellt werden. In den letzten Jahren beschäftigten sich Fachleute auch mit der Frage, wie der fortschreitenden Verblassung der Fresken (u. a. auch durch Sonneneinstrahlung) Einhalt geboten werden kann.

Die Aussichtsplattform für die Fresken erreicht man über eine stählerne Wendeltreppe. Vorsprünge im Fels bieten vielen Fresken Schutz, allerdings setzen Wind, Staub und am Nachmittag auch die Sonneneinstrahlung den Kunstwerken zu.

Die zentralen Farben, die man für die Fresken einsetzte, waren Rot, Gelb und Braun. Die Pigmente entstammen in der Natur vorkommenden Materialien, die getrocknet und anschließend zerdrückt und gewässert wurden. Danach wurde die Farbe auf den noch feuchten Kalkputz aufgetragen. Beim Trocknen wurden die Pigmente dauerhaft in den Putz eingebunden.

Die weiblichen Figuren werden meist aus einer Wolke aufsteigend von der Hüfte aufwärts dargestellt.

Apsaras und Dienerinnen

Apsaras *sind in der hinduistischen und buddhistischen Mythologie Geister des Himmels und der Gewässer. Die halb als Frau und halb als Göttin dargestellten Figuren finden man auf Höhlen- und Tempeldecken gemalt sowie als Steinmetzarbeiten bei Säulen – oft tanzend, als Begleitung einer Gottheit oder über Buddha schwebend. Die »Wolkenmädchen« in Sigiriya werden als* apsaras *angesehen, die Teller voller Blumen oder Früchte tragenden Figuren als ihre Begleiterinnen.*

Die Ajanta-Höhlen in Maharashtra, einem indischen Bundesstaat, bergen ausdrucksstarke Fresken (2. Jh. v. Chr. – 5. Jh. n. Chr.), die in den Farben Ocker, Blau, Weiß und Schwarz gemalte Szenen aus dem Leben Buddhas zeigen.

⓫ Polonnaruwa

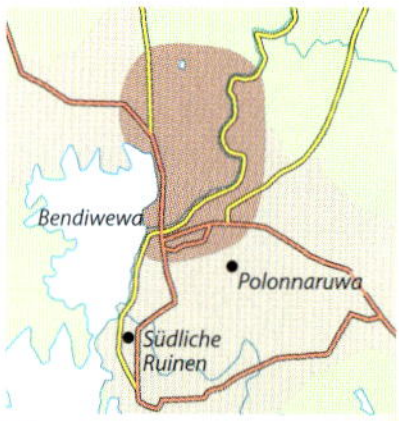

Dargestelltes Gebiet

Die gut erhaltenen Ruinen von Polonnaruwa betrachten viele Besucher als bedeutendste Sehenswürdigkeit im Kulturellen Dreieck. Die Stadt war das politische Zentrum des von König Vijayabahu I. gegründeten singhalesischen Königreichs. Die Truppen des Herrschers konnten sich 1077 den angreifenden Cholas widersetzen. Unter seinem Nachfolger, König Parakramabahu I., erlebte Polonnaruwa im 12. Jahrhundert eine wirtschaftliche und kulturelle Blüte. Der König erweiterte die Stadt und förderte den Bau von Klöstern, Tempeln und künstlichen Seen (u.a. des großen Parakrama Samudra), die für die Bewässerung der Reisfelder in Trockenzeiten angelegt wurden. Nach dem Tod von Nissankamalla, dem dritten berühmten König, zerfiel das Königreich, die Stadt wurde 1293 aufgegeben. Im 20. Jahrhundert begannen Grabungs- und Restaurierungsarbeiten, seit 1982 ist Polonnaruwa UNESCO-Welterbe.

★ Rankot Vihara
Die 50 Meter hohe, viertgrößte *dagoba* Sri Lankas wurde während der Regierungszeit von König Nissankamalla errichtet. Die meisten der kleinen Statuenhäuser stehen heute leer.

Heiliges Viereck
Die Anlage *(siehe S. 173)* zählt zu den größten Attraktionen Polonnaruwas. Hier stehen bedeutende Monumente, darunter der Rundbau Vatadage, der die Zahnreliquie Buddhas barg.

Polonnaruwa Museum
Das Museum präsentiert Grabungsfunde (u.a. Bronzestatuen) sowie Modelle, die zeigen, wie die Stadt in ihrer Glanzzeit ausgesehen haben könnte.

Hotels und Restaurants im Kulturellen Dreieck *siehe Seiten 220f und 232*

★ Gal Vihara
Der Tempel beherbergt vier Buddha-Statuen (eine liegende, zwei sitzende und eine stehende), die aus einem einzigen Granitblock gemeißelt wurden. Hauptattraktion ist der liegende Buddha.

Infobox

Information
Straßenkarte D3.
57 km östl. von Sigiriya.
(027) 222 4850. tägl. 7.30–18 Uhr.
Polonnaruwa Museum
tägl. 9–17.30 Uhr (Tickets für die archäologische Stätte im Museum). Für die Besichtigung der Anlage kann man ein Fahrrad mieten.

Anfahrt

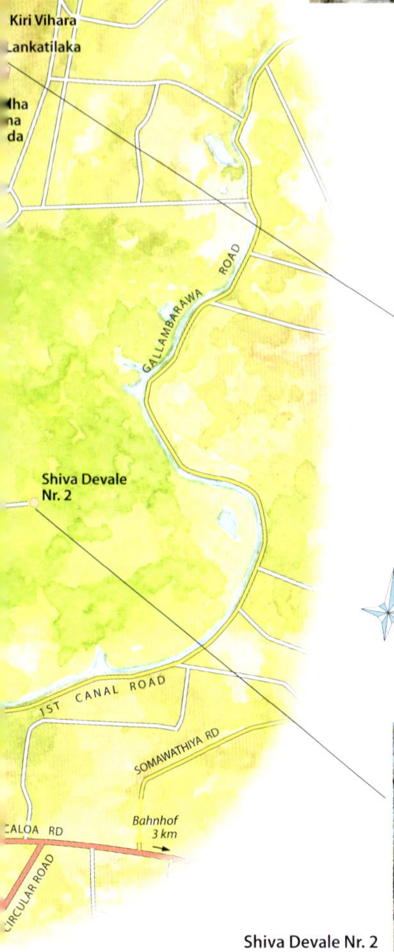

Lankatilaka
Das Bilderhaus wurde unter König Parakramabahu I. erbaut. Hinter den hoch aufragenden Wänden verbirgt sich eine große, wenn auch kopflose Statue eines stehenden Buddha. Interessant ist zudem das Flachrelief an der Fassade.

Shiva Devale Nr. 2
Die Ruine des Tempels aus der Chola-Zeit gilt als ältestes noch erhaltenes Bauwerk in Polonnaruwa. An den Wänden findet man tamilische Inschriften.

Legende
- Hauptstraße
- Andere Straße
- Nebenstraße

Straßenkarte *siehe hintere Umschlaginnenseiten*

Überblick: Polonnaruwa

Die Ruinen in Polonnaruwa gruppieren sich zu mehreren Bereichen. Im Areal um den Königlichen Palast südlich des Eingangs steht neben den Überresten von Parakramabahus Palast u.a. die Audienzhalle. Im spektakulären Heiligen Viertel nördlich des Eingangs befindet sich der großartige Tempel Vatadage. Im nördlichen Bereich außerhalb der ehemaligen Stadtmauer dominieren religiöse Bauwerke. Der Inselgarten erstreckt sich nahe dem Polonnaruwa Museum, die südlichen Ruinen liegen ein Stück südlich des Sees. Die gut erhaltene archäologische Stätte ist zu weitläufig, um sie zu Fuß zu erkunden. Am besten kommt man mit einem Fahrrad voran, das man in einem Hotel, Gästehaus oder am Eingang zur Stätte mietet.

Besucher am Königlichen Palast

Königlicher Palast

Im Zentrum der alten Stadt befinden sich die Überreste des auch unter dem Namen Vejayanta Prasada bekannten Königlichen Palasts des Herrschers Parakramabahu sowie einige weitere Bauwerke. Einst umgaben Befestigungsbauten das Ensemble. Der Palast hatte angeblich rund 1000 Räume, die sich auf sieben Stockwerke verteilten. Vom einstigen Prachtbau sind jedoch nur noch drei Stockwerke erhalten. Das Dach der Großen Halle wurde von 30 Säulen sowie einer Balkenkonstruktion getragen. Löcher in den Wänden markieren den früheren Verlauf der Balken.

Um den Palast gruppieren sich Ratszimmer und Audienzhalle, in denen der König seine Berater und Gäste empfing. Von diesen Bauten sind Grundmauern erhalten. Sie zieren Friese, auf denen Zwerge, Löwen und Elefanten dargestellt sind. Am Fuß der Treppe sind ein Mondstein und zwei Löwenfiguren erhalten.

An das Ratszimmer schließt östlich das Königliche Bad an. Früher wurde es vermutlich von einem Garten umrahmt. In der Nähe befinden sich die Ruinen eines Badehauses.

Shiva Devale Nr. 1

Der Shiva geweihte Schrein nördlich des Königlichen Palasts wurde im 13. Jahrhundert während der indischen Besetzung Polonnaruwas errichtet. Die Steine wurden nicht durch Mörtel miteinander verbunden, sondern passgenau zusammengefügt. Im Inneren befindet sich ein *lingam*. Einige der Bronzestatuen, die hier gefunden wurden, sind im Colombo National Museum *(siehe S. 78f)* ausgestellt.

Buddha Seema Pasada

Dieses Gebäude beherbergte den Versammlungsraum des Klosters. Man geht heute davon aus, dass es sich dabei seinerzeit um ein zwölfstöckiges Haus handelte. Möchszellen umgeben die Säulenhalle. In deren Zentrum befinden sich die Überreste einer erhöhten Plattform, die für den höchsten Geistlichen des Klosters reserviert war. Zwischen der Halle und dem Innenhof lagen vier Zugänge, die jeweils mit einem Mondstein versehen waren.

Kiri Vihara

Auf der anderen Seite des Bilderhauses Lankatilaka *(siehe S. 171)* steht die *dagoba* Kiri Vihara, die in ihrer Gestalt an Rankot Vihara *(siehe S. 170)* erinnert. Das Bauwerk war vermutlich König Parakramabahus Frau Subhadra gewidmet. *Kiri* ist das singhalesische Wort für Milch, deshalb wurde die *dagoba* nach der weißen Farbe ihres Verputzes benannt. Bei der Entdeckung der Anlage soll sich Kiri Vihara in sehr gutem Zustand befunden haben.

Menik Vihara

Nahe dem nördlichen Tor führt ein Weg zur Ruine von Menik Vihara. Zu sehen sind die inzwischen restaurierten Grundmauern einiger Klostergebäude sowie eine kleine *dagoba*. Von einer erhöhten Plattform blickt man durch Lücken im Dach ins Innere.

Die im Sonnenlicht weiß leuchtende *dagoba* Kiri Vihara

Heiliges Viereck

Nördlich von Shiva Devale Nr. 1 erstreckt sich das Heilige Viereck (Quadrangle), das für viele Besucher zu den Hauptattraktionen Polonnaruwas zählt. Hier findet sich ein Ensemble höchst eindrucksvoller Monumente. Die rechteckige, etwas erhöht errichtete Anlage umfasst u. a. den Rundbau Vatadage, eines der bekanntesten Bauwerke Sri Lankas. Dieses Reliquienhaus wurde während der Regierungszeit von Parakramabahu mit einer *dagoba* im Zentrum auf einer erhöhten Terrasse errichtet und mit einer Mauer umgeben. Eingänge führen zur Terrasse, auf der man über Stufen die *dagoba*

Aufgang zur zentralen *dagoba* des Tempels Vatadage

Thuparama, einer der am besten erhaltenen Tempel der Anlage

erreicht. Oben angekommen, wird man von Buddha-Statuen begrüßt.

Gegenüber steht der unter Nissankamalla errichtete Tempel Hatadage. Ein schöner Mondstein schmückt den Eingang des früher zwei Stockwerke hohen Bauwerks, im Inneren sind drei Buddha-Statuen erhalten. Auf Vijayabahu I. geht der benachbarte Atadage zurück. Vom ursprünglichen Gebäude sind nur ein paar Säulenreste erhalten. Trotz der ähnlich klingenden Namen sind die drei genannten Reliquientempel leicht voneinander zu unterscheiden.

Bemerkenswert ist auch Gal Pota, eine mehr als acht Meter lange und rund 25 Tonnen schwere Granitplatte. Inschriften darauf beschreiben das Wirken von König Nissankamalla. Unmittelbar daneben ähnelt Satmahal Prasada einem kambodschanischen Stufentempel. Nahe dem Tor westlich des Vadatage befindet sich Nissankalata, auch unter dem Namen Lotus Mandapa bekannt. Die Anlage umfasst eine auf einer Plattform stehende *dagoba*. Sie wird von steinernen Säulen in Form von Lotosknospen umgeben. Man nimmt an, das Nissankamalla hier dem Rezitieren religiöser Texte zuhörte.

Im südwestlichen Teil des Heiligen Vierecks steht der Thuparama-Tempel, der acht Buddha-Statuen beherbergt, einige von ihnen stammen aus Anuradhapura. Durch Löcher in den Wänden dringt Sonnenlicht nach innen, das einzelne Kristalle der Statuen glitzern lässt.

Heiliges Viereck

1. Vatadage
2. Hatadage
3. Gal Pota
4. Satmahal Prasada
5. Atadage
6. Nissankalata
7. Thuparama

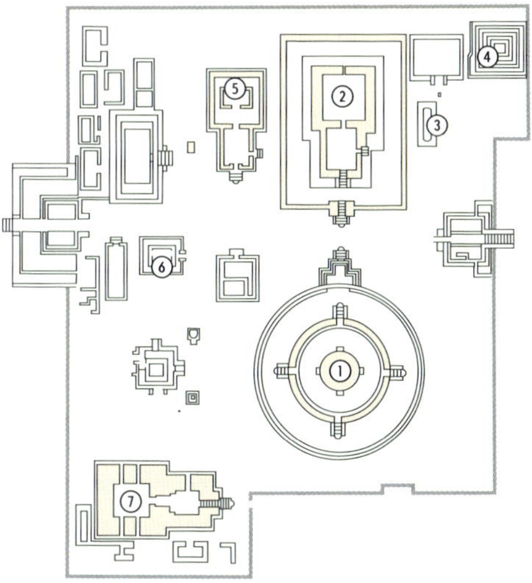

0 Meter 500

Ruinen des Ratszimmers, Inselgarten, Polonnaruwa

Inselgarten

Unmittelbar hinter dem Polonnaruwa Museum erreicht man die Ruinen des Königspalasts von Nissankamalla. Der Komplex wurde auf dem Gelände des Lustgartens von Parakramabahu angelegt und umfasst Überreste mehrerer Bauwerke. Am interessantesten ist das Ratszimmer, von dem Fundamente und vier Säulenreihen erhalten sind, die vermutlich das nun nicht mehr vorhandene Dach trugen. Am südlichen Ende des Ensembles steht ein Granitlöwe an der Stelle, wo sich wahrscheinlich Nissankamallas Thron befand. Die dem Löwen nächstgelegenen Säulen tragen Inschriften mit den Namen von Würdenträgern, darunter Mitglieder der Ratsversammlung, die bei Sitzungen mit dem König anwesend waren. Südlich des Ratszimmers steht ein steinernes Mausoleum, in dem möglicherweise Nissankamalla bestattet wurde. Die Ruinen des Königlichen Bades, das durch unterirdisch verlaufende Rohrleitungen mit Wasser aus dem Parakrama Samudra versorgt wurde, sind in der Nähe. Ebenfalls nahe dem Ratszimmer findet man einen Hügel mit den Resten von König Parakramabahus Sommerresidenz.

Aus einem Fels gemeißelte Statue nahe Potgul Vihara

Südliche Ruinen

Die etwas abseits gelegenen südlichen Ruinen erreicht man zu Fuß oder mit dem Fahrrad, der Weg führt am Ufer des Parakrama Samudra entlang. Hier befindet sich Potgul Vihara. Diese recht gut erhaltene Klosteranlage umfasst neben anderen Bauten auch vier *dagobas*, die sich um die Ruinen eines Rundbaus gruppieren. In dem mit mächtigen Mauern versehenen Gebäude war vermutlich eine Bibliothek mit religiösen Schriften untergebracht. Vielleicht wurde sie für Parakramabahu errichtet, der hier den Rezitationen des brahmanischen Weisen Pulasti lauschte.

Nördlich des Potgul steht eine vier Meter große, aus dem Fels gemeißelte Statue eines bärtigen Mannes. Im Vergleich zu anderen Skulpturen in Polonnaruwa ist sie weniger stilisiert. Möglicherweise handelt es sich um eine Darstellung von König Parakramabahu I.

⓬ Habarana

Straßenkarte C3. 11 km nordwestl. von Sigiriya. 3500.

Der kleine, beschauliche Ort Habarana liegt an der Kreuzung wichtiger Routen, u. a. der Strecke von Anuradhapura nach Polonnaruwa sowie von Trincomalee und Jaffna im Norden nach Kandy und Colombo im Süden.

Habarana zeichnet sich weniger durch besondere touristische Attraktionen aus, sondern fungiert eher als guter Ausgangspunkt für die Erkundung des Kulturellen Dreiecks. Die Verbindungen nach Anuradhapura, Polonnaruwa, Sigiriya und Dambulla sind exzellent. Wer Tiere beobachten will, kann von Habarana aus auch Safaris und Touren in den Nationalparks Minneriya und Kaudulla sowie in den Hurulu Eco Park unternehmen.

Bei vielen Besuchern ist ein Elefantenritt um den Habarana Lake beliebt – wobei die Elefanten in Ketten allerdings ein trauriger Anblick sind. Auch die kurze Wanderung auf dem um den See verlaufenden Pfad ist populär. Wer sich nach einem Tag voller Sightseeing entspannen möchte, hat diverse Möglichkeiten. Das Angebot in und um Habarana umfasst ein breites Spektrum an Ayurveda-Behandlungen.

Elefantenausritt – Touristenattraktion beim Habarana Lake

Hotels und Restaurants im Kulturellen Dreieck *siehe Seiten 220f und 232*

Elefantenherde an einem See, Minneriya National Park

⓭ Minneriya National Park

Straßenkarte C3. 32 km östl. von Habarana. ☎ (027) 327 9243. ◯ tägl. 6–18.30 Uhr. **Hinweis:** Beste Besuchszeit ist Juni bis Oktober. Hotels und Gästehäuser organisieren Safaris im Nationalpark.

Gemeinsam mit dem Kaudulla National Park im Norden und dem Wasgomuwa National Park im Süden bildet dieses Areal einen wichtigen Abschnitt des sogenannten »Elefantenkorridors«, der mehrere Schutzgebiete umfasst, zwischen denen die Dickhäuter umherwandern können.

Der im 4. Jahrhundert unter König Mahasena angelegte künstliche See Minneriya Wewa im Zentrum des Nationalparks hat eine Fläche von rund 30 Quadratkilometern. Zwischen August und Oktober, zum Höhepunkt der Trockenzeit, versammeln sich viele Elefanten an dem Gewässer. Im September wurden einmal rund 300 Exemplare gezählt. Das jedes Jahr eintretende Ereignis ist als »The Gathering« (Versammlung) bekannt. Die Tiere kommen nicht nur zum Trinken, sondern fressen auch Pflanzen, die durch den in der Trockenzeit niedrigeren Wasserspiegel verfügbar sind.

Der Nationalpark umfasst mehrere Ökosysteme – von Feuchtland bis Regenwald. Sie bieten Lebensraum für eine artenreiche Tierwelt, zu der neben Fischen und Vögeln auch Säugetiere wie Makaken, Büffel und Leoparden sowie Reptilien wie Warane gehören.

In der Trockenzeit – vor allem im September – ist das Besucheraufkommen wegen der Möglichkeit, Elefanten zu beobachten, sehr hoch.

⓮ Kaudulla National Park

Straßenkarte C3. 22 km nordöstl. von Habarana. ☎ (027) 327 9735. ◯ tägl. 6–18.30 Uhr. **Hinweis:** Beste Besuchszeit ist August bis Dezember. Hotels und Gästehäuser organisieren Touren in den Nationalpark.

Der 2002 eingerichtete Nationalpark, Teil des »Elefantenkorridors«, erstreckt sich – ebenso wie der Nationalpark Minneriya – um einen See, der in der Trockenzeit zahlreiche Elefanten anzieht. Die Zusammensetzung der Fauna ist in beiden Parks ähnlich, in Kaudulla leben außerdem die mit den Bengalkatzen verwandten Rostkatzen. Die Vogelwelt umfasst u.a. Pelikane, Marabus und Kormorane.

Außerhalb der Trockenzeit stehen große Flächen unter Wasser, die Elefanten begeben sich dann in benachbarte Gebiete. Ein Bild vom Leben am und im Wasser kann man sich bei einer Bootsfahrt machen.

Bei einer Safari sollten Sie den Elefanten nicht zu nahe kommen, da diese unter Umständen angriffslustig werden können.

⓯ Hurulu Eco Park

Straßenkarte C3. 10 km nordöstl. von Habarana. ◯ tägl. 6–8.30 Uhr. **Hinweis:** Hotels und Gästehäuser organisieren Touren in den Park.

Der Hurulu Eco Park (Eröffnung: 2008) ist Teil des Hurulu Biosphere Reserve. Das Areal wird häufig aufgesucht, wenn sich die Nationalparks Minneriya und Kaudulla wegen Überflutung nicht für Tierbeobachtungen eignen. Einen größeren See gibt es nicht, dafür jedoch ein Netz an Flüssen und Bächen, an denen sich viele Elefanten und andere Säugetiere wie Wasserbüffel und Affen aufhalten. Auch die Vogelwelt ist artenreich vertreten. Derzeit gibt es Pläne, mehrere Gewässer zu einem größeren See aufzustauen und die bisher von Jeeps befahrenen Pisten zu Wanderwegen umzugestalten.

Buntstörche am Kaudulla Tank, Kaudulla National Park

⓰ Ritigala

Straßenkarte C3. 21 km nordwestl. von Habarana. tägl. 7–18 Uhr.

Um die von Wald umrahmte, auf dem Gebiet des Ritigala Strict Nature Reserve gelegene Klosteranlage ranken sich Legenden und Mythen. Im 9. Jahrhundert lebten hier Mönche des Pansakulika-Ordens. Ihrem Gelübde gemäß mussten sie ihr Leben in äußerster Enthaltsamkeit verbringen. Daher erschien ihnen das abgelegene Gebiet als passendes Klosterareal.

Am Besucherzentrum gibt es Informationstafeln über die Klosteranlage, man kann dort auch einen Führer buchen. Hinter dem Eingang zur Ruinenstätte verläuft ein Pfad um den See Banda Pokuna, an dessen Ende Stufen zu einem Weg führen, auf dem man sämtliche wichtigen Ruinen des Komplexes erreicht. An der ersten Lichtung kommt man zu einer Terrasse, die mit einer anderen über eine Steinbrücke verbunden ist. Man geht davon aus, dass sich die Mönche seinerzeit zum Meditieren hierher zurückzogen. Das Gelände darunter wurde vermutlich überflutet, um Kühle zu schaffen. Rechts von den Terrassen befindet sich eine weitere Lichtung.

Wenn man dem gepflasterten Weg nun nach links folgt, erreicht man ein früher vielleicht als Bibliothek genutztes Gebäude. Schließlich kommt man zu einer weiteren, erhöht liegenden Terrasse, die weniger gut erhalten ist.

Ein besonderer Reiz des abgelegenen Ritigala liegt in der völligen Ruhe – hierher kommen nicht allzu viele Touristen.

⓱ Aukana

Straßenkarte C3. 37 km westl. von Habarana. tägl. 7–19 Uhr.

Wichtigste Sehenswürdigkeit des Dorfs Aukana ist der zwölf Meter hohe stehende, aus einem Felsblock geschlagene Buddha. Die Figur besticht durch Detailreichtum, der sich auch in der feinen Darstellung der Falten des Gewands zeigt. Die Figur verharrt in der *asisa mudra*, einer Variation der *abhaya mudra (siehe S. 177)*. Sie ist bei sri-lankischen Buddhas eigentlich nicht üblich, wurde später aber oft nachgeahmt.

Yapahuwa: zur Terrasse hinaufführende Steintreppe

⓲ Sasseruwa

Straßenkarte C3. 12 km westl. von Aukana. tägl.

Die Buddha-Statue von Sasseruwa ähnelt in Größe und Haltung der in Aukana, wirkt aber schwerfälliger. Angeblich wurde die Statue in Aukana von einem Meister gefertigt, die in Sasseruwa von einem seiner Schüler. Nachdem der Meister sein Werk vollendet hatte, soll der Schüler entmutigt unverzüglich seine Arbeit eingestellt haben.

Außer der Statue, die man über eine 50 Stufen lange Treppe erreicht, sind auch ein Bodhi-Baum sowie einige Höhlentempel, die als Überreste einer Klosteranlage gelten, sehenswert.

Buddhistische Fresken an der Wand eines Höhlentempels, Sasseruwa

⓳ Yapahuwa

Straßenkarte C4. 45 km südwestl. von Aukana. tägl. 8–18 Uhr.

Die steinerne Festung überragt die Ebenen der Umgebung um rund 90 Meter. Das Anwesen war das Zentrum eines im 13. Jahrhundert von König Bhuvanekabahu I. gegründeten und kurze Zeit als singhalesische Hauptstadt fungierenden Orts. Der König brachte die Zahnreliquie hierher, um sie vor Angreifern aus Südindien zu schützen. Nach dem Fall Yapahuwas an die Pandy im Jahr 1284 wurde der Ort verlassen. Später siedelten sich hier Mönche an.

Aus jener Zeit sind noch Ruinen erhalten, darunter auch Überreste des Palasts. Herausragende Attraktion ist allerdings eine steile Treppe, die zu einer natürlichen Felsterrasse führt. Den oberen Teil der Treppe zieren fein gearbeitete Steinmetzarbeiten und Statuen, darunter große Löwen- und Elefantenfiguren, die die Treppe zu beiden Seiten flankieren. Auf Tafeln sind Tänzer und Musiker dargestellt. Diese Figuren zeigen deutliche Einflüsse aus Südindien.

Ein im hinteren Bereich der Terrasse beginnender Pfad führt zum Gipfel, der einen Panoramablick ermöglicht.

Hotels und Restaurants im Kulturellen Dreieck *siehe Seiten 220f und 232*

Buddhistische *mudras*

Mit dem Buddhismus werden viele als *mudras* bezeichnete symbolische Gesten in Verbindung gebracht. Dabei handelt es sich um unterschiedliche Handgesten. In der sri-lankischen Kunst wird Buddha mit drei zentralen Haltungen dargestellt: stehend, sitzend und liegend. Die ersten beiden umfassen auch Handgesten, die sich auf einschneidende Erlebnisse im Leben Buddhas beziehen – die Erleuchtung oder seine erste Predigt in Sarnath. Das *parinirvana* (Nirwana), den Austritt aus dem Zyklus des Seins, symbolisiert die liegende Haltung. Meist ist Buddha in der Meditationspose *dhyana mudra* oder liegend zu sehen. Im Folgenden sind die in Sri Lanka verbreiteten *mudras* abgebildet.

Der liegende Buddha zeigt den Lehrenden als Toten. Diese Haltung symbolisiert das *parinirvana*, den Austritt aus dem Kreislauf des Leidens und der Wiedergeburten. Wenn die Zehen geradlinig dargestellt sind, verkörpert die Haltung hingegen den schlafenden Buddha.

Die *abhaya mudra*, eine Geste, die Furchtlosigkeit symbolisiert und Glückseligkeit zuteilwerden lässt, zeigt Buddha mit bis zur Schulter erhobener rechter Hand mit nach vorn gerichteter Handfläche.

Bei der *bhumisparsha mudra*, einer Geste der Erdanrufung, berührt Buddha mit den Fingerspitzen seiner rechten Hand den Boden, während die linke im Schoß liegt. Die Haltung erinnert an den Sieg Buddhas über seinen Gegenspieler Mara.

Die *dhyana mudra* ist eine Meditationspose, bei der Buddha im (halben) Lotossitz, beide Hände im Schoß haltend, dargestellt wird.

Die *vitarka mudra* und die *dharmachakra mudra* stehen für Argumentation bzw. Predigen. In beiden Gesten berühren sich Daumen und Zeigefinger, in der *dharmachakra mudra* bilden sie einen Kreis, der das Rad *(chakra)* von Buddhas Lehre *(dharma)* verkörpert.

Straßenkarte *siehe hintere Umschlaginnenseiten*

⑳ Anuradhapura: Südliche Ruinen

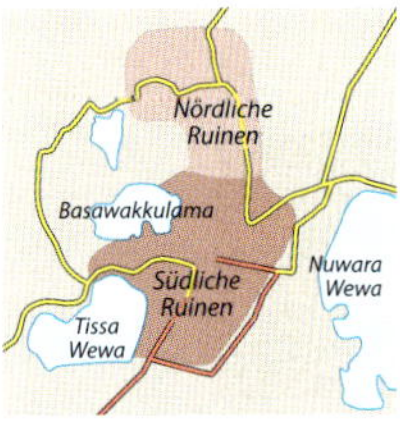

Dargestelltes Gebiet

Anuradhapura wurde im 4. Jahrhundert v. Chr. gegründet und fungierte als eines der bedeutendsten politischen und religiösen Zentren in der Geschichte Sri Lankas. Von der alten Stadt sind noch Reste von Tempeln, *dagobas* und Palästen erhalten, die die einstige Pracht widerspiegeln. Auf dem Höhepunkt ihrer Macht war die Stadt im 9. Jahrhundert. Danach litt sie unter Angriffen aus Südindien, nach der Einnahme durch die Chola im 10. Jahrhundert setzte der Verfall ein. Die Bauten verteilen sich über eine große Fläche, die wichtigsten Stätten befinden sich jedoch im Zentrum nahe dem Sri Maha Bodhi sowie um Jetavanarama Dagoba und die nördliche Abhayagiri Dagoba.

Thuparama Dagoba
Diese *dagoba* ist die älteste in Sri Lanka, König Devanampiya Tissa ließ sie im 3. Jahrhundert v. Chr. errichten. Der Überlieferung zufolge soll sie das rechte Schlüsselbein Buddhas bergen. Ihre glockenförmige Gestalt erhielt die *dagoba* im 19. Jahrhundert. Die noch erhaltenen Steinsäulen trugen einst ein Holzdach.

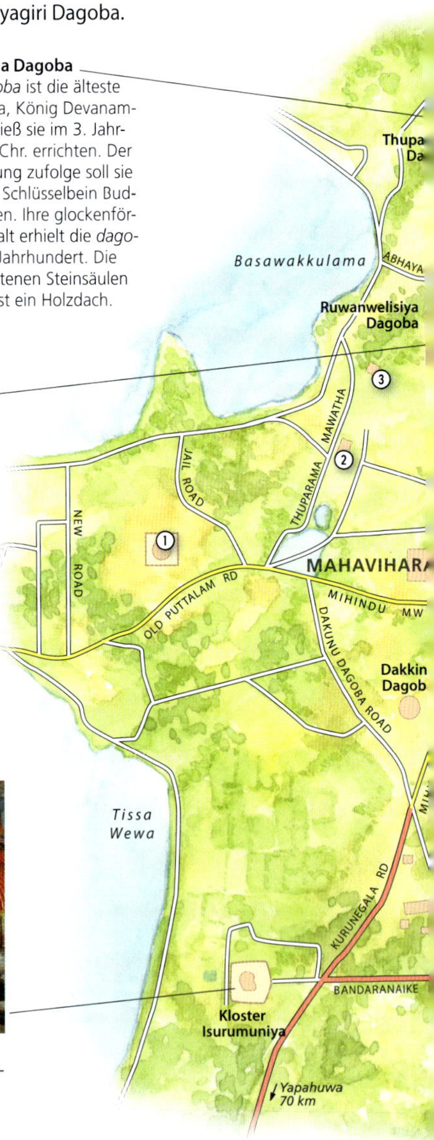

★ Ruwanwelisiya Dagoba
Während der Herrschaft von König Dutugemunu (2. Jh. v. Chr.) entstand diese 55 Meter hohe *dagoba*. Eine Mauer mit eindrucksvollem Elefantenfries umgibt die Anlage. Die Form des Bauwerks wurde bei Restaurierungsarbeiten stark verändert.

★ Kloster Isurumuniya
Der Felsentempel der zur Regierungszeit von Devanampiya Tissa erbauten Klosteranlage birgt einen liegenden Buddha. Im Museum findet man einige der schönsten Skulpturen der gesamten Anlage.

Hotels und Restaurants im Kulturellen Dreieck *siehe Seiten 220f und 232*

Jetavanarama Dagoba
Beim Bau im 3. Jahrhundert hatte die *dagoba* eine Höhe von über 100 Metern. Damit war sie nach zwei Pyramiden in Gizeh das dritthöchste Bauwerk der Welt. Das nahe gelegene Jetavanarama Museum präsentiert u. a. Schmuck, Buddha-Statuen und Steinmetzarbeiten, die auf dem Gelände entdeckt wurden.

Infobox

Information
Straßenkarte C3.
70 km nordöstl. von Yapahuwa.
(025) 222 7640. tägl. 7–20 Uhr. **Hinweis:** Für die Besichtigung können Fahrräder oder Three-Wheeler gemietet werden.

Anfahrt

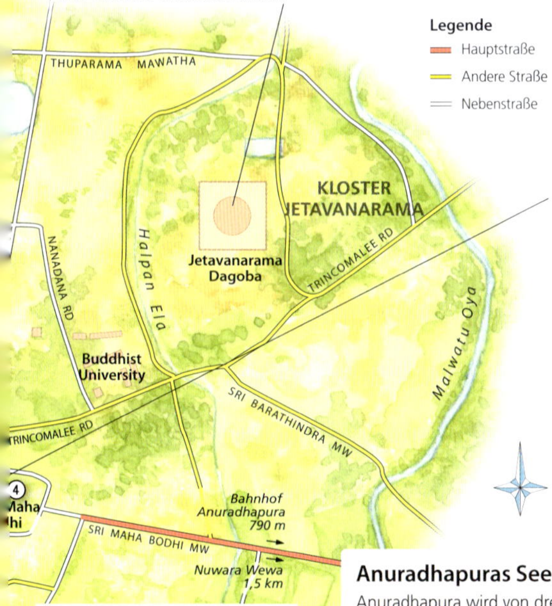

★ **Sri Maha Bodhi**
Der größte und älteste der vielen Bodhi-Bäume der Anlage wuchs angeblich aus einem Trieb, den Prinzessin Sanghamitta, eine Schwester Mahindas, im 3. Jahrhundert v. Chr. aus Indien hierherbrachte.

Außerdem

① **Mirisavatiya Dagoba** war der erste während der Herrschaft von König Dutugemunu errichtete Bau nach seiner Eroberung Anuradhapuras im 3. Jahrhundert v. Chr.

② **Das Archäologische Museum** zeigt eine Sammlung von Statuen und Steinmetzarbeiten. Hier bekommt man auch die Tickets für die Besichtigung der Anlage.

③ **Das Folk Museum** präsentiert volkskundliche Objekte der Gegend.

④ **Der Bronze-Palast**, erbaut für König Dutugemunu, soll neun Stockwerke umfasst haben. Heute sind nur noch Säulen der Rekonstruktion aus dem 12. Jahrhundert erhalten.

Anuradhapuras Seen

Anuradhapura wird von drei großen künstlichen Seen umgeben, die als Reservoire für Bewässerungszwecke angelegt wurden. Nuwara Wewa im Osten ist mit einer Fläche von 120 Quadratkilometern der größte See. Er wurde um 20 v. Chr. aufgestaut und später mehrfach vergrößert. Tissa Wewa im Süden (160 ha) wurde unter Devanampiya Tissa angelegt, Basawakkulama (120 ha) entstand als ältester der drei Seen im 4. Jahrhundert v. Chr.

Tissa Wewa, einer von drei Seen um Anuradhapura

Anuradhapura: Nördliche Ruinen

Dargestelltes Gebiet

Der nördliche Teil von Anuradhapura wartet mit Sehenswürdigkeiten auf, die die lange Historie der einst bedeutenden Stadt dokumentieren. Einen Rundgang in diesem Bereich beginnt man am besten beim Königlichen Palast mit Mahapali-Refektorium und Dalada Maligawa. Dann wendet man sich nach Norden zu den Ruinen von Abhayagiri, der – neben Mahavihara und Jetavanarama – dritten Klosteranlage von Anuradhapura. Die zur Zeit von König Vattagamini Abhaya 88 v. Chr. gegründete Anlage entwickelte sich zum größten und einflussreichsten Kloster des Landes, im 5. Jahrhundert lebten hier um die 5000 Mönche. Östlich befinden sich die Statue Samadhi Buddha und Kuttam Pokuna.

Ratna Prasada
In dem aus dem 8. Jahrhundert stammenden Gebäude am Rand von Anuradhapura boten Mönche Schutzsuchenden Unterschlupf. Die steinerne Skulptur am Eingang zählt zu den schönsten Anuradhapuras. Sie zeigt einen *nagaraja* (Schlangenkönig) unter einer siebenköpfigen Schlange.

Mahasenas Palast
Von dem Palast ist nicht allzu viel erhalten. Der vermutlich im 8. Jahrhundert erschaffene Mondstein ist jedoch einer der eindrucksvollsten in Sri Lanka. Er umfasst fünf Kreise, die das Erreichen des Nirwana symbolisieren.

Außerdem

① **Das Abhayagiri Museum** zeigt Objekte, die man bei Grabungen am Abhayagiri-Kloster fand, u. a. Schmuck, Tonwaren und Münzen.

② **Dalada Maligawa** gilt als ursprünglicher Zahntempel, in dem die Zahnreliquie bewahrt wurde, nachdem sie 313 nach Sri Lanka gebracht worden war.

Abhayagiri Dagoba
Die 88 v. Chr. während der Herrschaft von König Vattagamini Abhaya errichtete *dagoba* war einst 115 Meter hoch. Seit dem Abbrechen der Spitze misst sie noch 70 Meter.

Hotels und Restaurants im Kulturellen Dreieck *siehe Seiten 220f und 232*

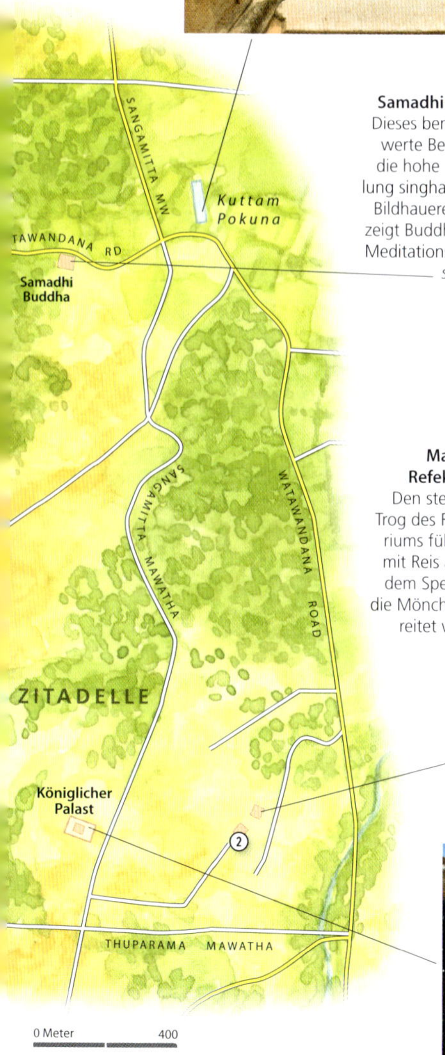

Kuttam Pokuna
Die auch *twin ponds* (»Zwillingsteiche«) genannten Wasserbecken differieren in ihrer Größe. Das nördliche ist 40, das südliche 28 Meter lang. Ihre Anlage erfolgte im 8. Jahrhundert. Vermutlich wurden sie für rituelle Bäder genutzt, wofür die von beiden Seiten ins Wasser führenden Stufen sprechen.

Samadhi Buddha
Dieses bemerkenswerte Beispiel für die hohe Entwicklung singhalesischer Bildhauerei (4. Jh.) zeigt Buddha in der Meditationshaltung *samadhi*.

Mahapali-Refektorium
Den steinernen Trog des Refektoriums füllte man mit Reis auf, aus dem Speisen für die Mönche zubereitet wurden.

Königlicher Palast
Den Palast ließ König Vijayabahu I. erbauen, nachdem er 1077 die Chola besiegt hatte – auch wenn zu jener Zeit Polonnaruwa politisches Zentrum war. Die Anlage ist jünger als viele andere Bauten des Geländes, gleichwohl ist nur eine Terrasse mit Wächterskulpturen erhalten.

21 Mihintale

Auf dem heiligen Hügel Mihintale bekehrte Mahinda, Sohn des indischen Königs Asoka, im 3. Jahrhundert v. Chr. König Devanampiya Tissa zum Buddhismus. Der Sage nach war der König hier gerade auf der Jagd, als sich ihm Mahinda näherte, der mithilfe eines Rätsels die Weisheit des Königs testen wollte. Devanampiya Tissa bestand den Test und wurde mit rund 40 000 Gefolgsleuten bekehrt. Die religiöse Stätte ist ein herausragendes buddhistisches Pilgerziel, vor allem zu Poson im Juni *(siehe S. 40)* kommen viele Gläubige hierher. Besichtigen Sie die Anlage am besten vormittags oder spätnachmittags.

Von Frangipani-Bäumen (Tempelbäumen) beschattete Treppe

Ruinen des Hospitals

Vom Parkplatz ist es nicht weit zu den Überresten des Hospitals, das im 9. Jahrhundert während der Herrschaftszeit von König Sena II. errichtet wurde. Beim Betreten der Stätte kommt man an steinernen Trögen vorbei, die vermutlich für medizinische Anwendungen genutzt wurden. Man nimmt an, dass sich Patienten in den mit heilenden Ölen gefüllten Trögen entspannten. Auch Reste einiger Behandlungsräume sind erhalten.

Ein kurzer Weg nach Osten führt zu einem Museum, in dem archäologische Funde der Anlage ausgestellt sind.

Treppe

Die im Schatten von Frangipani-Bäumen zum höchsten Punkt der Stätte verlaufende Treppe hat nicht weniger als 1840 in den Felsen geschlagene Stufen. Auf dem Weg nach oben kann man an einigen Terrassen verschnaufen. Der erste Treppenabschnitt ist breit und relativ flach, nach oben wird es enger und steiler.

Wer sich mit dem Treppensteigen schwertut, kann auch die Old Road weiterfahren und bei der Terrasse des Refektoriums parken. Damit erspart man sich einen Teil des Aufstiegs.

Kantaka Chetiya

Am ersten kleineren Treppenabsatz kommt man rechts zu den Ruinen von Kantaka Chetiya, der ältesten *dagoba* in Mihintale. Das einst 30 Meter hohe Bauwerk misst nur noch 12 Meter. Jede der vier *vahalkadas* ist mit Skulpturen von Gänsen, Zwergen und Elefanten geschmückt. Einige *vahalkadas* zeigen Säulen mit Blumen und Vögeln, die von Tierfiguren bekrönt werden. Südlich der *dagoba* kommt man zu einem mächtigen, mit einer Brahmi-Inschrift verzierten Felsen. In der Nähe kann man Höhlen und als Orte der Meditation genutzte Felsvorsprünge erkunden.

Terrasse des Refektoriums

Links vom zweiten Treppenabsatz liegt die Terrasse des Refektoriums. Die großen Steintröge wurden seinerzeit mit Reis aufgefüllt, von dem sich die Mönche ernährten.

Den Eingang zum erhöht liegenden Bilderhaus flankieren zwei große, zur Regierungszeit König Mahindas IV. (reg. 975–991) aufgestellte Steinplatten mit singhalesischen Inschriften. Sie listen Verhaltensregeln für Mönche und Bedienstete des Klosters auf. Etwas weiter südlich kommt man zu den Ruinen der Steinsäulen der Versammlungshalle, in der die Mönche zusammenkamen.

Rechts von der Terrasse befindet sich der kleine Singha Pokuna (»Löwenteich«) – benannt nach der verwitterten Löwenskulptur, deren Maul

Ruinen von Steintrögen auf der Terrasse des Refektoriums

Hotels und Restaurants im Kulturellen Dreieck *siehe Seiten 220f und 232*

Blick auf die hoch aufragende Mahaseya Dagoba

Infobox

Information
Straßenkarte C3.
15 km östl. von Anuradhapura.
tägl. 8–18 Uhr.
zweite Terrasse.

Anfahrt
von Anuradhapura.

einst Wasser spie. In den Fries über der Skulptur sind Tänzer und Elefanten eingraviert. Zudem sind Reste von den Badehäusern der Mönche erhalten geblieben.

Aradhana Gala

Ein steiler Abschnitt führt zur oberen Terrasse, wo man ein Ticket lösen, die Schuhe ausziehen und Kopfbedeckungen abnehmen muss. In der Mitte steht die Ambasthala Dagoba an der Stelle, wo sich Mahinda und Devanampiya Tissa trafen. Buddhas steinerner, von einem Gitter umgebener Fußabdruck ist mit Münzen von Pilgern übersät. Die kopflose Statue in der Nähe soll König Tissa darstellen. Gegenüber führen Stufen zu einem weißen sitzenden Buddha. Östlich der Ambasthala Dagoba kommt man über Stufen zum Aradhana Gala (Meditationsfelsen), von dem aus man die große Mahaseya Dagoba sieht.

Von der oberen Terrasse führt ein Pfad hinunter zu Mahindas Höhle. Dieser Raum unter einem riesigen Felsen birgt eine große Felsplatte, auf der er geschlafen haben soll.

Mahaseya Dagoba

Von der südwestlichen Ecke der Terrasse führen Stufen zum Gipfel mit der 14 Meter hohen, schon von Weitem sichtbaren Mahaseya Dagoba. Hier soll Mahinda bestattet worden sein. Von oben hat man eine wunderschöne Aussicht auf die Umgebung, nach Südwesten – bis zu den *dagobas* von Anuradhapura. Ein buddhistischer Tempel und ein kleiner hinduistischer *devale* umrahmen die *dagoba*.

Naga Pokuna

Nach Besichtigung der Mahaseya Dagoba geht man wieder hinab zur Ambasthala Dagoba. Ein Weg führt nach links zum Naga Pokuna (»Schlangenteich«). Er wurde nach einer in den angrenzenden Felsen gemeißelten fünfköpfigen Kobra benannt. Mit dem Wasser wurde das tiefer gelegene Kloster versorgt.

Et Vihara

Eine Treppe mit rund 600 Stufen führt zu den Ruinen der *dagoba* Et Vihara, die sich am höchsten Punkt von Mihintale befindet.

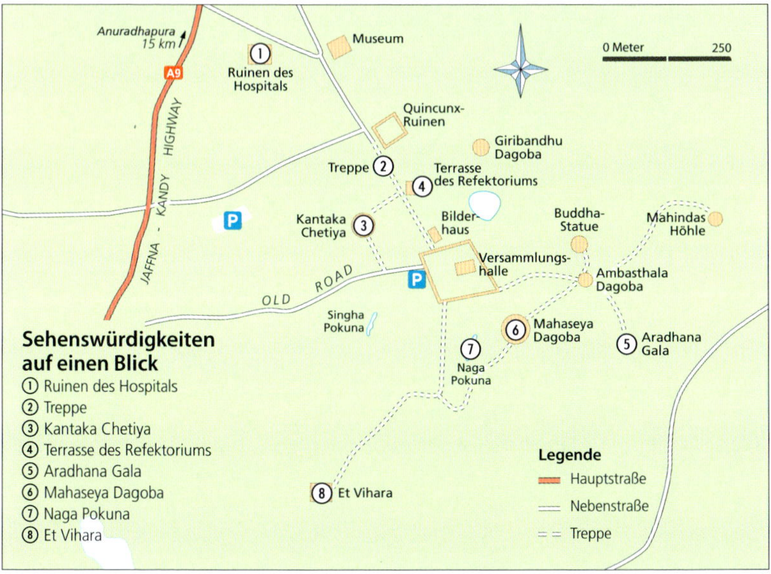

Zeichenerklärung *siehe hintere Umschlagklappe*

Osten

Die Küstenregion im Osten Sri Lankas war in ihrer Geschichte lange Zeit relativ isoliert. Der verheerende Tsumami vom Dezember 2004 richtete hier schwere Verwüstungen an. Im Lauf der Zeit erholte sich das Gebiet: Die Schäden wurden beseitigt, der Osten ist nun wieder für Urlauber attraktiv. Das touristische Potenzial beruht insbesondere auf schönen Küstenlandschaften, an denen Wassersportler wie Surfer und Taucher beste Bedingungen vorfinden, sowie auf Ruinenstätten und Nationalparks.

Die im Vergleich mit anderen Landesteilen trockene Ostküste zählt zu den ethnisch heterogensten Regionen Sri Lankas, neben Singhalesen und Tamilen leben hier auch muslimische Glaubensgemeinschaften. Der überwiegende Teil der Bevölkerung wohnt in Städten und kleineren Fischerorten an der Küste, das Landesinnere ist nur dünn besiedelt und wirtschaftlich weniger entwickelt. Die größte Stadt an der Ostküste ist Trincomalee, hier kann man viele architektonisch und kunsthistorisch interessante Bauwerke besichtigen. Der natürliche Tiefwasserhafen begünstigte die Entwicklung der Stadt zu einem wichtigen Handelszentrum.

Der wirtschaftliche Niedergang der Region setzte mit zunehmender Verlagerung des Handels in die Häfen von Galle und später von Colombo ein. Der Osten des Landes litt zudem schwer unter dem Tsunami von 2004 und den bewaffneten Auseinandersetzungen zwischen LTTE und Regierungstruppen während des Bürgerkriegs. Seit Kriegsende 2009 wird im Osten Sri Lankas umfassend in die touristische Infrastruktur investiert.

Die meisten Besucher zieht es an die idyllischen Strände, etwa in Uppuveli, Nilaveli, Passekudah und Kalkudah. Surfern bieten sich in Arugam Bay, dem besten Surfspot des Landes, Top-Bedingungen. Das Landesinnere ist teilweise noch recht ursprünglich, der Kumana National Park ideal für Vogelbeobachtungen. Im Gebiet um den Maduru Oya National Park pflegen die Veddas, das indigene Volk Sri Lankas, ihre traditionelle Lebensweise.

Schreine mit in leuchtenden Farben bemalten *gopurams*, Koneswaram Kovil, Trincomalee

◀ **Bunte Fischernetze am Strand von Trincomalee** ***(siehe S. 188f)***

Überblick: Osten

Ausgedehnte Sandstrände säumen die Ostküste Sri Lankas, nirgendwo auf der Insel kann man besser surfen. Trincomalee, die Hauptstadt der Provinz, verfügt über einen beeindruckenden Naturhafen, die meisten Urlauber zieht es an die schönen Strände von Uppuveli und Nilaveli weiter nördlich. Das Angebot an Outdoor-Aktivitäten dort umfasst Schnorcheln, Angeln und Walbeobachtung. Vor der Küste von Batticaloa weiter im Süden liegt das Wrack der HMS *Hermes* – ein bei Tauchern beliebtes Ziel. Die Strände von Passekudah and Kalkudah erfreuen sich neuer Beliebtheit. Am südlichsten Abschnitt der Küste präsentiert sich mit Arugam Bay der beste Surfspot des Landes. Der Ort ist auch ein guter Ausgangspunkt für Touren in die Nationalparks Lahugala und Kumana sowie zur Kudumbigala Hermitage.

Surfen an der Küste vor Arugam Bay

0 Kilometer 30

Sehenswürdigkeiten auf einen Blick

1. *Trincomalee S. 188f*
2. Uppuveli und Nilaveli
3. Commonwealth War Cemetery
4. Pigeon Island
5. Kanniyai Hot Wells
6. Batticaloa
7. Passekudah und Kalkudah
8. Gal Oya National Park
9. Monaragala
10. Maligawila
11. Arugam Bay
12. Lahugala National Park
13. Panama
14. Kudumbigala Hermitage
15. Okanda
16. Kumana National Park
17. Maduru Oya National Park

Weitere Zeichenerklärungen *siehe hintere Umschlagklappe*

Elefantenherde an einer Wasserstelle, Lahugala National Park

Am Strand von Nilaveli

Im Osten unterwegs

Das Netz an öffentlichen Verkehrsmitteln ist im Osten gut ausgebaut. Schneller vorwärts kommt man mit dem Auto, das man auch mit Fahrer mieten kann. Der allgemeine Straßenzustand verbessert sich allmählich, die Anlage neuer Verkehrswege ist in Planung. Busse fahren regelmäßig zwischen Küste und Hinterland sowie entlang der Küste. Mit dem Zug erreicht man Trincomalee und Batticaloa, bei Fahrten zwischen beiden Städten muss man in Gal Oya umsteigen. Südlich von Panama ist der Straßenzustand stellenweise schlecht. In Städten und Orten wie Trincomalee, Batticaloa und Arugam Bay bewegt man sich am besten zu Fuß, mit einem Three-Wheeler erreicht man auch Orte in der Umgebung.

Legende

- Hauptstraße
- Nebenstraße
- Eisenbahn
- Provinzgrenze
- Gipfel

❶ Trincomalee

Die Provinzhauptstadt Trincomalee verfügt über einen natürlichen Tiefwasserhafen, der angeblich zu den malerischsten der Welt gehört. Wegen seiner strategischen Bedeutung war er in der Kolonialzeit heftig umkämpft. Die Stadt erlitt während des Bürgerkriegs und durch den verheerenden Tsunami von 2004 schwere Verwüstungen. Doch nach umfangreichen Baumaßnahmen ist »Trinco« heute wieder ein beliebtes Urlaubsziel. Die meisten Besucher kommen zwar wegen der Strände nördlich der Stadt hierher, doch eine Besichtigung von Trincomalee lohnt sich wegen der schönen kolonialzeitlichen Architektur, des Hafens und der lebhaften Feste.

Blick auf die Stadt vom Fort Frederick

Fort Frederick

tägl.

Auf einer in den Indischen Ozean hinausragenden Landspitze steht Fort Frederick, die wichtigste Sehenswürdigkeit der Stadt. Die von den Portugiesen errichtete Festung wurde von Holländern und Franzosen eingenommen. 1795 fiel sie an die Briten, die sie bis zur Unabhängigkeit Sri Lankas 1948 unter Kontrolle hatten. Sie benannten die Anlage nach dem Duke of York, dem zweiten Sohn des britischen Königs George III.

Das Fort wird immer noch militärisch genutzt, kann aber dennoch besichtigt werden. Der Zutritt erfolgt über das Haupttor (1675). Die von alten Bäumen mit breiten Kronen durchsetzte Anlage birgt einige Bauten aus der Kolonialzeit. Zu diesen gehört die **Wellesley Lodge**, in der sich 1800 Arthur Wellesley, der spätere Duke of Wellington, aufgehalten haben soll. Zwei Kanonen, eine Haubitze und ein Mörser stehen neben der Lodge. Eine Abzweigung von der Hauptstraße führt links zum Gokana-Tempel mit einem stehenden Buddha. Von hier hat man einen schönen Blick über die Dächer der Stadt. Die Hauptstraße verläuft weiter bis zum Swami Rock, einer 130 Meter hohen Klippe, die steil ins Meer abfällt. Am höchsten Punkt des Felsens befindet sich der **Koneswaram Kovil**, einer der fünf heiligsten dem Hindu-Gott Shiva geweihten Tempel in Sri Lanka. An dieser Stelle soll für etwa 2500 Jahre ein Schrein gestanden haben, bis er von den Portugiesen im 17. Jahrhundert zerstört und ins Meer geworfen wurde. Der Tempel (mit dem 1952 wiedergefundenen *lingam*, *siehe Kasten*) wurde an dieser Stelle von den Briten wiederaufgebaut. Eine blaue Statue Shivas ziert nun den Eingang zum Koneswaram Kovil.

Die meisten Besucher machen sich zu Fuß an den Aufstieg, man erreicht das Areal aber auch per Three-Wheeler. Die beste Zeit für eine Besichtigung des Tempels ist freitags am späten Nachmittag zum Abendgebet. Achtung: Vor Betreten müssen die Schuhe ausgezogen werden.

Bei einem Spaziergang über das Gelände um den Koneswaram Kovil genießt man eine wundervolle Aussicht auf den Indischen Ozean. In der Umgebung des Tempels kommt man an vielen Statuen von Hindu-Gottheiten vorbei. Es gibt auch eine Staute von Ravana, die auf einer Plattform errichtet wurde. Die Kokosnussstücke am Boden entstammen einem hinduistischen Ritual, bei dem die Nüsse gegen den Felsen geworfen werden. Zerbricht die Kokosnuss nicht, so verheißt dies Unglück.

Von den Ästen eines Baums zur rechten Seite des Tempels hängen hölzerne Wiegen. Sie wurden von Gläubigen befes-

Wiederentdeckung des *lingam*

Das heute im Koneswaram Kovil befindliche *lingam* wurde mit den Überresten des Tempels 1624 im Meer versenkt. Ende der 1950er Jahre bargen Taucher – darunter der Kameramann Mike Wilson und der Autor Arthur C. Clarke – Trümmer des Tempels. Das *lingam* wurde erst 1962 von Wilson entdeckt, als er für den Film *Ranmuthu Duwa* Unterwasseraufnahmen machte. Dieses Erlebnis beeindruckte Wilson derart stark, dass er Karriere und Familie aufgab und von da an als Hindu Swami Siva Kalki lebte. Bis zu seinem Tod im Jahr 1995 blieb er in Sri Lanka und führte dort ein von Enthaltsamkeit geprägtes Leben.

Shiva-*lingam*, Koneswaram Kovil

Blaue Statue des Hindu-Gottes Shiva am Eingang des Koneswaram Kovil

tigt, die damit ihren Kinderwunsch bekräftigen wollen. Ein anderer Baum, der nahe der Klippe steht, ist mit Gebetsfahnen behangen. Der Ort wird **Lover's Leap** genannt. Er markiert die Stelle, an der sich angeblich die Holländerin Francina van Rhede 1687 in die Tiefe stürzte, nachdem sie von ihrem Geliebten verlassen worden war. Amtlichen Dokumenten zufolge war sie aber noch am Leben, als die Gedenkstätte eingerichtet wurde.

Koneswaram Kovil
tägl. Innenraum.
Hinweis: Spende erbeten.

Commercial Centre

Westlich von Fort Frederick erstreckt sich das Geschäftszentrum von Trincomalee, das im Wesentlichen drei etwa parallel verlaufende Straßen umfasst: Main Street, Central Road und North Coast (NC) Road. Wo NC Road und Central Road aufeinandertreffen, steht der Uhrturm, daneben befindet sich der lebhafte Fischmarkt. Dieser lohnt ebenso einen Besuch wie der nahe Obst- und Gemüsemarkt.

Etwas südlich vom Uhrturm, an der Dockyard Road, kommt man zum Kali Kovil mit seinem bunten *gopuram*. Die *puja*-Zeremonien (16–17 Uhr) werden hier von Glockenläuten und Trommelwirbeln begleitet. Auf dem nahe gelegenen christlichen Friedhof erinnern Grabsteine an die vielen Opfer, die in den 1820er Jahren an Malaria und anderen Tropenkrankheiten starben. Angeblich sind hier auch Soldaten begraben, die bei wiederholten Kämpfen um die Stadt fielen. Der an Cholera verstorbene Admiral Charles John Austen, der Bruder von Jane Austen, soll ebenfalls hier bestattet worden sein.

Infobox

Information
Straßenkarte D3.
270 km nordöstl. von Colombo.
99 000.

Anfahrt

Dutch Bay

Die halbmondförmige Dutch Bay ist zu Sonnenuntergang ein scheinbar magischer Anziehungspunkt. Einheimische kommen dann hierher, spazieren am Strand entlang oder machen es sich im Sand gemütlich. Ein Rat für Schwimmer: Die Strömungen können in manchen Jahreszeiten durchaus gefährlich sein.

Zentrum von Trincomalee
① Fort Frederick
② Commercial Centre
③ Dutch Bay

Zeichenerklärung *siehe hintere Umschlagklappe*

Grabsteine auf dem Commonwealth War Cemetery

❷ Uppuveli und Nilaveli

Straßenkarte D2. **Uppuveli:** 4 km nordwestl. von Trincomalee. 1700. **Nilaveli:** 15 km nordwestl. von Trincomalee. 900. von Trincomalee.

Die für ihre Strände bekannten Orte Uppuveli und Nilaveli liegen nördlich von Trincomalee. Vor dem Bürgerkrieg zählten die Strände zu den populärsten der ganzen Insel. Neben Schäden während der bewaffneten Auseinandersetzungen waren auch die Zerstörungen durch den Tsunami von 2004 verheerend.

Seither wurden große Investitionen im Bereich der touristischen Infrastruktur getätigt. Die langen weißen, von Palmen bestandenen Strände ziehen nun wieder Urlauber an. Uppuveli besitzt eine charmante Ferienatmosphäre mit vielen Cafés und Lokalen am Strand. Das kleinere Nilaveli bietet teils fast menschenleere Strände und strahlt mehr Ruhe und Abgeschiedenheit aus.

Von den Stränden beider Orte bieten sich einige Tagesausflüge an. Neben Bootstouren nach Pigeon Island können auch Tauch- oder Angelausflüge arrangiert werden. Sehr beliebt sind Wal- und Delfinbeobachtungen, die Saison dauert von März bis April und von August bis September.

❸ Commonwealth War Cemetery

Straßenkarte D2. 200 m nördl. von Uppuveli. Nilaveli Road. tägl. Sonnenauf- bis Sonnenuntergang. Spende erbeten.

Mit großer Sorgfalt wird der in Gehentfernung von Uppuveli gelegene Commonwealth War Cemetery gepflegt. Bei den 362 hier bestatteten Menschen handelt es sich überwiegend um Soldaten, die im Zweiten Weltkrieg in Sri Lanka gefallen sind. Trincomalee, seinerzeit eine wichtige Militärbasis, war im April 1942 Ziel japanischer Luftangriffe, bei denen auch einige im Indischen Ozean kreuzende britische und australische Schiffe versenkt wurden.

Symbole an den in Reihen angeordneten Grabsteinen zeigen an, ob es sich beim hier Begrabenen um ein Mitglied der Marine oder der Luftwaffe handelt. Auch die Nationalität ist kenntlich gemacht. Bei neuseeländischen Soldaten etwa ist ein silberner Farn in den Grabstein eingraviert. Viele Inschriften erinnern an die Grauen des Kriegs.

Für weitere Informationen können Sie sich an den Friedhofsverwalter wenden, der normalerweise vor Ort ist.

Schnorcheln vor der Felsküste von Pigeon Island

❹ Pigeon Island

Straßenkarte D2. 1 km nordöstl. von Nilaveli. **Hinweis:** Die Insel ist nur per Boot erreichbar.

Rund einen Kilometer vor der Küste Nilavelis beginnt der Meeresnationalpark Pigeon Island (»Taubeninsel«), der nach den hier nistenden Felsentauben benannt wurde. Die felsige Insel ist ein beliebtes Ausflugsziel, sie verfügt über zwei Strände und bietet exzellente Möglichkeiten zum Schnorcheln in relativ seichtem Was-

Boote am Strand von Nilaveli

Hotels und Restaurants im Osten *siehe Seiten 221 und 233*

ser. Trotz der Korallenbleiche, unter der die Korallenbänke im Jahr 2011 litten, präsentiert sich die Unterwasserwelt mit zahlreichen tropischen Fischarten immer noch sehr bunt.

Beim Barfußgehen am Strand sollte man aufpassen, da sich unter dem Sand an Land gespülte, scharfkantige Korallenreste verbergen können. Fahren Sie vormittags nach Pigeon Island, ab Mittag ist vor allem in der Hochsaison (Mai–Sep) und an Wochenenden sehr viel los.

Pilger bei den Kanniyai Hot Wells

5 Kanniyai Hot Wells

Straßenkarte D2. 20 km westl. von Uppuveli. Ⓣ ◯ tägl. 6–18 Uhr.

Das Gelände umfasst sieben in quadratische Brunnen gefasste warme Quellen. Dem Quellwasser wird eine therapeutische Wirkung zugeschrieben – vor allem bei Hautproblemen, Arthritis und Rheuma. Da die Brunnen zu klein sind, um darin zu baden, schöpfen Einheimische und Pilger das Wasser mit Kübeln heraus, um sich damit zu begießen. Urlauber werden zur Teilnahme an diesem Ritual ermuntert. In jedem Brunnen hat das Wasser eine andere Temperatur.

Stehender Buddha, Velgam Vihara

Um die Kanniyai Hot Wells ranken sich zwei Legenden. Nach einer gehen die Brunnen auf den Hindu-Gott Vishnu zurück. Als Vishnu hier Ravana, dem König von Lankapura, erschien, schlug er mit dem Schwert auf den Boden, aus dem daraufhin Wasser gesprudelt sein soll. Die andere besagt, dass König Ravana die Brunnen anlegen ließ, um Riten für seine verstorbene Mutter vollziehen zu können.

Ein Abstecher zu den Brunnen kann man mit einem Besuch der sechs Kilometer nördlich gelegenen Ruinen von **Velgam Vihara** verbinden. Das von Hindus Natanar Kovil genannte buddhistische Kloster soll im 2. Jahrhundert von König Devanampiya Tissa gegründet worden sein. Als die Chola aus Südindien im 10. Jahrhundert Sri Lanka angriffen, zerstörten sie das Kloster – im Unterschied zu vielen anderen buddhistischen Stätten – nicht, sondern restaurierten es und nutzten es als Andachtsstätte.

Die Anlage umfasst ein Bilderhaus, einen stehenden Buddha und eine *dagoba*. Man erkennt noch einige tamilische Inschriften (10. Jh.).

Ein kleines Museum in der Nähe erinnert an die 26 bei einem im Jahr 2000 erfolgten Bombenanschlag der LTTE getöteten Zivilisten und singhalesischen Soldaten.

Velgam Vihara
◯ tägl. Sonnenauf- bis Sonnenuntergang. Spende erbeten.

HMS *Hermes*

Bei einem japanischen Bombenangriff am 9. April 1942 wurde die HMS *Hermes*, ein Flugzeugträger der Royal Navy, zusammen mit dem australischen Zerstörer HMAS *Vampire* vor der Ostküste Sri Lankas versenkt. Dabei kamen 307 Besatzungsmitglieder ums Leben. Bei weiteren Angriffen der japanischen Luftwaffe am selben Tag sanken vier weitere Schiffe im Indischen Ozean.

Das Wrack der HMS *Hermes* befindet sich vor der Küste von Batticaloa *(siehe S. 194)* in einer Tiefe von 44 Metern und ist das Ziel erfahrener Taucher. Auf dem Weg zum Meeresgrund erlebt man eine große Vielfalt marinen Lebens. Man erreicht das Wrack nur zwischen März und Oktober. In der näheren Umgebung befinden sich weitere Wracks, einige von ihnen sind bei Tauchgängen erreichbar.

Korallenbedecktes Wrack der HMS *Hermes*

Einer der beiden Strände auf Pigeon Island *(siehe S. 190f)* ▶

Fischer in der Batticaloa Lagoon, Batticaloa

6 Batticaloa

Straßenkarte E4. 138 km südöstl. von Trincomalee. 92 000.

Die auch als »Batti« bezeichnete Stadt war während des Bürgerkriegs wiederholt Schauplatz schwerer Gefechte zwischen Regierungstruppen und LTTE-Kämpfern und somit für Besucher nicht zugänglich. Bei den Auseinandersetzungen starben viele Menschen, weite Teile der Stadt wurden zerstört. Seit 2007 ist Batticaloa wieder Ziel von Besuchern, die vor allem wegen der Strände und der Kolonialarchitektur herkommen.

Die Stadt erkundet man am besten bei einem Spaziergang, der an Kolonialbauten sowie netten Läden und Lokalen vorbeiführt. Die an drei Seiten von der ausgedehnten Batticaloa Lagoon begrenzte, südlich des Zentrums gelegene Altstadt erreicht man über eine Brücke. Den Fischern hier beim Auswerfen der Netze zuzusehen, zählt zu den schönsten Ausblicken in der Lagune.

Statue eines Pfadfinders

Bekannteste Sehenswürdigkeit ist das **Old Dutch Fort**, in das man über die Court House Road gelangt. Der überwiegende Teil der Festung kann besichtigt werden. Sie wurde 1628 von den Portugiesen erbaut und zehn Jahre später von den Holländern eingenommen. Den zentralen Hof umgeben ein Museum mit Objekten aus der Kolonialzeit sowie Büros einiger Organisationen. Zwei alte Kanonen flankieren das Tor an der Ostseite, von dem man einen schönen Blick über die Lagune genießt.

Einige Gehminuten nordwestlich erreicht man den Uhrturm des Forts. Die Statue eines Pfadfinders (1998) gedenkt des 80-jährigen Geburtstags der Pfadfinderbewegung der Stadt. Den nahen Markt besucht man am besten in aller Frühe oder am Abend, wenn der Fang des Tages angeboten wird.

Südlich des Uhrturms stehen einige schöne Gebäude aus der Kolonialzeit, darunter das **St Michael's College**. Es wurde 1873 von Reverend Ferdinand Bonnel gegründet und ist somit eine der ältesten Schulen der Provinz. Direkt gegenüber befindet sich **St Mary's Cathedral** mit neoklassizistischer Fassade. Das Gotteshaus hatte in den 1970er Jahren durch einen Wirbelsturm schwere Schäden erlitten und wurde in den folgenden Jahrzehnten umfassend restauriert. Hier wurde 2005 der tamilische Politiker Joseph Pararajasingham während einer Mitternachtsmesse getötet.

Umgebung: Über die Kallady Bridge erreicht man auf der anderen Seite der Lagune **Kallady** mit seinem Sandstrand.

Blau-weiße Fassade der St Mary's Cathedral, Batticaloa

Kallady Bridge

»Singende Fische« von Batticaloa

Der im Bereich der Kallady Bridge verlaufende Abschnitt der Batticaloa Lagoon gilt als Revier der »Singenden Fische«. Bei Vollmond zwischen April und September hört man hier ein Geräusch, das an Violinklänge erinnert. Um Zeuge dieses vor allem bei Dunkelheit faszinierenden »Konzerts« zu werden, kann man sich in einem Fischerboot mitnehmen lassen. Der Klang soll besonders klar sein, wenn ein Paddel ins Wasser und sein anderes Ende ans Ohr gehalten wird. Allerdings soll die Intensität über die Jahre schwächer geworden sein. Verschiedene Theorien beschäftigen sich mit der Erklärung des Phänomens. Sie reichen von sich paarenden Muscheln bis zu Wasserbewegungen am Grund der Lagune.

Am palmengesäumten Passekudah Beach

❼ Passekudah und Kalkudah

Straßenkarte D3. **Passekudah:** 28 km nordwestl. von Batticaloa; **Kalkudah:** 27 km nordwestl. von Batticaloa. von Batticaloa.

Vor Ausbruch des Bürgerkriegs zogen die Strände von Passekudah und Kalkudah an der Ostküste Urlauber in Scharen an. Die Verwüstungen durch den Krieg und den Tsunami von 2004 markierten einen Einschnitt. Mittlerweile sind die weißen Strände und das klare Wasser wieder gefragt.

Wegen des seichten Wassers ist die Passekudah Bay vor allem bei Familien beliebt. Die Infrastruktur an den Stränden wurde in den letzten Jahren deutlich verbessert. Dies gilt insbesondere für Passekudah, wo einige höherpreisige Resorts *(siehe S. 221)* errichtet wurden. Wegen der andauernden Baumaßnahmen an diesem Küstenabschnitt muss man sich auf entsprechenden Lärm einstellen.

Der von Palmen bestandene Kalkudah Beach ist vergleichsweise eine Oase der Ruhe. Hier ist das Wasser tiefer und die Strömung mitunter stark.

❽ Gal Oya National Park

Straßenkarte D5. 80 km südwestl. von Batticaloa. von Batticaloa nach Ampara, dann Taxi nach Inginiyagala. tägl. 8–18 Uhr.

Der ungefähr 540 Quadratkilometer große, in einem Trockengebiet gelegene Nationalpark befindet sich ein wenig abseits der touristischen Hauptrouten. Der Senanayake Samudra, ein künstlich geschaffener See, wurde 1948 aufgestaut. Der Nationalpark selbst wurde 1954 zum Schutz des Einzugsgebiets des wichtigen Wasserreservoirs eingerichtet. Der See weist zahlreiche Inseln auf und zählt zu den größten in Sri Lanka.

Rund um den Senanayake Samudra kann man eine große Zahl an Wasservögeln beobachten, darunter Weißbauchseeadler, Tropfenfrankolin, Blauschwanzsittich und Nachtschwalbe. Auf den Inseln sieht man Elefanten, auf dem Areal des Parks leben auch Säugetiere wie Graue Languren, Wildschweine, Wasserbüffel und Hirschwild.

Für Erkundungstouren kann man sich einen Jeep mieten. Interessant ist auch eine Bootsfahrt zu den Inseln im Stausee. Zu den spannendsten Arealen des Nationalparks gehört zweifellos Bird Island. Die von dichtem Wald bedeckte felsige Insel ist ein wichtiges Brutgebiet vieler Vogelarten.

❾ Monaragala

Straßenkarte D5. 150 km südwestl. von Batticaloa. 11 000.

Monaragala (wörtlich: »Felsen der Pfauen«) ist nach dem landschaftlich eindrucksvollen, bewaldeten Peacock Rock benannt, auf dem sich die Stadt befindet. Durch ihre üppig grüne Umgebung verlaufen einige Wanderwege. Die artenreiche Tierwelt umfasst u. a. Elefanten, Büffel, Hirschwild und Pfauen, denen man bei Wanderungen begegnen kann.

Monaragala ist ein guter Ausgangspunkt für die Besichtigung der faszinierenden Kolossalstatuen in Maligawila *(siehe S. 196)* sowie für Fahrten nach Arugam Bay *(siehe S. 196)*, dem besten Surfspot in Sri Lanka.

Straße durch die bewaldete Landschaft um Monaragala

⑩ Maligawila

Straßenkarte D5. 17 km südl. von Monaragala. von Monaragala. tägl. Sonnenauf- bis Sonnenuntergang.

Nahe dem Dorf stehen zwei im dichten Tieflanddschungel verborgene, mächtige Buddha-Statuen. Die beiden aus Kalkstein gemeißelten, eindrucksvollen Skulpturen aus dem 7. Jahrhundert sollen zur Ausstattung eines Klosters gehört haben. Nachdem sie vermutlich schon vor Jahrhunderten umgestürzt und in mehrere Teil zersprungen waren, wurden sie Ende der 1980er Jahre aufgerichtet und wieder zusammengesetzt.

Man erreicht die Stätte über einen Pfad, der am Parkplatz beginnt und durch den Wald verläuft. An einer Gabelung führt je ein Weg zu einer der beiden Statuen. Auf dem nach links verlaufenden kommt man zu einem elf Meter hohen Buddha, den man umrunden und somit von allen Seiten bewundern kann.

Der Weg nach rechts führt zu einer Treppe, über die man zu einer vom Blätterdach der Bäume bedeckten *bodhisattva*-Statue kommt. Die Statue (10. Jh.) zur linken Seite der Treppe trägt eine Inschrift aus der Regierungszeit Mahindas IV. Sie preist dessen Verdienste für den Buddhismus und listet Regeln für die Verwaltung buddhistischer Stätten auf.

Am Fuß der Buddha-Statue, Maligawila

Gut erhaltene Reste des Bilderhauses, Mudu Maha Vihara

⑪ Arugam Bay

Straßenkarte E5. 76 km östl. von Monaragala. 3500.

Das vor allem bei Surfern berühmte Dorf Arugam Bay ist auch für Besucher, die nicht auf den Wellen reiten möchten, durchaus interessant. Mit entspanntem Ambiente und rustikalen Strandhütten lockt es auch Gäste an, die sich erholen wollen.

Three-Wheeler mit Surfboards

Die von Restaurants, Gästehäusern und Surfläden gesäumte Hauptstraße von Arugam Bay verläuft parallel zum Strand. Die beste Zeit zum Surfen ist Mai bis Oktober. Entsprechend sind zwischen November und April viele Einrichtungen und Läden geschlossen, dann wird es in Arugam Bay sehr ruhig.

Beim südlichen Strandabschnitt, dem für Schwimmer sichersten, befindet sich der kleine Fischerort Ulla – erkennbar an den zahlreichen blauen Fischerbooten und bunten Netzen.

Weite Teile des Küstenabschnitts um Arugam Bay wurden durch den Tsunami von 2004 verwüstet. Nach umfangreichen Wiederaufbaumaßnahmen präsentiert sich der Surfspot nun wieder als beliebter Urlaubsort mit intakter Infrastruktur.

Umgebung: Etwas nördlich von Arugam Bay – auf der anderen Seite der Arugam Lagoon – liegt **Pottuvil**. Dort befindet sich die Haltestelle für Busse nach und von Arugam Bay. Bei einer Fahrt durch die Pottuvil Lagoon, die auch durch die Mangrovensümpfe in Küstennähe führt, bekommt man einen Eindruck von der artenreichen Tier- und Pflanzenwelt in diesem Ökosystem. Neben vielen Wasservögeln sichtet man unter Umständen auch Affen und Krokodile. Gästehäuser in Arugam Bay arrangieren Fahrten durch die Lagune.

Nahe der Küste liegen die Ruinen von **Mudu Maha Vihara**. Mitten im Sand stehen hier die Überreste der Mauer eines Bilderhauses und eines stehenden Buddhas sowie Bildnisse von zwei *bodhisattvas*.

Hotels und Restaurants im Osten *siehe Seiten 221 und 233*

Surfen

Das ganze Jahr über finden Surfer aus aller Welt – vom Anfänger bis zum Könner – in Sri Lanka beste Möglichkeiten. Hikkaduwa *(siehe S. 102f)* ist aufgrund seiner coolen Atmosphäre, seiner Auswahl an Unterkünften und seines Nachtlebens der populärste Surfspot an der Westküste. Weiter südlich, in Midigama *(siehe S. 117)* und Ahangama, wo es vor der Küste Korallenriffe und Felsen gibt, kommen erfahrene Surfer auf ihre Kosten, die sich ganz auf ihren Sport konzentrieren wollen. Weitere bei Surfern beliebte Treffpunkte an der Südküste sind Mirissa *(siehe S. 118)* und Weligama *(siehe S. 117)*. Der beste Surfspot an der Ostküste (und für viele Surfer sogar der gesamten Insel) ist Arugam Bay. Sehr populäre Reviere in der Umgebung des Orts sind The Point, Pottuvil Point, Peanut Farm, Crocodile Rock und Okanda Point. Die Saison dauert an der Westküste von November bis April, an der Ostküste von Mai bis Oktober.

Surfschulen in stark frequentierten Orten bieten neben Kursen für alle Niveaus auch Verleih und Reparatur von Boards sowie Ausflüge zu beliebten Surfspots.

Gruppen- oder Einzelstunden können an fast allen Stränden gebucht werden. In Revieren mit schwächeren Wellen finden Einsteiger geeignete Bedingungen.

Für Surfer aller Levels ist Sri Lanka ideal. Der Wellengang ist bemerkenswert gleichmäßig, die Wellen erreichen meist Höhen zwischen einem und zwei Metern.

Internationale Surfwettbewerbe ziehen Athleten aus der ganzen Welt an. Insbesondere Arugam Bay und Hikkaduwa sind Veranstaltungsorte für spektakuläre Events. Zu den international renommiertesten Wettbewerben gehört der Sri Lanka Champion of Champions Surf Contest.

Tempel unter einem Felsvorsprung, Kudumbigala Hermitage

⓬ Lahugala National Park

Straßenkarte D5. 19 km nordwestl. von Arugam Bay. Monaragala Road. Ⓣ ◯ tägl. 6–18 Uhr.

Der kleine, von Arugam Bay aus gut erreichbare Nationalpark mit drei Seen ist Lebensraum zahlreicher Wasservögel sowie von Elefanten. Am Lahugala Tank bieten sich die besten Möglichkeiten zur Vogelbeobachtung (u. a. Störche und Pelikane). In der Trockenzeit (Juli/Aug) versammeln sich hier Elefantenherden, um das am Ufer im Überfluss vorhandene *beru*-Gras zu fressen.

Umgebung: Sechs Kilometer südwestlich kommt man zu den Ruinen von **Magul Maha Vihara**. Inschriften lassen vermuten, dass die Klosteranlage im 5. Jahrhundert – zur Zeit von König Dhatusena – erbaut und im 14. Jahrhundert restauriert wurde. Bisher wurde nur ein kleiner Teil der Stätte freigelegt, weitere Gebäude sind von dichtem Dschungel bedeckt. Sehenswert sind die *dagoba*, das Bilderhaus und der gut erhaltene, mit Elefantenfiguren verzierte Mondstein.

Magul Maha Vihara
◯ tägl. Sonnenauf- bis Sonnenuntergang. Spende erbeten.

⓭ Panama

Straßenkarte E5. 12 km südl. von Arugam Bay. 4000. Ⓣ

Der kleine, etwas abseits gelegene Ort verfügt über einen sich nach Osten erstreckenden Strand. Sanddünen und Felsbrocken schaffen ein wüstenartiges Ambiente. Wegen des starken Wellengangs sollte man hier nicht schwimmen. Am Ortseingang von Panama steht eine sehenswerte weiße *dagoba*.

⓮ Kudumbigala Hermitage

Straßenkarte E5. 14 km südwestl. von Panama. Ⓣ ◯ tägl. Sonnenauf- bis Sonnenuntergang.

In dichtem Urwald versteckt liegt die Einsiedelei Kudumbigala. Das ruhige Fleckchen ist ein überaus stimmungsvoller Ort. Auf einer Fläche von 47 Quadratkilometern befinden sich Hunderte von Schreinen, viele davon in Höhlen. An einigen Kultstätten sieht man Brahmi-Inschriften.

Die Anlage entstand wohl im 2. Jahrhundert als Rückzugsort für buddhistische Mönche. Noch heute kommen Mönche zum Meditieren her.

Auf dem Gipfel des höchsten Felsens thront eine zylindrische *dagoba*. Von oben hat man die beste Aussicht über die üppig bewachsene Landschaft. Man erreicht den Gipfel über eine in den Felsen gehauene Treppe.

⓯ Okanda

Straßenkarte E5. 18 km südwestl. von Panama. 900. von Panama. Ⓣ

Der östlich des Eingangs zum Kumana National Park gelegene Ort ist ein Etappenziel für Pilger auf dem Weg von Jaffna *(siehe S. 205)* nach Kataragama *(siehe S. 128)*. Sehenswert ist der unter einem Felsvorsprung errichtete **Velayudha-Swami-Tempel**. Hier soll der Hindu-Gott Skanda gemeinsam mit seiner Ehefrau Valli in einem steinernen Boot auf Sri Lanka angelangt sein. Auf dem Felsen thront der **Valli Amman Kovil**, ein einfacher Schrein. Vor dem Bau entspringt eine Quelle.

Der wenige Gehminuten östlich des Velayudha-Swami-Tempels gelegene Strand war vor dem Bürgerkrieg ein populärer Surfertreff. In der Zwischenzeit kehren die Wellenreiter wieder hierher zurück, um den Massen in Arugam Bay zu entgehen.

Aufwendig verzierter Velayudha-Swami-Tempel, Okanda

Hotels und Restaurants im Osten *siehe Seiten 221 und 233*

⑯ Kumana National Park

Straßenkarte D5. Südwestl. von Okanda. Ⓣ ◯ tägl. 6–18 Uhr.
Hinweis: Jeeps kann man in Arugam Bay mieten.

Der früher Yala East National Park genannte Nationalpark war während des Bürgerkriegs geschlossen und wurde 2010 wiedereröffnet. Das Schutzgebiet an der Pilgerroute nach Kataragama grenzt an den Yala National Park.

Das 357 Quadratkilometer große Areal ist Lebensraum einer artenreichen Vogelwelt, u. a. Buntstorch, Kormoran und Eurasischer Löffler. Auch der bedrohte Riesenstorch wird hier gesichtet. Als wichtigstes Ökosystem des Parks gilt das vom Kanalsystem des Kumbukkan Oya gespeiste Mangrovensumpfland Kumana Villu. Es bietet vielen Vogelarten ausreichend Schutz. Auch außerhalb des Mangrovengebiets sind die Lebensbedingungen für Vögel sehr gut, viele tummeln sich in den Lagunen und Salzmarschen des Nationalparks.

Eurasischer Löffler

Im Schutzgebiet leben auch viele Säugetiere wie Elefanten, Wildschweine, Fischkatzen und Schakale. Unter den Reptilien finden sich Schildkröten, für die der Park einen wichtigen Lebensraum bildet.

Elefanten und Sikahirsche im Kumana National Park

Im Kumana National Park gibt es zudem archäologische Stätten. Sehenswert ist vor allem Bambaragasthalawa, dessen Höhlen Inschriften und eine (beschädigte) elf Meter hohe Buddha-Statue aus dem 9. Jahrhundert beherbergen. In Bowattegala findet man die Ruinen eines Felsentempels aus dem 3. Jahrhundert v. Chr.

⑰ Maduru Oya National Park

Straßenkarte D4. 91 km nördl. von Monaragala. Ⓣ **Hinweis:** Jeeps kann man in Dambana mieten.

In den Park gelangt man in Dambana, einem 25 Kilometer nordöstlich von Mahiyangana *(siehe S. 144)* gelegenen Ort. Der Nationalpark wurde 1983 zum Schutz der Einzugsgebiete mehrerer Seen ausgewiesen, an denen sich Vögel bevorzugt aufhalten. Unter den hier lebenden Säugetieren dominieren Elefant, Sambar und Affe.

In dem unter dem Namen Henanigala bekannten Areal am Rand des Schutzgebiets leben Veddas, Angehörige des indigenen Volks von Sri Lanka *(siehe Kasten)*. Besucher können am Parkeingang Kunsthandwerk dieser Ethnie kaufen. Die Veddas wurden bei der Gründung des Nationalparks Maduru Oya umgesiedelt und dürfen sich hier nur tagsüber und mit Sondergenehmigung aufhalten. Nach einem Zwischenfall im März 2012, bei dem ein Vedda erschossen wurde, entzog man ihnen die Jagderlaubnis.

Veddas

Die Veddas – die Eigenbezeichnung *Wanniyala-Aetto* bedeutet »Waldbewohner« – sind das indigene Volk Sri Lankas. Sie leben schon seit Jahrtausenden auf der Insel. Bedingt durch die fortschreitende ausgedehnte Rodung des Dschungels, ihres angestammten Lebensraums, wurden viele Veddas in Dörfer umgesiedelt, wo sie sich mit Singhalesen und Tamilen vermischten. Einige Veddas widersetzten sich jedoch diesen einschneidenden Maßnahmen und bewahren weiter die Lebensweise ihrer Vorfahren, wozu ein Leben als Jäger und Sammler im Einklang mit der Natur sowie bestimmte Bräuche (u.a. Totenkult und Ahnenverehrung) gehören. Siedlungen der Veddas bestehen in der Nähe von Dambana östlich von Manampitiya – hier wohnen die Veddas seit der Vertreibung aus ihrem ursprünglichen Lebensraum im Maduru Oya National Park.

Angehörige der Veddas auf der Jagd

HOUR
MINUTE

Jaffna und Norden

Die Region im äußersten Norden von Sri Lanka, ein Kernland tamilischer Kultur, wird durch die Palkstraße von Indien getrennt. Auf dieser räumlichen Nähe beruhen die hier verbreitet anzutreffenden Gemeinsamkeiten mit der indisch-tamilischen Kultur. Im Norden Sri Lankas ist Hinduismus die vorherrschende Religion, verbreitete Sprache ist Tamil. Auch in Bezug auf die Natur unterscheidet sich der weitgehend von roter Erde bedeckte Norden maßgeblich von anderen Landesteilen.

Das seit Jahrtausenden von Tamilen aus Südindien bewohnte Gebiet unterscheidet sich markant von den anderen sri-lankischen Regionen. Neben starken Einflüssen aus dem Nachbarland Indien hinterließen auch Singhalesen, arabische Händler sowie Niederländer, Portugiesen und Briten ihre Spuren.

Der Bürgerkrieg hatte nachhaltige Auswirkungen auf den Norden Sri Lankas, der in jener Zeit vom Rest des Landes weitgehend abgeriegelt war. Die noch heute starke Militärpräsenz ist eine Folge dieses langjährigen Konflikts. Allmählich erholt sich die Region von den Kriegsschäden, und Urlauber aus anderen Landesteilen wie aus dem Ausland kommen wieder in den Norden, der sich in den letzten Jahren auch wirtschaftlich geöffnet hat.

Die Infrastruktur ist noch nicht komplett wiederhergestellt, doch Besucher werden von den hier zu entdeckenden Naturschönheiten angezogen.

Auf dem Weg nach Jaffna im Norden der Insel bieten sich mehrere Etappenziele an. Dazu gehört Kilinochchi mit seinen kunsthistorisch bedeutenden Denkmälern. Auf Mannar Island und in Jaffna locken die Reste kolonialzeitlicher Befestigungsanlagen. In Jaffna gibt es auch viele eindrucksvolle *kovils* zu bewundern. Die Halbinsel Jaffna besticht durch Ruhe und landschaftliche Schönheit und eignet sich gut für Vogelbeobachtungen. Die Inseln südwestlich der Halbinsel sind jedoch die wahren Schmuckstücke der Gegend. Hier findet man Traumstrände von unvergleichlichem Charme.

Palmenstrand in Delft, Jaffna Islands

◀ **Darstellung hinduistischer Gottheiten am *gopuram* eines Tempels, Vavuniya** ***(siehe S. 204)***

Überblick: Jaffna und Norden

Nach Jahrzehnten der bürgerkriegsbedingten Isolation lebt die tamilische Kultur im Norden Sri Lankas wieder auf. Das herausragende Reiseziel des Nordens ist Jaffna, viele Urlauber erkunden die Region von hier aus. Aufwendig und farbenfroh gestaltete *kovils* dokumentieren den starken Einfluss hinduistischer Tamilen in der Stadt, außerdem leben hier viele Christen. Jaffna ist ein idealer Ausgangspunkt für Ausflüge auf der Halbinsel. Einige Urlauber starten von hier auch zu den Jaffna Islands, vor allem nach Karaitivu oder Kayts, um am Strand zu baden. Mannar Island im Westen ist mit der Insel Sri Lanka über einen Damm verbunden. Mit den Booten lokaler Fischer gelangt man zur Adam's Bridge, einer Kette von Sandbänken und Korallenriffen zwischen Sri Lanka und Indien.

Boote am Strand von Point Pedro, Halbinsel Jaffna

Legende

- Hauptstraße
- Nebenstraße
- Eisenbahn
- Provinzgrenze

Farbenprächtige Fassade des Nallur-Kandaswamy-Tempels, Jaffna

Weitere Zeichenerklärungen *siehe hintere Umschlagklappe*

Sehenswürdigkeiten auf einen Blick

1. Vavuniya
2. Mannar Island
3. Highway A9
4. Jaffna
5. Halbinsel Jaffna
6. *Jaffna Islands S. 208f*

Reste des portugiesischen Forts, Mannar Island

In Jaffna und im Norden unterwegs

Der Zustand der Straßen im Norden Sri Lankas hat sich in den letzten Jahren verbessert. Die Wiederinbetriebnahme der Eisenbahnstrecke nach Norden ermöglicht die Zugfahrt von Colombo aus nach Jaffna in sieben Stunden. Von Colombo bestehen auch direkte Busverbindungen. Eine Alternative ist die Flugverbindung Colombo–Jaffna. Mannar Island erreicht man per Auto, Zug oder Bus. Das lokale Busnetz ist gut ausgebaut, man kann auch Autos (auch mit Fahrer) mieten. In Jaffna legt man kürzere Strecken am besten per Three-Wheeler oder Fahrrad zurück. Die vorgelagerten Inseln erreicht man über den Damm oder mit Fähren.

Waren aus Blättern der Palmyrapalme, Jaffna

Rund 500 Jahre alter Baobab, Talaimannar

❶ Vavuniya

Straßenkarte C2. 63 km nördl. von Anuradhapura. 100 000.

Vavuniya war lange Zeit der Endbahnhof an der Eisenbahnstrecke in den Norden Sri Lankas. Nun ist die zerstörte Strecke weiter nördlich repariert, die Züge können wieder bis Jaffna durchfahren.

Die Stadt bietet nicht allzu viele Sehenswürdigkeiten, allerdings gibt es einige *kovils* und die mit einer goldenen Kuppel versehene **Grand-Jummah-Moschee**, ein architektonisches Schmuckstück.

Grand-Jummah-Moschee
Horowapatana Road. Sa–Do 7–19, Fr 12–14 Uhr.

Umgebung: Vier Kilometer nordwestlich der Stadt befindet sich der Tempel **Madukanda Vihara**. Als die Zahnreliquie nach Anuradhapura gebracht wurde, diente er als Raststation. Die Anlage umfasst ein Bilderhaus und weitere gut erhaltene Ruinen.

Detailliert in Stein gemeißelt: *gopuram* in Vavuniya

Madukanda Vihara
tägl. 9–19 Uhr.

❷ Mannar Island

Straßenkarte B2. 63 km nordwestl. von Vavuniya. 36 000.

Die mit der Hauptinsel Sri Lanka über einen Damm verbundene Insel war nach Zerstörung der ursprünglichen Brücke durch einen Bombenangriff im Bürgerkrieg isoliert. Erst 2010 war die neue Verbindung fertiggestellt.

Der Hauptort Mannar liegt im Südosten der Insel. Herausragende Sehenswürdigkeit ist das portugiesische, später von den Niederländern verstärkte **Fort** gleich hinter dem Ortseingang. Die meisten Bewohner der Insel sind Katholiken, Hauptkirche ist die äußerlich ein wenig maurisch wirkende **St Sebastian Church**. Mannar ist auch für seine vielen Baobabs (Affenbrotbäume) bekannt, die vermutlich einst von arabischen Händlern nach Sri Lanka gebracht wurden. Einige Exemplare erreichen imposante Höhen.

An der Westküste der Insel liegt **Talaimannar**, von dessen Hafen früher Fährverkehr mit Indien bestand. Dem Ort im Westen vorgelagert ist die **Adam's Bridge**, eine Kette von Sandbänken und Korallenriffen, die sich bis zur indischen Küste erstreckt. Gemäß dem indischen Nationalepos *Ramayana* ließ Hindu-Gott Hanuman sie errichten, um das Meer zwischen Indien und Sri Lanka überqueren zu können. Fischer organisieren Bootsfahrten zu den Sandbänken.

St Sebastian Church
7th Cross Street, Sinnakadai.
tägl. 6–20 Uhr.

❸ Highway A9

Straßenkarte C2. Nördl. von Vavuniya.

Das Gebiet zwischen Vavuniya und Jaffna ist seit Ende des Bürgerkriegs mit Baustellen übersät. Nach großflächigen Minenräumungen steht nun der Ausbau der Verkehrsinfrastruktur im Vordergrund. Von besonderer Bedeutung ist der im Krieg heftig umkämpfte Highway A9.

Das rund 80 Kilometer nördlich von Vavuniya gelegene **Kilinochchi** war bis zur 2009 erfolgten Einnahme durch Regierungstruppen das Hauptquartier der LTTE. Die Rebellen hatten hier Verwaltungsgebäude errichtet, von denen nach ihrer Flucht nicht mehr viel übrig blieb.

Neben dem Highway liegt ein umgestürzter Wassertank, den LTTE-Kämpfer bei ihrem Rückzug zerstörten. Weitere Dokumente von Kriegshandlungen säumen den Highway.

Von einem Geschoss getroffene Mauer, Gedenkstätte an der A9

Eine von einem Artilleriegeschoss getroffene Wand wurde 2010 im Gedenken an die gefallenen Soldaten aufgestellt. Der **Elephant Pass**, ein schmaler Damm zwischen der Hauptinsel und der Halbinsel Jaffna, war Schauplatz zweier schwerer Gefechte, woran mehrere Denkmäler erinnern. Vor allem die verkohlten Reste eines 1991 von der LTTE bei einem Angriff gegen die Armee eingesetzten Bulldozers verfehlen ihre Wirkung nicht.

❹ Jaffna

Straßenkarte B1. 170 km nordöstl. von Mannar Island. 170 000.

Nach dem Ende des Bürgerkriegs schossen die Urlauberzahlen auf der Halbinsel Jaffna in die Höhe. Selbst viele Einheimische, die die Gegend verlassen hatten, kehren wieder zurück. Jaffna, die größte Stadt der Halbinsel, bietet zwar nur wenige touristische Attraktionen, verströmt aber einen ganz besonderen Charme.

Das von den Niederländern 1680–1792 an der Stelle einer älteren portugiesischen Befestigungsanlage errichtete **Jaffna Fort** beeindruckt allein schon durch seine Ausmaße. Die im Bürgerkrieg umkämpfte Festung wird seit Jahren restauriert. Die Anlage ist nicht öffentlich zugänglich, Besucher können sie aber umrunden.

Weitere Sehenswürdigkeiten sind die wiederaufgebaute **Jaffna Public Library** *(siehe Kasten)*, die 1981 von einem singhalesischen Mob niedergebrannt worden war, und der 1875 nach Plänen des britischen Architekten J. G. Smither errichtete **Uhrturm**.

In Jaffna stehen Gotteshäuser aller hier vertretenen Religionen, am auffälligsten sind jedoch die großen christlichen Kirchen. Einige befinden sich in der Main Street, darunter auch die St James Church und die von den Niederländern erbaute, mächtige **St Mary's Cathedral**. Letztere ist sehr schön ausgestaltet.

Gopuram **des Nallur-Kandaswamy-Tempels in der Nähe von Jaffna**

Westlich des Stadtzentrums erreicht man das **Archaeological Museum**. Zu den Exponaten gehören Grabungsfunde aus Kantharodai *(siehe S. 206)* sowie hinduistische und buddhistische Artefakte. Westlich des Busbahnhofs befindet sich Jaffnas stimmungsvoller Markt. Neben Alltagsgegenständen findet man hier auch Waren, die aus den Blättern der Palmyrapalme gefertigt sind, darunter Taschen und Matten. Der Markt umfasst auch einen überdachten Bereich, in dem die Händler frisches Obst und Gemüse anbieten.

Archaeological Museum
Navaly Road. Mi–Mo 8–17 Uhr.

St Mary's Cathedral
Press Road. tägl. 6–20 Uhr.
Mo–Sa 6, So 6, 7.15, 16.30 Uhr.

Umgebung: Zwei Kilometer nordöstlich von Jaffna kommt man zum prachtvollen **Nallur-Kandaswamy-Tempel**. Der dem hinduistischen Gott Skanda (bzw. Murugan) geweihte Tempel wurde im 17. Jahrhundert von den Portugiesen zerstört, die heutige Anlage stammt aus dem 19. Jahrhundert. Das Innere ist üppig ausgestaltet.

Der Tempel ist zentraler Schauplatz des 25 Tage dauernden Nallur Chariot Festival. Es erreicht seinen Höhepunkt am 24. Tag, wenn ein großer aus Holz geschnitzter Wagen durch die Straßen gezogen wird.

Nallur-Kandaswamy-Tempel
tägl. 5–17 Uhr. Heiligtum: 6–14, 16–19 Uhr. Nallur Chariot Festival (Aug/Sep). **nallurtemple.com**

Jaffna Public Library

Die öffentliche Bibliothek von Jaffna wurde 1981 von einem singhalesischen Mob niedergebrannt. Dabei fielen Tausende von Büchern und andere Objekte den Flammen zum Opfer, darunter alte, auf Palmblättern verfasste Manuskripte. Nach dem auch durch internationale Spenden finanzierten Wiederaufbau wurde die Bibliothek 2003 neu eröffnet. Das eindrucksvolle, im Mogulstil errichtete Bauwerk umfasst nun wieder beachtliche Sammlungen tamilischer und englischer Werke. Eine Statue zeigt Saraswati, die hinduistische Göttin der Weisheit.

Jaffna Public Library nach dem Wiederaufbau

❺ Halbinsel Jaffna

An der nördlichsten Spitze Sri Lankas erstreckt sich die vom Rest des Landes etwas isolierte Halbinsel Jaffna. Die starke Militärpräsenz sollte Urlauber nicht von einem Besuch abhalten. Die Kriegsschäden an den Gebäuden wurden weitgehend repariert, viele Tempel erstrahlen nun in neuem Glanz. Die Halbinsel hat einen fast schon beschaulichen Charakter, noch nicht alle Errungenschaften der Moderne scheinen hier angekommen zu sein. Besondere Attraktionen sind die vielen wunderschön ausgestalteten *kovils*, die farbenprächtigen *gopurams* und die kulturhistorisch wichtigen *dagobas*. Mit etwas Glück kann man hier auch eine Hindu-Prozession erleben.

Schild am Eingang des Fischerdorfs Valvedditturai

Kantharodai

10 km nördl. von Jaffna. ◯ tägl.
Hinweis: Vor dem Betreten sollten die Schuhe ausgezogen werden.

Die recht ungewöhnlich wirkende archäologische Stätte umfasst auch eine Ansammlung bemerkenswert kleiner *dagobas*. Sie sollen ungefähr 2000 Jahre alt sein, um ihre Bedeutung ranken sich Legenden. Nach einer bergen sie die sterblichen Überreste von Mönchen, nach einer anderen wurden sie der Verheißung eines Gebets entsprechend errichtet. Einige Ausgrabungsfunde aus Kantharodai werden im Archäologischen Museum in Jaffna *(siehe S. 205)* präsentiert.

Dagobas **der archäologischen Stätte Kantharodai**

Nilavarai Well

Nahe Puttur, 10 km nordöstl. von Jaffna. ◯ tägl. ♿

Der Überlieferung zufolge traf ein Pfeil des Hindu-Gotts Rama an dieser Stelle auf den Boden. Am daraufhin entstandenen Brunnen stillte er seinen Durst. Obwohl es nicht allzu viel zu sehen gibt, ist der Brunnen ein interessantes Phänomen, er scheint mit dem Meer in Verbindung zu stehen: An der Oberfläche führt er Süßwasser, etwas tiefer ist das Wasser hingegen salzig.

Keerimalai Springs

20 km nördl. von Jaffna. ◯ tägl.

Im Nordwesten der Halbinsel Jaffna treten zwei heiße Quellen aus – eine für Männer, eine für Frauen. Letztere ist ummauert, von der anderen genießt man einen schönen Blick aufs Meer.

Nach einer Sage hatte im 7. Jahrhundert eine Prinzessin der Chola ein derart entstelltes Gesicht, dass es dem eines Pferds ähnelte – ein Bad in den Keerimalai Springs erlöste sie von ihrem Leid. Zum Dank ließ sie weiter südlich den **Maviddapuram-Kandaswamy-Tempel** errichten.

Viele Besucher kommen hierher, um in den Quellen, denen therapeutische Wirkung nachgesagt wird, ein Bad zu nehmen. In der Nähe befindet sich der **Naguleswaram Siva Kovil** genannte Tempel. Ende der 1990er Jahre erlitt die Anlage schwere Schäden, die jedoch inzwischen beseitigt wurden. Der Innenraum erstrahlt in leuchtenden Farben.

Maviddapuram-Kandaswamy-Tempel
tägl. 6–18 Uhr.

Naguleswaram Siva Kovil
tägl. 6–18 Uhr.

Valvedditturai

30 km nordöstl. von Jaffna. Stelle, an der V. Prabhakarans Wohnhaus stand.

Der Fischerort Valvedditturai ist insbesondere als Geburtsort des LTTE-Gründers Velupillai Prabhakaran bekannt. Das Haus, in dem dieser seine Kindheit verbracht hatte, wurde 2010 zerstört.

In Valvedditturai findet man einige sehenswerte Tempel, darunter im östlichen Teil des Orts den **Amman-Tempel**. Die Anlage ist dem Hindu-Gott Shiva geweiht.

Amman-Tempel
tägl. 6–18 Uhr.

Point Pedro

33 km nordöstl. von Jaffna.
31 000.

Point Pedro am nördlichsten Punkt Sri Lankas ist die zweitgrößte Stadt der Halbinsel. Der nördlichste Punkt befindet sich zwei Kilometer nordwestlich des Stadtzentrums und bietet ideale Sicht auf den Sonnenauf- wie auf den Sonnenuntergang. Der Leuchtturm der Stadt liegt innerhalb einer Militärbasis östlich des Zentrums, kann aber mit Erlaubnis der Wache von außen fotografiert werden. Der Fischerhafen östlich davon ist attraktiv.

Fischerboote am Strand von Point Pedro

Manalkadu Desert

11 km südl. von Point Pedro.

Südlich von Point Pedro erstreckt sich ein Areal mit weißsandigen Küstendünen, das wegen seines wüstenhaften Ambientes als Manalkadu Desert bezeichnet wird. Die zum Teil von Sand bedeckten Überreste der im 20. Jahrhundert erbauten **St Anthony's Church** können besichtigt werden. In der Nähe befinden sich einige Gräber, die meisten stammen von Opfern des Tsunamis von 2004. Vor dem Strand ist das Wasser klar und blau. Nach dem Tsunami wurden auch einige Häuser neu errichtet.

Infobox

Information
Straßenkarte C1.
Point Pedro, 33 km nordöstl. von Jaffna.

Anfahrt
ganzjährig.
in Jaffna verfügbar.

Vallipuram

4 km südl. von Point Pedro.
Vishnu-*kovil* tägl. 5–17 Uhr.
Innenraum.

Hier lag die einst bedeutende historische Stadt Vallipuram. Heute kommen Besucher vor allem wegen des *kovil*, der dem Hindu-Gott Vishnu geweiht ist. Der Tempel ist nach dem Nallur-Kandaswamy-Tempel *(siehe S. 205)* der zweitgrößte auf der Halbinsel Jaffna. Bei der umfangreichen Restaurierung im Jahr 2012 erhielt er auch ein neues Dach und einen neuen Anstrich.

Prachtvolles *gopuram* des Vishnu-*kovil* in Vallipuram

❻ Jaffna Islands

Die Jaffna Islands erstrecken sich westlich der Halbinsel Jaffna in der Palkstraße. Bei einer Fahrt zu dieser Ansammlung kleiner Inseln lernt man eine völlig andere Facette von Sri Lanka kennen. Die Inseln sind nur dünn besiedelt, weißer Sand, blaues Meer und Palmen prägen das Ambiente. Kayts, Karaitivu und Punkudutivu sind mit der Hauptinsel Sri Lanka über Dämme verbunden, die Inseln Nainativu und Delft erreicht man nur per Boot. Für einen Tag am Strand eignen sich Karaitivu und Kayts, wer Ruhe sucht, findet sie auf Delft. Neben Entspannung pur bieten die Jaffna Islands auch hervorragende Möglichkeiten zur Vogelbeobachtung.

Kobrabrunnen, Nainativu

Delft

Die abgelegenste der bewohnten Inseln ist bekannt für ihre wild lebenden Ponys. Sie stammen von Pferden ab, die von Portugiesen nach Delft gebracht wurden. Westlich des Fähranlegers stehen die Ruinen eines niederländischen Forts, etwas südlich davon erhebt sich ein großer Baobab. Delft bietet auch einige schöne Strände.

Nainativu

Sowohl für Hindus als auch für Buddhisten ist Nainativu von großer Bedeutung. Der hinduistische Tempel Naga Pooshani Ambal Kovil ist der Göttin Ambal geweiht. Dort, wo Buddha bei seinem zweiten Besuch Sri Lankas ankam, steht das buddhistische Nagadipa Vihara mit einer silbernen *dagoba*. Der siebenköpfige Kobrabrunnen ist ein wichtiges Pilgerziel.

Hotels und Restaurants in Jaffna und im Norden *siehe Seiten 221 und 233*

Punkudutivu
Die meisten Besucher legen auf Punkudutivu nur einen kurzen Stopp vor der Weiterfahrt nach Nainativu oder Delft ein. Beim Warten auf das Ablegen der Fähre kann man Fischern bei der Arbeit zusehen.

Infobox

Information
Straßenkarte B1. Kayts liegt 13 km westl. von Jaffna.

Anfahrt
🚌 auf der ganzen Halbinsel.
⛴ für Fahrten nach Nainativu und Delft.
Ⓣ in Jaffna verfügbar.

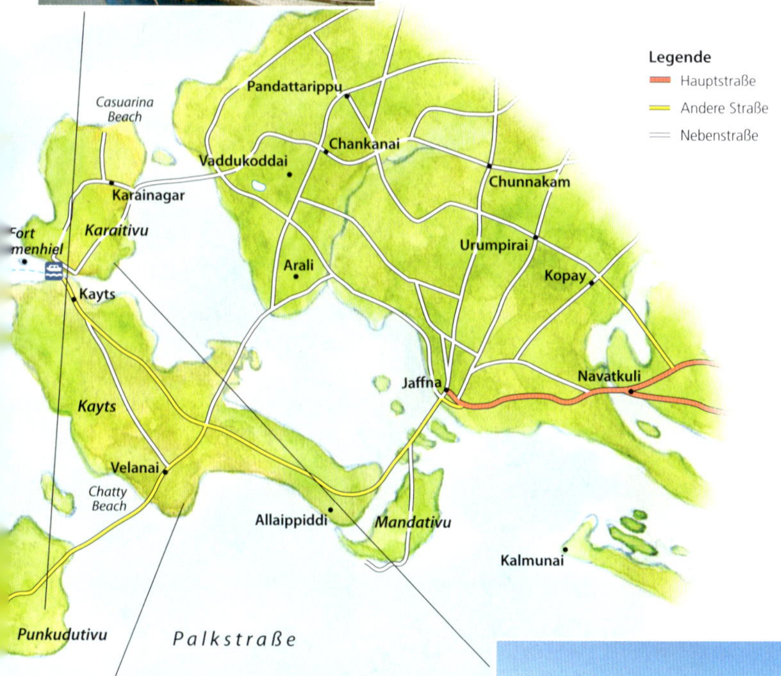

Kayts
Die größte Insel des Archipels erreicht man direkt von Jaffna aus. Südlich von Kayts erstreckt sich der Chatty (Velanai) Beach, ein beliebter Sandstrand. Im Nordwesten befindet sich der Hauptort Kayts mit Fähren nach Karaitivu. Der Küste vorgelagert ist das im 17. Jahrhundert errichtete Fort Hammenhiel.

Karaitivu
Größte Attraktion von Karaitivu ist zweifellos der Casuarina Beach im Norden. An dem bei Einheimischen wie Urlaubern populären Strand kann man bedenkenlos schwimmen. Toiletten und Umkleidekabinen sind vorhanden.

Straßenkarte *siehe hintere Umschlaginnenseiten*

MINISTRY OF CRAB
Crab Tribune
Sri lankan lagoon crab

ZU GAST IN SRI LANKA

Hotels

Sri Lankas Angebot an Unterkünften reicht von extravaganten Fünf-Sterne-Hotels bis zu einfachen, aber charmanten Gästehäusern. Luxus- und Boutique-Hotels findet man vor allem in Colombo und anderen touristisch interessanten Städten wie Kandy, Bentota and Nuwara Eliya. Doch es gibt noch eine ganze Reihe weiterer stimmungsvoller Übernachtungsmöglichkeiten, darunter etwa Bungalows und Lodges auf Teeplantagen oder vom einheimischen Stararchitekten Geoffrey Bawa gestaltete Hotels. Auch preisbewusste Urlauber finden in fast allen Landesteilen eine reiche Auswahl an Hotels und Gästehäusern. In vielen wird exzellentes Essen zubereitet. Auch für Sri Lanka gilt, dass man seine Unterkunft vor allem bei einem Aufenthalt in der Hochsaison möglichst frühzeitig buchen sollte.

Preise und Steuern

Das Preisniveau bei den Unterkünften richtet sich maßgeblich nach der Jahreszeit. Am teuersten ist der Aufenthalt in der Hochsaison. Sie dauert an der Westküste, im Süden und im Hill Country von Dezember bis März, an der Ostküste von April bis September. Auch zu bedeutenden Festivitäten wie Esala Perahera *(siehe S. 139)* in Kandy, an nationalen Feiertagen sowie zu Weihnachten und Neujahr erhöhen die Hotels ihre Preise zum Teil erheblich. Dagegen kann man in der Nebensaison in einigen Hotels den Übernachtungspreis aushandeln.

In gehobeneren Hotels werden zum Zimmerpreis noch diverse Aufschläge berechnet, darunter die sogenannte Service Charge und die Mehrwertsteuer von 15 Prozent. Dies kann den Rechnungsbetrag um bis zu 27 Prozent nach oben treiben. Es empfiehlt sich, bereits bei der Reservierung den Endpreis für die Übernachtung zu erfragen.

Reservierung

Am besten sollte man schon vor Beginn der Reise die Übernachtungen für die ersten Tage buchen. Dann hat man nicht nur eine größere Auswahl an Unterkünften, sondern auch die Chance auf höheren Komfort. Gästen, die ohne vorherige Buchung anreisen, werden nämlich oft kleinere oder schlechter ausgestattete Zimmer angeboten.

In der Hochsaison sowie zu bestimmten Feiertagen und Festen kann es sehr schwer werden, ohne Buchung unterzukommen. Hier ist frühzeitiges Handeln unbedingt zu empfehlen.

Dschungel-Feeling im Kandalama Hotel in Dambulla ***(siehe S. 220)***

Auch in Sri Lanka haben immer mehr Hotels – vor allem der mittleren und oberen Preisklasse – Websites, über die man Zimmer online buchen kann. Natürlich kann man Zimmer auch telefonisch bestellen. Bei den in der Hotelauswahl *(siehe S. 216–221)* aufgelisteten Hotels stehen Telefonnummern und Internet-Adressen. Drucken Sie sich auf jeden Fall die Bestätigung der Hotelreservierung aus, und legen Sie diese beim Einchecken vor.

In einigen gehobeneren Hotels wird bei der Buchung eine Anzahlung erwartet. Achten Sie beim Auschecken auf die korrekte Anrechnung dieser Vorauszahlung.

Bisweilen wird man von durchaus penetranten Schleppern angesprochen, die meist an (Bus-)Bahnhöfen auf Urlauber warten. Misstrauen Sie ihren scheinbar sensationell günstigen Angeboten.

Das Trevene in Nuwara Eliya mit Kolonialmöbeln ***(siehe S. 220)***

Reisen mit Fahrer

Besucher können sich bequem in einem Mietwagen mit Fahrer durch Sri Lanka bewegen. In diesem Fall muss natürlich sichergestellt sein, dass auch für den Fahrer eine Übernachtungsmöglichkeit besteht. Die meisten Mittelklasse- und Spitzenhotels bieten entsprechende Quartiere an.

In einfacher ausgestatteten Gästehäusern ist dies allerdings nicht der Fall. Dann müssen die Gäste den Zimmerpreis bezahlen.

◀ **Tische im Freien vor dem Ministry of Crab, Old Dutch Hospital, Colombo** ***(siehe S. 228)***

Trinkgeld

In teureren Hotels ist es üblich, dem Gepäckträger ein Trinkgeld zu geben. Auch das Reinigungspersonal sollte mit einem kleinen Betrag bedacht werden. Wenn die Rechnung keine Service Charge umfasst, sollten Sie den Betrag aufrunden. Berücksichtigen Sie, dass die Grundgehälter für Hotelpersonal in Sri Lanka relativ niedrig liegen.

Mit Kindern reisen

Kinder sind in Sri Lanka herzlich willkommen. In manchen Unterkünften gibt es Spielbereiche für die Kleinen, Kinderpool und Babysitter-Service. Gelegentlich werden auch organisierte Aktivitäten wie Bastelkurse angeboten. Familienzimmer und die Bereitstellung von Zusatzbetten sind in den meisten Hotels üblich.

Behinderte Reisende

Viele neuere Hotels sind auch für Menschen mit Mobilitätseinschränkung geeignet. Unter den älteren Häusern rüsten vor allem Spitzenhotels entsprechend nach. Zur behindertengerechten Ausstattung gehören insbesondere Rampen am Eingang sowie rollstuhlgeeignete Zimmer und Fahrstühle. Wo dies noch nicht der Fall ist, hilft das Personal, wo es nur kann. Renommierte Reiseveranstalter bieten umfangreiche Informationen zu behindertengerechten Hotels.

Hilton Colombo, Luxushotel in der Hauptstadt Sri Lankas ***(siehe S. 216)***

Hotelketten und Luxushotels

In den größeren Städten und touristisch interessanten Orten wie Colombo, Kandy, Negombo und Habarana findet man Ableger von international oder national agierenden Hotelketten vor, darunter **Hilton**, **Aitken Spence**, **John Keells** und **Jetwing Hotels**. Sie bieten komfortabel ausgestattete Zimmer, exzellenten Service und alle Annehmlichkeiten, die man von einem modernen Hotel erwartet.

Daneben gibt es in Sri Lanka einige unabhängige Luxushotels, die in puncto Preis und Ausstattung mit Spitzenhotels in Europa und Nordamerika zu vergleichen sind. Die meisten sind in grandiosen Bauwerken aus der Kolonialzeit untergebracht, die in der Zwischenzeit mit Augenmaß restauriert und modernisiert wurden. Sie überzeugen durch einen gelungenen Mix aus historischem Charme, modernstem Komfort und perfektem Service. Die Zimmer sind in der Regel überaus stilvoll eingerichtet und bieten Klimaanlage, Satelliten-TV und Internet-Zugang, einige auch Swimmingpool, Fitness-Center, Spa und zum Teil mehrere Restaurants. Viele Geschäftsreisende machen von den Business-Einrichtungen (u. a. Tagungsräume und Büro-Service) Gebrauch. Die meisten dieser Luxushotels findet man in Colombo, Galle und Kandy.

Fassade des Galle Face Hotel, Colombo ***(siehe S. 216)***

Boutique-Hotels und Villen

Weitere in dem Inselstaat verbreitete Unterkünfte sind Boutique-Hotels und Villen. Sie sind recht charmante Optionen und bestechen in aller Regel durch Ruhe und eine idyllische Lage, wie man sie etwa in Lunuganga *(siehe S. 100)* genießen kann. Viele befinden sich in stilvoll umgestalteten Gebäuden aus der Kolonialzeit, die Zimmer und die Gemeinschaftsräume sind mit viel Geschmack eingerichtet, der Service ist tadellos. Einige dieser Unterkünfte organisieren sportliche Aktivitäten und Ausflüge.

Darüber hinaus gibt es in Sri Lanka einige von Geoffrey Bawa gestaltete Hotels, die sich in Architektur und Stil von allen anderen abheben. Zu den eindrucksvollsten gehört das Kandalama in Dambulla *(siehe S. 220)* – nicht nur wegen seiner fantastischen Lage.

Vil Uyana: Ecolodge in idyllischer Lage, Sigiriya *(siehe S. 221)*

Bungalows auf Teeplantagen

Zu den stimmungsvollsten Unterkünften, die Sri Lanka zu bieten hat, gehören zweifellos die Bungalows auf den Teeplantagen. Diese Anwesen gehörten früher den Großgrundbesitzern und wurden später in Gästehäuser und Hotels umgewandelt. Die von üppigem Grün umgebenen Bauten bieten in der Regel eine schöne Aussicht. Ein Hausverwalter und ein Koch kümmern sich um die Gäste, die Bungalows eignen sich aber auch für Selbstversorger. **Tea Trails** *(siehe S. 219)* in der Nähe von Dickoya umfasst vier kolonialzeitliche Bungalows, Gruppen können das gesamte Anwesen mieten.

Resorts

Die an Stränden gelegenen Resorts richten sich vorwiegend an Pauschalurlauber. Derartige Anlagen gibt es in unterschiedlichen Preisklassen und mit verschiedenen Zusatzangeboten. Zur Ausstattung gehören üblicherweise Swimmingpools, das Essen holt man sich am Büfett. Resorts sind ideal für Gäste, die sich in erster Linie entspannen und erholen wollen. Insbesondere an der Westküste gibt es sogenannte Ayurveda-Resorts, in denen Urlauber bei einem mehrwöchigen Aufenthalt eine Vielzahl von auf sie zugeschnittenen Anwendungen genießen können. Wer sich auf diese Weise verwöhnen lassen möchte, sollte frühzeitig reservieren.

Ecolodges

Viele Naturliebhaber und Outdoor-Aktivisten bevorzugen einen Aufenthalt in einer der zahlreichen Ecolodges. Die meisten dieser Unterkünfte liegen lanschaftlich schön mitten in der Natur, häufig in dicht bewaldeten Gebieten. Das Angebot an möglichen Aktivitäten umfasst u. a. Vogelbeobachtungen, geführte Wanderungen, Bootsfahrten und Radtouren.

Die Lage inmitten wunderschöner Naturlandschaft ist das zentrale Kriterium für die Wahl einer Ecolodge. Urlauber, die den Komfort und Luxus eines Spitzenhotels schätzen, sind hier nicht anzutreffen. Die Ausstattung reicht von einfach bis bequem. Allen Lodges gemeinsam sind das einzigartige, rustikale Flair und der Umstand, dass man als Gast der Natur ganz nahe ist. In einigen Lodges haben die Bäder keine Decke.

Rest Houses

Ursprünglich dienten die während der Kolonialzeit erbauten und seinerzeit von der Regierung betriebenen Rest Houses als Unterkunft für Würdenträger auf Reisen. Seit der Privatisierung beherbergen sie Urlauber. Die der Galle Face Hotel Group angegliederte **Ceylon Hotels Corporation (CHC)** betreibt einige dieser Rest Houses in touristischen Hotspots. Die Häuser überzeugen durch Komfort, schöne Lage und gutes Essen (u. a. viele Currygerichte).

Hostels

Rucksackreisende und Einzelurlauber haben mit Hostels eine preisgünstige Übernachtungsoption, bei der man schnell Leute kennenlernt. Colombo bietet einige gut ausgestattete Herbergen, die Schlafsäle, aber auch Einzelzimmer haben. Hinzu kommen Frühstück und kostenloses WLAN. Buchen kann man direkt oder über **Hostelbookers**.

Urlaub bei Gastfamilien

In allen Landesteilen erfreut sich Urlaub bei einer Gastfamilie immer größerer Beliebtheit. Urlaubern bietet sich dabei die Möglichkeit, das Leben der Einheimischen kennenzulernen und authentische Küche zu genießen. Allerdings kann die Ausstattung bescheiden sein, einige der Gastgeber sprechen nur sehr begrenzt Englisch. Die Website von **Sri Lankan Homestay** vermittelt Hunderte von

Kolonialzeitliches Flair in Khalid's Guesthouse, Galle *(siehe S. 217)*

Schöne Lage am Wasser: The Safari, Tissamaharama *(siehe S. 218)*

geprüften Unterkünften, die Informationen über die Gastfamilien sind allerdings sehr knapp. **Neverbeen** ist eine bessere Quelle – mit detaillierten Angaben über die Homestays und ihren Anbieter.

Übernachten in Nationalparks

In einigen Nationalparks kann man Bungalows mieten. Die Buchungen beim **Department of Wildlife Conservation** in Colombo sollten schon Monate im Voraus erfolgen. Beachten Sie, dass zum Übernachtungspreis noch eine Nationalparkgebühr sowie eine Service Charge aufgeschlagen werden.

In Nationalparks kann man auch auf Zeltplätzen übernachten, die dafür notwendige Erlaubnis organisieren Reiseveranstalter.

Apartments

Für längere Aufenthalte in einem Gebiet eignen sich Apartments, vor allem in Colombo hat man in diesem Segment eine große Auswahl. **Hilton Colombo Residences** bietet Apartments mit gehobener Ausstattung. Schöne, oft stimmungsvolle Apartments vermietet **Airbnb**. Wer keinen allzu großen Wert auf besonderen Komfort legt, kann über die Websites von Anbietern wie **Roomorama** eine passende Unterkunft finden. Neben Apartments können auch Villen und Bungalows in zumeist schöner Umgebung gemietet werden.

Hotelkategorien

Die Hotelauswahl *(siehe S. 216–221)* dieses Reiseführers enthält unterschiedliche Hotels. Sie sind nach »Luxus«, »Boutique« bzw. »Historischer Charme«, »Gästehaus«, »Ecolodge«, »Strand-Resort« und »Ayurveda-Resort« kategorisiert, wobei manche auch in mehrere Kategorien passen würden. »Mittelklassehotel«, »Preiswert« und »Camping« komplettieren die oben genannten Hotelkategorien. Die Unterkünfte sind nach Regionen, entsprechend den Kapiteln des Buchs, alphabetisch nach Orten sowie nach Preiskategorien aufgelistet.

Die **Vis-à-Vis-Tipps** heben bestimmte Hotels hervor – Häuser mit außergewöhnlichem Service, grandioser Lage, schöner Ausstattung, besonderem Design oder einer Kombination aus allem.

Fassade des Hill Club, Nuwara Eliya *(siehe S. 220)*

Auf einen Blick

Hotelketten und Luxushotels

Aitken Spence
(011) 230 8408.
aitkenspencehotels.com

Hilton
0800 4445 8667.
hilton.com

Jetwing Hotels
(011) 234 5700.
jetwinghotels.com

John Keells
(011) 230 6600.
keells.com

Bungalows auf Teeplantagen

Tea Trails
46/38 Nawam Mawatha, Col 2. **Stadtplan** 3 B2.
(011) 774 5700.
teatrails.com

Rest Houses

Ceylon Hotels Corporation (CHC)
Galle Face Hotel, 2 Galle Road, Col 3. **Stadtplan** 3 A1. (011) 558 5858. **chcresorts.com**

Hostels

hostelbookers.com

Urlaub bei Gastfamilien

Neverbeen
(076) 678 6655.
neverbeen.com

Sri Lankan Homestay
Sri Lanka Tourism Development Authority, 80 Galle Road, Col 3. **Stadtplan** 3 A2.
(011) 476 6330.
srilankanhomestay.com

Übernachten in Nationalparks

Department of Wildlife Conservation
811A Jayanthipura, Battaramulla. (011) 288 8585.

Apartments

Airbnb
airbnb.com

Hilton Colombo Residences
200 Union Place, Col 2. **Stadtplan** 3 A2. (011) 534 4644.
colomboresidence.hilton.com

Roomorama
roomorama.com

Hotels

Colombo

Tropic Inn ®
Gästehaus
30 College Ave, Mount Lavinia
(011) 273 8653
tropicinn.com
Das Haus beim Strand hat Einzel- bis Vierbettzimmer. Kostenloses WLAN.

YWCA National Headquarters ®
Gästehaus SP 3 B2
7 Rotunda Garden, Col 3
(011) 232 3489
Die Unterkunft des YWCA mit Standardausstattung befindet sich in zentraler Lage.

Havelock Place Bungalow ®®
Boutique
6/8 Havelock Place, Col 5
(011) 258 5191
havelockbungalow.com
Die beiden Bungalows mit Garten und Pool bieten hübsche Zimmer mit antiken Möbeln.

Lake Lodge ®®
Gästehaus SP 3 B2
20 Alvis Terrace, Col 3
(011) 232 6443
taruhotels.com
Die familiengeführte Unterkunft beim Beira Lake verfügt über einfache, aber komfortable Zimmer.

Mount Lodge ®®
Boutique
69a Hotel Rd, Mount Lavinia
(077) 773 3313
nisalaarana.com
Die Zimmer inmitten tropischer Gärten haben ihren eigenen Außenbereich. Zum Frühstück gibt es leckere *hoppers*.

Renuka & Renuka City Hotel ®®
Luxus SP 3 B3
328 Galle Rd, Col 3
(011) 257 3598
renukahotel.com
Die stilvollen Zimmer des zentral gelegenen Hotels in zwei benachbarten Gebäuden sind bei Geschäftsreisenden beliebt.

Bawa's House ®®®
Boutique SP 3 C4
No 11, 33 Lane, nahe Bagatelle Rd, Col 3
(011) 433 7335
geoffreybawa.com
Geoffrey Bawas Stadthaus verfügt über eine Suite mit zwei Zimmern. Der elegante Wohnbereich besitzt Kunstwerke aus der Sammlung des Architekten.

Cinnamon Grand ®®®
Luxus SP 3 B2
77 Galle Rd, Col 3
(011) 243 7437
cinnamonhotels.com
Fünf-Sterne-Hotel mit Pool, Fitness-Center und Spielzimmer für Kinder. Exzellentes Restaurant.

Cinnamon Lakeside ®®®
Luxus SP 1 C5
115 Sir Chittampalam A Gardiner Mawatha, Col 2
(011) 249 1000
cinnamonhotels.com
Das Hotel hat schöne Zimmer, ein gutes Restaurant mit Sushi-Bar sowie Blick auf den Beira Lake.

Vis-à-Vis-Tipp

Galle Face Hotel ®®®
Historischer Charme SP 3 A1
2 Galle Rd, Col 3
(011) 254 1010
gallefacehotel.com
Das 1864 eröffnete Hotel mit kolonialem Flair bietet zwei Bereiche: Classic und das moderne Regency. Die Zimmer und Suiten sind mit allen modernen Annehmlichkeiten ausgestattet. Zum Hotel gehören diverse Restaurants und Bars. Genießen Sie den High Tea – oder beobachten Sie, wie die Sonne im Meer versinkt.

Hilton Colombo ®®®
Luxus SP 1 B4
2 Sir Chittampalam A Gardiner Mawatha, Col 2
(011) 249 2492
hilton.com
Das moderne Hotel mit schöner Aussicht (von den höheren Etagen) hat ein Gourmet-Restaurant und eine Shopping-Zeile.

Gemütlich eingerichtetes Zimmer in Neela's Guesthouse, Hikkaduwa

Preiskategorien
Preise in der Hochsaison für ein Standard-Doppelzimmer pro Nacht, inklusive Frühstück, Steuer und Service:

®	unter 7000 Rupien
®®	7000 – 20 000 Rupien
®®®	über 20 000 Rupien

Mount Lavinia Hotel ®®®
Historischer Charme
100 Hotel Rd, Mount Lavinia
(011) 271 1711
mountlaviniahotel.com
Das renovierte Hotel mit Privatstrand auf einer Landzunge verströmt noch Alte-Welt-Charme.

Tintagel ®®®
Boutique SP 3 E2
65 Rosemead Place, Col 7
(011) 460 2121
tintagelcolombo.com
Das einstige Heim der Bandaranaike-Familie ist ein stilvolles Haus mit Spa und Bibliothek.

Westküste

BENTOTA: Saman Villas ®®®
Boutique SK B6
Aturuwella
(034) 227 5435
samanvilla.com
Die Suiten, einige mit eigenem Pool, bieten von ihrer Lage auf einem Felsen einen grandiosen Blick auf den Indischen Ozean.

Vis-à-Vis-Tipp

BENTOTA: The Villa ®®®
Boutique SK B6
138/22 Galle Rd
(034) 227 5311
paradiseroadhotels.com
Das Hotel unweit von Bentota befindet sich in einer Villa aus dem 19. Jahrhundert. In den 1970er Jahren wurde das Gebäude von Geoffrey Bawa in ein Luxushotel umgewandelt. Zur Ausstattung gehören zwei Pools, eine Open-Air-Bar und Brettspiele. Im Paradise Road Shop nebenan bekommen die Gäste zehn Prozent Rabatt.

HIKKADUWA: Neela's Guesthouse ®®
Gästehaus SK B6
634 Galle Rd, Narigama
(091) 438 3166
neelasbeach.com
Von einigen der Zimmer des populären, freundlichen Strandhotels genießt man einen herrlichen Meerblick.

HIKKADUWA: Surf Villa ®®
Gästehaus **SK** B6
Milla Rd
(077) 760 4620
srilankasurftour.com
Die Villa ist bei Wellenreitern sehr beliebt. Frühstück inklusive.

HIKKADUWA: Hikka Tranz ®®®
Strand-Resort **SK** B6
Galle Rd
(091) 227 8000
cinnamonhotels.com
Zimmer und Suiten mit Blick aufs Meer. Dachterrasse und Pool.

KALPITIYA-HALBINSEL: Bar Reef ®®®
Strand-Resort **SK** B3
Palmyrah Ave, Alankuda Beach
(077) 106 0020
barreefresort.com
Öko-Resort mit einfach Strandhütten und Villen sowie Außendusche und Salzwasser-Pool.

KALPITIYA-HALBINSEL: Palagama Beach ®®®
Strand-Resort **SK** B3
Alankuda Beach
(077) 781 8970
palagamabeach.com
Strandhütten und große Villen, zudem Inifinity Pool und Spa.

KALPITIYA-HALBINSEL: Udekki ®®®
Strand-Resort **SK** B3
Alankuda Beach
(077) 744 6135
udekki.com
Zimmer in einer Gemeinschaftsvilla, Familien können eine eigene Villa mieten.

NEGOMBO: The Icebear Beach Guesthouse ®®
Gästehaus **SK** B4
103-2 Lewis Pl
(071) 423 7755
icebearhotel.com
Unterkünfte inmitten eines hübschen tropischen Gartens. Der Inhaber stammt aus der Schweiz.

NEGOMBO: Star Beach ®®
Gästehaus **SK** B4
83/3 Lewis Pl
(031) 222 2606
starbeachhotelnegombo.com
Die Zimmer haben Ventilatoren oder Klimaanlage. Von den oberen hat man Meerblick.

NEGOMBO: Jetwing Beach ®®®
Strand-Resort **SK** B4
Porutota Rd, Ethukala
(031) 227 3500
jetwinghotels.com
Stilvolles Hotel mit Restaurants, Pool, Spa und Geschenkeladen.

Infinity Pool des Strand-Resorts Palagama Beach, Halbinsel Kalpitiya

Süden

GALLE: Rampart View ®
Gästehaus **SK** B6
37 Rampart St
(091) 492 8781
gallefortrampartview.com
Die Zimmer sind einfach. Herrlicher Meerblick von der Dachterrasse. Kostenloses WLAN.

GALLE: Khalid's Guesthouse ®®
Gästehaus **SK** B6
102 Pedlar St
(077) 317 7676
Ruhiges, einladendes Hotel mit Zimmern im Kolonialstil. Mahlzeiten auf Anfrage. Kein Alkohol.

GALLE: Amangalla ®®®
Boutique **SK** B6
10 Church St
(091) 223 3388
amanresorts.com
Luxushotel in der Festungsanlage von Fort Galle mit Pool und Garten. Zimmer und Suiten haben antike Möbel und Himmelbetten. Hübscher Pool sowie Gärten.

GALLE: The Fort Printers ®®®
Boutique **SK** B6
39 Pedlar St
(091) 224 7977
thefortprinters.com
Das Anwesen aus dem 18. Jahrhundert, das einst einen Verlag beherberte, wurde schön restauriert. Es bietet stilvolle geräumige Zimmer und einen Pool im hübschen Garten.

GALLE: Galle Fort Hotel ®®®
Boutique **SK** B6
28 Church St
(091) 223 2870
galleforthotel.com
Die Kolonialvilla mit eleganten Zimmern und Suiten gehört zum UNESCO-Welterbe von Galle. Swimmingpool.

GALLE: Jetwing Lighthouse ®®®
Luxus **SK** B6
Dadella
(091) 222 3744
jetwinghotels.com
Die Zimmer – einige mit Meerblick – wurden von Geoffrey Bawa minimalistisch gestaltet. Spa, Pool sowie Squash- und Tennisplätze.

GALLE: The Sun House ®®®
Boutique **SK** B6
18 Upper Dickson Rd
(091) 438 0275
thesunhouse.com
Stilvolle Zimmer in der ehemaligen Villa eines Gewürzhändlers. Erstklassige Küche. Besonders hübsch ist die Cinnamon Suite.

KOGGALA: The Fortress ®®®
Luxus **SK** C6
Matara Rd
(091) 438 9400
fortressresortandspa.com
Atemberaubende Zimmer und Suiten in einem opulenten Strandhotel mit Spa und Pool.

MIRISSA: Rose Blossom Guest House ®
Gästehaus **SK** C6
Gegenüber Giragala Village, Bandara Mulla
(077) 713 3096
Kleines, freundliches Gästehaus mit einfachen Zimmern.

MIRISSA: Sun 'n' Sea ®
Gästehaus **SK** C6
1 Banadara Mulla
(077) 833 9958
Sun 'n' Sea liegt direkt am Strand. Gutes Essen, effizienter Service.

MIRISSA: Hotel Silan Mo ®®
Mittelklassehotel **SK** C6
Main Rd
(041) 2254974
silanmo.com
Strandhotel mit Dachterrassen-Pool und Blick auf die Mirissa Bay.

MIRISSA: Casa Colombo Collection ®®®
Boutique **SK** C6
Madamawatte
(041) 452 0130
casacolombocollection.com
Das stilvolle Hotel am Wasser hat luxuriöse Suiten. Pool mit Meerblick.

POLHENA: Sunil Rest Guesthouse ®
Gästehaus **SK** C6
Nahe Beach Rd
(077) 222 1983
Die Zimmer befinden sich in zwei Gebäuden. Fahrradverleih. Kein heißes Wasser.

TANGALLA: Goyambokka Guesthouse ®
Gästehaus **SK** C6
Goyambokka
(047) 224 0838
goyambokkaguesthouse.com
Das Gästehaus am Strand besitzt geräumige Zimmer und einen großen Garten. Exzellentes Essen.

TANGALLA: Green Garden Cabanas ®
Gästehaus **SK** C6
Goyambokka
(047) 224 2478
greengardencabanas.com
Einladendes Gästehaus mit Zimmern um einen Garten.

TANGALLA: Nugasewana Eden ®
Gästehaus **SK** C6
Mahawela Rd
(047) 224 0389
nugasewana.com
Einige Zimmer des beliebten Hauses haben große Balkone mit Meerblick. Köstliches Essen.

TANGALLA: Mangrove Beach Cabanas ®®
Öko-Lodge **SK** C6
Marakolliya
(077) 790 6018
beachcabana.lk
Hütten und Lehmhäuser an einem Palmenstrand. Freundlicher Service und gutes Essen.

TANGALLA: Sandy's Strand-Resort ®®
SK C6
Marakolliya
(077) 622 5009
sandycabana.com
Die hübsche Strandanlage liegt ruhig. Sandy's bietet angenehme Hütten sowie Hausmannskost.

TANGALLA: Amanwella ®®®
Luxus **SK** C6
Godellawella
(047) 224 1333
amanresorts.com
Die angenehmen Suiten haben Tauchbecken, umgeben von Bäumen. Infinity Pool am Strand.

TISSAMAHARAMA: Elephant Camp Guesthouse ®
Gästehaus **SK** D6
Kataragama Rd
(072) 493 4992
Das familiengeführte Gästehaus mit einfachen Zimmern liegt inmitten eines Gartens.

TISSAMAHARAMA: Refresh ®
Gästehaus **SK** D6
Kataragama Rd
(047) 223 7357
refreshsrilanka.com
Gästehaus mit hübschen, komfortablen Zimmern um einen Innenhof. Beliebtes Restaurant.

TISSAMAHARAMA: Kithala Resort ®®
Mittelklassehotel **SK** D6
Kataragama Rd
(047) 223 7206
theme-resorts.com/kithalaresort
Die großen Zimmer mit Balkon blicken auf Reisfelder. Traditionelle sri-lankische Küche.

TISSAMAHARAMA: The Safari ®®®
Luxus **SK** D6
Kataragama Rd
(047) 567 7620
chcresorts.com
Hotel am See mit hübschen Zimmern und Tennisplatz. Pool mit Blick auf den Tissa Wewa.

Sitzgruppe in der Lobby der Secret Garden Villa, Unawatuna

UDA WALAWE: Kalu's Hideaway ®®
Boutique **SK** C5
Walawegama
(047) 492 9930
kalushideaway.com
Kleines Hotel mit modernen Zimmern, Restaurant und Pool.

UNAWATUNA: Brink House ®
Gästehaus **SK** C6
Welledevala Rd
(091) 224 2245
brinkhouseunawatuna.site11.com
Familiengeführtes ruhiges Haus. Balkonzimmer im ersten Stock.

UNAWATUNA: Strand ®
Gästehaus **SK** C6
218 Yaddehimulla Rd
(091) 222 4358
homestay-strand.net
Die Villa in einer weitläufigen Anlage hat verschiede Zimmer und ein Apartment. Wochenweise Aufenthalte bevorzugt.

UNAWATUNA: Sun-n-Sea ®
Gästehaus **SK** C6
324 Matara Rd, Ganahena
(091) 228 3200
sunnsea.net
Einfache Zimmer in einer freundlichen Unterkunft am Strand.

UNAWATUNA: Secret Garden Villa ®®
Gästehaus **SK** C6
Beach Rd
(077) 761 4119
secretgardenvilla unawatuna.com
Kolonialvilla und Bungalow liegen in einem tropischen Garten.

UNAWATUNA: Unawatuna Beach Resort ®®
Strand-Resort **SK** C6
Am Strand
(091) 438 4545
unawatunabeachresort.com
Freundliche Zimmer, einige mit Meerblick. Im Angebot: Bootsausflüge mit Walbeobachtung.

UNAWATUNA: Wijaya Beach ®®
Strand-Resort **SK** C6
Dalawella
(077) 790 3431
wijayabeach.com
Von den geräumigen Zimmern blickt man auf Meeresschildkröten. Yogakurse.

WELIGAMA: Samaru Beach House ®
Gästehaus **SK** C6
544 New Bypass Rd, Pelana
(041) 225 1417
samarubeachhouse.com
Das bei Surfern populäre Haus hat exzellentes Essen. Board-Verleih.

Hotelkategorien *siehe Seite 215* **Preiskategorien** *siehe Seite 216*

WELIGAMA:
The Green Rooms ®®
Öko-Lodge **SK** C6
Main Rd
(077) 111 9896
thegreenroomssrilanka.com
Man schläft in Strandhütten oder oder in Zimmern mit Klimaanlage. Surf- und Yogakurse.

Vis-à-Vis-Tipp

WELIGAMA: Barberyn Beach Ayurveda Resort ®®®
Ayurveda-Resort **SK** C6
Nahe Abimanagama Rd
(041) 225 2994
barberynresorts.com
Das Resort mit Pool und Strand ist empfehlenswert für Gäste, die Ayurveda-Behandlungen genießen möchten. Zum Angebot gehören Meditations-, Yoga- und Ayurveda-Kochkurse. Die Zimmer mit Bad sind geräumig. Nur Vollpension.

WELIGAMA:
Mandara Resort ®®®
Strand-Resort **SK** C6
416/A Pelena
(041) 225 3993
mandararesort.com
Ruhiges Strandhotel mit eleganten Zimmern, einige mit Tauchbecken oder Jacuzzi.

WELIGAMA:
Taprobane Island ®®®
Luxus **SK** C6
(091) 4380275
taprobaneisland.com
Das Anwesen beherbergt fünf stilvolle Zimmer mit Bad. Tropischer Garten mit Infinity Pool.

YALA NATIONAL PARK:
Chaaya Wild ®®®
Luxus **SK** D5
Kirinda Palatupana
(047) 223 9450
chaayawild.com
Die »Jungle«- und »Beach«-Bungalows sind mit Minibar und Flachbild-TV ausgestattet. Ideal für Tierbeobachtung.

Kandy und Hill Country

DALHOUSIE: Slightly Chilled Guest House ®®
Gästehaus **SK** C5
Main Rd
(051) 120 5502
slightlychilled.tv
Einige Zimmer des freundlichen Gästehauses blicken auf den Adam's Peak. Fahrradverleih.

Zimmer, Sevana Guest House, Kandy

DICKOYA:
Tea Trails Bungalows ®®®
Historischer Charme **SK** C5
(011) 747 5700
teatrails.com
Vier Bungalows aus der Kolonialzeit, einst bewohnt von den Besitzern der Teeplantagen.

ELLA: Waterfalls Homestay ®
Gästehaus **SK** D5
Watagodawaththa
(057) 567 6933
waterfalls-guesthouse-ella.com
Lage, Zimmer und Essen sind erstklassig. Freundliche Besitzer.

ELLA: Zion View ®®
Gästehaus **SK** D5
Wemulla hena
(077) 381 0313
ella-guesthouse-srilanka.com
Familiengeführtes Gästehaus in reizvoller Lage mit Gemeinschaftsbalkon. Traditionelle srilankische Kost.

ELLA: 98 Acres ®®®
Luxus **SK** D5
Greenland Estate, Namunakula Rd
(057) 205 0050
resort98acres.com
Die Luxus-Cottages in Hügellage bieten fantastische Ausblicke. Grandioser Pool und Restaurant.

HAPUTALE:
Amarasinghe Guest House ®
Gästehaus **SK** C5
Thambapillai Ave
(057) 226 8175
amarasinghe-haputale.com
Amarasinghe bietet anheimelnde Zimmer, einige mit Aussicht.

HAPUTALE: Kelburne Mountain View Cottages ®®
Historischer Charme **SK** C5
Dambetenne Rd
(011) 257 3382
kelburnemountainview.com
Die heimeligen Cottages in einer Teeplantage bieten Ruhe und schöne Aussicht.

HAPUTALE:
Olympus Plaza Hotel ®®
Mittelklassehotel **SK** C5
75 Welimada Rd
(057) 226 8544
olympusplazahotel.com
Komfortable, anspruchslos eingerichtete Zimmer. Gute Lage.

KANDY: McLeod Inn ®
Gästehaus **SK** C4
65a Rajapihilla Mawatha
(081) 222 2832
Große, saubere Zimmer. Aufpreis für Zimmer mit Blick über Kandy. Freundliche Inhaber.

KANDY: Sevana Guest House ®
Gästehaus **SK** C4
84 Peradeniya Rd
(081) 567 4443
sevanakandy.com
Einladendes, familienfreundliches Gästehaus. Aufpreis für Klimaanlage, Warmwasser und Balkon.

KANDY: Hotel Suisse ®®
Mittelklassehotel **SK** C4
30 Sangarajah Mawatha
(081) 223 3024/5
hotelsuisse.lk
Das Dekor zeigt sowohl koloniale als auch moderne Elemente. Nahe Kandy Lake.

KANDY: Amaya Hills ®®®
Luxus **SK** C4
Heerassagala
(081) 447 4022/8
amayaresorts.com
Das Hotel mit unterschiedlichen Zimmern und Suiten liegt in den Hügeln westlich von Kandy.

KANDY:
Cinnamon Citadel ®®®
Luxus **SK** C4
124 Srimanth Kuda, Rawatte Mawatha
(081) 223 4365
cinnamonhotels.com
Die Zimmer blicken auf den Fluss Mahaweli oder die Gärten.

KANDY: Theva Residency ®®®
Boutique **SK** C4
10-1, 6th Lane, nahe Upper Tank Rd, nahe Circular 2 Rd, Hantanna
(081) 738 8296
theva.lk
Das attraktive Haus hat unterschiedliche Zimmer mit Aussicht. Hervorragendes Essen.

KARAMBAKETIYA:
Corbert's Rest ®
Öko-Lodge **SK** C4
Knuckles Range
(081) 286 8025
corbertsrest.com
Hütten und Campingplatz für Wanderer. Warmwasser und Strom sind begrenzt verfügbar.

KITULGALA: Borderlands ®®®
Camping **SK** C5
Hatton Rd
(077) 789 9836
discoverborderlands.com
Campingplatz am Fluss mit Zelten auf Pfahlbauten und Gemeinschaftsbädern. Rafting-Touren.

Vis-à-Vis-Tipp

MAKULDENIYA: Rangala House ®®
Boutique **SK** C4
92b Bobebila
(081) 240 0294
rangalahouse.com
Rangala ist die renovierte Bungalowanlage eines ehemaligen Teeplantagenbesitzers – ein wunderbarer Ort, um abzuschalten. Es gibt vier Zimmer mit Bad und Sitzecke. Von der Veranda hat man einen herrlichen Blick über Gärten und Teeplantagen. Zu den Annehmlichkeiten gehören ein mit Solarenergie beheizter Pool und ein Tennisplatz. Fantastische Küche. Ideal zur Vogelbeobachtung.

NUWARA ELIYA: The Trevene ®
Historischer Charme **SK** C5
1 / Park Rd
(052) 222 2767
hoteltrevenenuwaraeliya.com
Zimmer mit Kamin und schönen alten Möbeln in einem Bungalow aus der Kolonialzeit – teilweise Gartenblick.

NUWARA ELIYA: Hill Club ®®
Historischer Charme **SK** C5
Nahe dem Grand Hotel, 29 Grand Hotel Rd
(052) 222 2653
hillclubsrilanka.lk
Genießen Sie das Flair der britischen Kolonialzeit im Hill Club.

Vis-à-Vis-Tipp

NUWARA ELIYA: Heritance Tea Factory ®®®
Historischer Charme **SK** C5
Kandapola
(052) 222 9600
heritancehotels.com
Das Hotel, eine ehemalige Teefabrik (19. Jh.) mit Originalfassade, liegt inmitten von Teeplantagen. Vieles erinnert an die Geschichte des Hauses. Der Maschinenraum ist jetzt die Küche, der Verpackungsraum wurde in eine Bar umgewandelt. Die komfortablen Zimmer sind traditionell eingerichtet. Restaurant in einem alten Eisenbahnwaggon.

Im Kolonialstil: Fassade und gepflegter Garten des Hill Club, Nuwara Eliya

SINHARAJA: Rainforest Edge ®®
Öko-Lodge **SK** C6
Balawatukanda, Weddagala
(045) 225 5912
rainforestedge.com
Abgelegene Lodge mit Vollpension. Verleih von Mountainbikes.

Kulturelles Dreieck

ANURADHAPURA: Milano Tourist Rest ®
Gästehaus **SK** C3
596/40 JR Jaya Mawatha
(025) 222 2364
milanotouristrest.com
Gut eingerichtete Zimmer. Essen im Freien und Fahrradverleih.

ANURADHAPURA: Randiya ®®
Mittelklassehotel **SK** C3
394/19A Mudhitha Mawatha
(025) 222 2868
hotelrandiya.com
Das moderne Hotel bietet große farbenfrohe Zimmer. Fahrradverleih im Haus.

ANURADHAPURA: Ulagalla Resort ®®®
Luxus **SK** C3
Thirapanne
(025) 205 0280
ugaescapes.com
Moderner Komfort in ländlicher Umgebung. Die Chalets haben Wohnbereich und Tauchbecken.

DAMBULLA: J. C.'s Village ®®
Gästehaus **SK** C3
175 Kapuwaththa
(066) 228 4411
jcsvillage.com
Ruhige Anlage mit Bungalows auf bewaldetem Gelände. Vorzügliches Essen.

DAMBULLA: Amaya Lake ®®®
Luxus **SK** C3
Kap Ela, Kandalama
(066) 446 1500
amayalake.com
Geschmackvoll eingerichtete Bungalows in wunderschöner Umgebung am Ufer des Kandalama Lake. Restaurant mit Bar im Freien.

Vis-à-Vis-Tipp

DAMBULLA: Kandalama ®®®
Luxus **SK** C3
Kandalama Rd
(066) 555 5000
heritancehotels.com
Das Hotel, entstanden nach einem Entwurf von Geoffrey Bawa, liegt am Ufer des Kandalama Lake und fügt sich schön in die Dschungelumgebung. Man hat einen grandiosen Blick auf den Sigiriya-Felsen, ideal um die Tierwelt zu beobachten. Die Zimmer und Suiten verteilen sich auf zwei Gebäudeflügel. Zudem gibt es drei Pools, ein Spa und viele Outdoor-Angebote.

HABARANA: Galkadawala ®®
Öko-Lodge **SK** C3
Palugaswewa
(077) 373 2855
galkadawala.com
Die Vier-Zimmer-Lodge am Galkadawala Lake besteht aus recycelten Materialien. Ideal für Vogelbeobachtung und Kayakfahrten.

HABARANA: Cinnamon Lodge ®®®
Luxus **SK** C3
Nahe Chaaya Village, Main Rd
(066) 227 0011
cinnamonhotels.com
Zweistöckige Chalets mit Veranda oder Balkon verteilen sich weitläufig. Das Hotel ist bei Reisegruppen beliebt.

POLONNARUWA: Devi Tourist Home ®
Gästehaus **SK** D3
Lake View Garden Rd
(027) 222 3181, 077 908 1250
Zweckmäßig eingerichtete Zimmer mit Bad in einem netten Gästehaus. Exzellente Küche.

Hotelkategorien *siehe Seite 215* **Preiskategorien** *siehe Seite 216*

POLONNARUWA: Siyanco ®®
Mittelklassehotel **SK** D3
1st Canal Rd, hinter Habarana Rd
(027) 222 6868
siyancoholidayresort.com
Siyanco ist ein schön gelegenes Hotel mit komfortablen Zimmern. Einige davon sind größer und moderner als andere.

SIGIRIYA: Flower Inn ®
Gästehaus **SK** C3
Nahe Sigiriya-Felsen
(066) 567 2197
Einfache Zimmer in zwei benachbarten Gebäuden. Das Dekor ist kitschig. Freundliche Gastgeber.

SIGIRIYA: Hotel Sigiriya ®®
Mittelklassehotel **SK** C3
2 km vom Sigiriya-Felsen
(066) 493 0500
serendibleisure.com
Komfortable Zimmer mit Klimaanlage. Es gibt ein Restaurant im Freien und ein Ayurveda-Spa.

SIGIRIYA: Vil Uyana ®®®
Luxus **SK** C3
Inamaluwa
(066) 492 3585
jetwinghotels.com
Auf Pfählen errichtete Bungalows, die von Reisfeldern und Gärten umgeben sind.

Osten

ARUGAM BAY: Geckos ®
Gästehaus **SK** E5
Beachside, Main St
(063) 224 8212
geckoarugambay.com
Geckos verfügt über Häuschen, Zimmer und Apartments. Einige davon haben eine Klimaanlage.

Vis-à-Vis-Tipp

ARUGAM BAY: Samantha's Folly ®
Gästehaus **SK** E5
Beachside, Main Rd
(077) 338 7808
Samantha's Folly bietet zum einen Strandhütten und zum anderen »Follies«, an den Seiten zeltähnliche, strohgedeckte Hütten mit Gemeinschaftsbädern. Gutes Restaurant.

ARUGAM BAY: Hideaway ®®
Gästehaus **SK** E5
Roadside, Main Rd
(063) 224 8259
hideawayarugambay.com
Die Anlage besteht aus einer Villa mit vier Zimmern und gemütlicher Lounge sowie netten Bungalows in einem Garten.

BATTICALOA: Deep Sea Resort ®
Gästehaus **SK** E4
New Fisheries St, Nawalady
(077) 068 6860
srilanka-divingtours.com
Das Gästehaus beherbergt überwiegend Taucher, die das Wrack der HMS *Hermes* erkunden.

Vis-à-Vis-Tipp

KUCHCHAVELI: Jungle Beach ®®®
Strand-Resort **SK** D2
Nördl. von Nilaveli
(026) 567 1000
ugaescapes.com
Wunderschönes Refugium in einer einsamen Bucht mit stilvoll eingerichteten Zimmern. Die Hütten inmitten der Mangroven sind mit iPod-Docking-Stationen ausgestattet. Von den Strandhütten hat man direkten Zugang zum Meer. Speisen Sie im Restaurant oder auf der Veranda. Idealer Ort, um Tiere zu beobachten.

NILAVELI: The Residence ®
Preiswert **SK** D2
Ward 2
(076) 540 4846
theresidencenilaveli.com
Das freundliche Hostel in Strandnähe bietet sechs Etagenbetten und einige Einzelzimmer.

NILAVELI: Pigeon Island Beach Resort ®®®
Strand-Resort **SK** D2
Nilaveli Beach
(026) 492 0633
pigeonislandresort.com
Das Strandhotel offeriert Freizeitaktivitäten wie Tauchen und Schnorcheln. Einige Zimmer und Suiten haben Meerblick.

Stilvolle Zimmer im Pigeon Island Beach Resort in Nilaveli

PASSEKUDAH: Maalu Maalu ®®®
Strand-Resort **SK** D3
Passekudah Bay
(065) 738 8388
maalumaalu.com
Das ruhige Resort bietet zweistöckige Chalets und Suiten, die meisten mit Sicht aufs Meer. Zimmer im Erdgeschoss haben Terrasse, Zimmer oben Balkon. Zur Anlage gehört ein Spa.

TRINCOMALEE: Welcombe ®®
Preiswert **SK** D3
66 Lower Rd, Orr's Hill
(026) 222 2373
welcombehotel.com
Das Hotel in Bootsform mit Blick auf den Hafen liegt auf einer Landzunge. Farbenfrohe, stilvoll eingerichtete Zimmer.

UPPUVELI: Palm Beach Resort ®
Gästehaus **SK** D2
12 Alles Garden, Nilaveli Rd
(026) 222 1250
Das Haus in Strandnähe hat einfache Zimmer. Die meisten Gäste kommen wegen des guten Essens.

UPPUVELI: Chaaya Blu ®®®
Strand-Resort **SK** D2
700 m von der Hauptstraße
(026) 222 2307
cinnamonhotels.com
Die Anlage bietet Zimmer, Suiten und Chalets am Strand sowie ein gutes Restaurant. Das Resort organisiert auch Ausflüge nach Trincomalee und Pigeon Island.

Jaffna und Norden

JAFFNA: Green Grass Hotel ®
Preiswert **SK** B1
Nahe Hospital Rd
(021) 222 4385
jaffnagreengrass.com
Das Hotel mit komfortablen Zimmern und Pool liegt etwa 15 Minuten Fahrt von Jaffna entfernt.

JAFFNA: Pillaiyar Inn ®
Preiswert **SK** B1
31 Manipay Rd
(021) 222 2829
Der von außen etwas unansehnliche Gasthof hat große moderne Zimmer und eine nette Bar.

JAFFNA: Jaffna Heritage ®®®
Boutique **SK** B1
Temple Rd, Nallur
(021) 222 2424
jaffnaheritage.com
Das Hotel in der Nähe des Nallur-Tempels ist die beste Luxusoption in Jaffna. Es hat große Zimmer sowie Pool. Es gibt keinen Alkohol und kein Fleisch.

Restaurants

Sri Lanka bietet eine große kulinarische Vielfalt. Händler und Siedler verschiedener Kontinente brachten Rezepte aus ihren Heimatländern mit, die die traditionsreiche Küche der südasiatischen Insel bereicherten. Urlauber finden in Colombo und anderen touristischen Hotspots wie Kandy, Galle und den Strand-Resorts eine große Auswahl an Restaurants, auf dem Land hingegen sind Lokale mitunter sehr dünn gesät. Das Spektrum reicht von Spitzenrestaurants mit feinster Küche über Strandlokale mit frischem Seafood bis zu Imbisslokalen, in denen man einen Snack zu sich nimmt. Edle Lokale in Colombo bieten Fusionsküche. Die meisten Hotelrestaurants haben internationale Küche, in familienbetriebenen Gästehäusern werden oft köstliche sri-lankische Gerichte zubereitet.

Verkauf von *vadai* an einem Imbissstand

Restaurants

Besucher von Colombo haben die Auswahl zwischen Edelrestaurants, Mittelklasselokalen und Imbisslokalen. In den gehobeneren Restaurants wird internationale Küche serviert, darunter Gerichte aus China, Japan und Italien. Aber auch dort kommt man in den Genuss typischer Gerichte des Inselstaats. Einige Luxushotels bieten Restaurants mit unterschiedlichen Schwerpunkten. In anderen Hotelrestaurants bedient man sich am Büfett oder bestellt à la carte Gerichte, die dem europäischen Gast vertraut vorkommen, jedoch auf landestypische Art zubereitet und gewürzt sind. Vor allem in Colombo findet man zudem eine große Zahl an Lokalen mit südindischer Küche. Darüber hinaus gibt es Cafés, Coffeeshops und Filialen internationaler Fast-Food-Ketten wie Pizza Hut und KFC.

Die Restaurants in Colombo haben in der Regel bis 22 Uhr geöffnet, einige schließen noch später. In anderen Landesteilen müssen Urlauber wegen des Mangels an Restaurants mit den Möglichkeiten vorliebnehmen, die ihnen ihr Hotel oder Gästehaus bietet. Mit dem Anstieg der Besucherzahlen nimmt jedoch auch im Landesinneren das Angebot an Lokalen zu.

An der Küste liegt der kulinarische Fokus eindeutig auf Seafood-Gerichten, die zumeist aus dem frischen Fang zubereitet werden. Einfache Shops/Imbisse wie die *kades* servieren typische Gerichte wie *hoppers* *(siehe S. 224)*.

Imbissstände

Unterwegs kann man seinen Appetit an vielen Straßenständen mit Streetfood wie *vadai*, einem frittierten kleinen Fladen aus Linsen, Kirchererbsen und anderen Zutaten, stillen. An vielen Ständen und Straßenlokalen kann man bei der Zubereitung der Speisen zusehen. Eine weitere Spezialität ist *kottu roti* – in Streifen geschnittenes Fladenbrot *(roti)* mit Fleisch und Gemüse.

Darüber hinaus gibt es an Imbissständen auch eine Reihe weiterer Fleisch-, Reis-, Curry- und Eiergerichte, mit denen man für wenig Geld satt wird. Man kann sich die Speisen auch einpacken lassen, entsprechende Behältnisse gibt es an den Ständen.

Vegetarische Gerichte

In Sri Lanka werden die meisten Gerichte mit Fleisch und/oder Fisch bzw. Seafood zubereitet, dennoch haben auch Vegetarier eine große Auswahl. Dies gilt für das Essen in Hotels und Gästehäusern ebenso wie für Restaurants.

Gerichte im Elephant Camp Guesthouse, Tissamaharama *(siehe S. 218)*

Tafel mit den Tagesgerichten, The Green Room *(siehe S. 233)*

Zudem findet man relativ viele rein vegetarische Lokale, die insbesondere südindische Küche offerieren.

Die sri-lankische Küche bietet viele vegetarische Speisen, etwa das Linsengericht *dhal*, *rotis* und *hoppers*. Beachten Sie, dass als vegetarisch ausgewiesene Gerichte durchaus auch Fisch enthalten können, der in Sri Lanka als Grundnahrungsmittel ein Bestandteil zahlreicher Spezialitäten, darunter *pol sambol (siehe S. 225)*, ist. Das Gericht wird mit Reis, *hoppers* und anderen vegetarischen Beilagen serviert.

Getränke

Neben Softdrinks international bekannter Marken findet man auch Getränke aus Sri Lanka. Eine besondere Spezialität ist das alkoholfreie, würzige Elephant-House-Ingwerbier, das man einmal probieren sollte. Frisch gepresste Obstsäfte bekommt man an vielen Ständen. Weitere Optionen sind Holzapfelsaft, mit Wasser verdünnter Zitronensaft und *thambili* (Kokosnusswasser), die man ebenfalls an vielen Getränkeständen erhält.

Unter den alkoholischen Getränken dominiert Bier. Verbreitete lokale Marken sind Lion und Three Coins. Lion Stout hat einen hohen Alkoholgehalt. Ein weiteres populäres Getränk ist der als Toddy bekannte Palmwein. Als Nationalgetränk Sri Lankas gilt die aus Palmsaft destillierte Spirituose Arak. Einheimische trinken Arak pur oder verdünnt (mit Cola oder Limonade), er dient auch als Basis zahlreicher Cocktails. Darüber hinaus bekommt man in Sri Lanka viele importierte Spirituosen und Weine, die Preise hierfür sind jedoch relativ hoch.

An den *poya*-Tagen *(siehe S. 40–43)* wird in Sri Lanka kein Alkohol verkauft bzw. ausgeschenkt, einige Hotels und Restaurants in touristisch stark frequentierten Gegenden machen hiervon Ausnahmen.

Etikette

In Sri Lanka wird häufig mit den Fingern gegessen, Touristen erhalten Besteck. In vielen Lokalen kann man sich vor und nach dem Essen an einem Waschbecken die Hände waschen, oder es werden Fingerschalen bereitgestellt.

Bier der Marke Lion

Preise und Bezahlen

Essen gehen muss in Sri Lanka kein teures Vergnügen sein. Bedenken Sie aber, dass in vielen Restaurants noch eine Service Charge zum Rechnungsbetrag aufgeschlagen wird. In Spitzenrestaurants kommen noch weitere Posten hinzu.

Wenn Sie mit dem Service sehr zufrieden waren und dieser nicht separat auf der Rechnung ausgewiesen wird, können Sie dies mit einem Trinkgeld honorieren.

In den gehobeneren Restaurants (vor allem Hotelrestaurants) in Colombo, Kandy und Galle werden Kreditkarten akzeptiert. In kleineren Restaurants und Imbisslokalen müssen Sie die Rechnung in bar begleichen.

Terrasse des Barefoot Garden Café in Colombo *(siehe S. 226)*

Restaurantkategorien

Die Restaurantauswahl *(siehe S. 226–233)* dieses Reiseführers gliedert sich nach den Regionen, die jeweiligen Lokale sind alphabetisch nach Orten und Preiskategorien geordnet. Die Liste reflektiert den kulinarischen Reichtum Sri Lankas. Es werden die besten Speiselokale aus jeder Preisklasse empfohlen – von Spitzenrestaurants bis zu einfachen Snacklokalen.

Die **Vis-à-Vis-Tipps** listen besondere Restaurants auf – etwa Lokale mit außergewöhnlich guten Gerichten, schöner Aussicht, historischem Ambiente – oder einer Kombination aus allem.

Auswahl von frischem Seafood im Refresh, Tissamaharama *(siehe S. 230)*

Sri Lankas Küche

Die auf der Insel kultivierten Gemüsesorten und Gewürze sind wesentlicher Bestandteil der sri-lankischen Küche. Kokosnüsse und -milch sind Basis vieler Süßspeisen, Currys und Saucen. Das Grundnahrungsmittel Reis ist mehr als nur Beilage, mit Reismehl werden so beliebte Speisen wie *dosas* (eine Art Pfannkuchen) zubereitet. Bei Fleischgerichten dominieren Geflügel, Rind und Schwein, auch Ziege und Hammel sind Bestandteil vieler Gerichte. Zudem gibt es Fisch und Seafood in zahlreichen Variationen.

Curryblätter

Reiches Angebot auf dem Fischmarkt in Colombo

Frühstück

String hoppers, kleine Nudelfladen, werden in Sri Lanka mit dem Linsengericht *dhal* oder als Beilage zu Currys gern zum Frühstück gegessen. Auch *hoppers* genannte Pfannkuchen und aus Reismehl und Kokosraspeln zubereitetes *pittu* werden morgens serviert – dazu passt Kokosmilch. *Kola kanda* ist ein Brei aus Reis und Kokosnüssen.

In vielen Hotels wird ein Frühstücksbüfett angeboten, an dem Gäste viele Spezialitäten des Landes kosten können, auch wenn die Speisen häufig nicht authentisch gewürzt sind. In Gästehäusern bekommt man meist Spiegeleier mit Toast und Obst. Landestypisches Frühstück sollte man im Voraus bestellen.

Rice and curry

Das Nationalgericht wird raffinierter zubereitet, als der einfach klingende Name es vermuten lässt. In Sri Lanka versteht man darunter herrlich aromatisch zubereitete Gerichte, die auch als Festessen dienen. *Rice and curry* wird auf einer großen Servierplatte gereicht, auf der viele kleinere Gerichte um einen Berg aus Reis angerichtet

Typische Gewürze und Aromen der Küche Sri Lankas

Regionale Spezialitäten

Kokosnüsse

Die kulinarische Vielfalt Sri Lankas zeigt sich in vielen regionalen Variationen landestypischer Gerichte. Der Einfluss von Händlern aus anderen Ländern – etwa aus Arabien, den Niederlanden, Portugal und Malaysia – spiegelt sich bei Zubereitung und Bezeichnung von Gerichten in einzelnen Landesteilen auf jeweils andere Art wider. Die Küche Sri Lankas unterscheidet sich sehr von der Indiens, obwohl Gerichte dieses Nachbarstaats auch hier weitverbreitet sind. Viele Restaurants in Sri Lanka sind vor allem auf südindische Küche spezialisiert. *Biryani*, ein Reisgericht mit Fleisch und gekochten Eiern, ist würziger als die indische Variante. Das Nationalgericht *Rice and curry* genießt man gern mittags, *hoppers* und *rotis* eher abends. Besonders populär ist *kottu roti* (zerkleinertes Fladenbrot mit Currys und diversen Gemüsesorten).

Hoppers sind gewölbte Pfannkuchen mit hauchdünnem Rand. Oft werden *hoppers* mit Ei, Joghurt und Honig gefüllt.

Buntes Gemüse an einem Stand in Galle

sind. Dabei handelt es sich um verschiedene Gemüse-, Fleisch- und Fischgerichte sowie Chutneys und Saucen. Eine beliebte Sauce ist *pol sambol* – auf der Basis von Kokosraspeln, Chili und gesalzenem Fisch (meist Thunfisch). *Seeni sambol* ist eine Alternative mit Zwiebeln und Tamarinden. Meist wird weißer Reis serviert, in einigen Gegenden auch roter Reis. Bockshornkleesamen dürfen ebenfalls nicht fehlen. Sie erweitern das Aroma um eine leicht bittere Note. Sri-lankisches Currypulver enthält u.a. Koriander, Kreuzkümmel, Fenchel- und Bockshornkleesamen sowie Kardamom.

Mittags bieten viele Restaurants und Imbisslokale *rice and curry*, wobei man die ganze Vielfalt der sri-lankischen Küche schmecken kann. Bestandteile sind u. a. Fischcurry, *dhal*, Okraschoten und pikante Kartoffeln. Auch Kürbis und Auberginen werden oft gereicht, gelegentlich sind Mango und Jackfrüchte enthalten.

Zubereitung von *konda keum*, einer beliebten Süßspeise

Desserts

Die Desserts sind überaus süß, *jaggery* (klebrig-süßer Palmzucker) wird reichlich verwendet. Joghurt aus Büffelmilch wird meist in Tontöpfen mit einem Schuss Palmhonig serviert. Diese Spezialität verkaufen auch viele Straßenstände. *Kiribath*, eine Art süßer Milchreis, wird meist mit Rosenwasser verfeinert.

Jaffna ist bekannt für seine Eisdielen, in denen man viele bunte Eisspezialitäten genießen kann.

Snacks

Für einen kleinen Imbiss unterwegs findet man überall auf der Insel Straßenstände. Das Angebot an Snacks ist sehr groß – es reicht von *vadai* (pikanten Linsenkrapfen) über diverse Burger und chinesische Frühlingsrollen bis zu *rotis* (Fladenbrot) mit verschiedensten Beilagen. Die Snacks werden in der Regel auf einer Platte serviert, an der sich die Kunden bedienen. Bedenken Sie bitte: Was nicht sofort verkauft wird, wird später erneut angeboten und kann somit schon mehrfach berührt worden sein. Um die Snacks möglichst frisch zu genießen, sollte man die Imbissstände schon sehr früh am Morgen oder direkt zur Mittagszeit aufsuchen. Dann ist das Angebot an frischen (und überaus schmackhaften) Speisen besonders groß.

Lamprais, ein Gericht aus Frikadellen, Reis und anderen Beilagen, wird in einem Bananenblatt zubereitet.

Ambul thiyal, ein Fischcurry, wird stark gewürzt. Wichtiger Bestandteil ist das aus bitteren Früchten gewonnene *goraka*.

Wattalappam erinnert an *crème caramel*, wird aber aus Kokosmilch zubereitet und mit Palmsirup gesüßt.

Restaurants

Colombo

Coco Veranda ®
Café SP 3 E2
32 Ward Place, Col 7
(011) 763 5635
Das angesagte Café serviert Tee, Kaffee, Kuchen, Burger und italienische Kost. Kostenloses WLAN.

Coffee Stop ®
Café SP 3 B2
Cinnamon Grand, 77 Galle Rd, Col 3
(011) 249 7382
Das Café im Piazza-Stil in der Lobby des Cinnamon Grand bietet süße und pikante Snacks wie Waffeln, Crêpes, Sandwiches und Kuchen.

Crescat Food Court ®
Sri-lankisch/International SP 3 A2
89 Galle Rd, Col 3
(077) 342 713
Der Food-Court hat thailändische, malaysische und sri-lankische Kost. Westliche Restaurantketten wie Pizza Hut sind auch vertreten.

Green Cabin ®
Sri-lankisch SP 3 B5
453 Galle Rd, Col 3
(011) 258 8811
Die Gerichte umfassen *hoppers* (Pfannkuchen) und andere kleine Mahlzeiten sowie ein preiswertes Mittagsbüfett. Beim nahen Konditor gibt es Kuchen und Snacks zum Mitnehmen.

Odel Food Court ®
International SP 3 D2
5 Alexandra Place, Lipton Place, Col 7
(011) 268 2712
Der Food-Court im Freien am Eingang zu Odel *(siehe S. 235)* hat Stände mit Eiscreme, Säften, indischen Snacks und Fast Food.

Perera & Sons ®
Café SP 3 B3
24 Deal Place,
(011) 497 8289
Das Café ist bekannt für seine Kuchen, Snacks und Brote zum Mitnehmen. Filiale einer Kette, die es in ganz Sri Lanka gibt, darunter einige Läden in Colombo.

Shakthi ®
Sri-lankisch SP 1 B4
YMCA, 39 Bristol St, Col 1
(011) 232 5252
In dem YMCA-Café mit hohem Geräuschpegel gilt Selbstbedienung. Die einfachen sri-lankischen Gerichte gibt es, solange der Vorrat reicht.

The Tea Cup ®
Café SP 3 B4
339 R A de Mel Mawatha, Col 3
(011) 258 4980
Hier ist es trotz Straßennähe ruhig. Im Freien wird eine große Auswahl an heißen und kalten Tees, Brownies und Snacks serviert. Kostenloses WLAN.

Yaal ®
Sri-lankisch
56 Vaverset Place, Col 6
(077) 222 2022
Hier wird pikante Jaffna-Kost auf Bananenblättern präsentiert. Zum Angebot gehören Currys, *string hoppers*, *pittu* und *biryani*. *Rasam* (südindische Linsensuppe) ist lecker, aber sehr scharf.

Barefoot Garden Café ®®
Café SP 3 B5
706 Galle Rd, Col 3
(011) 258 9305
Das nette Café liegt im Innenhof hinter einer Barefoot-Store-Filiale *(siehe S. 236)*. Es gibt kleine Mahlzeiten, Snacks und Desserts. Sonntags Live-Jazz. Kostenloses WLAN.

Beach Wadiya ®®
Seafood
Marine Dr, Wellawatta, Col 6
(011) 258 8568
Das Lokal ist für seine delikaten Seafood-Gerichte bekannt. Vom Strand hat man einen wunderbaren Ausblick.

Chutneys ®®
Südindisch SP 3 B2
Cinnamon Grand, 77 Galle Rd, Col 3
(011) 243 7372
Die umfangreiche Karte des Chutneys listet Gerichte aus Südindien mit vielen vegetarischen Optionen sowie *dosas* mit unterschiedlichen Füllungen. Gutes Preis-Leistungs-Verhältnis.

Preiskategorien
Preise für ein Drei-Gänge-Menü pro Person mit einem alkoholischen Getränk, inklusive Steuer und Service:

®	**unter 800 Rupien**
®®	**800 – 2000 Rupien**
®®®	**über 2000 Rupien**

Great Wall ®®
Chinesisch SP 3 B5
3 Edward Lane, Col 4
(011) 250 8555
Hier gibt es preiswerte Menüs und Speisen à la carte. Das Lokal ist die Filiale einer Kette, von der es in und um Colombo einige gibt. Überwiegend nichtvegetarische Gerichte.

Harpo's Colombo Fort Café ®®
Mediterran SP 1 B4
Old Dutch Hospital, Echelon Square, Col 1
(011) 243 4946
Das Café innerhalb der Festung Colombos bietet Pizzas, Tapas, Burger und Steaks. Im Innenhof sitzt man hübsch.

HVN ®®
International SP 3 B5
231 Galle Rd, Col 4
(011) 452 0130
Das HVN befindet sich im Casa Colombo Hotel. Das Dekor ist etwas kitschig, doch die sri-lankischen und internationalen Speisen sind köstlich. Es gibt eine eigene Karte mit Tapas.

Loon Tao ®®
Chinesisch
43/12 College Ave, Mount Lavinia
(011) 272 2723
Das Strandrestaurant ist auf chinesisches Seafood spezialisiert. Die Speisekarte listet aber auch Gerichte wie Lammrippchen mit Knoblauch und Currys mit verschiedenen Gemüsesorten.

Appetitlich zubereitetes Geflügelcurry im Barefoot Garden Café, Colombo

Restaurantkategorien *siehe Seite 223*

Palmyrah ®®
Sri-lankisch/Indisch SP 3 B3
328 Galle Rd, Col 3
(011) 257 3598
Das ruhige Restaurant logiert im Untergeschoss des Renuka Hotel. Probieren Sie traditionelle Gerichte wie *hoppers* oder Jaffna-Spezialitäten wie Krabbencurry.

Paradise Road Café ®®
Café SP 4 D2
213 Dharamapala Mawatha, Col 7
(011) 268 6043
Das Café in einem schönen Gebäude aus der Kolonialzeit ist eine Oase der Ruhe. Es liegt über einem Laden gleichen Namens. Im Angebot: leichte Gerichte, Sandwiches und Snacks.

Raja Bojun ®®
Sri-lankisch SP 3 C5
Liberty Arcade, R A de Mel Mawatha, Col 3
(011) 471 6171
Raja Bojun serviert traditionelle Speisen. Wählen Sie das Mittags- oder Abendbüfett – eine gute Möglichkeit, viele verschiedene Speisen zu kosten.

Shanmugas ®®
Indisch
53/3 Ramakrishna Rd, Col 6
(011) 236 1384
Das vegetarische Lokal hat südindische Gerichte, aber auch einige nordindische Optionen. Mittags gibt es *thalis* (ein Mix aus verschiedenen Speisen), sonntags ein Mittagsbüfett.

7° North ®®®
Mediterran SP 1 C5
Cinnamon Lakeside, 115 Sir Chittampalam A Gardiner Mawatha, Col 2
(011) 249 1948
Genießen Sie Tapas, Cocktails und alkoholfreie Getränke an einem Tisch mit Blick auf den South Beira Lake oder mediterrane Gerichte à la carte am Pool. An Wochenenden wird es voll.

The Bavarian Restaurant & Bar ®®®
International SP 3 A1
Galle Face Court, Col 3
(011) 242 1577
Die umfangreiche Karte des beliebten Lokals listet Bratwürste, Weißwürste, Steaks, Seafood und Vegetarisches. Große Portionen.

California Grill $$$
International SP 1 B4
Galadri Hotel, 64 Lotus Rd, Col 1
(011) 254 4544
Der Grill auf der Dachterrasse des Galadri Hotel bietet atemberaubende Blicke aufs Meer und die Skyline. Auf der Karte: Steaks und Seafood. Frühzeitige Buchung empfehlenswert.

Vis-à-Vis-Tipp

Chesa Swiss ®®®
Schweizerisch SP 3 B3
3 Deal Place, Col 3
(011) 257 3433
Das schicke Schweizer Restaurant liegt in einer Villa aus der Kolonialzeit. Die Mittagskarte bietet Salate, Suppen und Crêpes, die Abendkarte Spezialitäten wie Raclette, Fondue, Grillfleisch und Risotto. Es gibt auch ein Degustationsmenü. Dinieren Sie im Speiseraum oder im Garten. Die Weinkarte ist eindrucksvoll.

Cricket Club Café ®®®
International SP 3 C4
34 Queen's Rd, Col 3
(011) 250 1384
Das Café ist auf Pub-Kost spezialisiert: Burger, Würstchen, Kartoffelpüree und riesige Salate. Die Speisen sind nach Kricket-Legenden benannt, die Wände mit Kricket-Memorabilien übersät.

Curry Leaf ®®®
Sri-lankisch SP 1 B4
Hilton Hotel, 2 Sir Chittampalam A Gardiner Mawatha, Col 2
(011) 249 2492
Das Open-Air-Lokal mit All-you-can-eat-Büfett serviert Seafood, sri-lankische Currys sowie Gerichte wie *hoppers* und *kottu roti*.

Emperor's Wok ®®®
Chinesisch SP 1 B4
Hilton Hotel, 2 Sir Chittampalam A Gardiner Mawatha, Col 2
(011) 249 2492
Auf der umfangreichen Speisekarte finden sich Gerichte der kantonesischen und der Sichuan-Küche (Fleisch, Fisch und Vegetarisches), am Wochenende gibt es Dim sum. Hübscher Garten.

Vis-à-Vis-Tipp

Gallery Café ®®®
International SP 3 C5
2 Alfred House Rd, Col 3
(011) 258 2162
Das schöne Café und Restaurant in dem Haus, in dem Geoffrey Bawa einst sein Büro hatte. Genießen Sie Tee und Kuchen, ein romantisches Diner oder einen Cocktail. Spezialitäten sind gebratene Krabben, Spinat-Crêpes und schwarzes Curry mit Schweinefleisch. Großartige Desserts.

Eleganter Speisesaal des Governor's Restaurant, Colombo

Golden Dragon ®®®
Chinesisch SP 3 A1
Taj Samudra Hotel, 25 Galle Face Centre Rd, Col 3
(011) 244 6622
Das großzügig dimensionierte Restaurant bietet Sichuan-Küche: Fleisch, Fisch und Vegetarisches. Sehr scharf gewürzte Gerichte sind auf der Speisekarte mit einem Hinweis versehen.

Governor's Restaurant ®®®
International/Sri-lankisch
Mount Lavinia Hotel, 100 Hotel Rd
(011) 271 1711
Das Hauptrestaurant im Hotel Mount Lavinia offeriert ein riesiges Büfett, Themenabende sowie Blues und Jazz an den Sonntagen. Übrigens: Es ist schon Grund genug hierherzukommen, um lediglich einen Cocktail auf der Terrasse zu genießen.

Lagoon ®®®
Seafood SP 3 B2
Cinnamon Grand, 77 Galle Rd, Col 3
(011) 234 7371
Das moderne Restaurant besitzt eine offene Küche. Bestellen Sie einen Seafood-Teller, oder wählen Sie einen Fisch aus dem Becken, der nach Ihren Wünschen zubereitet wird. Sonntags wartet ein Büfett auf die Gäste.

London Grill ®®®
International SP 3 B2
Cinnamon Grand, 77 Galle Rd, Col 3
(011) 249 7379
Das stimmungsvolle Feinschmeckerrestaurant ist bekannt für seine Steaks, aber auch für Gerichte wie Kaninchen mit Gorgonzola und geschmorten Schweinebauch. Für Vegetarier ist die Auswahl leider begrenzt.

Gäste beim Abendessen im Ministry of Crab, Colombo

The Mango Tree ®®®
Indisch **SP** 3 B2
82 Dharmapala Mawatha, Col 7
(011) 762 0602
Wählen Sie aus einer Vielzahl an *naan*-Broten, die es zu den nordindischen Gerichten gibt. Gut mundet dazu ein *lassi*. Sie können auch einen Fisch auswählen, der nach Gusto zubereitet wird.

Ministry of Crab ®®®
Seafood **SP** 1 B4
Old Dutch Hospital, Echelon Square, Col 1
(011) 234 2722
Das lebhafte Lokal ist auf Krabbengerichte fokussiert, etwa die Hausspezialität Krabben mit Chili und Pfeffer. Zudem gibt es Garnelen- und Hähnchengerichte und den Fang des Tages. Offene Küche.

Nihonbashi ®®®
Japanisch **SP** 3 A1
11 Galle Face Terrace, Col 3
(011) 232 3847
Stilvolles Restaurant mit gutem japanischen Essen und Mittagsmenüs. Zum Speisenangebot am Abend gehören Yakitori, Teriyaki, Katsu-Hähnchencurry sowie Sushi und Sashimi.

Il Ponte ®®®
Italienisch **SP** 1 B5
Hilton Hotel, 2 Sir Chittampalam A Gardiner Mawatha, Col 2
(011) 249 2492
Das Il Ponte am Pool des Hilton punktet mit guter Pizza und Pasta. Hinzu kommen Fleisch- und Seafood-Gerichte. Angenehme Atmosphäre.

La Rambla ®®®
International
69 Hotel Rd, Mount Lavinia
(011) 272 5403
Das Restaurant nahe dem Mount Lavinia Hotel serviert Seafood, mediterrane Gerichte, Kuchen und Desserts.

Royal Thai ®®®
Thai **SP** 1 C5
Cinnamon Lakeside, 115 Sir Chittampalam A Gardiner Mawatha, Col 2
(011) 249 1000-1945
Genießen Sie Thai-Küche in angenehmer Umgebung. Serviert werden u. a. Pad Thai, Garnelen in Chilisauce und grünes Gemüsecurry. Die Tische im Freien gehen auf den South Beira Lake.

Sea Spray ®®®
Seafood **SP** 3 A1
Galle Face Hotel, 2 Galle Rd, Col 3
(011) 254 1010
Das Sea Spray ist für sein Seafood-Barbecue bekannt. Man isst auf einer Terrasse am Meer. Um einen Tisch direkt am Wasser zu erhalten, müssen Sie reservieren.

Seafood Cove ®®®
Seafood
Mount Lavinia Hotel, 100 Hotel Rd
(011) 271 1711
Hier sitzt man direkt am Strand mit Blick auf den Indischen Ozean. Zu essen gibt es frischen Hummer, Krabben,Tintenfisch, Austern, Garnelen oder Makrelen-Curry.

Sugar 41 ®®®
International **SP** 4 D3
41, Maitland Crescent, Col 7
(011) 268 2122
Sugar 41 liegt im Herzen von Colombo und bietet seinen Gästen eine große Bandbreite an köstlichen Cocktails, außerdem Tapas, Suppen und Hauptgerichte.

La Voile Blanche ®®®
International **SP** 1 C2
43/10 Beach Rd, Mount Lavinia
(011) 456 1111
Zum Speisenangebot des Strandrestaurants gehören Seafood-, Fleisch- und Pastagerichte, zudem *rice and curry*, leichte Mahlzeiten und saisonale Spezialitäten je nach Jahreszeit.

Westküste

Vis-à-Vis-Tipp

BENTOTA: Diya Sisila ®®
Seafood **SK** B6
Elpitiya Rd
(077) 740 2138
Das kleine Lokal liegt fernab vom Rummel der Stadt. Es ist bekannt für seine Seafood-Gerichte, es gibt aber auch *rice and curry*. Die Gäste speisen im Garten oder auf der Veranda über dem Wasser. Es empfiehlt sich, frühzeitig zu reservieren und vorzubestellen. So bekommen Sie fangfrischen Fisch auf den Teller.

BENTOTA: Golden Grill ®®
International **SK** B6
National Holiday Resort
(034) 227 5455
Die vielseitige Speisekarte des angenehmen, preisgünstigen Lokals bietet sowohl westliche als auch einheimische Küche. Besonders empfehlenswert sind die Gerichte mit gegrilltem Seafood.

BENTOTA: Lunuganga ®®
Sri-lankisch/International **SK** B6
Südl. von Bentota
(034) 428 7056
Verbinden Sie Mittagessen und Nachmittagstee mit einer Erkundung der zauberhaften Gartenlandschaften, die von Geoffrey Bawa gestaltet wurden. Lassen Sie sich sri-lankisches oder westliches Essen schmecken, oder genießen Sie Tee und Scones auf der Terrasse. Buchen Sie die Gartentour im Voraus.

BENTOTA: Susantha's ®®
International **SK** B6
Hotel Susantha Garden, National Holiday Resort Rd
(034) 227 5324
Das freundliche Restaurant mit dem reichhaltigen Speisenangebot zu vernünftigen Preisen serviert u. a. gegrilltes Seafood, aber auch Pizza, Snacks und *rice and curry*. Das Lokal ist nicht ganz einfach zu finden, aber es lohnt sich.

HIKKADUWA: Brother's Spot ®
International **SK** B6
Galle Rd, Narigama
912 2777973
Das schlichte, kleine Straßenrestaurant hat einfache Gerichte. Probieren Sie zum Frühstück die leckeren Pfannkuchen. Es gibt auch chinesische Küche sowie einige italienische Speisen und Seafood.

HIKKADUWA: The Coffee Shop Ⓡ
Café SK B6
Galle Rd, Wewala
(071) 089 3976
In dem Café an der Hauptstraße bekommt man vorzüglichen Kaffee und leckeren hausgemachten Kuchen. Man kann im Freien sitzen und die Leute beobachten oder drinnen mit einem Buch aus der Bibliothek.

HIKKADUWA: Cool Spot Ⓡ
Seafood SK B6
327 Galle Rd, gegenüber Chaaya Tranz
Das Restaurant hat eine kleine Terrasse zur Straße hin, aber auch Tische im oberen Bereich. Die Gäste lassen sich Currys und frisches Seafood schmecken. Die Platten kann man sich teilen.

HIKKADUWA: Drunken Monkey ⓇⓇ
International SK B6
International Beach Hotel, Galle Rd, Narigama
(091) 227 7202
Das beliebte Strandrestaurant bietet typische Urlauberkost und frisches Seafood.

HIKKADUWA: Refresh $$$
International SK B6
384 Galle Rd
(091) 227 5783
Das Restaurant mit Blick auf den Strand bietet eine umfangreiche Speisekarte mit erstklassigem Seafood sowie vegetarischen Gerichten. Angenehme Atmosphäre.

NEGOMBO: Dolce Vita Ⓡ
International SK B4
27 Portutota Rd
(077) 743 6318
Das italienisch-sri-lankische Strandlokal serviert Pfannkuchen zum Frühstück, Suppen und Sandwiches mittags sowie Pizza und Pasta am Abend, zudem Kaffee, Tee, Milchshakes und Eis.

NEGOMBO: Icebear Century Café Ⓡ
Café SK B4
25 Main St
(031) 223 8097
Das Café befindet sich in einem geschmackvoll gestalteten Kolonialgebäude im Stadtzentrum. Es gibt guten Kaffee, Kuchen, Suppen und Sandwiches.

NEGOMBO: Coconut Primitive ⓇⓇ
Sri-lankisch/International SK B4
108 Lewis Place
(031) 222 5300
Die Speisekarte des beliebten Lokals verzeichnet Pizza, Pasta, Fleischgerichte, sri-lankische Spezialitäten und frisches Seafood. Zum Frühstück gibt es köstliche Bananenkrapfen.

NEGOMBO: Edwin's ⓇⓇ
Sri-lankisch SK B4
204 Lewis Place
(031) 223 9164
Schlemmen Sie bei leckeren sri-lankischen Gerichten in großen Portionen, u. a. *rotis* und *rice and curry*. Beachten Sie, dass einige Gerichte ein halbe Stunde vorher bestellt werden müssen.

NEGOMBO: Bijou ⓇⓇⓇ
International SK B4
Portutota Rd
(031) 227 4710
Das von einem Schweizer geführte Lokal bietet gegrilltes Seafood, Filetsteaks und Bekanntes wie Wiener Schnitzel oder Bœuf Stroganoff. Außerdem gibt es Vegetarisches und Nudelgerichte. Fondue muss man vorab bestellen.

NEGOMBO: Lord's ⓇⓇⓇ
International SK B4
80B Portutota Rd
(077) 723 4721
Das schicke Lokal hat auch eine Kunstgalerie sowie ein kostenloses Fish Foot Spa. Das Speisenangebot reicht von sri-lankischen und asiatischen bis zu britischen Gerichten. Mittwochabends gibt es ein Unterhaltungsprogramm. Regelmäßig Live-Musik.

Süden

GALLE: Mama's Roof Café Ⓡ
Sri-lankisch/International SK B6
76 Leyn Baan St
(091) 222 6415
Von der Dachterrasse des Restaurants blickt man auf Galle Fort und aufs Meer. Es gibt sri-lankische und westliche Kost. *Rice and curry* ist sehr zu empfehlen. Rechnen Sie mit einer längeren Wartezeit.

Vis-à-Vis-Tipp

GALLE: Serendipity Arts Café Ⓡ
Café SK B6
65 Leyn Baan St via Hospital St
(077) 952 5602
Das freundliche Lokal mit entspannter Atmospähre serviert sri-lankische Gerichte ebenso wie Sandwiches, Burger, Snacks und Kuchen. Die Wände sind mit Kunstwerken dekoriert, man kann in Zeitschriften und Büchern schmökern. Häufig stehen Ausstellungen und Abend-Events auf dem Programm. Hier beginnen auch Besichtigungstouren durch das Fort.

GALLE: Fortaleza ⓇⓇ
Asiatisch/Fusion SK B6
9 Church Cross St
(091) 223 3415
Das Restaurant liegt im Innenhof eines schön restaurierten Kolonialbaus. Die Karte bietet kreative asiatisch-westliche Fusionsküche. Probieren Sie den köstlichen Thunfisch in Sesamkurste und die pikanten Burger.

GALLE: Pedlar's Inn Café ⓇⓇ
International SK B6
92 Pedlar St
(091) 222 5333
Das atmosphärische Café im Gebäude der ehemaligen britischen Post serviert guten Kaffee und appetitliche Sandwiches sowie allerlei Pasta. Es gibt zudem eine Kunstgalerie und eine Eisdiele. In der Nähe liegt das Hostel des Cafés.

Sri-lankische Kunst an den Wänden: Dolce Vita, Negombo

GALLE: Amangalla ®®®
Sri-lankisch/International/Fusion **SK** B6
10 Church St
(091) 223 3388
Das Restaurant im Amangalla Hotel im Galle Fort bietet edle Küche in kolonialem Setting. Der Speisesaal wird geprägt von strahlend weißen Leinentischtüchern und gediegenem Silberbesteck. Genießen Sie den Nachmittagstee auf der schattigen Veranda mit Blick auf die baumbestandene Straße.

GALLE: Galle Fort Hotel ®®®
Asiatisch/Fusion **SK** B6
28 Church St
(091) 223 2870
In dem Seafood-Restaurant können Sie ein leichtes Mittagsmahl einnehmen, einen Cocktail trinken oder ein viergängiges Menü auf der Veranda mit Blick auf den Pool genießen. Abends sollte reserviert werden.

GALLE: Sun House ®®®
Sri-lankisch/International/Fusion **SK** B6
18 Upper Dickson Rd
(091) 438 0275
In dem angenehmen Lokal im Kolonialstil wechselt die Abendkarte täglich. Der Schwerpunkt liegt auf Seafood, doch es gibt auch sri-lankische Gerichte. Gute Weinkarte. Frühzeitige Reservierung empfehlenswert.

Vis-à-Vis-Tipp

MIRISSA: Dewmini Roti Shop ®
Sri-lankisch **SK** C6
Inland, nehmen Sie die Straße gegenüber Ocean Moon, und folgen Sie den Schildern
(071) 516 2604
Dewmini begann als bescheidener *roti*-Karren, etablierte sich aber in den letzten Jahren als festes Lokal. Die Gäste bekommen erstklassig zubereitetes *kottu roti*, ebenso Bananen- und Schokoladen-*roti*. Es gibt auch ein gutes Frühstück. *Rice and curry* muss man im Voraus bestellen. Die Inhaber bieten auch Kochkurse an.

MIRISSA: Mirissa Eye ®®
Seafood **SK** C6
Mirissa Beach
(077) 907 1467
Das stimmungsvolle, gemütliche Strandcafé offeriert köstliches Seafood. Daneben gibt es chinesische, sri-lankische, internationale und Thai-Gerichte. Den größte Zuspruch hat allerdings das Seafood.

TANGALLA: Cactus Lounge ®®
Seafood **SK** C6
Pallikaduwa
(072) 195 2296
Die Cactus Lounge liegt an einem geschützten Strand und ist der perfekte Ort, um mittags oder abends frisches Seafood zu genießen. Bananenkrapfen als Nachtisch sind zu empfehlen.

TANGALLA: Rest House ®®
Sri-lankisch **SK** C6
Am Hafen
(047) 224 0299
Hier erhalten Sie mittags einfache Mahlzeiten wie Currys mit Reis. Genehmigen Sie sich einen Drink auf der Veranda, während Sie auf das Essen warten.

TANGALLA: Sha Sha Seafood ®®
Seafood **SK** C6
Marakolliya
(077) 624 8608 ● Apr–Juli
Leckeres Seafood, einfach, aber erstklassig zubereitet. Dinieren Sie am Strand bei Kerzenschein. Rufen Sie an, um die Tagesgerichte zu erfragen, und reservieren Sie einen Tisch. Nettes Personal.

TANGALLA: Starfish Beach Café ®®
Seafood **SK** C6
Madilla Beach
(047) 224 1005
Das freundliche Lokal serviert regionale Spezialitäten und Seafood. Zwischen den Bäumen sind Hängematten gespannt. Samstags ist Grillabend.

TANGALLA: Turtle Landing ®®
Seafood **SK** C6
Pallikaduwa
(071) 684 0283
Die Strandhütte bietet frisches Seafood an. Wählen Sie Hummer oder Calamares. Netter Besitzer.

TANGALLA: Buckingham Place ®®®
Sri-lankisch/International **SK** C6
Rekawa Beach
(047) 348 9447
Die Speisekarte im Hotelrestaurant des eleganten Buckingham Place wechselt regelmäßig. Reservieren Sie, wenn Sie nicht Hotelgast sind.

TISSAMAHARAMA: New Cabana ®®
Sri-lankisch **SK** D6
Kataragama Rd
Auf der Karte stehen Seafood sowie *rice and curry*. Die Gäste dürfen Alkohol selbst mitbringen. Die Bedienung ist etwas langsam, doch es lohnt sich zu warten.

TISSAMAHARAMA: Refresh ®®®
International **SK** D6
Kataragama Rd
(047) 223 7357
Auf der Speisekarte finden sich westliche, aber auch chinesische und sri-lankische Gerichte. Sehr gutes Essen, große Portionen.

UNAWATUNA: Hot Rock ®
Seafood/Sri-lankisch/International **SK** C6
Beach Rd
(091) 224 2685
Das angenehme, farbenfrohe Lokal bringt *rice and curry*, Seafood und westliche Gerichte wie Burger auf den Tisch.

UNAWATUNA: One Love Restaurant ®
Sri-lankisch **SK** C6
Beach Rd
Der beliebte Treff sieht etwas heruntergekommen aus, serviert aber vorzügliche Currys. Kürbis-Curry müssen Sie probieren. Langsamer Service, begrenzter Raum. Es wird kein Alkohol ausgeschenkt.

***Roti* mit Avocado, Dewmini Roti Shop, Mirissa**

Restaurantkategorien *siehe Seite 223* **Preiskategorien** *siehe Seite 226*

Ella Curd Shop – beliebtes Lokal in Ella

UNAWATUNA: Blowhole ®®
Sri-lankisch/International **SK** C6
Temple Rd, gehen Sie beim Tempel nach rechts über die Fußgängerbrücke
Das Restaurant nahe dem Strand serviert sri-lankische und westliche Kost. Probieren Sie Currys, Pfannkuchen und Pizza. Hier trinkt man zum Sonnenuntergang Bier mit Eiswürfeln. Es ist möglich, ein Zimmer zu mieten.

UNAWATUNA: Kingfisher ®®
Seafood/International **SK** C6
Dewala Rd
(077) 340 8404/5
Dinieren Sie in dem angenehmen Strandlokal, während Sie dem Rauschen der Wellen lauschen: Es gibt Seafood und Snacks sowie einige westliche und asiatische Gerichte. Nette Atmosphäre. Reservierung empfehlenswert.

UNAWATUNA: South Ceylon ®®
Vegetarisch **SK** C6
Beach Access Rd
(077) 698 6492
In dem zweistöckigen Holzgebäude an der Hauptstraße bekommt man wohlschmeckende vegetarische Gerichte serviert, von Currys bis hin zu Enchilladas. Es gibt hausgemachtes Brot, aber auch köstlichen Kuchen und Pfannkuchen. Zudem gibt es vegane Gerichte.

UNAWATUNA: Sunil Garden Coffee Bar ®®
Café **SK** C6
Beach Rd
(091) 222 6654
Das zwischen Laub versteckte Gartencafé verfügt über eine bescheidene Speisekarte mit Pizza, leichten Gerichten und Kuchen. Kostenloses WLAN.

UNAWATUNA: Wijaya Beach ®®
Sri-lankisch/Mediterran **SK** C6
Dalawella
(077) 790 3431
Das beliebte Strandlokal serviert Pizza und superbes Seafood. Genießen Sie das Essen bei Sonnenuntergang, oder beobachten Sie die Meeresschildkröten.

Kandy und Hill Country

ELLA: Ella Curd Shop ®
Sri-lankisch **SK** D5
Main St, gegenüber Bushaltestelle
(057) 222 8655
Essen Sie *rice and curry* oder *kottu roti* in einem schlichten Lokal. Versuchen Sie den namengebenden Quark mit Honig.

ELLA: Rawana Holiday Resort ®
Sri-lankisch **SK** D5
Oberhalb des Orts
(057) 222 8794
Das Lokal bietet exzellenten sri-lankischen *rice and curry*. Auch lecker: Curry mit Knoblauch und Auberginen süßsauer. Reservierung empfehlenswert.

ELLA: Café Chill ®®
Sri-lankisch/International **SK** D5
Main St
(077) 180 4020
Lassen Sie sich *rice and curry* oder westliche Kost wie Pizza und Burger munden. Smoothies, Säfte und Cocktails.

ELLA: Dream Café ®®
Sri-lankisch/International **SK** D5
Main St
(057) 222 8950
Das Café, eines der beliebtesten in Ella, ist bekannt für seine herrlichen Currys sowie für Pizza und westliche Kost. Man speist in einem Garten unterhalb der Straße. Kostenloses WLAN.

ELLA: Grand Ella Motel ®®
Sri-lankisch **SK** D5
Main St
(057) 222 8655
Das Restaurant mit Gartenterrasse gewährt einen grandiosen Blick über die Schlucht von Ella. Genießen Sie beim Essen die Szenerie.

Vis-à-Vis-Tipp

ELLA: Zion View ®®
Sri-lankisch **SK** D5
Wemulla hena
(077) 381 0313
Zion View serviert ein dreigängiges Menü auf einer Terrasse mit Blick über die Schlucht von Ella. Die köstliche Tomatensuppe mit Ingwer und Knoblauch bekommt man nur in der Hauptsaison oder wenn das Hotel gut belegt ist. Reservieren Sie rechtzeitig.

KANDY: Devon Restaurant ®
Sri-lankisch/International **SK** C4
11 Dalada Veediya
(081) 222 4537
Das familienfreundliche Restaurant bietet eine umfangreiche Karte und gutes Essen. Dazu gehören ein Lokal mit Selbstbedienung und eine Bäckerei.

KANDY: Foodlands ®
Sri-lankisch **SK** C4
59 Yatinuwara Veediya
(081) 222 3221
Foodlands ist bei den Einheimischen beliebt. Auf den Tisch kommen Nudeln und einheimische Gerichte wie *biryani*.

KANDY: Slightly Chilled Lounge ®
Chinesisch/International **SK** C4
29A Anagarika
(081) 223 8267
Das pulsierende freundliche Lokal bietet eine gute Auswahl an internationalen und chinesischen Gerichten. Die brutzelnden Platten sind berühmt. Tintenfisch mit Chili ist ein Muss. Happy Hour von 17 bis 18 Uhr.

KANDY: Sri Ram ®
Indisch **SK** C4
87 Colombo St
(081) 567 7287
Das kleine Restaurant ist auf südindische Küche spezialisiert. Mittags gibt es *thalis* und *biryanis*. Die Abendkarte ist vielfältiger. Das Sri Ram bietet auch Lunchpakete zum Mitnehmen.

KANDY: The Empire Café ®®
International SK C4
Olde Empire Hotel, 21 Temple St
(081) 223 9870
Das schicke Café im kolonialen Olde Empire Hotel offeriert gute Pasta, Salate und Säfte. Das hell erleuchtete Innere offenbart eine eklektische Auswahl an Möbeln und Kunstwerken.

KANDY: Flower Song ®®
Chinesisch SK C4
137 Kotugodella Veediya
(081) 222 9191
In dem freundlichen, einladenden Restaurant serviert man gute chinesische Küche mit sri-lankischem Einschlag. Die umfangreiche Karte präsentiert exzellente Vorspeisen ebenso wie Hähnchen-, Rindfleisch-, Schweinefleisch- und Seafood-Gerichte. Es gibt eine gute Auswahl an köstlichen Desserts. Große Portionen.

KANDY: Sharon Inn ®®
Sri-lankisch SK C4
59 Saranankara Rd
(081) 220 1400
Das liebenswerte, familiengeführte Gästehaus bietet ein fantastisches Büfett mit einer großen Auswahl an Currys. Tische im Freien auf der Dachterrasse mit Blick auf Kandy. Reservierung empfehlenswert.

KANDY: White House ®®
Sri-lankisch/International SK C4
21 Dalada Veediya
(081) 223 2765
In der Bäckerei im Erdgeschoss bekommt man Snacks und köstlichen Kuchen, im Restaurant in der ersten Etage chinesische, indische, sri-lankische und westliche Gerichte.

NUWARA ELIYA: De Silva Food Centre ®
Sri-lankisch/International SK C5
New Bazaar St, nahe Milano
(052) 222 3833
Das De Silva Food Centre bietet leichte Mahlzeiten und Snacks zum Mitnehmen. Neben *rice and curry* gibt es eine Auswahl an chinesischen, sri-lankischen und vegetarischen Gerichten.

NUWARA ELIYA: Milano ®
Sri-lankisch/International SK C5
24 New Bazaar St
(052) 222 2763
Das nette Restaurant ist bei Einheimischen und Urlaubern gleichermaßen beliebt. Auf den Tisch kommen große Portionen sri-lankischer, chinesischer und europäischer Kost. Hinzu kommen Snacks und leichte Gerichte. Keine alkoholischen Getränke.

NUWARA ELIYA: Pastry Shop ®
Café SK C5
Grand Hotel, Grand Hotel Rd
(052) 222 2881
Das Lokal neben dem Grand Indian bietet schmackhafte leichte Mahlzeiten, Kuchen und Kardamomtee. Kleiner Sitzbereich.

NUWARA ELIYA: Grand Indian ®®
Indisch SK C5
Grand Hotel, Grand Hotel Rd
(052) 222 2881
Das indische Restaurant im Grand Hotel ähnelt einer Orangerie. Mittags und abends werden *thalis* und Currys mit Fleisch, Fisch oder Gemüse serviert.

NUWARA ELIYA: Hill Club ®®®
International SK C5
29 Grand Hotel Rd
(052) 222 2653
Der ideale Ort für Kolonialnostalgie – werden Sie vorübergehend Clubmitglied. Die Ober tragen weiße Handschuhe, an den Tischen gibt es Kerzenlicht. Achten Sie auf angemessene Kleidung.

NUWARA ELIYA: King Prawn ®®®
Chinesisch SK C5
Glendower Hotel, 5 Grand Hotel Rd
(052) 222 2501
Die Karte bietet viel Seafood. Der englisch angehauchte Speiseraum zeigt den Stil der 1930er Jahre.

Vis-à-Vis-Tipp

NUWARA ELIYA: TCK 6685 ®®®
International SK C5
Kandapola
(052) 555 5000
Das Gourmet-Lokal gehört zum Heritance Tea Factory Hotel und befindet sich in einem Eisenbahnwaggon aus den 1930er Jahren. Mit ihm wurde einst Tee transportiert. Ein ambitioniertes Sechs-Gänge-Menü garantiert ein einzigartiges kulinarisches Erlebnis. Reservieren Sie frühzeitig, wenn Sie nicht Hotelgast sind.

Kulturelles Dreieck

ANURADHAPURA: Casserole ®®
Chinesisch SK C3
279 Main St
(025) 222 4443
Das Restaurant wirkt anspruchslos, doch das Speisenangebot ist üppig, das Essen sehr gut. Preiswerte Menüs.

De Silva Food Centre: Imbisslokal in Nuwara Eliya

Vis-à-Vis-Tipp

ANURADHAPURA: Shalini ®®
Sri-lankisch SK C3
41/388 Harischandra Mawatha
(025) 222 2425
Das Lokal liegt im ersten Stock des gleichnamigen Hotels. Essen Sie auf der Terrasse zwischen den Baumkronen. Die Auswahl an *rice and curry* ist groß. Das Gurken-Curry ist köstlich, ebenso das *dhal*. Es gibt aber nicht nur Currys.

POLONNARUWA: Lake House ®®
Sri-lankisch/International SK D3
Beim Museum
(027) 222 2299
Essen Sie ein Reisgericht oder ein Curry, und genießen Sie den schönen Blick über den Parakrama Samudra.

POLONNARUWA: Siyanco ®®
Sri-lankisch/International SK D3
1st Canal Rd, hinter Habarana Rd
(027) 222 6868
Das große Restaurant hat ein umfangreiches Speisenangebot. Essen Sie à la carte, oder wählen Sie ein Menü. Die sri-lankischen Gerichte schmecken ausgezeichnet. Bisweilen langsamer Service.

SIGIRIYA: Hotel Sigiriya ®®®
Sri-lankisch/International SK C3
2 km vom Sigiriya-Felsen
(066) 493 0500
Die meisten Urlauber essen in ihrem Hotel in Sigiriya. Aber wenn Sie Abwechslung suchen, kommen Sie hierher. Es gibt ein Büfett mit westlicher und sri-lankischer Kost. Bei Gruppen beliebt.

Restaurantkategorien *siehe Seite 223* **Preiskategorien** *siehe Seite 226*

Osten

ARUGAM BAY: Geckos ®®
International SK E5
Main St
(063) 224 8212
Bestellen Sie hier Burger oder englisches Frühstück. Das Strandrestaurant serviert auch leichte Gerichte und Seafood. Die Bedienung erfolgt etwas langsam.

ARUGAM BAY: The Green Room ®®
Seafood/Sri-lankisch SK E5
Main Rd
In dem beliebten Lokal muss man Warteschlangen in Kauf nehmen. Umfangreiche Speisekarte mit guten Currys und Seafood.

ARUGAM BAY: Mambos ®®
Seafood/International SK E5
Main Point Rd
(077) 352 8181
Mambos bietet Seafood und internationale Gerichte. Einmal in der Woche wird gegrillt. Lebhafte Strandpartys am Samstag.

ARUGAM BAY: Samantha's Folly ®®
Sri-lankisch/International SK E5
Beachside, Main Rd
(077) 338 7808
Eine gute Option, um sri-lankische, aber auch westliche Küche zu genießen: Frühstück, Currys, Burger, Snacks und Sandwiches. Köstlicher Kaffee.

ARUGAM BAY: Stardust Beach Hotel ®®®
Seafood/International SK E5
Beachside, bei der Pottuvil Lagoon
(063) 224 8191
In dem entspannten Lokal erhält man frische, knackige Salate, leckere Suppen sowie westliche und sri-lankische Seafood-Gerichte. Ab und zu Grillabende. Reservieren Sie frühzeitig.

BATTICALOA: Sunshine Bakery ®
Café SK E4
136 Trincomalee Rd
(065) 222 5159
In der Bäckerei gibt es leichte Mahlzeiten, *samosas* (Teigtaschen mit Gemüse- oder Fleischfüllung) und Kuchen. Auf dem Markt gegenüber erhält man frisches *dosa*.

TRINCOMALEE: Kumar's Cream House ®
Café SK D3
102 Post Office Rd
Halten Sie Ausschau nach Kumars gelbem Logo. Guter Ort zum Eisessen. Probieren Sie das berühmte Bananensplit. Es gibt auch leichte Gerichte und Snacks.

TRINCOMALEE: Welcombe ®®®
Sri-lankisch/International SK D3
66 Lower Rd, Orr's Hill
(026) 222 3885
Von dem eleganten Lokal mit Glasfront sieht man auf den Hafen. Auf der Karte: Seafood, asiatisch-internationale Fusionsküche und eine Auswahl an sri-lankischen Gerichten.

Vis-à-Vis-Tipp

UPPUVELI: Palm Beach Resort ®®
Italienisch SK D2
12 Alles Garden, Nilaveli Rd
(026) 222 1250
Nov–Mitte Jan
Im Palm Beach Resort wird einfache, gute italienische Küche mit frischen Erzeugnissen zubereitet. Die täglich wechselnde Karte richtet sich nach dem Angebot. Fantastische Pasta. Man bekommt hier auch guten Kaffee. Die Besitzer sind sehr freundlich. Da das Lokal ausgesprochen beliebt ist, sollte man reservieren.

UPPUVELI: The Crab ®®®
Seafood SK D2
Chaaya Blu Hotel, ca.. 500 m abseits der Straße
(026) 222 2307
Spezialität des Strandlokals sind Krabbengerichte, etwa Krabbensalat nach Thai-Art, gebratene Krabben oder Blu Supreme, Krabben in Rahmsauce mit speziellen Gewürzen und Reis. Hinzu kommen Gambas, Hummer und Fische. Beenden Sie Ihr Mahl mit einem der köstlichen Desserts.

Jaffna und Norden

JAFFNA: Malayan ®
Sri-lankisch SK B1
36–38 Grand Bazaar, New Kasthuriyar Rd
Hier isst man mit den Fingern von einem Bananenblatt. Die vegetarischen Speisen sind gut, die *vadais* außerordentlich schmackhaft.

JAFFNA: Rio Cream House ®
Café SK B1
448a Point Pedro Rd, nahe Nallur-Kandaswamy-Tempel
(021) 222 7224
Die beliebte Eisdiele lockt mit einer Reihe von sehr süßen Sünden. Die bunten Eissorten sind durchscheinend – und in der Hitze willkommen. Leichte Mahlzeiten gehören ebenfalls zum Angebot.

JAFFNA: Green Grass Hotel ®®
Sri-lankisch/Asiatisch SK B1
Nahe Hospital Rd
(021) 222 4385
Das Green Grass ist ein wundervoller Ort, um Jaffna-Currys (mit Krabben, Huhn oder Gambas) zu genießen. Die Speisekarte umfasst auch einige indische und chinesische Gerichte. Hübsche Terrasse.

Terrasse des Strandrestaurants Geckos, Arugam Bay

Shopping

Sri Lanka verfügt über ein buntes Angebot an landestypischen Waren, die auch beliebte Mitbringsel und Souvenirs sind – darunter finden sich traditionsreiches Kunsthandwerk, erlesener Schmuck, edle Antiquitäten und exotische Gewürze. Die Hauptstadt Colombo bietet die größte Auswahl, in den Läden und Boutiquen der dortigen Shopping Malls findet man einfach alles. Auch das Warenangebot anderer größerer Städte orientiert sich an Urlaubern. Über einen der farbenfrohen Märkte mit ihren zu Bergen aufgeschichteten Produkten zu schlendern, ist in Sri Lanka immer ein Erlebnis. Werkstätten für heimisches Kunsthandwerk wie geschnitzte Masken, Batikwaren sowie Metall- und Lackarbeiten gibt es auch in vielen kleineren Orten. Ceylon-Tee und Gewürze kann man fast überall kaufen. Die Shops in Hotels sind nicht nur für Gäste des Hauses geöffnet.

Korbwaren und mehr an einem Straßenstand

Öffnungszeiten

Die meisten Läden in Sri Lanka öffnen an Werktagen um 10 Uhr und schließen zwischen 19 und 22 Uhr. Samstagmittags haben einige zwischen 12 und 15 Uhr geschlossen, sonntags sind vor allem in Colombo viele Läden geöffnet (in der Regel 10–17 Uhr).

Supermärkte und Kaufhäuser haben längere Öffnungszeiten, auch an Wochenenden. An *poya*-Tagen *(siehe S. 40–43)* gelten die gleichen Regelungen wie an Sonntagen.

Preise und Bezahlung

In den meisten Läden (vor allem in den Städten) werden die Waren zu Festpreisen verkauft. In kleineren Läden sowie bei größeren Anschaffungen (insbesondere in Schmuckläden) lohnt es sich hingegen, nach Rabatten zu fragen. Die Shops in Luxushotels führen ein erlesenes Sortiment an Waren, die Preise hierfür sind jedoch in der Regel höher als in anderen Läden.

In allen größeren Geschäften werden die verbreiteten Kreditkarten wie Visa und MasterCard akzeptiert. Achten Sie dabei jedoch auf Ihre Karte und dass der Rechnungsbeleg vor Ihren Augen ausgefüllt wird. Hin und wieder kommt es in solchen Fällen nämlich zu Missverständnissen. Beim Einkauf auf Märkten sollten Sie immer Bargeld dabeihaben.

Der Mehrwertsteuersatz liegt in Sri Lanka einheitlich bei 15 Prozent, es gibt keine ermäßigten Steuersätze.

Handeln

An Straßenständen ist Handeln ein Bestandteil des Einkaufens. Dies gilt auch für Märkte, wenn die Waren nicht mit Preisen versehen sind. Machen Sie sich bei Ihrem Einkaufsbummel aber erst ein Bild vom allgemeinen Preis- und Qualitätsniveau, bevor Sie mit dem Handeln beginnen. Starten Sie mit einem günstigen, aber vertretbaren Gebot. Wenn Sie Ihren ersten Preis allzu niedrig ansetzen, wird der Händler dies unter Umständen als verletzend empfinden und sich nicht darauf einlassen.

Schlepper

Viele Fahrer und Stadtführer haben Arrangements mit einzelnen Ladeninhabern, von denen sie für dorthin geführte Urlauber eine Kommission erhalten. Besucher müssen dafür überteuerte Preise bezahlen, die dann auch die Provision des Schleppers enthalten. Um dies zu vermeiden, sollten Sie Fahrer oder Stadtführer besser mitteilen, dass Sie nicht vorhaben, etwas zu kaufen.

Ein Querschnitt durch die Welt sri-lankischer Gewürze, Colombo

Odel – Shopping Mall mit erlesenem Warenangebot in Colombo

Warenversand

Einige international tätige Kurierdienste, darunter auch DHL, TNT Express und FedEx, verfügen über Niederlassungen in Colombo und übernehmen auch den Versand von Waren nach Europa.

Antiquitäten und Exportbestimmungen

Für Liebhaber von besonderen Sammlerstücken ist Sri Lanka eine wahre Fundgrube. Hier findet man u. a. auf Palmblättern verfasste Manuskripte, Möbel und Accessoires aus der Kolonialzeit sowie Porzellan aus der arabischen Welt. Die meisten Läden mit einem derart erlesenen Angebot gibt es in Colombo, Galle und Ambalangoda.

Für die Ausfuhr von Antiquitäten und anderen Waren mit einem Alter von mindestens 50 Jahren benötigen Sie eine spezielle Genehmigung. Diese erhalten Sie bei den **National Archives** bzw. beim **Department of Archaeology**.

Handbemalte Ganesha-Figur

Kaufhäuser und Shopping Malls

In den meisten größeren Städten – u. a. in Colombo, Kandy und Galle – gibt es mittlerweile Einkaufszentren, die nach westlichem Vorbild gestaltet sind. Sie führen ein reichhaltiges Warenangebot, das von Mode über Haushaltswaren bis zu Elektrogeräten reicht. In größeren Kaufhäusern und Shopping Malls gibt es zudem Supermärkte und Gastro-Bereiche mit Lokalen.

Zu den größten Shopping-Centern in Colombo gehören **Majestic City** (mit Kino und vielen Boutiquen) und das angesagte **Liberty Plaza**. **Crescat Boulevard** umfasst u. a. Teeläden, Buchhandlungen und Boutiquen sowie im Untergeschoss einen Supermarkt. Bei **Odel** erwartet Kunden ein breites Sortiment an Designerkleidung, Mode-Accessoires und Souvenirs. Der Flagship-Store ist in einem kolonialzeitlichen Gebäude untergebracht – eine Sehenswürdigkeit für sich. Für das leibliche Wohl sorgen diverse Imbisslokale (u. a. Sushi- und Sandwichbars). **Luv SL**, ein Tochterunternehmen von Odel, verfügt über Outlets in Colombo und Kandy. Dort findet man traditionelle südasiatische Mode (etwa Sarongs) sowie eine große Auswahl an Notebooks, T-Shirts, Tassen, Taschen, Bilderrahmen, Miniaturstatuen (u. a. Elefanten) und vieles mehr.

Märkte und Basare

Für viele Besucher zählt das kulinarische Angebot zu den wichtigsten Gründen für einen Bummel über einen Markt oder Basar. Exotische Früchte, Seafood und Gewürze in allen Farben und Aromen tragen zum Zauber der sri-lankischen Märkte bei. Einige der lebhaftesten werden in Jaffna, Beruwela, Nuwara Eliya und Kandy abgehalten. Kleinere Orte bieten oft Wochenmärkte. In Colombo sollte man keinesfalls die Märkte in Pettah *(siehe S. 68)* versäumen. Der samstägliche Markt nahe der Rennbahn *(siehe S. 73)* bietet Öko-Waren und Handwerk.

Umweltbewusst reisen

Sri Lanka zählt zu den Staaten, die die Convention on International Trade in Endangered Species of Wild Fauna and Flora (CITES) unterzeichnet haben. Gemäß diesem Abkommen, das auf das Überleben wild lebender Tier- und Pflanzenarten zielt, sind der Handel mit gefährdeten Tieren und Pflanzen sowie den aus ihnen produzierten Erzeugnissen (z. B. Fell oder Elfenbein) strafbar. Auch Korallen und Schildkröteneier dürfen nicht exportiert werden, weil dies das sensible marine Ökosystem schädigt.

Schildkröteneier – verbotene Handelsware

Taschen, Masken und Figuren – typische sri-lankische Souvenirs

Kunsthandwerk

Kunsthandwerk hat in Sri Lanka eine lange Tradition. Besucher können sich in fast jedem kleinen Ort ein Bild von der Kunstfertigkeit sri-lankischer Handwerker machen, einige Regionen haben sich auf bestimmte Bereiche spezialisiert.

Ambalangoda an der Westküste ist für mit leuchtenden Farben bemalte, von Hand geschnitzte Masken bekannt, die von Tänzern getragen werden. Neben Läden findet man auch viele Werkstätten. Eine ist dem Ariyapala & Sons Mask Museum *(siehe S. 102)* angegliedert, hier kann man Stücke direkt beim Erzeuger erwerben.

Geschnitzte Maske

In Galle im Süden verkaufen viele Läden feinste Häkel- und Klöppelarbeiten. Erlesene Lederwaren findet man auf Märkten und an Straßenständen in Colombo und Negombo. Mit etwas Geschick kann man die Preise herunterhandeln *(siehe S. 234)*. Urlauber wie Einheimische schätzen auf den Märkten von Jaffna das Angebot an eleganten Taschen aus Palmyrapalmenblättern. In Kandy und Umgebung besticht das Angebot an Lack-, Messing-, Silber- und Holzarbeiten. Zu den gefragtesten Produkten gehören Teegeschirr und Kerzenhalter.

Sri Lanka ist darüber hinaus für die hohe Qualität seiner Batiken bekannt. Das ursprünglich indonesische Kunsthandwerk brachten die Niederländer nach Sri Lanka. Sarongs, Tischläufer und Wandteppiche mit diversen Mustern (von Tänzern bis zu abstrakten Designs) sind besonders gefragt.

Die Läden der staatlich betriebenen Outlet-Kette **Laksala** haben feste Preise. Die ebenfalls staatliche **Kandyan Art Assocation** bietet neben dem Verkauf auch Vorführungen.

Modernes Design

In den letzten Jahren haben in den Städten immer mehr »Lifestyle-Läden« eröffnet. Sie verkaufen vielfältige hochwertige Artikel, bei deren Produktion traditionelle Techniken mit modernen Designs verknüpft wurden. Vermutlich am bekanntesten ist **Barefoot**, das mehrere Filialen in Colombo und eine in Galle unterhält. Hier findet man ein riesiges Angebot an Produkten in knalligen Farben – von Stoffen über Spielzeug und Serviettenringe bis zu Sarongs.

Paradise Road, ebenfalls in Colombo, verkauft in Leder gebundene Tagebücher und Notizbücher sowie Geschirr und Kerzen. In einer der zahlreichen Niederlassungen werden auch Möbel verkauft.

Kunst

In Colombo sind viele Galerien ansässig, darunter Barefoot Gallery, **Hempel Galleries** und **Saskia Fernando Gallery**. Dort werden Werke bekannter Künstler des Landes ausgestellt und teilweise auch verkauft. The Green Path gegenüber dem Colombo National Museum bietet regelmäßig weniger etablierten Künstlern eine Bühne. Einmal im Jahr findet hier der Kunstmarkt Kala Pola statt, bei dem Künstler aus der Region ihre Arbeiten präsentieren und verkaufen. Im Rahmen der einwöchigen **Colombo Art Biennale** werden Gemälde und andere Werke an verschiedenen Orten ausgestellt.

Bekleidung

Sri Lanka ist wichtiges Produktionszentrum für Bekleidung, überall im Land gibt es ein großes Angebot zu vernünftigen Preisen. Urlauber zieht es vor allem zu Odel *(siehe S. 235)*, doch auch andere landesweit agierende Ketten wie **Cotton Collection**, **NoLimit**, **House of Fashions** und **Fashion Bug** sind für moderne Schnitte bekannt. In Colombo gibt es viele kleine Boutiquen, in denen man Saris und *salwar kameez* genannte Gewänder in vielen Farben und Designs erhält.

Stoffe, T-Shirts und mehr in leuchtenden Farben bei Barefoot

Schmucksteine in einem Juweliergeschäft in Ratnapura

Schmuck

Edelsteine und Halbedelsteine sind eine weitere begehrte Handelsware. In den Städten findet man nahezu an jeder Ecke ein Schmuckgeschäft. Natürlich kann man hier auch Spezialanfertigungen in Auftrag geben. Juweliere reihen sich z. B. in Colombo entlang der Sea Street in Pettah *(siehe S. 68)* und auf zwei Stockwerken des World Trade Center *(siehe S. 65)*.

In Ratnapura, Sri Lankas Hochburg des Schmucks *(siehe S. 152)*, wird man häufig auf der Straße von Händlern angesprochen. Darunter sind leider auch einige »schwarze Schafe«, die unechte Ware verkaufen. Versuchen Sie, deren besonders günstig erscheinenden Angeboten zu widerstehen, kaufen Sie ausschließlich bei lizenzierten Händlern mit eigenem Laden. Echtheitsprüfungen von Schmuck bietet die **National Gem and Jewellery Authority** an.

Tee

In einem Land mit derart groß angelegter Teeproduktion verwundert die Dichte an Teeläden sicher niemanden. Dilmah und Mlesna sind die am weitesten verbreiteten Marken, man findet Sie in allen Läden. Auch Supermärkte führen eine große Auswahl an Tees (offen und in Beuteln).

Tee kann man auch ganz frisch verpackt bei den Teefabriken kaufen. Viele davon gibt es im Hill Country, darunter auch Mackwoods Labookellie Tea Estate *(siehe S. 145)*. Wählen Sie am besten unverschnittenen Tee.

Bücher

In vielen Buchhandlungen von Colombo gibt es fremdsprachige Literatur (vor allem auf Englisch). Die landesweit agierende Kette **Vijitha Yapa** führt alles vom Kinderbuch bis zum Reiseführer. Auch Barefoot ist für sein großes Sortiment bekannt. Wer sich für Buddhismus interessiert, findet ein entsprechendes Angebot im **Buddhist Centre** in Colombo und im **Buddhism Publication Centre** in Kandy.

Sortiment einer Buchhandlung in Colombo

Auf einen Blick

Antiquitäten

Department of Archaeology
Sir Marcus Fernando Mawatha, Col 7.
(011) 269 2840.

National Archives
7 Reid Avenue, Col 7.
(011) 269 4523.

Kaufhäuser und Shopping Malls

Crescat Boulevard
89 Galle Road, Col 3.
(011) 554 0402.

Liberty Plaza
Ecke RA de Mel Mawatha/Ananda Kumaraswamy Mawatha, Col 3.

Luv SL
Old Dutch Hospital, Bank of Ceylon Mawatha, Fort, Col 1.
(011) 244 8873.
W **odel.lk**

Majestic City
Galle Road, Col 4.

Odel
5 Alexandra Place, Col 7.
(011) 462 5800.
W **odel.lk**

Kunsthandwerk

Kandyan Art Association
72 Sangaraja Mawatha, Kandy.
(081) 222 3100.

Laksala
W **laksala.lk**

Modernes Design

Barefoot
706 Galle Road, Col 3.
(011) 258 9305.
W **barefootceylon.com**

Paradise Road
213 Dharmapala Mawatha, Col 7.
(011) 268 6043.
W **paradiseroad.lk**

Kunst

Colombo Art Biennale
W **colomboartbiennale.com**

Hempel Galleries
30/3 Barnes Place, Col 7.
(077) 790 7321.
W **hempel.galleries.com**

Saskia Fernando Gallery
41 Horton Place, Col 7.
(011) 742 9010.
W **saskiafernandogallery.com**

Bekleidung

Cotton Collection
W **cottoncollection.lk**

Fashion Bug
W **fashionbug.lk**

House of Fashions
W **houseoffashions.lk**

NoLimit
W **nolimit.lk**

Schmuck

National Gem and Jewellery Authority
25 Galle Face Terrace, Col 3.
(011) 239 0645.
W **ngja.gov.lk**

Bücher

Buddhist Centre
380 Bauddhaloka Mawatha, Col 7.
(011) 268 3986.

Buddhist Publication Centre
54 Sangharaja Mawatha, Kandy.
(081) 223 7283.
W **bps.lk**

Vijitha Yapa
32 Thurstan Road, Col 7.
(011) 257 7624.
W **vijithayapa.com**

Souvenirs

Im Unterschied zu einigen anderen fernöstlichen Ländern, wo in Läden und auf Märkten häufig minderwertige Waren verkauft werden, findet man in Sri Lanka ein großes Angebot an Produkten, die nach traditionellen Techniken gefertigt werden. Zu den eindrucksvollsten Beispielen zählen dekorative Masken, Lackarbeiten und Batiken. Man kauft diese Objekte bei staatlich betriebenen Outlets oder direkt in den Werkstätten. Kunsthandwerk, Tee und Gewürze zählen zu den beliebtesten Mitbringseln. Erlesenen Schmuck sollte man ausschließlich in Fachgeschäften kaufen, keinesfalls auf Märkten.

Bunt bemalte Schmuckschatulle

Lackwaren

Objekte wie Buchstützen, Schachteln und Türklinken werden häufig in aufwendiger Technik mit Lack überzogen. Beachten Sie: Laien werden oft schnell mit Kunstharz überpinselte Waren als Lackkunst angeboten.

Kunsthandwerk

Für viele Zweige des traditionellen Kunsthandwerks auf Sri Lanka sind Urlauber eine bedeutende Zielgruppe. Von Hand gefertigte Masken und Batiken werden überall auf der Insel auf Handwerksmärkten angeboten, Spitze und Metallwaren findet man meist nur in bestimmten Regionen. Bei der Produktion von Bekleidung treten moderne Designs immer stärker in den Vordergrund.

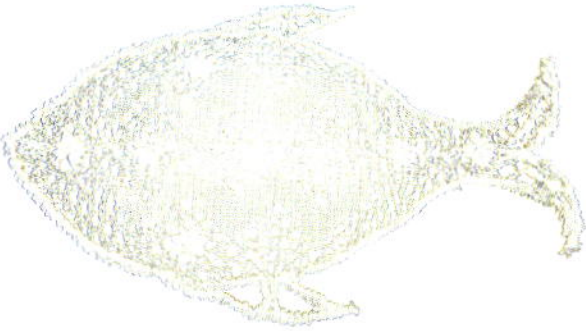

Häkeldeckchen in Fischform

Bunte Kolam-Maske

Kolam-Masken

Die bunt bemalten Kolam-Masken werden in Sri Lanka traditionell bei Teufelstänzen getragen. Sie verkörpern eine Reihe unterschiedlicher Figuren, darunter auch Dämonen.

Gehäkeltes Deckchen

Spitzen

Im 16. Jahrhundert brachten Portugiesen das Klöppelhandwerk nach Sri Lanka. Spitzen- und Häkelarbeiten wie Vorhänge oder Tischdecken werden insbesondere an der Südküste (in Galle und Umgebung) gefertigt.

Produkte aus Palmblättern

Vor allem in Jaffna ist die Auswahl an Körben und Taschen, die aus den Blättern der Palmyrapalme gefertigt wurden, sehr groß.

Stabile Tasche aus Palmblättern

Metallwaren

Kandy ist bekannt für seine zahlreichen Werkstätten und Fabriken, in denen u. a. Statuen, verzierte Tabletts, Teegeschirr und Kerzenhalter aus diversen Metallen produziert werden. In vielen Fällen werden die Oberflächen der Objekte fein ziseliert.

Buddha-Statue aus Metall

Schmuck

Bei der Anfertigung von Schmuck werden oft Saphir, Rubin, Zirkon und Mondstein verwendet. Darüber hinaus verarbeitet man auch Gold, Silber und andere (Halb-)Edelsteine. Schmuck aus Werkstätten in Kandy ist als besonders filigran bekannt. Auch südindischer Schmuck wird in großem Umfang verkauft.

Kette mit Münzanhängern

Zirkone

Saphir

Kleidung

In Colombo findet man Bekleidung, die sich an westlichen Stilen orientiert, zu günstigen Preisen. Traditionelle srilankische Stücke (z. B. Saris) kauft man am besten in kleinen Läden und auf Märkten.

Türkisfarbener Sari aus Seide

Keramik

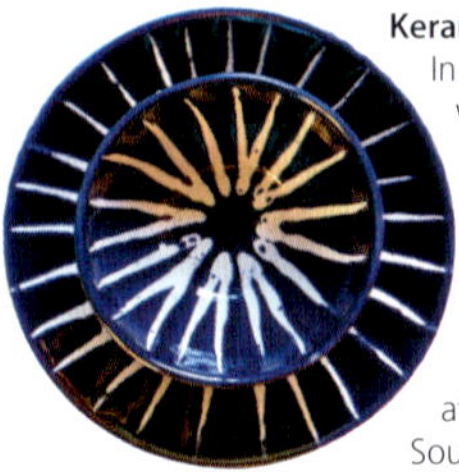
Keramikteller

In Sri Lanka produzierte Tonwaren zeichnen sich vor allem durch spezielle Designs aus. Die Produkte werden oft noch von Hand gefertigt. Ob Geschirr, ein Teeservice oder Accessoires (z. B. Tierminiaturen) – die Auswahl an Souvenirs ist riesig.

Gewürze

Das südasiatische Land ist auch für seine Gewürze bekannt. Zimt, Kurkuma, Kreuzkümmel oder Chili werden frisch in vielen Gewürzgärten verkauft. In Supermärkten sind die Preise jedoch günstiger. Beim Einkauf auf Märkten und Basaren lohnt es sich, den Preis auszuhandeln.

Auswahl an Gewürzen

Ayurveda-Produkte

Ayurveda-Produkte

Überall in Sri Lanka, auch im kleinsten Ort, werden Ayurveda-Produkte verkauft. Zu den populärsten Artikeln gehört das auch in Supermärkten erhältliche Siddhalepa Balm, das u. a. gegen Kopfschmerzen angewendet wird. Duftkerzen, ätherische Öle und Beauty-Produkte kann man z. B. im Spa Ceylon *(siehe S. 242)* erstehen.

Tee

Tee – sowohl offen als auch in Beuteln – und das nötige Zubehör (von der Kanne bis zum Sieb) bekommt man in speziellen Teeläden, bei Teefabriken und in Supermärkten. Die Abfüllung erfolgt häufig in hübschen Holzkisten, gewebten Körbchen oder Behältnissen in Elefantenform. Tee aus Sri Lanka ist ein wunderbares Mitbringsel.

Tees aus verschiedenen Anbaugebieten Sri Lankas

Unterhaltung

Das Unterhaltungsangebot in Sri Lanka konzentriert sich im Wesentlichen auf die Hauptstadt Colombo. Hier finden Besucher ein überaus breites Spektrum an kulturellen Veranstaltungen, das Angebot reicht von modernem Theater über Film bis zu traditionellem Tanz. Darüber hinaus gibt es eine ganze Reihe exzellenter Galerien und Kulturzentren, in denen heimische Kunstwerke bestaunt und häufig auch erworben werden können. In den Bars und Clubs von Colombo steht oft Live-Musik auf dem Programm. Die Küstenstadt Hikkaduwa ist für ihr pulsierendes Nachtleben bekannt, die klassischen Urlaubsorte verfügen über viele Strandbars. In Sri Lanka finden zudem viele Sport-Events statt, darunter Kricketspiele mit internationaler Beteiligung. Die vielen religiösen Feste des Inselstaats zeichnen sich vor allem durch Vielfalt und Farbenpracht aus.

Information

Übersichten über das Veranstaltungsprogramm in Colombo gibt es in einigen englischsprachigen Zeitschriften wie *Life Times* und *Living Colombo Guide*. Detailliertere Informationen findet man natürlich auf den Websites der jeweiligen Events. Die Internet-Portale **What's up Colombo** und **YAMU** bieten einen guten Überblick über kulturelle Veranstaltungen – vom Kinoprogramm über Tanzevents bis zu Orchestermusik.

Traditioneller Tanz

Das reiche kulturelle Erbe des südasiatischen Landes basiert auch maßgeblich auf seinen traditionellen Tänzen. Besucher Sri Lankas können sich im **Nelum Pokuna Theatre** in Colombo ein Bild davon machen, hier werden von Zeit zu Zeit auch Tanzaufführungen gezeigt. Auch einige Hotels in der Hauptstadt sowie in Negombo an der Küste warten mit derartigen Events auf.

Nelum Pokuna Theatre, Colombo – eine Sehenswürdigkeit für sich

Beim zehntägigen Festival Esala Perahera *(siehe S. 139)* in Kandy hat man die Möglichkeit, Tanz und Musik aus dieser Region zu erleben. Besucher des Spektakels haben die Wahl zwischen Veranstaltungen an mehreren Orten in der Stadt, darunter auch die Kandyan Art Association *(siehe S. 236)*. Diese Events zielen vornehmlich auf Touristen ab. Sie bieten beste Unterhaltung, sind aber nicht sehr authentisch, zumal hier Elemente anderer Tänze eingebaut werden. In den Genuss einer originalen *kolam*-Aufführung kommt man freitags bei der **Bandu Wijesooriya School of Dancing** in Ambalangoda.

Kandy-Tanz, der Nationaltanz Sri Lankas

Modernes Theater

Außerhalb von Colombo ist das Angebot an qualitativ hochwertigem modernem Theater dünn gesät. In der Hauptstadt hingegen treten immer wieder sehenswerte Ensembles auf. Für seine englischsprachigen Produktionen sowie für Musiktheater und Musikfestivals ist das **Lionel Wendt Centre** bekannt. Im Nelum Pokuna Theatre kann man Opern- und Konzertaufführungen erleben.

Musik

Baila ist eine in Sri Lanka überaus populäre Musikform. Sie erreichte das Land im 16. Jahrhundert, als viele afrikanische Sklaven auf die Insel deportiert wurden. In den 1960er Jahren wurde Baila zu Mainstream, seine Beliebtheit ist seither ungebrochen. In Städten wie Chilaw und Negombo finden regelmäßig Baila-Konzerte statt.

Rock, Hip-Hop, Electro und House haben bei den Jugendlichen in Sri Lanka viele Anhänger. Auch Soul- und Blues-Konzerte gibt es in großer Zahl.

Der **Ceylonese Rugby & Football Club** organisiert nachmittags den HSBC Sunday Jazz, das Barefoot Garden Café *(siehe S. 226)* ist sonntagmittags Bühne für Live-Jazz. Im **Rhythm & Blues** wird Live-Musik verschiedener Genres geboten. Bei den Big Ears Music Series treten im **Musicmatters** jeden zweiten Freitag Studentenbands auf.

Auch klassische Musik steht auf dem Programm. Das **Symphony Orchestra of Sri Lanka** und die **Chamber Music Society of Colombo** zählen zu den renommiertesten Orchestern des Landes. Über Auftritte informieren ihre Websites.

Kino

Kinos gibt es nur in größeren Städten, die meisten Lichtspielhäuser befinden sich in Colombo. In einigen laufen die neuesten Blockbuster, andere präsentieren ausschließlich einheimische Streifen sowie indische Bollywood-Produktionen. **Liberty Lite** zeigt aktuelle Filme, das **Majestic Cinema** ist eines von zwei Kinos in Sri Lanka, die 3-D-Filme zeigen.

Kulturzentren

In den Kulturzentren des Landes erwartet die Besucher ein buntes Programm. Geboten

Filmplakat an der Fassade eines Kinos in Colombo

werden u. a. Ausstellungen, Lesungen, Konzerte und Filmvorführungen.

Auch eine Reihe von westlichen Staaten ist in Sri Lanka mit kulturellen Institutionen vertreten, Deutschland seit fast 60 Jahren mit dem **Goethe-Institut**. Es befindet sich in der Hauptstadt Colombo, ebenso wie **Alliance Française**, **British Council** und **The American Center**. All diese Zentren bieten ein breites Spektrum an Veranstaltungen (Infos auf der jeweiligen Website).

Bars, Clubs und Casinos

Das Nachtleben konzentriert sich in den meisten Städten Sri Lankas auf die größeren Hotels. Eine Ausnahme bildet Colombo, wo ständig neue Bars und Clubs eröffnen. Vor allem an den Wochenenden sind die angesagten Locations brechend voll.

Bei Urlaubern beliebte Bars bzw. Pubs sind das **Echelon Pub** im Hilton Colombo und **In on the Green** im Galle Face Hotel. In beiden genießt man typisches Pub-Ambiente. In der schickeren **Gallery Café Bar** trinkt man exzellente Cocktails, **7° North** im Cinnamon Lakeside Hotel überzeugt durch sein besonderes Flair und eine gute Weinauswahl. Im Rhythm & Blues gibt es regelmäßig Live-Musik, **Stella** im Hilton Colombo ist eine populäre Karaoke-Bar. Die Dachterrassenbars im **OZO** und im **Cinnamon Red** bieten eine grandiose Aussicht bei Sonnenuntergang.

Zu den beliebtesten Clubs in Colombo gehören das **Amuseum** im Taj Samudra und **Kama Lounge**.

In der Stadt gibt es auch einige Casinos, darunter **MGM**, **Bellagio** und **Bally's**, wo Essen und Trinken für Spieler kostenlos sind.

Das Nachtleben an der Westküste beschränkt sich hauptsächlich auf die Urlaubszentren. **Drunken Monkey** in Hikkaduwa und **Kingfisher** in Unawatuna sind bei Touristen besonders beliebt. Das Personal der Hotels und Gästehäuser kann unter Umständen Tipps zu weniger überlaufenen Etablissements geben.

Auch in Kandy gibt es einige urige Bars, darunter **The Pub** – bekannt für gutes Bier und schöne Aussicht vom Balkon auf die Hauptstraße. Der Club **Le Garage** in den Amaya Hills bei Kandy ist am Wochenende rappelvoll.

Terrasse der Gallery Café Bar, Colombo

Galle International Stadium, eines der bekanntesten Stadien in Sri Lanka

Ayurveda und Wellness

Viele Hotels in Sri Lanka bieten ihren Gästen in einem Wellness-Center oder Spa auch entspannende Ayurveda-Behandlungen an. Diese umfassen Massagen, Dampfbäder, Anwendungen mit warmem Öl, Beauty-Behandlungen und Aromatherapie. Zu den bekanntesten Wellness-Hotels gehört das **Jetwing Lighthouse** in Galle. Es verfügt über ein mehrfach preisgekröntes Spa, in dem Gäste mit bis zu fünf Tage andauernden Wohlfühlprogrammen verwöhnt werden. Auch das **Sahana Spa** in Bentota ist sehr empfehlenswert.

Zudem gibt es viele Ayurveda-Resorts, die einen ganzheitlichen Ansatz verfolgen. Das Barberyn Beach Ayurvedic Resort *(siehe S. 219)* in Weligama etwa bietet Yoga- und Meditationskurse, auch das **Jetwing Ayurveda Pavilions** in Negombo zählt in puncto Verwöhnprogrammen zu den führenden Hotels des Landes.

In Colombo gibt es einige Wellness-Tempel, darunter das **Angsana City Club and Spa** und das **Spa Ceylon**, das fünf Standorte in der Stadt hat. Für ayurvedische Anwendungen ist das **Siddhalepa Ayurveda Spa** zu empfehlen.

Kochkurse

Einige Reiseveranstalter organisieren Kochkurse für Urlauber. Zu den gefragtesten Programmen gehört »My Sri Lanka with Peter Kuruvita« von **World Expeditions**. Der renommierte, aus der australischen Metropole Sydney stammende Küchenchef Peter Kuruvita, der die Geheimnisse der sri-lankischen Küche schon im Fernsehen präsentierte, nimmt die Teilnehmer mit auf eine kulinarische Reise und gibt viele Tipps für die Zubereitung authentischer Gerichte.

Empfehlenswert sind auch die von vielen Hotels und Gästehäusern sowie Restaurants angebotenen Kochkurse. Insbesondere an der Westküste, in Kandy und in Ella ist das Angebot groß. **Sonja's Health Food Restaurant** in Unawatuna veranstaltet Tageskurse. Die meisten Kurse umfassen den Einkauf der Zutaten auf einem lokalen Markt und den Verzehr der zubereiteten Köstlichkeiten.

Dampfbad mit Kräutern im Siddhalepa Ayurveda Spa, Colombo

Kricket

Kricket ist der Nationalsport Sri Lankas. 1996 war das Land letztmals Titelträger beim Cricket World Cup, dem wichtigsten Wettbewerb in dieser Sportart. 2011 scheiterte das sri-lankische Team erst im Finale an Indien. Auf der Insel werden oft internationale Spiele wie etwa im Rahmen der ICC World Twenty20 (T20) ausgetragen. Daneben treten regelmäßig einheimische Teams gegeneinander an. Der Besuch eines Spiels ist für Urlauber ein besonderes Erlebnis. Nicht nur Profis sind aktiv, Kricket wird auch von vielen Hobbysportlern in Parks gespielt.

Sri Lanka verfügt über einige Kricketstadien, darunter das **Galle International Stadium**, den **Sinhalese Sports Club Ground** in Colombo und das **Rangiri Dambulla**. Neuere Stadien findet man in Pallekele und in der Nähe von Hambantota. Tickets kauft man an der Tageskasse vor Ort oder auf der Website von **Sri Lanka Cricket**. Auch Tourenveranstalter können Urlaubern Eintrittskarten für Kricketspiele organisieren. **Red Dot Tours** hilft ebenfalls bei der Beschaffung von Tickets.

Auf einen Blick

Information

What's up Colombo
W whatsupcolombo.lk

YAMU
W yamu.lk

Traditioneller Tanz

Bandu Wijesooriya School of Dancing
417 Main St, Ambalangoda.
(091) 225 8948.

Hotel School Auditorium
78 Galle Road, Col 3. **Stadtplan** 3 B3.

Nelum Pokuna Theatre
Nelum Pokuna Mawatha, Col 7. **Stadtplan** 4 D3.
(011) 266 9024.
W lotuspond.lk

Modernes Theater

Lionel Wendt Centre
18 Guildford Crescent, Col 7. **Stadtplan** 4 D3.
(011) 269 5794.
W lionelwendt.org

Musik

Ceylonese Rugby & Football Club
28 Malalasekara Mawatha, Col 8. **Stadtplan** 4 E4.
(011) 258 6834.
W crandfc.lk

Chamber Music Society of Colombo
W colombochambermusic.org

Musicmatters
92/1a D S Senanayaka Mawatha, Borella, Col 8. **Stadtplan** 4 F3.
(011) 268 6615.
W musicmatterssrilanka.com

Rhythm & Blues
19/1 Daisy Villa Avenue, Col 4. **Stadtplan** 3 C5.
(077) 360 1555.

Symphony Orchestra of Sri Lanka
W sosl.org

Kino

Liberty Lite
37a Dharmapala Mawatha, Col 3. **Stadtplan** 3 B3. (011) 232 5533. W libertylite.lk

Majestic Cinema
Level 4, Majestic City, Col 4. **Stadtplan** 3 B5.
(011) 258 1759.
W ceylontheatres.lk

Kulturzentren

Alliance Française
11 Keppetipola Mawatha, Col 5. **Stadtplan** 4 D5.
(011) 790 6340.
W alliancefrkotte.lk

British Council
49 Alfred House Gardens, Col 3. **Stadtplan** 3 B5.
(011) 452 1521.
W britishcouncil.org

Goethe-Institut
39 Gregory's Road, Col 7. **Stadtplan** 4 E3.
(011) 269 4562.
W goethe.de

The American Center
44 Galle Road, Col 3. **Stadtplan** 3 B3.
(011) 249 8100.
W srilanka.usembassy.gov

Bars, Clubs und Casinos

7° North
Cinnamon Lakeside, 115 Sir Chittampalam A Gardiner Mawatha, Col 2. **Stadtplan** 1 C5.
(011) 249 1000.
W cinnamonhotels.com

Amuseum
Taj Samudra, 25 Galle Face Road, Col 3. **Stadtplan** 3 A1. (071) 407 1033. W amuseum.lk

Bally's
34 D R Wijewardana Mawatha, Col 10. **Stadtplan** 2 D4. (011) 233 1150.
W ballyscolombo.com

Bellagio
430 R A De Mel Mawatha, Col 3. **Stadtplan** 3 B4.
(075) 588 6688.
W bellagiocolombo.com

Cinnamon Red
59 Ananda Coomaraswany Mawatha, Col 3. **Stadtplan** 3 C3.
(011) 214 5145.
W cinnamonhotel.com

Drunken Monkey
Narigama, Hikkaduwa.
(091) 227 7202.

Echelon Pub
Echelon Square, Col 1. **Stadtplan** 1 B4.
(011) 249 2492.
W hiltoncolombo1.com

Gallery Café Bar
2 Alfred House Road, Col 3. **Stadtplan** 3 B5.
(011) 258 2162.
W paradiseroad.lk

In on the Green
2 Galle Road, Col 3. **Stadtplan** 3 B3.
(011) 254 1010.
W gallefacehotel.com

Kama Lounge
31 Horton Place, Col 7. **Stadtplan** 4 D3.
(011) 233 9118.
W kamacolombo.com

Kingfisher
Unawatuna. W kingfisherunawatuna.com

Le Garage
Amaya Hills, Heerassagala, nahe Kandy.
(081) 223 3522.

MGM
772 Galle Road, Col 4. **Stadtplan** 3 A5.
(011) 250 2268.

OZO
36–38 Clifford Place, Col 4. (011) 255 5570. W ozohotels.com

Stella
Echelon Square, Col 1. **Stadtplan** 1 B4.
(011) 249 2492.
W colombo1.com

The Pub
Dalada Vidiya, Kandy.

Ayurveda und Wellness

Angsana City Club and Spa
Cinnamon Grand, 77 Galle Road, Col 3. **Stadtplan** 3 A2.
(011) 243 7437.
W cinnamonhotels.com

Jetwing Ayurveda Pavilions
Ethukale, Negombo.
(031) 227 6719.
W jetwingayurvedapavilions.com

Jetwing Lighthouse
Dadella, Galle.
(091) 222 3744.
W jetwinghotels.com

Sahana Spa
Saman Villas, Aturuwella, Bentota. (034) 227 5435. W samanvilla.com

Siddhalepa Ayurveda Spa
33 Wijerama Mawatha, Col 7. **Stadtplan** 4 E3.
(011) 269 8161.
W siddhalepa.com

Spa Ceylon
46d Park St, Col 2. **Stadtplan** 3 C2.
(011) 534 0011.
W spaceylon.com

Kochkurse

Sonja's Health Food Restaurant
Unawatuna Beach Road, Unawatuna.
(077) 961 5310.

World Expeditions
W worldexpeditions.com

Kricket

Galle International Stadium
Sea St, Galle.

Rangiri Dambulla
Highway Ambepussa–Kurunegala–Trincomalee, Dambulla.
(011) 268 1601.
W srilankacricket.lk

Red Dot Tours
(011) 789 5810.
W reddottours.com

Sinhalese Sports Club Ground
Maitland Crescent, Col 7. **Stadtplan** 4 E3.
(011) 269 6579.

Sri Lanka Cricket
W srilankacricket.lk

Stadtplan Colombo *siehe Seiten 82–87*

Sport und Aktivurlaub

Das abwechslungsreiche Gelände in Sri Lanka ermöglicht eine ganze Reihe von Outdoor-Aktivitäten. Das Mosaik an unterschiedlichen Landschaften kann man sehr gut zu Fuß oder mit dem Fahrrad erkunden. Sowohl im Rahmen einer gemütlichen Bootsfahrt als auch bei einer rasanten Rafting-Tour oder einer luftigen Ballonfahrt erlebt man einen Teil des reichen Naturerbes des Landes. An der Küste werden alle Arten von Wassersport praktiziert, darunter Surfen, Tauchen, Schnorcheln, Schwimmen und Angeln. Das gebirgige Terrain im Inselinneren ist geradezu ideal für schöne Wanderungen und Mountainbike-Touren. Die zahlreichen Nationalparks der Insel eignen sich wunderbar zur Beobachtung der artenreichen Tierwelt Sri Lankas. Entspannung pur bieten die an vielen Orten der Insel angebotenen Yoga- und Meditationskurse. Auch Ayurveda- und Wellness-Behandlungen erfreuen sich bei immer mehr Urlaubern sehr großer Beliebtheit.

Beobachtung von Elefanten bei einer Jeepsafari im Uda Walawe National Park

Tourenveranstalter

Es gibt in Sri Lanka einige Agenturen, bei denen man Touren für Outdoor-Aktivitäten buchen kann. Einer der bekanntesten Anbieter vor Ort ist **Aitken Spence**. Der deutsche Veranstalter **erlebe-fernreisen GmbH** bietet einzelne Touren-Bausteine, die individuell kombiniert werden können. Internationale Anbieter sind u.a. **Absolute Travel**, **Audley Travel** und **Exotic Lanka Holidays**. Auch Red Dot Tours *(siehe S. 242)* und **Walkers Tours** arrangieren Reisen durchs Land.

Tierbeobachtung

In mehr als 20 Nationalparks steht die reiche Natur des Landes unter Schutz. Die üppige Vielfalt an Naturräumen in diesen Arealen reicht vom tropischen Regenwald im Sinharaja Forest Reserve bis zur Hochlandsavanne in den Horton Plains. Dieses Mosaik bietet beste Gelegenheiten für ausgiebige Tierbeobachtungen.

Bei Ausflügen in die Schutzgebiete sieht man viele Säugetiere und Vögel: Elefanten und Wasserbüffel in Uda Walawe *(siehe S. 122f)*, Leoparden und Riesenstörche in Yala West *(siehe S. 126f)*. Sehr gut für Wal- und Delfinbeobachtungen eignen sich Mirissa *(siehe S. 118)* an der Südküste und Kalpitiya *(siehe S. 92)* an der Westküste.

Löffelreiher in einer Lagune, Bundala National Park

Die meisten Nationalparks sind jeden Tag von 6.30 bis 18.30 Uhr geöffnet. Für das Vorwärtskommen benötigt man ein Geländefahrzeug, nur in den Horten Plains darf man sich zu Fuß fortbewegen. Jeeps kann man im Hotel oder bei Tourenveranstaltern mieten. Zu jedem Jeep gehört ein Fährtenleser, der die Besucher begleitet. Die besten Tageszeiten für den Besuch eines Nationalparks sind frühmorgens und spätnachmittags, wenn die meisten Tiere aktiv sind.

Jetwing Eco Holidays organisiert Touren zur Tierbeobachtung und Spezialausflüge (u. a. zu Walbeobachtung und Tierfotografie). Auch **Bird and Wildlife Team** und **Naturetrek** bieten viele Exkursionen, etwa Vogel- und Schmetterlingsbeobachtung, Botanische Gärten und Walbeobachtung. Eine Option für Campingsafaris zu den Nationalparks Wilpattu und Yala West und zur Knuckles Range is **Leopard Safaris**.

Vogelbeobachtung

Sri Lanka ist ein Reiseziel, das für seine reiche Vogelwelt bekannt ist. In den unterschiedlichen Ökosystemen leben über 400 Arten, von denen mehr als 30 endemisch sind. Beim Besuch eines der vielen Nationalparks sieht man einige davon, insbesondere im Bundala National Park *(siehe S. 124)*. Wer sich für die Vogelwelt eines bestimmten Naturraums (z. B. der Feuchtgebiete oder des Regenwalds) interessiert, kann sich einer geführten Tour anschließen. Bird and Wildlife Team und Jetwing Eco Holidays bieten auch Spezialtouren, bei denen man etwa viele Seevögel- oder Eulenarten beobachten kann.

Für die Beobachtung von Zugvögeln eignet sich am besten die Zeit zwischen Oktober und April. Nehmen Sie ein Fernglas und eventuell ein Vogelbestimmungsbuch mit.

Golf

Sri Lanka verfügt über drei sehr schöne Golfplätze (in Colombo, Kandy und Nuwara Eliya). Das **Victoria Golf and Country Resort** in der Nähe von Kandy umfasst einen 18-Loch-Platz am Victoria Reservoir. Der vom britischen Golfplatz-Designer Donald Steel im Jahr 1999 gestaltete Platz gilt als einer der schönsten der Welt. Das Resort bietet darüber hinaus Ausritte, Tennisplätze und Ayurveda-Massagen.

Die im 19. Jahrhundert angelegten Plätze des **Nuwara Eliya Golf Club** und des **Royal Colombo Golf Club** haben schon viele spannende Wettbewerbe erlebt. Der Platz in Nuwara Eliya stellt auch Könner vor Herausforderungen, er sollte am besten in der Trockenzeit bespielt werden. Red Dot Tours bietet diverse Arrangements für Golfurlaube.

Wanderung durch den Horton Plains National Park

Schwimmen

Vor der Küste von Passekudah *(siehe S. 195)*, Unawatuna *(siehe S. 116)* und Uppuveli *(siehe S. 190)* kann man sehr gut schwimmen. In der von April bis Oktober dauernden Regenzeit sollte man allerdings vor allem bei rauer See besonders vorsichtig sein. Achten Sie insbesondere bei heftigen Monsunniederschlägen auf Strömungen, um von diesen nicht ins Meer hinausgetragen zu werden. Machen Sie sich erst ein Bild von den Bedingungen, bevor Sie ins Wasser gehen. An vielen Strandabschnitten (auch von Hotels und Resorts) warnen rote Flaggen vor Risiken.

An der Küste von Städten wie Negombo und Colombo wirkt das Meer nicht unbedingt einladend. Besucher müssen hier mit dem Hotelpool vorliebnehmen. Viele große Hotels erlauben die Benutzung ihrer Pools und Tennisplätze gegen eine Gebühr auch Nichtgästen.

Wandern

Mit malerischen Landschaften und gemäßigtem Klima bietet das Hill Country beste Wanderbedingungen. In Nuwara Eliya *(siehe S. 144f)* kann man kurze Wanderungen zum Single Tree Hill oder eine Tageswanderung nach Shantipura unternehmen. Die Knuckles Range *(siehe S. 144)* ist wegen ihrer landschaftlichen Vielfalt ein beliebtes Terrain. Für Panoramawanderungen ist Ella *(siehe S. 149)* ein guter Ausgangspunkt.

Der Horton Plains National Park *(siehe S. 146f)* ist mit Wäldern und Wasserfällen ein Wanderparadies, auch das Sinharaja Forest Reserve *(siehe S. 153)* ist beliebt. Besucher können bei **Sinharaja Rest** Tourenführer mieten. Eine besondere Herausforderung ist der Adam's Peak *(siehe S. 148f)*.

Red Dot Tours organisiert Touren im Hill Country und bietet Informationen für Individualreisende. Bei **Sri Lanka Trekking** kann man sich in Nuwara Eliya, Haputale oder Ella einer Tour anschließen. **Eco Team** arrangiert Wanderungen u. a. in der Knuckles Range und in Belihul Oya.

Golfplatz des Nuwara Eliya Golf Club, Nuwara Eliya

Radfahren

Die kompakte Größe der Insel und ihre abwechslungsreichen Landschaften machen Radtouren zum Vergnügen. Der dichte Verkehr auf den Schnellstraßen und die Fahrweise vieler Auto- und Busfahrer bergen allerdings Risiken für Radfahrer. In abgelegeneren Gebieten hingegen kann man sich mit dem Fahrrad sehr entspannt bewegen. Dabei kommt man auch immer wieder mit Einheimischen in Kontakt.

Vor allem in den Teeanbaugebieten des Hill Country bedeutet Radfahren Genuss pur – nicht nur wegen der grünen Umgebung, sondern auch wegen des gegenüber dem feuchtheißen Tiefland angenehmeren Klimas. In Negombo *(siehe S. 94)* kann man gemütlich entlang den vielen Kanälen radeln. Auch die Ruinen von Polonnaruwa *(siehe S. 170–174)* eignen sich für die Erkundung auf dem Fahrradsattel.

Veranstalter wie **Adventure Asia**, **Exodus**, Eco Team und **World Expeditions** bieten geführte Radtouren. Diese werden mit Sightseeing oder anderen Aktivitäten wie Rafting kombiniert. Die Ausflüge orientieren sich an Fahrkönnen und Fitness der Teilnehmer, bei Mountainbike-Touren wird Erfahrung im Fahren in unbefestigtem Gelände vorausgesetzt. Wer auf eigene Faust längere Radtouren plant, sollte am besten sein eigenes Rad mitbringen, weil robustere Räder kaum zu bekommen sind. Auch Reparatursets und Flickzeug sollte man mitbringen, da man dies außerhalb von größeren Städten nur schwer auftreiben kann.

Heißluftballons über malerischer Landschaft

Ballonfahrten

Vor allem im Kulturellen Dreieck sind Ballonfahrten eine willkommene Option, die grandiose Landschaft und einige bedeutende Kulturstätten aus einer anderen Perspektive zu erleben. Die Fahrten starten nahe dem Kandalama Lake in der Regel vormittags und überqueren auch die Dambulla-Höhlentempel *(siehe S. 162f)* und die Felsenfestung Sigiriya *(siehe S. 166–169)*. Die Saison dauert von Oktober/November bis April, die Fahrten enden nach der Landung meist mit einem Sektfrühstück. Für die Buchung wendet man sich an einen Veranstalter wie Adventure Asia, Eco Team oder **Sun Rise Ballooning**.

Radfahren – ideal zum Erkunden einer Gegend

Führungen

Das **Sri Serendipity Publishing House** in Galle organisiert geführte Rundgänge durch Fort Galle und Colombo. In Fort Galle erfährt man sehr viel über Geschichte, Architektur und Natur der Gegend. Bei der Führung »Meet the Artisans, Artistes and Antique Dealers« kann man Handwerkern bei der Anfertigung von Masken oder Schmuck zusehen. Führungen in Colombo schließen auch Slave Island, Borella Cemetery und Galle Face Green mit ein. Kunstliebhaber lernen beim »Art Walk« die besten Galerien der Stadt kennen.

Rafting

Der Flussabschnitt des Kelaniya in Kitulgala *(siehe S. 148)* eignet sich hervorragend für Rafting. Stromschnellen mit dem Schwierigkeitsgrad 3 können von Anfängern und weniger Geübten befahren werden. Erfahrene Rafter finden am Sitawaka bei Avissawella anspruchsvollere Herausforderungen (Schwierigkeitsgrad 4). Auch die Flüsse Mahaweli und Kalu sind Reviere für Rafter.

Organisierte Rafting-Touren (halb- bis mehrtägig) auf dem Kelaniya bieten z. B. **Rafter's Retreat**, Adventure Asia und Eco Team an. Jetwing Eco Holidays arrangiert zweiwöchige Touren mit Rafting, Kayak- und Kanufahren.

Surfen

Die Wellen vor den Stränden an Sri Lankas West- und Ostküste ziehen Surfer aus aller Welt an. Die Saison dauert in

Hikkaduwa *(siehe S. 102f)* an der Westküste von November bis April, in Arugam Bay *(siehe S. 196)* an der Ostküste von Mai bis Oktober.

An den wichtigsten Surfspots der Insel kann man Boards leihen, für Einsteiger gibt es Kurse. Veranstalter wie **Mambo's** arrangieren Surfausflüge an beiden Küsten, zum Teil auch mit Camping am Strand. In Sri Lanka gibt es zudem einige speziell auf Surfurlauber ausgerichtete Gästehäuser, darunter The Green Rooms *(siehe S. 219)* in Weligama. Auch hier werden Kurse für Anfänger und Fortgeschrittene angeboten.

Windsurfen und Kitesurfen

Bentota *(siehe S. 98)* und Negombo sind bei Windsurfern beliebte Spots an der Westküste, wo dieser Wassersport von November bis April betrieben werden kann. An der Ostküste ist dies von April bis September möglich, dort hat man insbesondere vor der Küste von Uppuveli und Nilaveli *(siehe S. 190)* beste Bedingungen. Das international renommierte, mit dem VDWS (Verband Deutscher Windsurfingschulen) kooperierende **Sunshine Watersports Center** in Bentota bietet Kurse an.

Kitesurfing ist in Sri Lanka eine noch relativ junge Sportart. Die meisten Kitesurfer zieht es zur Kalpitiya-Halbinsel, weitere beliebte Spots sind Negombo, Hikkaduwa und Bentota. **Kitesurfing Lanka** bietet Kurse unterschiedlicher Niveaus, organisiert Ausflüge und verleiht Equipment. Die Kitesurflehrer sind von der IKO (International Kiteboarding Organization) zertifiziert.

Windsurfing: eine der populärsten Wassersportarten in Sri Lanka

Tauchen und Schnorcheln

Schwärme bunter tropischer Fische, in allen Farben leuchtende Korallenriffe und vereinzelte Schiffswracks machen Tauchen in den Gewässern um die Insel zu einem faszinierenden Erlebnis. Wer noch nie getaucht ist, kann dies hier lernen – zu vergleichsweise günstigen Preisen. An Sri Lankas West- und Südküste gibt es eine Reihe von Tauchrevieren, zu den am stärksten frequentierten gehört Hikkaduwa. Mittlerweile entstehen auch an der Ostküste immer mehr Tauchbasen.

Zu den für Taucher spannendsten Wracks der näheren Umgebung gehört die HMS *Hermes (siehe S. 191)* vor der Küste von Batticaloa. Das Meer ist hier sehr tief, den Tauchgang sollte man nur bei entsprechender Erfahrung absolvieren. Boote von **Sri Lanka Diving Tours** fahren dorthin und verleihen auch Ausrüstung. Weitere beliebte Ziele von Wracktauchern sind auch die SS *Worcestershire* und *Pecheur Breton* vor der Küste Colombos, die SS *Rangoon* vor Unawatuna und die SS *Conch* vor Hikkaduwa.

Auch Rifftaucher finden hier beste Bedingungen vor. Bei Tauchgängen im Third Reef vor Negombo und im Black Tip Rock bei Pigeon Island sieht man viele Fischarten (u. a. Stachelrochen) und Meeresschildkröten. Ein weiteres Ziel ist Great Basses südöstlich von Kirinda, wo Taucher auch in Schluchten vordringen können. Für Ausflüge und Kurse in Mount Lavinia und Negombo wendet man sich an **Colombo Divers**. Die besten Zeiten für Taucher sind Januar bis März an der Westküste bzw. Juni bis August an der Ostküste. Vermeiden Sie Tauchgänge in der Monsunzeit.

Hikkaduwa und Pigeon Island sind wegen ihrer bunten Fischwelt und der Korallenriffe für Schnorchler besonders interessant. Weitere Hotspots sind Weligama und Tangalla. Taucherbrillen und Schwimmflossen kann man leihen.

Ein Taucher am Wrack der SS *Conch* vor der Westküste

Demonstration einer Yogastellung, Secret Garden Villa, Unawatuna

Bootsausflüge und Angeln

An vielen Stellen der Insel kann man die Natur vom Boot aus genießen. Neben Seen wie dem Lake Gregory in Nuwara Eliya und dem Kandy Lake eignen sich auch die zahlreichen Lagunen in den Küstengebieten. Bei einem Bootsausflug erlebt man die vielfältige Natur entlang den Ufern und Küsten, darunter auch Mangrovensümpfe. Hotels und Gästehäuser in Negombo organisieren Lagunenfahrten mit Fischern aus der Umgebung *(siehe S. 94)*. Sehr zu empfehlen ist auch ein Bootsausflug durch die Pottuvil Lagoon nahe Arugam Bay *(siehe S. 196)* sowie durch die Bentota Ganga Lagoon.

Sri Lankas lange Küste und die vielen Seen bieten ideale Bedingungen zum Angeln. Während man in Binnengewässern das ganze Jahr über fischen kann, ist Hochseefischen nur jahreszeitlich möglich (außerhalb der Monsunzeit). Bei Tourenveranstaltern wie Eco Team kann man ein- oder mehrtägige Angelausflüge buchen.

Yoga

Einige Hotels und Gästehäuser in Sri Lanka bieten ihren Gästen Yoga an. Privatstunden gibt es u. a. im Amangalla Resort *(siehe S. 217)* in Galle oder in der **Maya Villa** in Tangalla. In Unawatuna führt die **Secret Garden Villa** Kurse für bis zu 14 Teilnehmer durch, auch Einzelstunden werden arrangiert. Bei **Ulpotha** nahe Anuradhapura steht neben Yogakursen die Bewirtung der Teilnehmer mit veganen Gerichten auf dem Programm. Eine weitere empfehlenswerte Option ist das **Talalla Retreat** mit ganzjährigem Kursprogramm, das zweimal im Monat auch Workshops umfasst. Einzelkurse können ebenfalls arrangiert werden.

Einige Resorts in Sri Lanka bieten Ayurveda-Kuren gegen eine ganze Reihe von Beschwerden an. Zu den Anwendungen gehört häufig auch Yoga. Besucher können hier längere Aufenthalte (ab zwei Wochen) verbringen und aus dem angebotenen Spektrum an Therapien einzelne Bausteine auswählen.

Bootsausflug in der Pottuvil Lagoon

Buddhismus und Meditation

Meditationen sind Bestandteil vieler Behandlungen, auf die sich einzelne Resorts spezialisiert haben. An die meist von einem buddhistischen Mönch geleiteten Sitzungen kann ein Vortrag über buddhistische Philosophie anschließen. Das Barberyn Beach Ayurveda Resort und die Secret Garden Villa haben entsprechende Angebote.

Wer sich umfassender mit buddhistischem Gedankengut auseinandersetzen möchte, kann sich bei buddhistischen Zentren für Kurse einschreiben, die bis zu zwei Wochen dauern können. Berücksichtigen Sie, dass hier die innere Einkehr im Vordergrund steht und Sie keinen besonderen Komfort erwarten dürfen. Vor allem in und um Kandy ist das Angebot groß, bekannt ist z. B. das **Nilambe Buddhist Meditation Centre**.

Auf einen Blick

Touren-veranstalter

Absolute Travel
15 Watts Street, 5th Floor, New York, NY 10013 (USA).
☎ 212 627 1950.
W **absolutetravel.com**

Aitken Spence
315 Vauxhall Street, Col 2.
Stadtplan 3 C1.
☎ (011) 230 8308.
W **aitkenspence travels.com**

Audley Travel
New Mill, New Mill Lane, Witney, Oxon (UK).
☎ 01993 838 450.
W **audleytravel.com**

erlebe-fernreisen GmbH
Flughafen-Ring 199, 47654 Weeze (D).
☎ (02837) 663 8129.
W **erlebesrilanka.de**

Exotic Lanka Holidays
Australien.
☎ 1300 374 734.
W **exoticlanka holidays.com.au**

Walkers Tours
117 Sir Chittampalam A Gardiner Mawatha, Col 2.
Stadtplan 3 B1.
☎ (011) 230 6306.
W **walkerstours.com**

Tierbeobachtung

Bird and Wildlife Team
71 C P De Silva Mawatha, Kaldemulla, Moratuwa.
☎ (011) 318 1519.
W **birdandwildlife team.com**

Jetwing Eco Holidays
Jetwing House, 46/26 Navam Mawatha, Col 2.
Stadtplan 3 B2.
☎ (011) 238 1201.
W **jetwingeco.com**

Leopard Safaris
☎ (071) 331 4004, (077) 731 4004.
W **leopard safaris.com**

Naturetrek
Mingledown Barn, Wolf's Lane, Hants GU34 3HJ, UK.
☎ 01962 733 051.
W **naturetrek.co.uk**

Golf

Nuwara Eliya Golf Club
Beim Victoria Park, Nuwara Eliya.
☎ (052) 222 2835.
W **negc.lk**

Royal Colombo Golf Club
22 Model Farm Road, Col 8.
☎ (011) 269 5431.
W **rcgcsl.com**

Victoria Golf and Country Resort
☎ (081) 237 6376.
W **golfsrilanka.com**

Wandern

Eco Team
20/63, Fairfield Gardens, Col 8.
☎ (011) 583 0833.
W **srilankaeco tourism.com**

Sinharaja Rest
Koswatta, beim Kuduwa-Eingang.
☎ (077) 341 9061.

Sri Lanka Trekking
9 Bingathana, Diyatalawa.
☎ (057) 223 1903.
W **srilankatrekking club.com**

Radfahren

Adventure Asia
1112/7 Pannipitiya Road, Thalangama South, Battaramulla.
☎ (011) 586 8468.
W **ad-asia.com**

Exodus
Grange Mills, Weir Road, London, SW12 0NE.
☎ 0845 867 4964.
W **exodus.co.uk**

World Expeditions
1b Osiers Road, Wandsworth, London SW18 1NL.
☎ 020 8875 5060.
W **worldexpeditions. co.uk**

Ballonfahrten

Sun Rise Ballooning
☎ (077) 352 2013.
W **srilankaballooning. com**

Führungen

Sri Serendipity Publishing House
65 Leyn Baan Street, Galle Fort, Galle.
☎ (077) 683 8659.
W **sriserendipity.com**

Rafting

Rafter's Retreat
Kitulgala.
☎ (036) 228 7598.
W **raftersretreat.com**

Surfen

Mambo's
434/3 Galle Road, Wewala, Hikkaduwa.
☎ (077) 782 2524, (077) 352 8181.
W **mambos.lk**

Windsurfen und Kitesurfen

Kitesurfing Lanka
Thandayal Thottam, Kandakuliya.
☎ (077) 368 6235.
W **kitesurfing lanka.com**

Sunshine Watersports Center
River Avenue, Aluthgama
☎ (034) 428 9379.
W **srilankawatersports. com**

Tauchen und Schnorcheln

Colombo Divers
Jetwing Blue Hotel, Porutota Road, Negombo.
☎ (077) 736 7776.
W **colombodivers.com**

Sri Lanka Diving Tours
93/1 C, Poruthota Road, Palagathure, Kochchikade 11540.
☎ (077) 876 2085.
W **srilanka-diving tours.com**

Yoga

Maya Villa
Old House, Temple Road, Aranwella, Tangalla.
☎ (047) 567 9025.
W **mayatangalle srilanka.com**

Secret Garden Villa
Beach Access Road, Unawatuna.
☎ (091) 224 1857.
W **secretgarden unawatuna.com**

Talalla Retreat
Sampaya House, Talalla South, Gandara.
☎ (041) 225 9171.
W **talallaretreat.com**

Ulpotha
Galgiriyawa.
☎ 020 8123 3603 (UK).
W **ulpotha.com**

Buddhismus und Meditation

Nilambe Buddhist Meditation Centre
Nilambe.
W **nilambe.net**

KOSHI
KOSHI
RE 2STROKE
WEL COME
Bajaj

GRUND-INFORMATIONEN

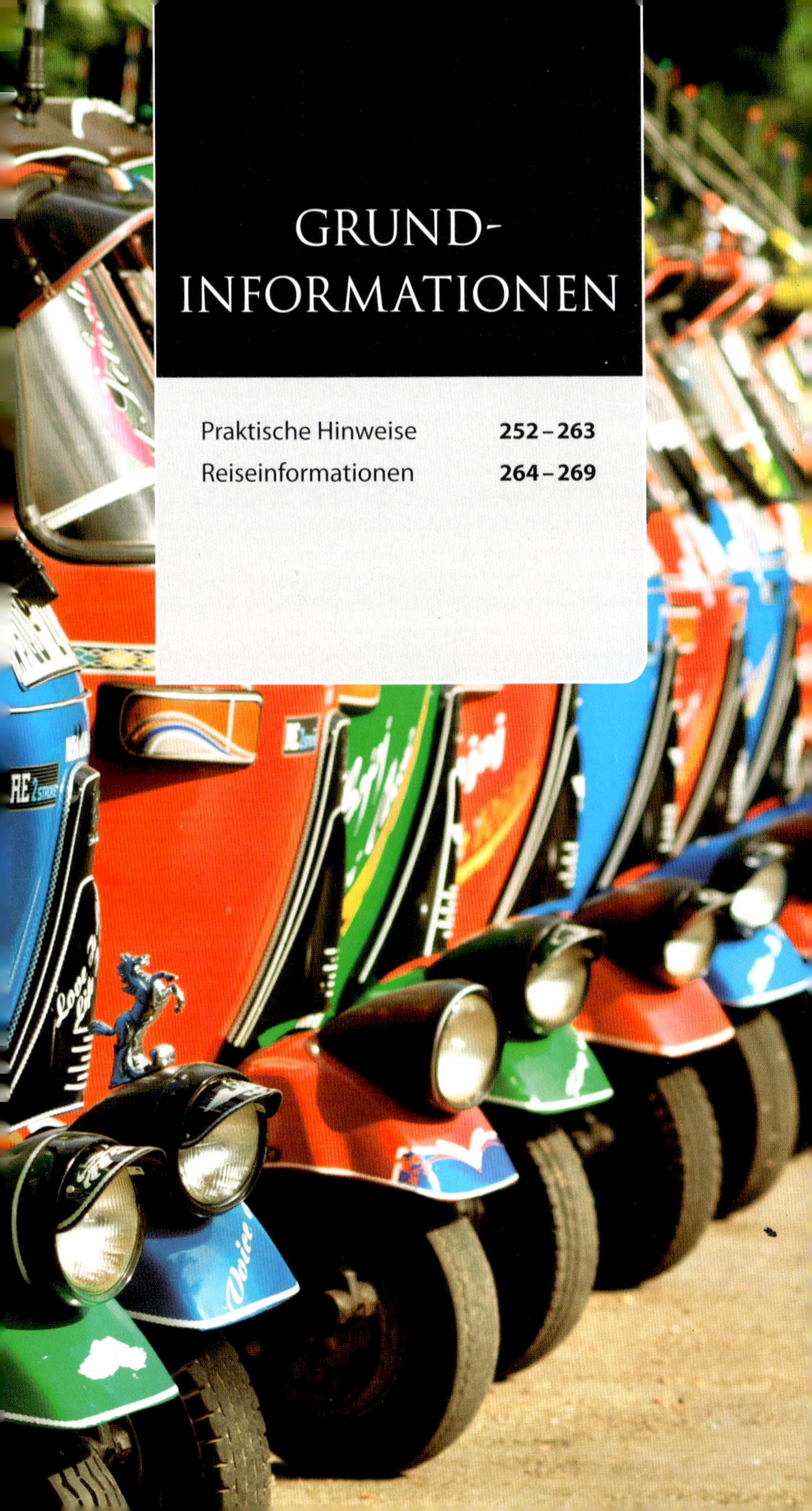

Praktische Hinweise

Seit Ende des Bürgerkriegs 2009 blüht der Tourismus in Sri Lanka auf. Überall haben neue Hotels, Gästehäuser und Resorts eröffnet. Doch die Entwicklung der Infrastruktur hinkt hinterher, vor allem im Norden und an der Ostküste. Mittel- und hochpreisige Unterkünfte sind reichlich vorhanden, günstige Zimmer hingegen findet man in manchen Regionen und Städten (z. B. in Colombo) kaum. Die Hauptstadt bietet dafür ein vielfältiges Angebot an Restaurants für alle Vorlieben und jedes Budget, in den anderen Landesteilen herrscht in diesem Bereich noch Nachholbedarf. Straßen- und Schienennetz sind gut ausgebaut, auch viele entlegene Orte sind erreichbar. Die Eintrittspreise von Sehenswürdigkeiten im Kulturellen Dreieck und in den Nationalparks sind oft hoch.

Beste Reisezeit

Sri Lanka hat zwei Monsunzeiten, die jeweils unterschiedliche Teile der Insel betreffen. Das Klima des kleinen Landes ist damit sehr vielfältig. Anders gesagt: Irgendwo ist immer gutes Wetter. Der Südwestmonsun bringt zwischen April oder Mai und September reichlich Regen im Westen, an der Südwestküste und im Hill Country. Der etwas schwächere Nordostmonsun dauert von Oktober bis Februar oder März. Man kann die Monsunregionen auch in dieser Zeit bereisen, doch manche Gästehäuser und Restaurants sind dann geschlossen, und das Meer ist oft stürmisch.

Im Hill Country regnet es das ganze Jahr über, die Temperaturen sind aber gemäßigter als im heißen Tiefland. Im Norden ist es von April bis September besonders heiß.

Die beste Reisezeit ist von Dezember bis April. Dann kommen auch die meisten Besucher. Um Weihnachten und Neujahr steigen die Preise.

Einheimische schützen sich mit Schirmen vor der starken Sonne

Kajaks am Strand von Unawatuna

Wenn Sie zur Esala Perahera *(siehe S. 139)* im Juli oder August fahren möchten, sollten Sie lange im Voraus buchen und zudem mit hohen Preisen rechnen. Dasselbe gilt für das singhalesisch-tamilische Neujahrsfest in Nuwara Eliya im April.

Kleidung und Ausrüstung

In Städten und größeren Orten bekommt man im Wesentlichen alles, was man für den Aufenthalt braucht. Sonnencreme sollte man jedoch von zu Hause mitbringen, denn in Sri Lanka bekommt man Cremes mit hohem Schutzfaktor nur schwer und zu hohen Preisen. Auch einen breitkrempigen Hut als Sonnenschutz sollte man unbedingt einpacken sowie eventuell einen Schirm und eine leichte Regenjacke. Generell ist leichte, helle Kleidung aus Baumwolle oder Leinen zu bevorzugen. Bei Fahrten ins Hill Country sollte ein Pullover im Gepäck nicht fehlen.

Beim Besuch exklusiver Restaurants in Colombo ist elegante Kleidung angebracht. Für die Besichtigung von Tempeln und heiligen Orten sind Schuhe, die man schnell aus- und anziehen kann, praktisch. Sandalen und Flip-Flops bekommt man vor Ort. Für Wanderungen sollte man stabile Schuhe mitnehmen.

Eine Taschenlampe und Ersatzbatterien sind immer nützlich. Vergessen Sie nicht die Ladegeräte für Mobiltelefone und Kameras. Vogelliebhaber sollten ein Fernglas dabeihaben. Zudem ist es vorteilhaft, Kopien von wichtigen Dokumenten wie etwa Reisepass und Versicherungspolicen mitzuführen.

Einreise

Für die Einreise nach Sri Lanka benötigen Sie einen noch mindestens sechs Monate über das Reiseende hinaus gültigen Reisepass. Seit 2012 benötigen Kinder jeden Alters ein eigenes Ausweisdokument. Darüber hinaus braucht jeder Reisende

◀ Bunte Three-Wheeler – in Colombo allgegenwärtig *(siehe S. 268)*

ein Visum, das man online als **Electronic Travel Authorization** (ETA; www.eta.gov.lk) bzw. bei einer sri-lankischen Auslandsvertretung oder einem Reiseveranstalter beantragen kann. Das Visum kann man sich auch direkt bei der Einreise ausstellen lassen, was die Online-Gebühr von 35 US-Dollar erhöht und meist auch mit einer langen Wartezeit verbunden ist. Visa gelten für 30 Tage und können beim **Department of Immigration and Emigration** in Colombo auf drei bis sechs Monate verlängert werden, wofür eine frühzeitige Kontaktaufnahme erforderlich ist (weitere Infos unter www.auswaertiges-amt.de).

Zoll

Die Einfuhr von 1,5 Liter Spirituosen, zwei Flaschen Wein, 250 Milliliter Eau de Toilette und einer kleinen Menge Parfüm ist erlaubt. Verboten ist die Einfuhr von Tabakwaren.

Bei der Ausreise dürfen bis zu zehn Kilogramm Tee zollfrei ausgeführt werden. Die Ausfuhr von über 250 Sri-Lanka-Rupien in bar ist verboten. Restliche Rupien müssen vorher in Fremdwährung umgetauscht werden (im Flughafen gibt es Wechselschalter, allerdings nicht in der Abflughalle). Die Ausfuhr von Antiquitäten (Gegenständen, die älter als 50 Jahre sind) ist nur mit behördlicher Genehmigung erlaubt. Objekte, die unter das Artenschutzabkommen CITES *(siehe S. 235)* fallen, dürfen nicht ausgeführt werden.

Ein- und Ausfuhr von Drogen sind strengstens untersagt und werden mit harten Strafen belegt. Weitere Infos zu Zollvorschriften bietet die Website von **Sri Lanka Customs**.

Impfungen

Lassen Sie sich von Ihrem Hausarzt oder in einem Tropeninstitut beraten, welche Impfungen für eine Reise nach Sri Lanka notwendig sind. Unabhängig davon, wie lange Sie sich im Land aufhalten möchten: Impfungen gegen Tetanus, Diphtherie, Pertussis

Reisepass mit abgestempeltem Visum für Sri Lanka

(Keuchhusten), Influenza (Grippe), Pneumokokken und Hepatitis A sollten noch wirksam sein. Darüber hinaus sind Impfungen gegen Typhus, Tollwut, Japanische Enzephalitis und Hepatitis B in Betracht zu ziehen, abhängig von der Länge des Aufenthalts und den geplanten Aktivitäten. Einen Impfnachweis gegen Gelbfieber benötigen Sie nur, wenn Sie aus einem Gelbfiebergebiet kommen.

In einigen ländlichen Gegenden Sri Lankas ist Malaria *(siehe S. 258f)* ein Problem. Wenn Sie dorthin reisen, sollten Sie entsprechende Vorsichtsmaßnahmen treffen. Versuchen Sie auf jeden Fall, Mückenstiche zu vermeiden, um das Risiko einer Infektion mit Denguefieber zu verringern.

Öffnungszeiten

Behörden sind montags bis freitags von 9 oder 9.30 Uhr bis 16.30 oder 17 Uhr geöffnet. An *poya*-Tagen *(siehe S. 40–43)* sind Behörden, Banken und die meisten Läden geschlossen. Dies gilt auch für das singhalesisch-tamilische Neujahrsfest, an dem nur von Muslimen betriebene Läden geöffnet sind. Diese schließen dagegen freitagnachmittags für einige Stunden.

Information

Sri Lanka ist in Europa, Asien, dem Nahen Osten und den USA mit einer Reihe von Fremdenverkehrsbüros vertreten. Im Land selbst befindet sich die zentrale Tourismusinformation in Colombo gegenüber dem Hotel Cinnamon Grand *(siehe S. 216)*. Am Bandaranaike International Airport sowie in Kandy und in Sigiriya gibt es weitere Informationsbüros. Auch Reiseagenturen, Hotels und Gästehäuser bieten hilfreiches Material zu Veranstaltungen und Sehenswürdigkeiten. Einige Websites liefern aktuelle Informationen über Land und Leute. Karten sind überall im Land leicht erhältlich.

Eintrittspreise

Die meisten Museen, Botanischen Gärten, archäologischen Stätten und Nationalparks verlangen Eintrittsgebühren. Ausländer bezahlen immer deutlich mehr als Einheimische. Die Eintrittsgebühren für Nationalparks und Sehenswürdigkeiten im Kulturellen Dreieck sind bedeutend höher als in anderen Regionen. Für das Fotografieren und Filmen wird vor allem in Museen eine zusätzliche Gebühr erhoben.

Für den Besuch von für Touristen interessanten Tempeln wird ebenfalls eine Gebühr erhoben. In anderen sakralen Gebäuden gibt es normalerweise eine Spendenbüchse.

Souvenirläden führen ein breites Sortiment an Teesorten

Schuhaufbewahrung für Ausländer vor dem Zahntempel in Kandy

Etikette

Sri Lanker sind auf Besucher eingestellt, ein Verstoß gegen den guten Ton wird meist sofort verziehen. Doch denken Sie daran, immer die rechte Hand zum Geben und Nehmen zu benutzen, die linke gilt als unrein. Sich nackt oder mit freiem Oberkörper am Strand zu sonnen, ist nicht erlaubt.

Den Gruß *Ayubowen!* (»Lange mögen Sie leben!«) werden Sie ständig hören. Der Grüßende drückt dabei die Handflächen zusammen. Wenn Sie so angesprochen werden, antworten Sie höflich. Eine offene Zurschaustellung von Zuneigung ist verpönt, Homosexualität sogar strafbar.

Wenn Sie Tempel oder Moscheen besuchen, ziehen Sie sich zurückhaltend an. Tragen Sie keine offenherzige Kleidung, Beine (bis über die Knie) und Schultern sollten bedeckt sein. In buddhistischen und Hindu-Tempeln werden Schuhe ausgezogen und Kopfbedeckungen abgelegt. Socken sind nützlich, denn der Boden kann sehr heiß sein. Vor allem im Norden können Männer vor dem Betreten von Hindu-Tempeln aufgefordert werden, ihr Hemd ausziehen. In anderen wird Nichthindus der Zutritt zum inneren Heiligtum verwehrt oder Frauen generell verweigert. Es ist verboten, sich mit dem Rücken zu einer Buddha-Darstellung fotografieren zu lassen.

Bettler und Betrüger

In Sri Lanka werden Sie vielen Bettlern begegnen. Doch statt ihnen Geld zu geben, sollten Sie erwägen, vielleicht einer Schule oder karitativen Einrichtung in der Gegend etwas zu spenden. Seien Sie auch vor Menschen auf der Hut, die am Strand oder in Touristenorten angeblich Geld für einen guten Zweck sammeln. Sie zeigen häufig ein Dokument vor und lassen Sie auf einem Zettel Ihren Namen notieren und den Betrag, den Sie zu spenden bereit sind. Diese Geldsammler haben dafür allerdings keine offizielle Genehmigung.

Sprache

Die offiziellen Landessprachen sind Singhalesisch (Sinhala) und Tamil. Singhalesisch sprechen etwa drei Viertel der Bevölkerung, Tamil wird vor allem in Norden und Osten der Insel sowie auf den Teeplantagen im Hill Country gesprochen. Die meisten Menschen sprechen auch Englisch, dies gilt insbesondere für größere Städte und Touristengebiete.

Straßenschild in mehreren Sprachen

Fotografieren

Sri Lanka reizt zum Fotografieren. Manche Menschen, etwa die Pfahlfischer und die Teepflücker, erwarten oft ein wenig Geld dafür, dass sie sich für Sie in Pose werfen. Es ist in jedem Fall höflich, aber eigentlich selbstverständlich, Personen um Erlaubnis zu fragen, bevor man sie fotografiert. In den Tempeln ist das Fotografieren manchmal untersagt, denn Blitzlicht ist für die Wandgemälde schädlich. Posieren Sie für ein Foto niemals vor einem Buddha-Bildnis. Stellen Sie sich seitlich davon hin, und kehren Sie ihm vor allem nicht den Rücken zu.

Oft zeigen Schilder an, dass Fotografieren verboten ist, z. B. am Flughafen, in Häfen, bei Militäreinrichtungen oder Dämmen. Diese Anweisungen sollten Sie unbedingt befolgen. Für einige archäologische Stätten und Museen benötigt man eine Erlaubnis zum Fotografieren, die am Kartenschalter erhältlich ist.

In Städten und größeren Orten bekommt man problemlos Speicherkarten. Dort kann man seine Bilder auch auf CD brennen lassen. Eine teure Fotoausrüstung sollten Sie vor der Reise nach Sri Lanka eventuell versichern lassen.

Trinkgeld

Die meisten Hotels und Lokale – außer die sehr preiswerten – schlagen zehn Prozent Servicegebühr auf die Rechnung auf. Die Löhne im Gastgewerbe sind sehr niedrig. Wenn Sie also mit dem Service zufrieden sind, geben Sie noch ein Trinkgeld: zehn Prozent des Rechnungsbetrags ohne Servicegebühr und Steuer.

Von Besuchern wird erwartet, dass sie auch Fahrern, Führern in den Nationalparks und Hotelportiers ein Trinkgeld überlassen, wenn diese ihre

Besucher fotografieren einen Feuerschlucker, Kandyan Art Association

Kinder schnorcheln im seichten Wasser vor der Küste Hikkaduwas

Aufgabe gut erledigt haben. Denken Sie auch an die Person, die vor dem Tempel auf Ihre Schuhe und Kopfbedeckungen aufpasst.

Behinderte Reisende

Einrichtungen für behinderte Reisende sind in Sri Lanka immer noch dünn gesät. Selbst Regierungsgebäude, aber auch Sehenswürdigkeiten sind nur selten mit Rampen oder Geländern ausgestattet. Die öffentlichen Verkehrsmittel sind für Personen mit eingeschränkter Mobilität nicht geeignet. Ein Leihwagen mit Fahrer hilft hier weiter. Die Bürgersteige sind oft sehr schmal, uneben und mit Löchern übersät.

Die meisten Hotels und Gästehäuser sind für behinderte Reisende nicht ausreichend ausgestattet. Ausnahmen bilden die teureren Hotels in den Urlaubsorten im Süden sowie einige Hotels oder Gästehäuser mit Zimmern im Erdgeschoss.

Mit Kindern reisen

Kinder sind in Restaurants und Hotels immer willkommen. Viele Hotels und Gästehäuser haben Dreibett- oder Familienzimmer oder stellen ein Extrabett zur Verfügung.

Restaurants bieten meist ein europäisches Gericht an, auch die Hotels sind auf den Geschmack der Europäer eingestellt. Man wird daher für Kinder immer etwas nicht allzu Würziges und Scharfes zum Essen finden. In den Supermärkten der großen Orte und Städte bekommt man Windeln und Babynahrung.

Sri Lanka bietet keine besonderen Sehenswürdigkeiten für Kinder, aber die Strände sind wahre Tummelplätze, und die Tierwelt der Insel begeistert die Kleinen.

Zeitzone und Kalender

Sri Lanka ist der Mitteleuropäischen Zeit um 4,5 Stunden voraus. In Verwaltung und Wirtschaft gilt der europäische Kalender, für die religiösen Feste orientiert man sich jedoch am Mondkalender.

Elektrizität

Die Stromspannung in Sri Lanka beträgt 230 Volt bei 50 Hertz. Runde Stecker mit drei Stiften sind am verbreitetsten. Adapter bekommt man fast überall. Stromausfälle ereignen sich relativ häufig. Die besseren Hotels besitzen für diesen Fall Generatoren, in den Gästehäusern ist man auf Taschenlampen oder Kerzen angewiesen.

Umweltbewusst reisen

Wenn Sie in Sri Lanka sind, sollte Ihr Geld auch der Bevölkerung vor Ort zugutekommen. Anstatt Importgüter zu kaufen, sollten Sie die einheimischen Marken probieren.

Essen Sie nicht in der Filiale einer der zahlreichen internationalen Ketten, sondern testen Sie die Lokale der Einheimischen. Die Zahl der Öko-Lodges (Ecolodges) nimmt zu. Sie stehen oft an besonders malerischen Stellen.

Ein Paradies für Kinder: buntes Sortiment bei Barefoot, Colombo

Auf einen Blick

Botschaften / Konsulate

Deutschland
40 Alfred House Avenue, Col 3.
Stadtplan 3 C5.
☎ +94 11 258 0431.
W **colombo.diplo.de**

Österreich (Honorarkonsulat)
424 Union Place, Col 2.
Stadtplan 4 D2.
☎ +94 11 269 1613.
W **bmeia.gv.at**

Schweiz
63 Srimath R G Senanayake Mawatha (Gregory's Road), Col 7.
Stadtplan 4 E3.
☎ +94 11 269 5117.
W **eda.admin.ch/colombo**

Sri Lanka
Deutschland
Niklasstraße 19, 14163 Berlin.
☎ +49 30 809 097 49.
W **srilanka-botschaft.de**
Österreich
Weyringergasse 33–35, 1040 Wien.
☎ +43 1 503 7988.
W **srilankaembassy.at**
Schweiz (Konsulat)
Rue de Moillebeau 56, 1209 Genf.
☎ +44 22 919 1250.

Einreise

Department of Immigration and Emigration
41 Ananda Rajakaruna Mawatha, Col 10.
☎ (011) 532 9000.
W **immigration.gov.lk**

Electronic Travel Authorization
W **eta.gov.lk**

Zoll

Sri Lanka Customs
W **customs.gov.lk**

Information

Colombo
Sri Lanka Tourism Promotion Bureau, 80 Galle Road, Col 3.
Stadtplan 3 A2.
☎ (011) 242 6900, 1912 (Tourismus-Hotline).
W **srilanka.travel**

Kandy
Kandy City Centre, Level 2.
☎ (081) 222 2661.

Stadtplan Colombo *siehe Seiten 82–87*

Sicherheit und Gesundheit

Sri Lanka ist im Allgemeinen ein sicheres Reiseland, doch ist man als Besucher oft Ziel von Betrügern und Taschendieben. Gewaltverbrechen sind selten, man sollte jedoch riskante Situationen vermeiden. Das Gesundheitswesen ist nur in Colombo und Kandy gut ausgebaut, bei ernsthaften Erkrankungen sollte man nach Colombo fahren. Eine Auslands-Krankenversicherung ist unbedingt zu empfehlen. Vergessen Sie nicht, stets eine Flasche Wasser und ein Sonnenschutzmittel mitzuführen.

Einkaufsstraße in Pettah, Colombo

Persönliche Sicherheit

Sri Lanka ist insgesamt ein relativ sicheres Reiseland. Dennoch sollte man immer einige grundlegende Vorsichtsmaßnahmen treffen. Tragen Sie keine größeren Geldbeträge bei sich, sondern legen Sie diese in den Hotelsafe. Lassen Sie sich aber eine Quittung geben. Ein Geldgürtel, den man unter der Kleidung trägt, ist für unterwegs eine gute Idee. Lassen Sie wertvolle bzw. wichtige Gegenstände wie Schmuck, Mobiltelefone und Fotoapparate nie offen im Zimmer liegen. Gelegentlich wird von Diebstählen in Hotels und Gästehäusern berichtet.

Taschendiebe gehen in der Regel an dicht bevölkerten Orten ihrem Handwerk nach. Seien Sie vor allem in Bussen, am Strand oder bei großen Festen vorsichtig. Halten Sie Ihren Fotoapparat fest, tragen Sie keinen Schmuck. Vermeiden Sie nachts einsame Orte, vor allem, wenn Sie allein unterwegs sind.

Führen Sie von wichtigen Dokumenten wie dem Reisepass Kopien mit, und lagern Sie sie an einem sicheren Ort oder schicken Sie sie sich selbst per E-Mail.

Ein Hauptproblem für Besucher in Sri Lanka ist Kreditkartenbetrug *(siehe S. 260)*. Behalten Sie Ihre Karte deshalb immer im Auge, wenn Sie damit zahlen. Informieren Sie Ihre Bank über Ihre Reisepläne. Wenn dieser Zahlungen seltsam vorkommen, werden Karten in vielen Fällen sofort gesperrt.

In Sri Lanka herrscht Linksverkehr. Der Verkehr ist chaotisch, Unfälle sind daher an der Tagesordnung. Am besten mieten Sie für Überlandfahrten einen Wagen mit Fahrer oder nutzen das gut ausgebaute Bahnnetz. Trampen ist nicht zu empfehlen. Achten Sie auf den Verkehr, wenn Sie an belebten Straßen gehen.

Nach Verkehrsunfällen ist bei Reisenden in Sri Lanka Ertrinken die häufigste Todesursache. Achten Sie beim Schwimmen auf gefährliche Strömungen und Brandungen, schwimmen Sie in Urlaubsresorts nur an den beflaggten Strandabschnitten.

In Sri Lanka befinden sich in bestimmten ländlichen Regionen noch immer Minen und Blindgänger aus dem Bürgerkrieg im Boden. Bleiben Sie dort immer auf den markierten Wegen, und achten Sie auf entsprechende Absperrungen und Warnschilder.

Betrüger

Reisende werden in Sri Lanka von Betrügern gelegentlich als einfache (und reiche) Opfer angesehen. In den beliebten Urlaubsgebieten und insbesondere in Colombo in Fort und an der Galle Road können Personen an Sie herantreten, die sich als Hotelmitarbeiter, Urlauber oder Hafenarbeiter ausgeben. Sie bieten beispielsweise Stadtführungen an, möchten Sie in eine Bar leiten oder zu Tempeln, Elefantenvorführungen oder Edelsteinausstellungen begleiten. Gehen Sie auf solche Angebote, die Sie mehr Geld als nötig kosten würden, nicht ein.

Wenn Sie ein Three-Wheeler-Fahrer direkt zu einem Laden, Restaurant, Gästehaus oder Hotel fährt, zahlen Sie vermutlich noch die Provision für den

Den Preis für eine Three-Wheeler-Fahrt sollte man vor der Fahrt aushandeln

Alleinreisende Frauen sollten sich möglichst bedeckt kleiden

Fahrer mit. Misstrauen Sie Taxi- und Three-Wheeler-Fahrern, wenn diese behaupten, dass das von Ihnen ausgesuchte Gästehaus oder Hotel geschlossen sei. Handeln Sie den Fahrpreis immer schon vor Fahrtantritt aus.

Polizei

Melden Sie Diebstähle bei der Polizei, und lassen Sie sich eine Kopie des Berichts für die Versicherung geben. In den Urlaubsorten und bei den großen Sehenswürdigkeiten gibt es Polizeiposten, deren Beamte Englisch sprechen.

Militär

In einigen Gegenden Sri Lankas ist das Militär noch immer sehr präsent. Dies gilt insbesondere für den Norden des Landes, das Stadtviertel Fort in Colombo und den Bandaranaike International Airport. Führen Sie jederzeit Ihren Ausweis mit sich, und denken Sie daran, dass das Fotografieren von Militäreinrichtungen und von sensiblen Gebieten wie etwa dem Hafen von Colombo verboten ist.

Alleinreisende Frauen

Besucherinnen – ob sie allein reisen oder nicht – ziehen häufig unerwünschte männliche Aufmerksamkeit auf sich. Bisweilen werden sie angestarrt oder verbal belästigt. Beachten Sie anzügliche Kommentare einfach nicht. Wenn Sie allein reisen, erfinden Sie am besten einen fiktiven Ehemann zu Hause, und tragen Sie zum Schein einen Ehering. Sri Lanka ist ein konservatives Land, vor allem alleinreisende Frauen sollten sich daher in ihrer Kleidung an den einheimischen Frauen orientieren.

Gehen Sie bei Dunkelheit nicht allein spazieren, an verlassene Strände oder in großen und scheinbar menschenleeren archäologischen Stätten umher. Von der Felsenfestung Sigiriya, einem touristischen Hotspot im Kulturellen Dreieck, wurde mehrmals über Angriffe auf Frauen berichtet. Auch Taxis oder Three-Wheeler sollten Sie spätnachts nicht allein benutzen und generell nicht, wenn der Fahrer noch von einem anderen Mann begleitet wird.

Öffentliche Transportmittel können sehr voll sein – dies gilt insbesondere für die Busse, die in den Städten fahren. Wenn Sie das Gefühl haben, jemand presst sich an Sie oder drängt Sie in eine Ecke, oder Sie fühlen sich sonst irgendwie unwohl, sollten Sie aussteigen und den nächsten Bus nehmen. Setzen Sie sich in Überlandbussen oder Zügen zu Familien oder anderen Frauen. Auf dem Land laden ältere Frauen Sie oft ein, sich neben sie zu setzen. Wenn Sie sich isoliert fühlen, wechseln Sie in den nächsten Waggon. Alles in allem kommen solche Unannehmlichkeiten allerdings eher selten vor.

Einheimische Frauen gehen selten in eine Bar, sodass Sie sich dort fehl am Platz oder unbehaglich fühlen könnten. Besuchen Sie Hotelbars oder Lokale mit vielen Reisenden.

Krankenhäuser und medizinische Versorgung

Die medizinische Vesorgung in Sri Lanka ist ausreichend, entspricht aber oft nicht europäischem Standard. In Colombo und Umgebung gibt es einige private Krankenhäuser. Wenn Sie ernsthaft erkranken oder dringend eine Zahnbehandlung benötigen, suchen Sie am besten in Colombo oder in Kandy einen Arzt auf. Ihr Hotel oder Gästehaus kann Ihnen oft einen Englisch sprechenden Arzt vermitteln. Die Deutsche Botschaft in Colombo verfügt für den Notfall über eine Adressenliste von Ärzten und Krankenhäusern in der Stadt.

Bei kleineren Beschwerden können Sie sich natürlich auch an Apotheken wenden, die es in nahezu jedem Ort gibt. In fast allen ist ein Apotheker vor Ort, der Englisch spricht.

Weißer Polizeiwagen mit Notrufnummern am Heck

Im heißen und feuchten Klima Sri Lankas ist weite Kleidung sehr angenehm

Versicherung

Schließen Sie vor Antritt der Fahrt nach Sri Lanka eine Versicherung ab, die medizinische Behandlungen inklusive Rückholversicherung, Notfälle und Diebstahl abdeckt. Wenn Sie riskantere Aktivitäten planen (z. B. Wildwasser-Rafting oder Tauchen), achten Sie darauf, dass auch diese abgedeckt sind. Führen Sie die Police mit sich, um bei Bedarf die Versicherung zu kontaktieren.

Hitze- und Sonnenschutz

Die Sonnenstrahlung ist in Sri Lanka sehr intensiv, selbst im kühleren Hill Country bekommt man schnell einen Sonnenbrand. Verwenden Sie Sonnencreme mit hohem Schutzfaktor, tragen Sie Hut, Sonnenbrille und weite Kleidung. Idealerweise meiden Sie die besonders starke Sonnenstrahlung am Mittag und am frühen Nachmittag.

Trinken Sie stets reichlich Wasser, um nicht zu dehydrieren, und planen Sie einige Tage zum Akklimatisieren ein. Wenn Sie sich länger und ohne Kopfbedeckung in der Sonne aufhalten, kann es zu einem Hitzschlag kommen. Symptome sind erhöhte Körpertemperatur, starke Kopfschmerzen und Orientierungslosigkeit.

Bei Hitzebläschen handelt es sich um einen Hautausschlag, der durch verstopfte Schweißporen verursacht wird. Dagegen helfen kühle Duschen, Körperpuder oder Calamine-Lotion sowie weite Baumwollkleidung. Auch Klimaanlagen verschaffen Erleichterung.

Erste-Hilfe-Ausrüstung

Reisende, die regelmäßig Medikamente einnehmen müssen, sollten diese in ausreichender Menge nach Sri Lanka mitbringen und sich für die Einreise die Notwendigkeit von ihrem Arzt auf Englisch bescheinigen lassen.

Zudem sollten Sie einige weitere Medikamente dabeihaben, etwa Tabletten gegen Schmerzen und Reisekrankheit (falls nötig), eine antiseptische Creme oder Jodtinktur, Pflaster, Insektenschutzmittel und Pinzette. Auch Medikamente gegen allergische Reaktionen können nicht schaden.

Stand mit einer großen Auswahl an frischen Früchten, Colombo

Wasser und Speisen als Krankheitsüberträger

Viele Touristen bekommen in Sri Lanka durch ungewohntes Essen oder unhygienische sanitäre Einrichtungen Durchfall. Waschen Sie sich vor dem Essen die Hände. Essen Sie niemals ungewaschenes Obst. Kalte gekochte Speisen und Salate an Büfetts, die dort offensichtlich schon lange stehen, sollte man meiden, genauso wie nicht pasteurisierte Milchprodukte. Frisch zubereitete frittierte Gerichte von Straßenständen sind dagegen meist unbedenklich. Was in den Cafés in der Auslage steht, ist oft schon durch viele Hände gegangen. Stromausfälle sind in Sri Lanka nicht ungewöhnlich, achten Sie daher darauf, ob etwas vielleicht schon einmal aufgetaut war und wieder eingefroren wurde.

Wasserflasche

Trinken Sie zum Schutz vor Krankheiten wie Typhus und Cholera nur gefiltertes oder abgekochtes Wasser bzw. abgefülltes Mineralwasser, das Sie überall bekommen. Putzen Sie außerhalb von Colombo auch die Zähne damit. Seien Sie vorsichtig mit Eiswürfeln in Getränken.

Wenn Sie Durchfall haben, müssen Sie viel trinken, um eine Dehydrierung zu vermeiden. Besorgen Sie sich Rehydratationslösung aus der Apotheke. Falls der Durchfall anhält und/oder Sie Fieber bekommen, konsultieren Sie einen Arzt. Wenn Sie reisen müssen, helfen Medikamente wie Imodium, um die Symptome für einige Zeit zu unterdrücken.

Insekten als Krankheitsüberträger

Die Malaria wurde in Sri Lanka weitgehend unter Kontrolle gebracht. Dennoch besteht nördlich von Vavuniya und in den nordöstlichen Küstengebieten ganzjährig immer ein gewisses Risiko, das zur Monsunzeit am höchsten ist. Wenn Sie in diese Gebiete reisen,

Bett mit Moskitonetz in einem Hotelzimmer, Halbinsel Kalpitiya

nehmen Sie Malariatabletten mit. Besprechen Sie vorab mit dem Arzt, welche Mittel geeignet sind, wenn Sie nur für einige Tage in ein Malariagebiet fahren. Schützen Sie sich vor Stichen. Reiben Sie Ihre Haut mit einem Repellent ein, tragen Sie abends lange Hosen und langärmlige Oberteile. Achten Sie darauf, dass das Moskitonetz an Ihrem Bett keine Löcher hat und dicht anliegt. Bekommen Sie nach der Reise Grippesymptome oder hohes Fieber, sollten Sie sofort einen Arzt aufsuchen.

Achtung: Mücken übertragen nicht nur Malaria, sondern auch andere Krankheiten wie Dengue- und Chikungunyafieber.

Sexuell übertragbare Krankheiten

HIV und andere sexuell übertragbare Krankheiten treten nicht selten auf. Ergreifen Sie entsprechende Vorsichtsmaßnahmen! Infizierte Spritzen sind kein verbreitetes Problem, achten Sie dennoch darauf, dass die Spritzenpackung in Ihrer Gegenwart geöffnet wird. Ein größeres Risiko stellen infizierte Blutkonserven dar. Lehnen Sie deshalb gegebenenfalls eine Bluttransfusion ab, außer sie ist unerlässlich.

Tollwut

Tollwut ist in Sri Lanka verbreitet. Wenn Sie von einem Säugetier gebissen, gekratzt oder an einer offenen Wunde abgeleckt werden, suchen Sie sofort einen Arzt auf. Reinigen Sie die Wunde gründlich mit Seife unter laufendem Wasser, und reiben Sie sie mit einer starken Jodtinktur oder hochprozentigem Alkohol ein. Wenn Sie bereits gegen Tollwut geimpft sind, benötigen Sie drei Tage nach dem Vorfall noch zwei weitere Dosen. Wenn Sie nicht geimpft sind, benötigen Sie fünf Dosen des Tollwutimpfstoffs Immunglobulin (RIG). Bedenken Sie, dass dieser in Asien selten und teuer ist.

Obwohl Tollwut kein großes Risiko darstellt, sollten sich alle, die in engen Kontakt mit Tieren kommen oder länger in Sri Lanka bleiben, vorbeugend impfen lassen.

Schnitte, Bisse und Stiche

Wenn Sie sich schneiden, achten Sie darauf, dass die Wunde sauber ist, und tragen Sie ein Antiseptikum auf. Offene Wunden entzünden sich in warmem Klima schnell. Häufig ritzt man sich an Korallen auf, die Wunden entzünden sich dann leicht.

Im Sinharaja Forest Reserve, in der Knuckles Range, am Adam's Peak und in ähnlichen Gebieten gibt es viele Blutegel. Tragen Sie ein Schutzmittel auf die Haut auf, und stopfen Sie Ihre Hose in die Socken. Sehen Sie Blutegel an den Beinen hochwandern, dann können Sie sie noch wegschnippen. Sobald sie sich jedoch festgesaugt haben, darf man sie nicht mehr abziehen. Tragen Sie stattdessen Salz oder Jodtinktur auf, dann lassen die Tiere von selbst los. Reinigen Sie die Wunde, und tragen Sie ein Antiseptikum auf.

Die Gefahr, von einer giftigen Schlange gebissen zu werden, ist sehr gering. Wandern Sie dennoch nicht barfuß oder in Flip-Flops durch das Unterholz. Nach einem Biss müssen Sie unverzüglich zum Arzt.

Ayurveda

Ayurvedische Behandlungen *(siehe S. 38f)* sind in Sri Lanka weitverbreitet. Nehmen Sie jedoch keinesfalls unzertifizierte ayurvedische Medikamente ein. Es gab Berichte, dass einige Arsen und Schwermetalle enthielten.

Öffentliche Toiletten

Öffentliche Toiletten sind selten und nicht sehr sauber. In Hotels und Gästehäusern sowie an Sehenswürdigkeiten finden Sie Sitztoiletten, andernorts nur Hocktoiletten. Nehmen Sie immer etwas Toilettenpapier mit.

Auf einen Blick

Notrufnummern

Feuerwehr und Ambulanz
(011) 242 2222.

Polizei
119.

Touristenpolizei, Colombo
(011) 242 1052.

Weg auf den Adam's Peak – in der Regenzeit droht Gefahr durch Blutegel

Banken und Währung

Sri Lankas Währung ist die Sri-Lanka-Rupie (LKR). Die meisten Reisenden erreichen das Land über den Bandaranaike International Airport in Colombo. Dort können Sie Geld zu einem passablen Kurs wechseln. In Colombo und anderen größeren Städten sowie in einer Reihe von Urlaubsorten akzeptieren Banken, Wechselstuben und große Hotels auch Reiseschecks, zudem gibt es vielerorts Geldautomaten. Kreditkarten werden in Luxushotels und in einigen nobleren Geschäften (z. B. Juwelierläden) akzeptiert, ansonsten benötigt man Bargeld. Sie sollten immer Kleingeld für Einkäufe in kleinen Läden, als Trinkgeld und für öffentliche Verkehrsmittel zur Hand haben.

Eingang zu einer Filiale der Bank of Ceylon mit Geldautomat

Banken und Wechselstuben

In Sri Lanka gibt es viele Banken, darunter die **Bank of Ceylon**, **People's Bank**, **Hatton National Bank**, **Sampath Bank**, **Commercial Bank** und **Seylan Bank**. Die meisten haben werktags von 9 bis 13, 14.30 oder 15 Uhr geöffnet. In seltenen Fällen sind einzelne Filialen auch samstagvormittags zugänglich. Diese finden Sie meist nur in Colombo.

Geldwechsel

Die Wechselstuben am Bandaranaike International Airport bieten dieselben Wechselkurse wie die Banken in Colombo. Sie sind deshalb eine gute Wahl für alle, die möglichst schnell nach ihrer Ankunft Landeswährung benötigen.

Die meisten gehobeneren Hotels wechseln Bargeld, jedoch zu relativ schlechten Kursen. Achten Sie darauf, dass Sie kleine Banknoten bekommen, mit denen Sie am besten bezahlen können. Nehmen Sie keine Banknoten an, die zerrissen oder in schlechtem Zustand sind. Bewahren Sie Ihre Wechselquittungen auf. Sie müssen mindestens eine Quittung vorzeigen, wenn Sie bei der Ausreise Rupien zurücktauschen möchten.

Geldautomaten

Geldautomaten findet man auf der ganzen Insel. An den Symbolen ist erkennbar, welche Kredit- und Debitkarten akzeptiert werden. Geldautomaten geben Bargeld in Rupien aus. Achtung: Wählen Sie keinesfalls die angebotene Sofortumrechnung, da Ihnen hier durch einen extrem schlechten Wechselkurs erhebliche Kosten entstehen. Es kann sinnvoll sein, die Heimatbank zu informieren, dass man in Sri Lanka Geld abheben wird, erkundigen Sie sich nach den Gebühren für Transaktionen.

Kredit- und Debitkarten

Kreditkartenbetrug ist ein Problem in Sri Lanka. Behalten Sie Ihre Karte also immer im Auge, wenn Sie bezahlen, und überprüfen Sie Ihre Abrechnungen, wenn Sie wieder zu Hause sind. Mit den meisten führenden Kreditkarten kann man in großen Hotels, guten Restaurants und großen Läden bezahlen. Am meisten akzeptiert werden **Visa** und **MasterCard**, teilweise werden auch **American Express** und **Diners Club** angenommen. Gegen Gebühr erhält man in Banken mit der Kreditkarte auch Bargeld. An Bankautomaten erhalten Sie auch mit der **girocard** (nur mit Maestro-Logo) Geld.

Notieren Sie sich die Nummern Ihrer Karten und die Notrufnummer Ihrer Kartenfirma, um die Karten bei Verlust sperren zu lassen.

Wechselstube in der Lotus Road in Colombos Stadtteil Fort

Auf einen Blick

Kartenverlust

Allg. Notrufnummer
T +49 116 116 (D).
W **116116.eu**

American Express
T +49 69 9797 2000 (D).

Diners Club
T +49 69 9001 5014, -135 (D).

MasterCard
T 049 69 9712 1000 (D).

Visa
T +44 20 7795 5777 (GB).

girocard
T +49 69 740 987 (D).

Reiseschecks

Reiseschecks sind ein sicheres Zahlungsmittel, jedoch nicht mehr so üblich wie früher und mittlerweile weniger populär als Kredit- und Debitkarten. Reiseschecks in Euro oder US-Dollar von großen Unternehmen wie Thomas Cook, Visa und American Express werden von Banken und (zu schlechteren Kursen) Spitzenhotels gewechselt. Notieren Sie für den Fall eines Verlusts oder Diebstahls die Seriennummern. Am besten kann man Reiseschecks in Colombo und in Touristengebieten wechseln.

Banknoten

Banknoten gibt es im Wert von 20, 50, 100, 500, 1000, 2000 und 5000 Rupien. Beim Geldwechseln sollten Sie vergleichen, ob die Banknoten, die Sie erhalten haben, mit den hier abgebildeten übereinstimmen.

20-Rupien-Schein

50-Rupien-Schein

100-Rupien-Schein

500-Rupien-Schein

1000-Rupien-Schein

2000-Rupien-Schein

5000-Rupien-Schein

Münzen

In Sri Lanka gibt es 1-, 2-, 5- und 10-Rupien-Münzen. Bei allen ist auf der einen Seite das Staatswappen von Sri Lanka abgebildet, die andere Seite zeigt den Wert der Münze, das Jahr ihrer Prägung sowie den Landesnamen in singhalesischer Schrift.

1-Rupien-Münze

2-Rupien-Münze

5-Rupien-Münze

10-Rupien-Münze

Kommunikation

Nahezu überall in Sri Lanka kann man problemlos online gehen. Postämter gibt es in sämtlichen größeren Orten der Insel, internationale Telefonate sollten für Besucher kein Problem darstellen. Einige lokale Zeitschriften erscheinen auf Englisch, internationale Presse findet man hingegen nur schwer. Satellitenfernsehen ist in Sri Lanka weitverbreitet und stellt eine große Auswahl an Sendern zur Verfügung. Wer mit Handy telefonieren will, sollte sich zuvor über die Roaming-Gebühren für Sri Lanka erkundigen, die extrem hoch sein können.

Schalter von Dialog und M3 am Bandaranaike International Airport

Öffentliche Telefone

Von Sri Lanka kann man problemlos ins Ausland telefonieren. Beachten Sie: Inlands- und Auslandsgespräche vom Hotel aus sind sehr teuer. Wesentlich preiswerter telefoniert man in einem der vielen Telefonläden, die man an roten Schildern erkennt. Dort wird nach der Dauer des Gesprächs abgerechnet. Die Preise variieren von Laden zu Laden, ein Vergleich lohnt sich also durchaus. Auslandsgespräche sind auch von den Telefonzellen möglich, für die Sie in einem nahe gelegenen Laden eine Telefonkarte kaufen müssen.

In Sri Lanka haben Telefonnummern in der Regel zehn Ziffern (mit Vorwahl). Nummern mit nur sieben Ziffern sind älteren Ursprungs, Mobilnummern beginnen mit 07. Bei Gesprächen zwischen einzelnen Orten müssen Sie vor der Rufnummer die Ortsvorwahl wählen.

Typisches Münztelefon an einer Straße in Colombo

Mobiltelefone

Mobiltelefone werden in Sri Lanka häufig als *hand phone* bezeichnet und sind weitverbreitet. Die meisten Telefonanbieter haben Roaming-Abkommen mit Sri Lanka. Informieren Sie sich bei Ihrer Telefongesellschaft über die aktuellen Tarife. Wer für die Dauer seines Aufenthalts einen Prepaid-Tarif ins Auge fasst, sollte die Angebote genau vergleichen.

In Sri Lanka treten **Etisalat**, **Mobitel**, **Dialog**, **Airtel** und **Hutch** als Anbieter auf. Wenn Sie in Sri Lanka einige Wochen oder länger bleiben, ist es sinnvoll, eine der günstigen Prepaid-SIM-Karten zu kaufen. Sie benötigen dafür eine Kopie Ihres Reisepasses. Prüfen Sie vorab, ob Ihr Gerät auch mit SIM-Karten anderer Anbieter funktioniert, und lassen Sie es gegebenenfalls entsperren.

Guthabenkarten für die Prepaid-SIM-Karten, deren Code Sie an Ihrem Gerät eingeben müssen, bekommen Sie in Läden und Supermärkten. Manchmal wird das Guthaben auch direkt im Laden auf Ihrem Gerät freigeschaltet. Warten Sie dann, bis Sie die Bestätigungs-SMS bekommen haben, bevor Sie den Laden verlassen.

Sie können in Sri Lanka auch Mobiltelefone leihen. Die Preise für Neugeräte sind in Sri Lanka sehr moderat – daher ist es oft praktischer, einfach ein neues Gerät zu kaufen, wenn Sie nicht Ihr eigenes benutzen können oder wollen. Achten Sie darauf, dass Ihre Reiseversicherung auch Mobiltelefone abdeckt. Nehmen Sie die Servicenummer Ihres Anbieters mit, damit Sie Ihre Nummer gegebenenfalls sofort sperren lassen können.

Internet

Sie bekommen fast überall in Sri Lanka Zugang zum Internet. Cafés in Colombo bieten

Nützliche Nummern

- Für internationale Gespräche wählen Sie 00, dann Ländervorwahl, Ortsvorwahl und Teilnehmernummer.
- Ländervorwahlen: Deutschland 49; Österreich 43; Schweiz 41
- Wenn Sie nach Sri Lanka telefonieren, wählen Sie 00, dann Ländervorwahl von Sri Lanka 94, Ortsvorwahl (ohne die 0) und Teilnehmernummer.
- Häufige Ortsvorwahlen in Sri Lanka: Colombo 011; Kandy 081; Hikkaduwa, Unawatuna und Galle 091; Bentota 034.

oft kostenloses WLAN an, in Hotels und Einkaufszentren gibt es Hotspots des Anbieters Dialog. Für diese muss man eine Prepaid-Karte mit dem Zugangscode kaufen. Eine zunehmende Zahl von Hotels und Gästehäusern bietet Internet-Zugang via WLAN an, oft gegen Gebühr. In manchen Nobelhotels sind auch die Preise dafür nobel, wohingegen Gästehäuser oft nichts verlangen. In den meisten Orten finden Sie ein Internet-Café, Kommunikationszentren oder Telefonläden, in denen man auch über Skype telefonieren kann.

Post und Kurierdienste

In Sri Lanka ist fast immer irgendwo ein Postamt in der Nähe. Der inländische Postdienst gilt als langsam und unzuverlässig, Sendungen in europäische Länder sollten nach etwa einer Woche angekommen sein. Bei Nutzung der Versandart EMS-Speed Post zahlen Sie mehr, aber es geht doppelt so schnell. Für Wertsachen sollten Sie Kurierdienste wie **DHL** oder **FedEx** nutzen.

Wenn Sie etwas aus Sri Lanka verschicken wollen, geben Sie es an der Hotelrezeption ab, oder gehen Sie zum Postamt. Briefkästen werden nicht immer regelmäßig geleert. Sie sollten auf dem Postamt die Briefmarke auf den Brief oder die Postkarte vor Ihren Augen aufkleben lassen, ansonsten kann es passieren, dass die Briefmarke einen neuen Besitzer findet. Wollen Sie ein Paket versenden, beachten Sie, dass dessen Inhalt am Postamt überprüft wird. Sie können es also erst danach endgültig verschließen.

Auswahl an lokalen Zeitungen, u. a. *Daily News* und *Daily Mirror*

Einer der vielen roten Briefkästen, die man überall in Sri Lanka sieht

Die Öffnungszeiten der Postämter sind landesweit nicht einheitlich, doch alle öffnen morgens. Die größeren Filialen sind bis spätabends geöffnet (teils bis 21 Uhr). An Sonntagen und offiziellen Feiertagen sind Postämter geschlossen. Postlagernde Sendungen sind in größeren Orten und Städten möglich.

Zeitungen und Zeitschriften

Die größten englischsprachigen Zeitungen, die in Sri Lanka publiziert werden, sind *Daily News*, *The Island* und *Daily Mirror*. Von den drei genannten gilt letztere als das unabhängigste Blatt, die *Daily News* wird von der Regierung veröffentlicht und vertritt deren Politik. Darüber hinaus gibt es einige englischsprachige Sonntagszeitungen. Internationale Zeitungen sind zum Teil schwer zu finden, am ehesten erhält man sie in den großen Hotels oder an Orten, wo viele Touristen verkehren.

Ein kostenloses Monatsblatt für Touristen ist *Travel Lanka*, das in den größeren Hotels und in den Touristeninformationen ausliegt. Interessanter ist *Explore Sri Lanka*, mit seinen Schwerpunktartikeln über die Insel und nützlichen Ratschlägen für Reisende. Es liegt manchmal in Hotels und Cafés aus, die von vielen Reisenden besucht werden.

Die Medien werden von der Regierung weitgehend zensiert. Auch in Sri Lanka ist das Internet inzwischen eine wichtige Informationsquelle. Regierungskritische Berichte werden oft gesperrt, Online-Journalisten werden bedroht und angegriffen oder verschwinden auf mysteriöse Weise.

Fernsehen und Radio

Independent Television Network (ITV) und Rupavahini sind staatliche Fernsehsender. Die meisten Bewohner bevorzugen Satelliten-TV, das auch Hotels und Gästehäuser anbieten. Dort sind auch internationale Nachrichtensender wie CNN und BBC World zu sehen.

Die Sri Lanka Broadcasting Corporation (SLBC) sendet Radio auf Englisch, Tamil und Singhalesisch. Neben unabhängigen Radiosendern sind auch die singhalesischen und tamilischen Sendungen des BBC World Service beliebt.

Auf einen Blick

Mobiltelefone

Airtel
W **airtel.lk**

Dialog
W **dialog.lk**

Etisalat
W **etisalat.com.lk**

Hutch
W **hutch.lk**

Mobitel
W **mobitel.lk**

Post und Kurierdienste

DHL
148 Vauxhall Street, Col 2.
T (011) 230 4304.
W **dhl.com.lk**

FedEx
18th Lane, Col 1.
T (011) 4522222.
W **fedex.com**

Reiseinformationen

Die meisten Urlauber reisen mit dem Flugzeug nach Sri Lanka. Kreuzfahrtschiffe legen in Colombo oder Galle an. Der Straßenverkehr auf der Insel ist chaotisch, viele Fahrer nehmen wenig Rücksicht. Sri Lanka verzeichnet viele Verkehrsunfälle. Es ist daher keine gute Idee, selbst zu fahren. Viele Besucher mieten sich einen Wagen mit Fahrer, um die Insel zu bereisen. Immer beliebter wird es, ein Motorrad zu leihen. Sri Lanka ist auch durch öffentliche Verkehrsmittel gut erschlossen. Eine Zugfahrt durch das Hill Country ist vermutlich ein unvergessliches Erlebnis. Einige Fluggesellschaften bieten Inlandsflüge zu den wichtigen Touristenzielen und nach Jaffna an. Für kurze Fahrten eignen sich Three-Wheeler, die man an vielen Stellen mieten kann.

Flugzeuge von SriLankan Airlines, der nationalen Fluggesellschaft

Anreise mit dem Flugzeug

Der **Bandaranaike International Airport** liegt gut 30 Kilometer nördlich von Colombo und ist der wichtigste internationale Flughafen der Insel. Vom neuen **Mattala Rajapaksa International Airport** bei Hambantota im Süden Sri Lankas gibt es Flüge nach Dubai und Beijing.

Die nationale Fluggesellschaft des Landes ist **SriLankan Airlines**. Sie bietet Direktverbindungen mit vielen Städten in Europa, in Asien und im Nahen Osten an. **Lufthansa** fliegt mehrmals wöchentlich von Frankfurt am Main nach Bangalore (Indien), von wo man mit SriLankan Airlines nach Colombo kommt. Man erreicht Sri Lanka auch mit einigen anderen bekannten Fluggesellschaften wie etwa **airberlin**, **Air France**, **American Airlines**, **British Airways**, **Cathay Pacific**, **Emirates**, **Iberia**, **KLM**, **Singapore Airlines**, **Thai Airways** und **United Airlines**. Auch mit diesen Airlines hat man in der Regel einen Zwischenstopp mit Umsteigen an einem Flughafen in Indien oder im Nahen Osten und fliegt dann eine Teilstrecke mit SriLankan Airlines, **Etihad Airways** oder **Qatar Airways**. Die Dauer der Zwischenaufenthalte kann stark variieren. Es lohnt sich, vor dem Buchen gründlich zu recherchieren.

Flugpreise

Die Preise für Flüge nach Sri Lanka variieren je nach Fluggesellschaft und hängen von der geplanten Reisezeit ab. Rund um Weihnachten und Neujahr sind sie am höchsten. Oft ist es günstiger, während der Woche statt an Wochenenden zu fliegen. Je früher Sie buchen, desto größer sind die Chancen, ein günstiges Angebot zu finden. Pauschalreisen sind oft die besten Angebote, individuell zusammengestellte Reisen erfüllen die meisten Wünsche. Spezielle Angebote und günstige Flüge finden Sie auf Websites wie **expedia.de**, **fluege.de** oder **opodo.de**.

Ankunft in Sri Lanka

Bevor Sie nach Sri Lanka reisen, benötigen Sie ein Visum bzw. ETA-Visum *(siehe S. 252f)*, das man online beantragt. Zur Sicherheit sollten Sie einen Ausdruck dieses ETA-Visums mitführen. Noch an Bord des Flugzeugs wird man Ihnen ein Einreiseformular zum Ausfüllen geben. Dieses müssen Sie mit Ihrem Reisepass bei der Passkontrolle vorlegen. In der Ankunftshalle finden Sie Wechselstuben mit fairen Kursen sowie Geldautomaten und ein Informationsbüro des Fremdenverkehrsamts.

Im Bandaranaike International Airport

Touristen warten am Bandaranaike International Airport auf Taxis

Flughafentransfer

Sie können sich am Flughafen von einem Fahrer Ihres Hotels oder Reiseveranstalters abholen lassen. An einem Schalter in der Ankunftshalle bekommen Sie auch ein Taxi, das Sie zu einem Fixpreis an Ihr Ziel bringt. Die Fahrt nach Negombo dauert etwa 20 Minuten und kostet ca. 1400 LKR, nach Colombo Fort muss man mit einer Stunde und 2700 LKR, nach Kandy mit drei Stunden und 7400 LKR rechnen. Vor der Ankunftshalle fährt ein Shuttle-Bus ab, der Passagiere zum nahen Busbahnhof bringt. Expressbusse fahren in etwa 25 Minuten zum Busbahnhof in Colombo (Pettah).

Anreise mit dem Schiff

Derzeit ist es nur auf einem Kreuzfahrtschiff möglich, auf dem Wasserweg nach Sri Lanka zu reisen. Der Fährdienst von Colombo nach Tuticorin in Indien wurde zwar nach langer Unterbrechung im Juni 2011 wiederaufgenommen, kurz darauf aber wieder eingestellt. Es gibt Pläne, die Verbindung mit einem kleineren Schiff erneut zu befahren.

Kreuzfahrtschiffe legen in Colombo einen eintägigen Aufenthalt ein, etwa die *Sojourn* von **Seabourn**. Sie beginnt ihre 116-tägige Weltreise im Januar in Los Angeles und erreicht Sri Lanka Anfang April. **Holland America Line** bietet einige Kreuzfahrten an, etwa die 51-tägige Gewürzroute von Rotterdam (ab Januar) nach Singapur, die im Februar Sri Lanka erreicht. In der Regel werden Ausflüge zu Sehenswürdigkeiten, aber auch nach Kandy, zu den Teeplantagen und zum Pinnawala Elephant Orphanage *(siehe S. 143)* angeboten, die man im Voraus buchen kann. Wer mehr Zeit in Sri Lanka verbringen will, kann die Grand Voyage durch den Indischen Ozean von **Voyages of Discovery** buchen, mit drei Tagen Aufenthalt in Colombo und einem in Hambantota. Weitere Anbieter sind u. a. **Dreamlines** und **Silversea**.

Umweltbewusst reisen

Die meisten Urlauber kommen mit dem Flugzeug. Wer etwas für seine persönliche Klimabilanz tun will, bereist die Insel per Eisenbahn oder mit Bussen. Der Ausbau des Schienennetzes läuft auf Hochtouren. Viele Sehenswürdigkeiten kann man per Fahrrad erreichen, das auch für die Besichtigung der Ruinen von Polonnaruwa *(siehe S. 170–174)* praktisch ist. Einige Veranstalter *(siehe S. 244)* auf der Insel bieten Ökotourismus-Touren an.

Check-in-Schalter am Bandaranaike International Airport

Auf einen Blick

Anreise mit dem Flugzeug

Air France
W airfrance.de

airberlin
W airberlin.com

American Airlines
W aa.com

Bandaranaike International Airport
Katunayake. ☎ (011) 225 2666. W airport.lk

British Airways
W britishairways.com

Cathay Pacific
W cathaypacific.com

Emirates
W emirates.com

Etihad Airways
W etihad.com

Iberia
W Iberia.com

KLM
W klm.com

Lufthansa
☎ +49 69 86 799 799.
W lufthansa.com

Malaysian Airlines
W malaysiaairlines.com

Mattala Rajapaksa International Airport
W airport.lk

Qatar Airways
W qatarairways.com

Singapore Airlines
W singaporeair.com

SriLankan Airlines
W srilankan.lk

Thai Airways
W thaiairways.com

United Airlines
W united.com

Flugpreise

Expedia
W expedia.de

Fluege.de GmbH
W fluege.de

Opodo
W opodo.de

Anreise mit dem Schiff

Dreamlines GmbH
W dreamlines.de

Holland America Line
W hollandamerica.com

Seabourn
W seabourn.com

Silversea
W silversea.com/de

Voyages of Discovery
W voyagesof discovery.co.uk

In Sri Lanka unterwegs

Es gibt mehrere Möglichkeiten, Sri Lanka zu bereisen. Zugfahrten bieten fantastische Aussichten auf die Landschaft. Mit Bussen kommt man in fast jede Ecke der Insel und darüber hinaus mit den Einheimischen in Kontakt. In den Touristenregionen bieten sich Taxis und Three-Wheeler als Transportmittel an, zudem sind die Preise für Mietwagen mit Fahrer relativ günstig. Auch Fahrräder kann man ausleihen. Das Schienennetz wird ähnlich stark ausgebaut wie das Straßennetz mit neuen Schnellstraßen. Wer es eilig hat, kann auf Inlandsflüge nach Jaffna und in die Touristenregionen zurückgreifen.

Flugzeug der FitsAir auf der Rollbahn des Flughafens von Colombo

Inlandsflüge

Wenn Ihre Zeit knapp ist, nehmen Sie einen Inlandsflug. SriLankan Airlines *(siehe S. 264)* bedient mit seinem SriLankan Air Taxi von Colombo aus Orte wie Kandy, Koggala, Trincomalee oder Batticaloa. **Cinnamon Air** fliegt darüber hinaus noch Sigiriya an. **Helitours**, ein gewerblicher Ableger der Sri Lankan Air Force, bietet Flüge nach Batticaloa, Trincomalee und Jaffna an, allerdings nicht so häufig. Wer in den Norden nach Jaffna will, kann auch mit der beliebten **FitsAir** fliegen, die jeden Tag von Colombo aus ein bis zwei Verbindungen anbietet.

Schienennetz

Das Eisenbahnnetz in Sri Lanka wurde im 19. Jahrhundert von den Briten angelegt und hat sich noch seinen nostalgischen Charme bewahrt. Die landschaftlich reizvolle Strecke von Colombo nach Kandy ist bei Besuchern sehr beliebt. Dies gilt auch für die Strecken nach Nuwara Eliya, Haputale, Ella und Badulla, die an Teeplantagen und in Wolken gehüllten Berggipfeln vorbeiführen. Die Eisenbahnstrecke zwischen Colombo und Jaffna ist nach 25 Jahren wiedereröffnet worden – der Norden der Insel ist also wieder gut zu erreichen. Weitere Strecken, etwa nach Kataragama, Habarana und Hambantota, sollen folgen.

Sri Lanka Railways betreibt von Colombo aus drei Hauptstrecken: Die Hill-Country-Strecke von Colombo nach Kandy und weiter nach Badulla, die Strecke in den Norden von Colombo über Vavuniya bis nach Jaffna und die Strecke an die Südküste, die derzeit in Matara endet. Zudem führen Nebenstrecken nach Trincomalee ~~und über~~ Polonnaruwa nach Batticaloa. Der durch den Tsunami von 2004 schwer beschädigte Schienenweg auf der Strecke zwischen Galle und Matara wurde inzwischen repariert. Diese Verbindung bedient ein Nahverkehrszug durch die Vororte Colombos, der langsam und oft voll ist. Nahverkehrszüge fahren auch nach Negombo und Chilaw, und eine Strecke führt bis Avissawella. Manchmal fahren nur Nahverkehrszüge, doch wenn möglich sollte man die bequemeren und schnelleren Expresszüge nehmen.

Die Reisezeit von Colombo nach Galle beträgt zwischen zwei und vier Stunden, von Colombo nach Kandy 2,5 bis drei Stunden, von Kandy nach Nuwara Eliya etwa 3,5 Stunden und von Colombo nach Jaffna sieben Stunden.

Grundsätzlich gilt: Bahnfahren ist beliebt, doch die Züge sind langsam und Verspätungen häufig.

Züge

Je nachdem, wann und wohin Sie reisen möchten, gibt es mehrere Möglichkeiten und verschiedene Tarife. Alle Züge führen Waggons zweiter und dritter Klasse mit. Erstere sind etwas bequemer, da dort die Sitze ein wenig gepolstert und die Waggons manchmal etwas weniger voll sind.

Bei einigen Verbindungen und den schnelleren Intercity-Zügen werden auch Erste-Klasse-Wagen eingesetzt. Auf der Hill-Country-Strecke sitzt man dort in Panoramawagen mit großen Fenstern, ansonsten zumindest in klimatisierten Waggons, für längere Nachtfahrten gibt es Liegewagen. Auf einigen Streckenabschnitten hängen private Firmen auch luxuriöse Waggons an die Züge.

Ein Zug schlängelt sich durch die malerische Landschaft des Hill Country

Anzeigetafel mit Zugfahrplan in der Fort Railway Station in Colombo

Rajadhani Express betreibt einige dieser komfortablen Züge auf Strecken von Colombo nach Kandy, Badulla und Batticaloa. **ExpoRail** bedient die Strecken nach Kandy, Vavuniya, Badulla und Trincomalee. Beide Anbieter setzen klimatisierte Waggons ein und bieten Essen, Trinken, WLAN, Steckdosen und bequeme Sitze mit viel Fußfreiheit.

Ein Verkehrsschild in Haputale warnt vor einem Bahnübergang

Zugtickets

Fahrkarten für Luxuswaggons sollten Sie auf den Websites von Rajadhani Express und ExpoRail im Voraus buchen. Auch die Sitze in Erste-Klasse-Waggons, vor allem die in den Panoramawagen, können im Voraus reserviert werden. Ganz am Ende der **Fort Railway Station** in Colombo befindet sich ein Büro, in dem man die Fahrkarten dafür bekommt. Dort hängt auch eine Tafel, die zeigt, auf welcher Verbindung welche Waggons eingesetzt werden. Sie können auch bei einem Reiseveranstalter buchen, der sich dann um alles kümmert. An den Bahnhöfen können für Intercity-Züge Sitze zweiter Klasse und Liegewagenplätze reserviert werden. Alle anderen Fahrkarten kann man auch noch am Reisetag besorgen, Sie sollten sie allerdings mindestens 30 Minuten vor Abfahrt des Zugs kaufen. Über Reiseagenturen wie Red Dot Tours *(siehe S. 242)* können Sie Tickets auch schon vor der Reise kaufen, dann allerdings etwas teurer.

Die Zugfahrpläne findet man auf der Website von Sri Lanka Railways. Sie sollten jedoch an den Bahnhöfen nachsehen, ob es nicht Fahrplanänderungen oder Annullierungen gibt. Normalerweise hängen in den Bahnhöfen Anzeigen mit den Abfahrtszeiten aus.

Unterwegs in Colombo

Colombo ist sehr weitläufig. Hitze und Autoabgase machen es nicht gerade zu einem Vergnügen, die Metropole zu Fuß zu erkunden. Viele Besucher präferieren daher Three-Wheeler. Diese sind in Colombo teurer als in anderen Städten und manchmal sogar teurer als Taxis (vor allem vor Hotels, Restaurants und Warenhäusern). Ein kleiner Fußmarsch kann also erheblich Geld sparen. Viele Three-Wheeler haben einen Taxameter, was durch ein Schild auf dem Dach angezeigt wird. Bei Fahrten ohne Taxameter sollten Sie den Preis vorab aushandeln. In Colombo können Sie auch Taxis bestellen, z. B. von **Kangaroo Cabs**. Einige Hotels und Reiseagenturen bieten Stadtrundfahrten in klimatisierten Wagen an, **Colombo City Tour** fährt an Wochenenden mit einem offenen Doppeldeckerbus.

Auf einen Blick

Inlandsflüge

Cinnamon Air
(011) 247 5451.
W **cinnamonair.com**

Colombo Airport
W **airport.lk**

FitsAir
(011) 255 5156.
W **expoavi.com**

Helitours
(011) 314 4944.
W **helitours.lk**

Schienennetz

Sri Lanka Railways
W **railway.gov.lk**

Zugreisen

ExpoRail
(077) 799 7711.
W **exporail.lk**
W **railway.gov.lk**

Rajadhani Express
(115) 747 000.
W **rajadhani.lk**

Zugtickets

Fort Railway Station
Pettah, Col 1.
(011) 243 4215 (Info), 243 2908 (Reservierung).

Unterwegs in Colombo

Colombo City Tour
(077) 759 9963.
W **colombocitytours.com**

Kangaroo Cabs
(011) 258 8588.
W **2588588.com**

Sie können sich die Sehenswürdigkeiten auch auf dem Rücksitz eines Three-Wheeler zeigen lassen.

Eines der vielen Funktaxis in Colombo

Weitere Verkehrsmittel

Das gut ausgebaute Straßennetz Sri Lankas umfasst neue Schnellstraßen ebenso wie mit Schlaglöchern übersäte Wege. Viele Hauptstraßen werden derzeit ausgebessert oder neu gebaut. Die neue Schnellstraße von Colombo nach Galle verkürzt die Fahrzeit an die Südküste erheblich. In Sri Lanka herrscht Linksverkehr. Am besten mietet man sich für lange Touren einen Wagen mit Fahrer. Auch bei Busfahrten sieht man viel vom Land, doch können längere Fahrten anstrengend sein. Three-Wheeler findet man überall. Sie sind für Fahrten von Ort zu Ort oder zu Attraktionen praktisch. Von Trampen ist abzuraten.

An einem Stand aufgereihte Three-Wheeler in Colombo

Busse

Busse fahren zu fast jedem Ort der Insel. Sie sind zwar nicht unbedingt bequem, aber zuverlässig und zweifellos am billigsten. Urlauber zahlen bisweilen mehr als Einheimische, oft muss man den größten Teil der Fahrt stehen. Die Busfahrer sind teilweise recht draufgängerisch unterwegs, die Fahrt wird fast immer von lauter singhalesischer Popmusik oder Bollywood-Hits begleitet.

Einen Teil der Busse betreibt das staatliche SLTB (Sri Lanka Transport Board), die anderen fahren für Privatfirmen. Die SLTB-Busse sind langsamer und billiger und halten häufiger. Wenn Sie nicht schon am Abfahrtsort einen Sitz ergattern, werden Sie später kaum noch einen Platz finden. Die Privatbusse können Reisebusse, Minibusse oder die weiße Version der SLTB-Busse sein, manche haben sogar eine Klimaanlage. Private Busse halten seltener, einige fahren sogar ohne Zwischenhalt zum Ziel. Bei diesen Bussen können Sie auch oft einen Sitzplatz für Ihr Gepäck buchen.

Die meisten Orte haben mindestens eine Busstation. Größere Busbahnhöfe besitzen einen Informationsschalter, der Auskunft über Abfahrtszeiten und Zielorte gibt, die in der Regel auch auf einem Schild an der Frontscheibe angeschrieben sind. Falls Sie unsicher sind, wohin der Bus fährt, fragen Sie einfach den Fahrer. Wenn Sie in einem Three-Wheeler zum Bahnhof fahren, kann Sie der Fahrer direkt zum richtigen Bus bringen.

Busse an einer Bushaltestelle vor dem Hauptbahnhof von Colombo

Three-Wheeler

Three-Wheeler sind motorisierte Rikschas oder Tuk-tuks, die von den Fahrern oft herausgeputzt werden. Man sieht sie so gut wie überall in Sri Lanka. In Colombo haben viele Three-Wheeler einen Taxameter, was man an einem Schild auf dem Dach sieht. Bei Three-Wheeler ohne Taxameter müssen Sie den Preis vor der Fahrt aushandeln, soll es danach nicht zu langen Diskussionen kommen. Wenn Sie den Betrag nicht passend haben, fragen Sie unbedingt vor der Fahrt, ob der Fahrer herausgeben kann.

Für kurze Fahrten innerhalb von Orten oder zu Sehenswürdigkeiten in der Nähe sind Three-Wheeler optimal. Sie transportieren bis zu drei Personen oder zwei Personen mit Gepäck.

Mietwagen

Wenn Sie es nicht gewohnt sind, in Asien zu fahren, sollten Sie sich eher nicht selbst ans Steuer zu setzen. Falls Sie sich doch dafür entscheiden, können Sie bei Mietwagenfirmen wie **Avis** einen Wagen mieten.

Um in Sri Lanka Auto fahren zu dürfen, benötigen Sie einen internationalen Führerschein. Mit diesem gehen Sie zum Büro der **Automobile Association of Ceylon (AAC)**, um sich hier eine (kostenpflichtige) Fahrerlaubnis für Sri Lanka ausstellen zu lassen. Einige Autoverleiher erledigen das für Sie.

Mietwagen mit Fahrer

Viele Besucher mieten für die Erkundung Sri Lankas einen Wagen mit Fahrer. Das ist vor allem im Kulturellen Dreieck praktisch, da es hier einige interessante kleinere Sehenswürdigkeiten gibt, die anders nur schwer zu erreichen sind. Zudem sind Sie flexibel. Wagen mit Fahrer bekommen Sie bei Reiseagenturen wie **Lion Royal**,

Fahrräder sind bei Urlaubern sehr beliebt, um die Umgebung zu erkunden

Malkey und **Red Dot Tours** *(siehe S. 242)* sowie bei Autoverleihfirmen. Brauchen Sie den Wagen nur für einen Tag, organisiert das auch oft Ihr Hotel. Falls Sie jemand kennen, der kürzlich in Sri Lanka war, kann Ihnen dieser vielleicht einen Fahrer empfehlen.

Die Preise variieren je nach Fahrzeugtyp, Entfernung und Extras. Kürzere Fahrten werden meist nach Entfernung abgerechnet, für längere Fahrten gelten Tagessätze. Mieten Sie den Wagen bei einer seriösen Firma. Achten Sie darauf, dass der Fahrer Englisch spricht.

Typisches Verkehrsschild

Teilen Sie es dem Fahrer mit, wenn Sie nichts kaufen möchten und auch keine Gewürzgärten besuchen wollen. Viele Fahrer möchten Sie zu bestimmten Restaurants, Hotels und Läden fahren, von denen sie dafür eine Provision bekommen.

Die meisten großen Hotels bieten kostenlose Unterkünfte und Verpflegung für Fahrer an. Die kleineren Gästehäuser berechnen dies extra. Vereinbaren Sie zu Beginn, wer für diese Kosten aufkommt. Fragen Sie auch, ob im Mietpreis die Benzinkosten enthalten sind oder ob Sie diese zusätzlich bezahlen müssen.

Vergessen Sie nicht, dem Fahrer am Ende der Fahrt ein Trinkgeld zu geben. Oft ist dieses für ihn die Haupteinnahmequelle.

Fahrräder

Vor allem um das singhalesisch-tamilische Neujahr finden überall auf der Insel Radrennen statt. In Jaffna sind Räder für die meisten Menschen noch immer das wichtigste Transportmittel. Viele Reiseveranstalter organisieren Radtouren durch Sri Lanka, einige Besucher bringen auch ihre eigenen Räder für den Urlaub mit. In Touristenregionen wie z. B. Polonnaruwa gibt es Verleihfirmen.

Überprüfen Sie den Zustand des Rads (vor allem die Bremsen), bevor Sie losfahren. Achten Sie auf Fußgänger, andere Fahrzeuge und Tiere auf den Straßen.

Motorräder

Auch wenn es immer beliebter wird, die Insel mit Motorrädern zu erkunden, kann man das nur erfahrenen Fahrern empfehlen, die schon in Asien unterwegs waren. In Colombo und Negombo ist es am einfachsten, ein Motorrad zu leihen, möglich ist es aber auch an anderen Orten. Gehen Sie zu einem offiziellen Anbieter wie **Casons Rent a Car**, damit Sie bei Unfall oder Diebstahl versichert sind. Klären Sie die Führerscheinfrage! Achten Sie darauf, dass das Fahrzeug über Nacht an einem sicheren Ort steht, und lassen Sie Gepäck nie unbeaufsichtigt. Überprüfen Sie vor der Anmietung den Zustand, und klären Sie die Übernahme von Reparaturkosten. Für Fahrer und Beifahrer besteht Helmpflicht. Auch bei Sonnenschein sollten Sie eine lange Hose und ein langärmliges Hemd tragen.

Vermietung von Rollern und Rädern in Narigama bei Hikkaduwa

Auf einen Blick

Busse

Bastian Road Bus Station
Bei der Fort Railway Station, Pettah, Col 1.
(011) 242 1731.

Central Bus Station
Olcott Mawatha, Pettah, Col 1.
(011) 232 8081.

Mietwagen und Führerschein

Automobile Association of Ceylon
W **aaceylon.lk**

Avis
W **avis.com**

Mietwagen mit Fahrer

Lion Royal
45 Braybrook St, Col 2.
(011) 471 5996.
W **lionroyaltourisme.com**

Malkey
58 Pamankada Road, Col 6.
(011) 236 5365.
W **malkey.lk**

Motorräder

Casons Rent a Car
181, Gothami Gardens, Gothami Road, Rajagiriya, Sri Jayawardenepura Kotte.
W **casonscar.com**

Textregister

Seitenzahlen in **Fettdruck** verweisen auf Haupteinträge

C

D

Q

R

T

U

V

W

Y

Z

Danksagung und Bildnachweis

Dorling Kindersley bedankt sich bei folgenden Personen, die bei der Herstellung dieses Buchs mitgewirkt haben.

Hauptautor
Rachael Heston.

Zusätzliche Fotografien
Ian O'Leary, Rough Guides/Gavin Thomas.

Faktenüberprüfung
Shafni Awam, Adam Bray.

Korrektur
Aruna Ghose, Divya Chowfin.

Register
Helen Peters.

Übersetzungen (singhalesisch und tamil)
Andiamo! Language Services Ltd.

Redaktionsassistenz
Scarlett O'Hara.

Grafikassistenz
Amisha Gupta.

Grafik und Redaktion
Publishing Director Georgina Dee.

Publisher Vivien Antwi.

List Manager Kate Berens.

Executive Editor Michelle Crane.

Senior Editor Sadie Smith.

Project Editor Greg Dickinson.

Senior Executive Cartographic Editor Casper Morris.

Senior DTP Designer Jason Little.

Production Controller Linda Dare.

Grafik- und Redaktionsassistenz
Fay Franklin, Janis Utton.

Revision
Neha Chander, Bharti Karakoti, Sumita Khatwani, Victoria McCullough, Rada Radojicic, David Stott, Vinita Venugopai.

Unterstützung
Dorling Kindersley bedankt sich bei folgenden Personen für ihre Unterstützung:

Aruna Warushahhennadige am Bandaranaike International Airport Katunayake; Mr. H. D. Ratnayake und Ms. Nayana Kulathunga vom Department of Wildlife Conservation; Jayathunga Herath vom Elephant Camp Guesthouse Tissamaharama; Priyanka Tisseverasinghe vom Geoffrey Bawa Trust; Jayathunga Herath vom Elephant Camp Guesthouse Tissamaharama; Sarangi Thilakasena vom Sri Lanka Tourism Promotion Bureau; Dominic Sansoni bei Three Blind Men.

Genehmigung für Fotografien
Dorling Kindersley bedankt sich bei folgenden Institutionen für die freundlich gewährte Erlaubnis, in ihren Räumen und auf ihrem Gelände zu fotografieren:

Colombo National Museum; Department of Wildlife Conservation für die Genehmigung, in den Nationalparks zu fotografieren; Dehiwala Zoo; Galle National Museum; Geoffrey Bawa Trust für die Gebäude von Geoffrey Bawa; Kandy National Museum; Maritime Archaeology Museum; Maritime Museum; Martin Wickramasinghe Museum; National Railway Museum.

Folgende Kunstwerke wurden mit freundlicher Genehmigung der hier aufgeführten Copyright-Inhaber reproduziert:

Singhalesische Kriegerskulpturen 34or; *Erotischer Tanz* 35or © Laki Senanayake.

Bildnachweis

o = oben; m = Mitte; u = unten; l = links; r = rechts.

Dorling Kindersley bedankt sich bei folgenden Personen und Institutionen für die freundliche Genehmigung zur Reproduktion ihrer Fotografien:

123RF.com: Manganganath 225m; Iryna Rasko 114–115.

4Corners: Aldo Pavan 2–3; Reinhard Schmid 40ur.

Alamy Images: Mohammed Abidally 123ul, 242o; AHowden – Sri Lanka Stock Photography 212mr; Asia Images Group Pte Ltd 38–39m; Robert Bannister 25mu; Sabena Jane Blackbird 235ur; Tibor Bognar 124ul; Koen Broker 54um; Michele Burgess 47ul, 122mlu, 181mr; Andrew Cawley 31um; Michal Cerny 24ul; City Image 73ur; Craft Images 31or; Mark Daffey 122ml, 122ul; Dbimages 30ul; DK India Collection 99mr; Dmitry Rukhlenko – Travel Photos 19u, 164–165; Ephotocorp 180ur; FLPA 24mu, 125ul, 153ur; Geophotos 189ol; Alexey Gnilenkov 24mlu; Hemis 28or, 166or; Neil Hepworth 121ur; Heritage Image Partnership Ltd 259ur; Horizons WWP 35um, 92u; Peter Horree 46mlu; Ernie Janes 24or; Marcin Kosciolek 48mlu; H. Lansdown 125mlu; Emmanuel Lattes 131u; Frans Lemmens 46ml; Yadid Levy 36ul, 241u; Look Die Bildagentur Der Fotografen

GmbH 155u, 179ur; Lookinglost 101ul; Mediacolor's 88; Dorota Nowańska 38or; Papilio 15or, 125ml, 147ul; Premaphotos 24mru; RGB Ventures LLC dba SuperStock 127mu; Robert Harding Picture Library Ltd 169ur; Pep Roig 89u; Nick Servian 125mr; Philip Sharp 37m; Nandana De Silva 250–251; Kumar Sriskandan 36or; 99ml, 99mlu; Jochen Tack 39mru, 242ul; The Natural History Museum 239or; Ian Trower 240ul; Clive Tully 148ul; Dieter Wanke 99ul; Finnbarr Webster 37mru, 126ml, 185u; Maximilian Wein 25ur; Wiskerke 34or; Jan Wlodarczyk 58mlu, 108mlo.

Anton Photography: 194ul.

AWL Images: Nigel Pavitt 8–9; Travel Pix Collection 140–141.

Bandaranaike Internatonal Airport: 265mru.

Bharatiya Kala Prakashan: Ashwin Raju Adimari 120ul.

The Bridgeman Art Library: Elefantenjagd in der Region Logalla, von »Travels of Prince Emanual Andrasy in Eastindian Ceylon, Java, China and Bengal«, Stich von Ciceri und Adams, veröffentlicht 1859 (Farbstich), Andrasy, Graf Emanuel (Mano), nach1859/Private Collection/The Stapleton Collection 26ml.

Corbis: 28m, Bettmann 52ul, 52ul; Demotix/Angelo Samarawickrema 113um; Sanka Vidanagama 197ur; Lindsay Hebberd 129mr; JAI/Ian Trower 94ul; National Geographic Society/Gilbert H. Grosvenor 50mru; Ocean 25ml; Nigel Pavitt 215ul; Reuters/Anuruddha Lokuhapuarachchi 40ml, 54o; Reuters/Anuruddha Lokuhapuarachchi/X00167 129mru; Reuters/Dinuka Liyanawatte 42ul; Reuters/Ho 55ul; Reuters / X01095 54mru; Reuters/STR/SRI LANKA/X01315 264ml; Robert Harding World Imagery/Godong 35ul; SM/Newspix 21or; Ian Trower 48or, 181ur.

CPA Media: 46mru, 46–47m, 47m, 47um, 50ul, 50um, 51om, 51ul.

Digant Desai: 103or.

Dreamstime.com: Bigjo5 239mro; David Edbury 247u; Dmitrii Fadeev 167ul; Filip Fuxa 56–57; Inavanhateren 171mr; Iuliia Kryzhevska 166ml; Zuzana Randlova 148ul; Simonwehner 167mr, 169ul; Toxawww 62ul.

Fits Aviation: 266ml.

FLPA: David Hosking 24mru; Minden Pictures/Flip Nicklin 119mlu; Pete Oxford 127ur.

Geoffrey Bawa Trust: 77ml, 77ul, 100or.

Getty Images: AFP/Stringer/ Ishara S.kodikara 21ul, 31mu, 41ur, 42mr, 43ul, 52mu, 53or, 55ur, 67ur; Tomas Del Amo 39or, 39ul; John W. Banagan 59mro; Peter Barritt 37or, 44, 137om; Bloomberg 235o; Cultura Travel/Philip Lee Harvey 18, 46or; Agron Dragaj 184; Jason Edwards 175ul; Rob Francis 199or; Bartosz Hadyniak 199ur; Lonely Planet Images / Antony Giblin 225ul; Diana Mayfield 206ul; Kevin Miller 36–37m; Flip Nicklin 119ur; Thilanka Perera 105u; Wolfgang Poelzer 119ul; Popperfoto 151ur; Jerry Redfern 175ur; Andy Rouse 59um; Oliver Strewe 126mlu, 129mlu, 222ml; Time & Life Pictures 53um; Hande Guleryuz Yuce 38ur.

Hilton Colombo Residences: 213or.

Jathika Namal Uyana: 161ur.

Kelly Florence Jeffs: 101mru.

Mary Evans Picture Library: Grenville Collins Postcard Collection 45um; Illustrated London News Ltd 51mru.

Masterfile: R. Ian Lloyd 60.

Ministry of Crab: 210–211, 228ul.

Mount Lavinia Hotel: 227or.

naturepl.com: Elio Della Ferrera 24ml.

Photoshot: ANT Photo Library 24um, 25mro.

V. K Rajamani: 47or.

Secret Garden Villa: 248o.

Laki Senanayake: 35or.

Spa Ceylon: 239mlu.

Sun Rise Ballooning: 246or.

David Stott: 158ol.

SuperStock: Age Fotostock 130.

Three Blind Men: Dominic Sansoni 35mr, 129ml, 129ur, 177ml, 192–193.

Dilan Walgampaya: 166ur.

www.DiveSriLanka.com: Ajith Fernando 191ur.

Umschlag

Vorderseite: **DK Images:** Idris Ahmed.
Buchrücken: **DK Images:** Idris Ahmed.
Rückseite: **DK Images**.

Weitere Informationen unter
www.dkimages.com

Sprachführer

Die indoarische Sprache Singhalesisch bzw. Sinhala ist die Sprache der Singhalesen, der mit rund 16 Millionen Menschen größten ethnischen Gruppe in Sri Lanka. Tamil, eine drawidische Sprache, ist die zweite Nationalsprache des Landes. Sie ist im Norden Sri Lankas bei drei Millionen Tamilen verbreitet. Von den Dialekten des Tamil sind das von über 60 Millionen im südindischen Bundesstaat Tamil Nadu gesprochene Indian Tamil und das insbesondere auf der Halbinsel Jaffna gesprochene Jaffna Tamil verbreitet. Darüber hinaus werden auch Negombo Tamil, Batticaloa Tamil (in Küstenregionen) sowie Hill Country Tamil (auf den Teeplantagen) gesprochen. Im Tamil unterscheiden sich Schriftsprache und Umgangssprache stark voneinander.

Alphabet und Aussprache

Die *singhalesische Schrift* ist eine Zwischenform aus Alphabet und Silbenschrift. Jeder Konsonant wird mit einem Buchstaben dargestellt, Vokale hingegen durch *pilla* (diakritische Zeichen) auf den Konsonanten. Das Alphabet umfasst 54 Buchstaben (18 Vokale, 36 Konsonanten), von denen in der gemischten Schrift aber nur 36 Buchstaben (zwölf Vokale, 24 Konsonanten) vorkommen.

Die *tamilische Schrift* umfasst zwölf Vokale, 18 Konsonanten, fünf Konsonantenzeichen (für Lehnwörter aus dem Sanskrit oder dem Englischen) sowie das spezielle Konsonantenzeichen *äytam*. Durch Kombination der Vokal- und Konsonantenzeichen können 216 (bzw. 276) Konsonant-Vokal-Verbindungszeichen gebildet werden. Die Aussprache der Vokale variiert je nach Position.

Vokale

u	wie in **A**st (kurz)	oo	wie in M**u**ster (kurz)
aa	wie in S**aa**l (lang)	ou	wie in M**u**t (lang)
a	wie im engl. **a**pple	er	wie im engl. b**ur**n (das»r« wird nicht gesprochen)
e	wie im engl. **e**ver (kurz)	ai	wie in M**ai**
ay	wie im engl. pl**ay** (lang)	ei	wie im engl. w**ai**t
i	wie in Z**i**nn (kurz)	ouw	wie in H**au**s
ee	wie in Z**ie**l (lang)	ull	wie in Kn**all**
o	wie im engl. **o**ver (kurz)		
oa	wie im engl. **o**ld (lang)		

Konsonanten

dh	wie im engl. **th**e (stimmhaft)
d	wie in **D**ach
th	wie im engl. **th**irty (stimmlos)
ng	wie in la**ng**
gn	wie in Ke**ni**a
g	wie in **G**arten
j	wie in **Dsch**ungel

	Singhalesisch	Tamil
Notfall		
Hilfe	**Udhaw karanne!**	**Udhavungal!**
Feuer	**Gindhara!**	**Neruppu!**
Rufen Sie die Polizei!	**Polisiyata kathaa karanne!**	**Polissai koopudungal!**
Rufen Sie einen Arzt!	**Dhostere kenekuta kathaa karanne!**	**Doctorai koopudungal!**
Grundwortschatz		
Ja	**Ow**	**Aamaam**
Nein	**Nay**	**Illai**
Hallo	**Ayubowan**	**Vanakkam**
Auf Wiedersehen	**Mung yunnung**	**Naan porane**
Bitte	**Karunakara**	**Thayavu seithu**
Danke	**Sthuthi**	**Nandri**
Ich verstehe nicht.	**Mata theruney nay.**	**Enakku puriyavillai.**
Entschuldigung!	**Mata Sama venna!**	**Manniyungal!**
Was?	**Mokaddhe?**	**Enna?**
Warum?	**Ei?**	**Yen?**
Wo?	**Kohedhe?**	**Engey?**
Wann?	**Kavadhadhe?**	**Eppa?**
Nützliche Redewendungen		
Wie geht es Ihnen?	**Oya kohomadhe?**	**Eppudi irukureengal?**
Sehr gut, vielen Dank.	**Mama hondhing, sthuthi.**	**Naan nalla irukiren, nandri.**
Was ist das?	**Mey mokadhdhe?**	**Idhu enna?**
Wie komme ich nach …?	**… ekata yanney kohomadhe?**	**… iku povadhu eppudi?**
Waschraum/Toilette	**Kaamaraya / vesikilya**	**Toilet**

Nützliche Wörter

Ich	**Mama**	**Naan**
Frau/Frauen	**Geheniya/Gehenu**	**Pen/Penghal**
Mann/Männer	**Pirimiya/Pirimi**	**Aan/Aanghal**
Kind/Kinder	**Lamaya/Lamai**	**Pillai/Pillaighal**
Familie	**Pawula**	**Kudumbam**
gut	**Hondhai**	**Nallam**
schlecht	**Narakai**	**Koodaadhu**
offen	**Erilaa**	**Thirandhulladhu**
geschlossen	**Vahala**	**Moodiyulladhu**
links	**Vama**	**Idathu**
rechts	**Dhakuna**	**Valathu**
geradeaus	**Keling issaraha**	**Neraagha munnaal**
nahe	**Langai**	**Arughil**
weit	**Dhurai**	**Dhooram**
Eingang	**Dhoratuwa**	**Vaasal**
Ausgang	**Pitavena dhora**	**Veliyerum vali**
Toilette	**Vesikiliya**	**Toilet**
Postamt	**Thepel kanthoruwa**	**Thabaal aluvalagham**
Brief	**Liyuma**	**Kadidham**
Adresse	**Yomuwa**	**Mughavari**
Straße	**Veedhiya**	**Theru**
Stadt	**Nagharaya**	**Nagharam**
Ort	**Gama**	**Graamam**
Internet-Café	**Antharjaala aapana shaalaava**	**Inaiyakham**
E-Mail	**E-thepel**	**Minnanjal**

Geld

Wechselkurs	**Vinimaya anupathikaya**	**Maatru vighidham**
Bank	**Bankuwa**	**Vangi**
Bargeld	**Salli/Mudhal**	**Kaasu/Panam**
Kreditkarte	**Naya kaadpatha**	**Kadan attai**

Shopping

Wo bekomme ich …?	**… ganne puluwang kohendhe?**	**… engey vaangalaam?**
Wie viel kostet das?	**Meykhe keeyadhe?**	**Idhu evalavu?**
Haben Sie …?	**… thiyanavaadhe?**	**… irukiradha?**
Akzeptieren Sie Kreditkarten?	**Oba naya kaadpath gannavaadhe?**	**Kadan attai eduppeerghala?**
teuer	**Ganang vedi**	**Kooda vilai**
billig	**Laabai**	**Malivu**
Größe	**Pramaanaya**	**Alavu**
Farbe	**Paata**	**Niram**
Apotheke	**Farmasiya/Beheth saapuwa**	**Marunthu kadai**
Buchhandlung	**Poth saapuwa**	**Puththaha kadai**
Markt	**Velendha Pola**	**Sandhai**
Souvenirladen	**Sihivatana alevi sala**	**Ninaivu porulhal kadai**

Sightseeing

Berg	**Kandha**	**Malai**
Bucht	**Bokka**	**Virikuda**
Festival	**Utsavaya**	**Thiruvila**
Fluss	**Ganga**	**Aaru**
Information	**Sanchaaraka kaaryalaya**	**Suttrula aluvalaham**
Insel	**Dhupatha**	**Theevu**
Museum	**Kouwthukagaraya**	**Arungkaatchiyagam**
Reisebüro	**Sanchaaraka niyojithaya**	**Prayana muhavar**
See	**Veva**	**Eri**
Strand	**Vella/verala**	**Kadatkarai**
Tempel	**Pansala**	**Kovil**
Wald	**Keleva**	**Kaadu**

Unterwegs

Bahnhof	Dhumriya pala	Rail nilayam
Bus	Bus eka	Bus
Busbahnhof	Bus nevathumpala	Bus nilayam
Einzelfahrkarte	Thani gaman ticket ekak	Oru vali ticket ondru
Fähre	Dhoney	Padaghu
Fahrrad	Bysikalaya	Cykil
Flughafen	Guwan thotupala	Vimaana nilayam
Flugticket	Plane ticket eka	Vimaana ticket
Flugzeug	Plane eka	Vimaanam
Motorrad	Motor cycleye	Motaar cykil
Rückfahrkarte	Prathyaagamana ticket ekak	Irandu vali ticket
Taxi	Kulee rathayak	Taaksi
Zug	Kochchiya	Rayil vandi

Im Hotel

Haben Sie ein Zimmer frei?	Hiss kaamarayak thiyanavaadhe?	Kaaliyaana arai ondru irukkiradhaa?
Ich habe reserviert.	Mang venuveng, veng kara etha.	Enakkaaha odhukka pattulladhu.
Hotel	Hotelaya	Hotel
Gästehaus	Guesthouse eka	Virundhinar vidudhi
Zimmer	Kamaraya	Arai
Einzelzimmer	Thani kaamaraya	Ottrai arai
Doppelzimmer	Dvithva kaamaraya	Irattai arai
Klimaanlage	AC ethi	AC ulla
Badezimmer	Naana kamaraya	Kuliyal arai

Im Restaurant

Kann ich die Karte haben?	Mata Menu eka balanne puluwangdhe?	Menuvai paarka mudiyuma?
Die Rechnung, bitte.	Karuna kara bila dhennewadha.	Billai tharavum.
scharf	Dhevillai / serai	Urappu
süß	Pani rasa	Inippu
Messer	Pihiya	Kaththi
Gabel	Garappuwa	Mullkarandi
Löffel	Handhe	Karandi
Restaurant	Avanhala	Unavagham
Westliche Küche	Batahira kema	Metrkaththiya unavu

Speisekarte

Apfel	Appel	Aappil
Banane	Kesel	Valaipalam
Bier	Beer	Beer
Brot	Paang	Paan
Dessert	Athurupasa	Palavaghai unavu
Ei	Biththara	Muttai
Ente	Thara	Vaaththu
Fisch	Maalu	Meen
Flasche	Bothalaya	Pottil
Fleisch	Mas	Eraichchi
Gemüse	Elavalu	Marakari
Getränke	Beema	Paanangal
Glas	Vidhuruwa	Tumbler
Hühnchen	Kukul mas	Koli erachchi
Hummer	Pokirissa	Periya iraal
Kaffee	Kopi	Kopi
Kartoffel (Süßkartoffel)	Ala (bathala)	Kilangu (vattraalai kilangu)
Kokosnuss	Pol	Thengai
Krabbe	Kakuluvo	Nandu
Lamm	Batalu mas	Aatterachchi
Milch	Kiri	Paal
Mineralwasser	Bothal kala vathura neer	Pottilil adaikkapatta

Obst	Palathuru	Palam
Pfeffer	Gummiris	Milaghu
Pilze	Hathu	Kaalaan
Reis	Bath	Soaru
Rindfleisch	Harak mas	Maatterachchi
Salat	Saladhu	Salad
Salz	Lunu	Uppu
Schweinefleisch	Urumas	Pandri erachchi
Softdrinks	Sisil beema	Menpaanam
Tee	They	Theyneer
Wassser	Vathura	Thannir
Wein	Vine	Vine
Zucker	Seeni	Seeni
Zwiebel	Lunu	Vengayam

Gesundheit

Ambulanz	Gilan rathaya (ambulansaya)	Noyaali vandi
Arzt	Dhostara	Maruthuvar
Durchfall	Bada burul veema	Bedhi
Grippe	Una	Salikaichchal
Krankenhaus	Rohala	Aspathri
Rezept	Beheth thunduwa	Marundhu cheettu
Unfall (Verkehrsunfall)	Hadhisi anathurak (thadabadaya)	Vibaththu (pokkuvarathu)

Zeit

Tag	Davasa	Naal
Woche	Sumanaya	Vaaram
Monat	Maasaya	Maatham
Jahr	Avurudhdha	Varusham
Montag	Sandhudha	Thingal
Dienstag	Angaharuwaadha	Sevvai
Mittwoch	Badhadha	Pudhan
Donnerstag	Brahaspathindha	Viyaalan
Freitag	Sikuradha	Vellikilamai
Samstag	Senasuraadha	Sanikilamai
Sonntag	Iridha	Gnaayiru
Wie spät ist es?	Velaava keeyadhe?	Mani enna?
12 Uhr mittags	Dhaval dholaha	Nanpahal
Vormittag	Udhay	Kaalai
Mittag	Dhaval	Paghal
Nachmittag	Pasvaruwa	Madhiyaanam
Abend	Havasa	Maalai
Nacht	Reh	Iravu

Zahlen

1	Ekai	Ondru
2	Dhekai	Irandu
3	Thunai	Moondru
4	Hatharai	Naalu
5	Pahai	Aindhu
6	Hayai	Aaru
7	Hathal	Elu
8	Atai	Ettu
9	Namayai	Onbadhu
10	Dhahayai	Paththu
50	Panahai	Aimbadhu
100	Seeyai	Nooru
200	Dheyseeyai	Iranooru
1000	Dhaahai	Aayiram
10000	Dhaha dhaahai	Pathaayiram

Straßenkarte Sri Lanka

Entfernungstabelle

10 = Entfernung in Kilometern

Anuradhapura										
196	**Batticaloa**									
206	303	**Colombo**								
66	163	148	**Dambulla**							
322	381	116	264	**Galle**						
195	378	396	248	512	**Jaffna**					
138	187	116	72	232	320	**Kandy**				
367	336	161	309	45	557	277	**Matara**			
216	224	180	150	290	398	77	245	**Nuwara Eliya**		
101	95	216	68	332	283	140	377	217	**Polonnaruwa**	
106	138	257	109	373	238	182	418	259	129	**Trincomalee**